宁波文物考古研究丛书　丁种第四号

新技术·新方法·新思路——首届“水下考古·宁波论坛”文集

宁波市文物考古研究所
宁波中国港口博物馆　编著
国家文物局水下文化遗产保护中心

科学出版社
北京

内 容 简 介

本书为2014年10月在国家水下文化遗产保护宁波基地举办的首届“水下考古·宁波论坛”论文选编，也是“宁波文物考古研究丛书”系列的第四本论文汇集。书中刊载的30篇文章，内容涵盖了中国和世界水下考古的回顾展望与发展态势、项目管理与技术创新、最新收获与研究成果等诸多方面，在某种程度上，可以说代表了当时我国和国际水下考古的最高水平。

本书可供国内外考古学、历史学、海洋史、贸易史、造船史、航运史、陶瓷史等相关学科研究人员参考使用。

图书在版编目（CIP）数据

新技术·新方法·新思路：首届“水下考古·宁波论坛”文集 / 宁波市文物考古研究所，宁波中国港口博物馆，国家文物局水下文化遗产保护中心编著. —北京：科学出版社，2015. 9

（宁波文物考古研究丛书. 丁种；4）

ISBN 978-7-03-045644-1

Ⅰ. ①新…　Ⅱ. ①宁…②宁…③国…　Ⅲ. ①文物–考古–文集　Ⅳ. ①K85–53

中国版本图书馆CIP数据核字（2015）第215466号

责任编辑：王琳玮 / 责任校对：邹慧卿

责任印制：肖　兴 / 封面设计：陈　敬

科学出版社 出版

北京东黄城根北街16号

邮政编码：100717

http：//www.sciencep.com

中国科学院印刷厂 印刷

科学出版社发行　各地新华书店经销

*

2015年10月第　一　版　开本：787×1092　1/16

2015年10月第一次印刷　印张：18 1/2　插页：20

字数：439 000

定价：258.00元

（如有印装质量问题，我社负责调换）

总　　序

南部的天台山，西部的会稽、四明两山以及北部的海岸线，在浙江的最东面围合成一个相对封闭的独立平原水系，余姚江和奉化江穿过各自狭长的山谷，在这一广袤的水网平原腹地交汇成甬江，流入茫茫东海。这一特殊的地理骨架，设定了宁波地域发展富有个性的方向。

距今7000年前，这里有了择水而栖、农耕渔猎的河姆渡人，产生了“饭稻羹鱼”的物质生活和“双鸟舁日”的精神家园。河姆渡人最终在浙东形成了于越民族。公元前473年（周元王三年），于越人建造了宁波历史上第一座城市句章。公元前221年（秦始皇二十六年），全国一统后开始在这里设县建置，秦汉人和他们的后裔在这片土地上繁衍生息并烙下了生存印记。621年（唐武德四年）设置鄞州，这是宁波历史上建州的开始。738年（唐开元二十六年）设置明州，至821年（唐长庆元年）因港口对外开放和海防军事要塞的需要，而将明州治所迁至三江口并营建子城，至唐末完成了周长18千米的罗城，由此在东海之滨奠定了古代宁波城市的空间形态。在明州城建于三江口之后的1000余年间，以上林湖贡瓷为代表的越窑青瓷的繁盛与远输，以它山堰为重点的一大批水利工程的疏浚与修筑，以与高句丽和日本为主要交往航向的“海上丝绸之路”的开辟与拓展，以象山县学为开端的教育制度的确立与兴盛，以保国寺为典型的建筑技术的隆兴，以天一阁为魁首的藏书文化的兴起与地方文献的修撰，以黄宗羲为宗师的清代浙东学派的开创，生动凸现出宁波地域文化的脉络架构。近代因鸦片战争而被迫开埠，宁波城市又印上了中西文化碰撞与融合的历史痕迹。众多丰厚的文物古迹、历史遗存伴随着宁波的发展走到了今天。1986年12月，宁波荣膺国家级历史文化名城称号。

历史虽然已经过去，但文化灵魂犹在，遗风依然。作为历史物化载体的文物和对文献拾遗补正的考古，承载着重新发现历史和诠释文化的新的使命。1932年宁波地域第一个专门化的官方文物机构——宁波古物陈列所的成立，标示着现代文物考古学科在宁波这块古老土地上的滥觞，但这一时期的主要工作还仅仅停留在金石收藏与展陈的初始阶段，具有真正现代科学意味的文物考古工作的拓荒，还要迟至20世纪50年代以后。实质性的突破来自于20世纪70年代河姆渡遗址的两次发掘，得以正式命名的“河姆渡文化”以其久远的历史和独特的内蕴，证明这里同样也是华夏文明的一处源头。嗣后30余年间，伴随着改革开放的强劲号角，宁波文物考古工作一如经济建设的快速推进，开始在这片民风绵长、物色丰饶的沃壤上悄然勃兴，开花结果：大批富于特色的历史建筑与街区、村镇的保护，成就了宁波古代文明的薪火传承；门类丰富的博物馆、陈列馆建设与藏品研究，搭建了现代文化与古代文明的互动平台；起讫千年、长盛不衰的海上交通的拓展和海交史迹的确认，不仅展示出宁波先民“铺桥为路”“以舟作楫”的生活特质，同时也勾画出昔日港城与海外文化交流、商旅往来的历史图卷。继河姆渡遗址发掘之后，诸多史前时期聚落遗址的发掘与不同历史时期文物遗存的清理，清晰地揭示着宁波地域人地消长关系、生存能力和生产力水平；大量瓷窑遗址的发现与发掘，既佐证着东汉以来越窑青瓷的发轫与发展，更为宁波赢得了“海上陶瓷之路东方起点”的美誉；城市考古的揭幕与站在学科前沿的水下考古的启动，则让今人有幸阅读昔日宁波城市与港口的沧桑繁华。所有这些都是曾经生活在这块沃土上的先人慷慨赐予我们的厚重馈赠。

江山秀丽，乃有学人宴集之典；才俊辈出，遂有文章极盛之会。对宁波地域历史文化的保护、发掘与课题的系统研究，无疑有着富于魅力的广阔前景。现由宁波市文物考古研究所（宁波市文物保护管理所）推出的“宁波文物考古研究丛书”，荟历年文物考古之经络，总各代典章器物之精华，既有域内学者之耕耘，也不乏各地同仁之奉献，立意悠远，脉目清晰，图文并茂，博专共存。相信丛书的推出，必将厚德于历史之宁波，亦将裨益于宁波之今日。

是为序。

成岳冲

2006年9月于甬上

在首届“水下考古·宁波论坛”上的讲话

国家文物局副局长　顾玉才

（2014年10月16日，宁波·北仑）

女士们、先生们：

大家好！

今天，我们在刚刚落成开放的国家水下文化遗产保护宁波基地举办首届“水下考古·宁波论坛”这一非常重要的国际学术会议。首先，请允许我代表国家文物局向大会的成功召开表示祝贺，同时也代表励小捷副部长和童明康副局长向来自海内外的专家学者表示欢迎！

2014年，是中国水下考古事业发展过程中极不平凡的一年。6月4日，中编办批复国家文物局，同意“国家文物局水下文化遗产保护中心”独立建制，这是中国水下文化遗产保护事业的一个标志性事件。作为中国水下考古事业的国家队与总平台，独立建制的水下中心将携陆续建设并投入使用的南海基地、北海基地、宁波基地、福建基地和武汉基地等水下文化遗产保护基地与各地方相关专业机构一起，构建并形成覆盖全国的水下考古及水下文化遗产保护工作新格局。需要特别提及的是宁波基地，在浙江省、宁波市和北仑区方面的大力支持与努力下，已经率先建成并投入使用，而且从管理体制和工作模式上有所创新，可以说是开了风气之先！

今年9月6日，在青岛举行的“全国水下文化遗产工作会议”上，文化部副部长、国家文物局局长励小捷在总结“十二五”期间我国水下考古工作成就时，将其概括为以下三个方面：

一是建立起我国水下文化遗产保护事业的制度框架，在中央九部委组成的“国家水下文化遗产保护工作协调小组”的框架下，形成了由国家文物局牵头，多部门联动配合、齐抓共管的良好局面。

二是基本确立了我国水下文化遗产保护工作的宏观布局，建立起 “立足沿海、兼顾内水，依托中央、调动地方”的宏观布局，充分发挥各基地的辐射作用、带动作用和示范作用，并积极探索中央主导、央地共建、中央指导等多种基地建设发展模式，推进管理体制改革向纵深发展。

三是组织实施了一批重大示范项目， 如“南海Ⅰ号”整体打捞和保护工作进入馆内发掘阶段，考古与保护无缝衔接，高标准、精细化的考古发掘成为新亮点。又如“小白礁Ⅰ号”水下考古项目，吸引了不同行业、不同领域的多家单位参与，展现出水下文化遗产保护工作的开放性。

在总结成就的同时，励小捷局长还特别强调我们要推进业务体系建设，并明确指出要“紧密联系实际，根据水下文化遗产保护事业发展需要，切实推动科技创新和学术发展，鼓励跨部门、跨区域、跨学科研究。”我们今天在宁波基地召开的首届“水下考古·宁波论坛”，就是落实励小捷局长讲话精神，推动水下考古学术发展的一次重要会议。

回顾中国水下考古事业，经历了从滩涂发掘到近海打捞再到远海作业的历史进程。1974年泉州湾宋代古船的发掘，是我国考古学界在海岸滩涂对古代沉船进行发掘和开展多学科合作研究的成功之作；2007年广东阳江“南海Ⅰ号”沉船的打捞，在国际水下考古学界率先采用沉箱整体打捞技术，堪称近海水下沉船考古的一次创举；2007～2008年，西沙“华光礁Ⅰ号”沉船的发掘以及2013年开展的南沙群岛海域水下文化遗产调查工作等标志着我国水下考古工作已经由近海扩展到了远海海域。此外，我们还在吉林、湖北、江西、安徽等省的湖泊、水库、内河、运河等内水水域开展了一系列的水下考古项目。这些内水考古项目，大大拓展了我国水下考古的空间范畴和工作内涵。

特别值得一提的是，国家文物局水下文化遗产保护中心已着手开展“海上丝绸之路”港口遗址、明清海防设施、海岛文化遗产等系列考古调查与研究工作。这标志着水下考古的工作对象，已经从单纯的沉船遗址扩展到包括水下遗址、城市、桥梁、码头、水闸、水文石刻乃至近现代沉没军舰等诸多历史文化遗迹。

随着水下考古事业的发展，有关水下考古、海洋史与造船史的专业博物馆纷纷建立，包括今天落成开幕的港口博物馆、泉州海交史博物馆、广东海上丝绸之路博物馆（阳江）、中国航海博物馆（上海）、国家海洋博物馆（天津）、中国海关博物馆、重庆白鹤梁水下博物馆、上海交通大学船舶数字博物馆、哈尔滨工业大学船舶博物馆等。近年来，中国还有一批有关水下考古和外销瓷方面的展览隆重举行。例如，国家博物馆的“水下考古成果展”、浙江省博物馆的“新安沉船与高丽青瓷展”、上海博物馆的“幽兰神彩——元青花瓷器特展”“跨越海洋——中国‘海上丝绸之路’文化遗产精品联展”以及宁波基地今天刚刚开放的“水下考古在中国”专题陈列等。这些都吸引了社会各界对水下考古的关注，拉近了水下考古与社会公众的距离。另外，泉州、广州、宁波等九个海港城市启动了“海上丝绸之路”申遗工作，这对沿海各省的水下考古工作无疑是一个有力的促进。

近年来，中国水下考古已经开始迈出国门，走向国际。目前，国家文物局水下文化遗产保护中心正在组织翻译国际水下考古学术著作系列，并适时开展了中国加入联合国教科文组织《水下文化遗产保护公约》（2001）的调研工作。2010年以来，由国家博物馆、北京大学、中国文化遗产研究院等承担的肯尼亚拉穆岛海域水下考古调查项目也已顺利实施并完成结项。2013年以来，国家文物局水下文化遗产保护中心酝酿并开展的波斯湾地区和东南亚地区水下考古合作项目已有实质性的进展。我们还与意大利、法国、葡萄牙、德国、克罗地亚、澳大利亚、美国、韩国、泰国、越南、日本、塞舌尔等国开展了广泛的学术与工作交流活动。

在取得巨大成绩的同时，我们也应该清醒地认识到，与国际同行相比，中国水下考古与水下文化遗产保护工作还存在着一定的差距与不足，需要在今后的工作中努力改进。主要表现在以下方面：

首先，中国水下考古学的学科架构尚未完成，理论建设更是任重而道远。应该看到，我们以往的水下考古工作还存在诸多不足，比如关注沉船与瓷器等船载货物及相关研究较多，而对其他相关遗存如水下遗址遗迹、港口遗址、海防设施、海岛遗迹等有所忽视或无暇顾及，从学科发展和布局的角度上讲，颇有“一叶障目，不见泰山”之嫌。这也导致了目前水下考古领域缺乏引领全局的重大课题和综合性成果，也是许多考古专业人员不愿从事水下考古的重要原因，因为他们认为水下考古就是捞捞沉船，研究研究外销瓷，在学术研究上没多大前途。实际上，水下考古是横跨考古学、历史学、海洋史、贸易史、造船史、航运史等诸多领域的综合性学科，其中有许多重大课题需要我们去开发、研究。诸如，中国人或中华民族的海洋观、中国的海洋开发与经略、“海上丝绸之路”的形成与发展等。很显然，构建完整的中国古代史甚至世界古代史离不开对中国水下文化遗产的发掘与研究，离不开中国水下考古工作，离不开中国水下考古学的构建与发展壮大。借此重要学术研讨会召开之机，我呼吁包括在座各位在内的相关专家学者认真思考中国水下考古学如何发展？其总体目标、阶段性目标是什么？通过设置什么样的重大课题、如何安排水下考古工作和具体项目促进目标的实现？我希望，在不久的将来，大家能够形成共识并开始行动；更希望大家在上述诸多领域有所建树，进而使水下考古学能够与田野考古学比肩而立。

其次，从具体工作层面看，水下考古与陆地考古一样存在着考古报告整理出版工作严重滞后的情况。同时，已出版的考古报告质量大部分只能说是合格，用“寥若晨星”一词形容高质量的水下考古报告也不算过分。这说明，我们以前的工作或多或少存在重调查发掘而轻整理研究的倾向。严格地讲，做了发掘而不写报告是对文物的破坏，是犯罪。而不认真、不能写出合格的报告也是对文物、对工作极大的不负责任。在此，我再次强调，我们水下考古工作者必须吸取某些田野考古的经验教训，加强课题意识，把研究贯穿在整个水下考古调查、发掘、整理和报告编写、出版的全过程，坚决杜绝为调查而调查、为发掘而发掘的现象。

与此相关，水下考古专业人员还有一个努力提高自身学术素养的问题。作为一名水下考古队员，努力提高潜水等实地调查、发掘技能是必须、无可非议的，但这不能成为放松对提高自己学术水平要求、忽视学术研究的借口。面对大量丰富的水下考古资料，我们不仅要有意识，而且要有能力对其展开高水平的学术研究，拿出出类拔萃的学术成果。

再次，作为国际关联度很高的一门学科，中国水下考古学界需要与国际同行开展深入的、实质性的交流与合作，我们不能自言自语、闭门造车，否则会极大地阻碍中国水下考古学的发展。这种合作既包括水下考古、水下文物保护，也包括与联合国教科文组织《水下文化遗产保护公约》（2001）等国际组织和机构开展合作与交流，共享相关研究与工作成果，促进水下考古学和文物保护工作快速、健康发展，使其在国际学术界拥有自己的一席之地！

各位同仁，自20世纪80年代末中国开展水下考古工作以来，在中国水下考古学界已经形成了全国一盘棋的良好局面，同时与世界各国和相关国际组织开展了良好的合作与互动。在新的历史时期，我衷心希望，全国的水下考古研究机构和水下考古工作者，通力合作，再接再厉，为中国和世界水下考古事业的发展再续华章！

最后，请允许我在这里向为大会的召开付出辛勤努力的工作人员表示亲切的慰问！

谢谢大家！

目　　录

上　　篇

下　　篇

上　　篇

中国水下考古的回顾与思考

柴晓明　丁见祥

（国家文物局水下文化遗产保护中心）

摘要： 本文在对中国水下考古机构变迁、人才培养、项目开展等作一般性回顾，对水下考古工作数量变化、水下考古项目区域分布、水下考古工作分类与性质、水下考古资料刊布与研究等做详细考察，并由此逐步明晰中国水下考古发展现状的基础上，就如何进一步推动中国水下考古事业发展及如何进一步加强我国水下考古学学科建设提出了自己的思考与合理化建议。

关键词： 水下考古　现状分析　学科建设

中国拥有1.8万多千米的海岸线、300多万平方千米的辽阔海疆和30多万平方千米的内水水域。开发利用海洋、内水资源的历史悠久，由此留下了丰富的水下文物资源。随着国家海洋发展战略的全面实施及"一带一路"战略构想的提出，中国的水下考古和水下文化遗产保护事业获得千载难逢的发展机遇，也面临极为严峻的挑战。当此之际，为进一步提升我国水下考古工作质量和研究水平，简要回顾中国水下考古发展的基本情况，以期引起更为深入的思考和探讨。

一、中国水下考古的一般回顾

中国的水下考古始于20世纪80年代末期。因应中国考古工作的内在需求，尤其是迫于盗掘、盗捞等文物保护形势的压力，在国家文物局及老一辈考古学家的具体指导和参与下，西学东渐、从无到有，中国逐渐创设队伍并开展了一系列水下考古工作。近三十年来，中国水下考古机构几经变迁，队伍日益壮大，逐渐呈现出从单纯的水下考古向较为综合的水下文化遗产保护的总体趋势。这既是我们回顾过去的重要凭借，也是分析现状、规划未来的基本出发点。

1. 机构变迁

20世纪80年代，英国人米歇尔·哈彻（Michel Harcher）在南中国海盗捞中国沉船文物并在阿姆斯特丹大肆拍卖，此事引起了考古、博物馆学界的强烈不满和中国政府及文物部门的密切关注。为此，在党中央、国务院的高度重视下，由国家文物局牵头组织，国家科学技术委员会科技促进发展研究中心、中国人民解放军海军作战部、中国人民解放军总参作战部、国家海洋局海洋管理司与科技司、交通部救捞局与水上安全监督局、外交部条法司、中国历史博物馆（现中国国家博物馆）、中国社会科学院考古研究所、北京大学等单位组成的“水下考古工作协调小组”（现更名为“水下文化遗产保护工作协调小组”）于1987年3月正式成立，并于同年在原中国历史博物馆成立了水下考古学研究室，拉开了我国水下考古调查、发掘的大幕[1]。为顺应我国水下考古与水下文化遗产保护事业发展的新形势，多年以来，尤其是近五年以来机构几经变迁。2009年9月，国家文物局依托中国文化遗产研究院成立了“国家水下文化遗产保护中心”；2012年12月，更名为“国家文物局水下文化遗产保护中心”。而随着2014年6月“国家文物局水下文化遗产保护中心”的独立建制，我国水下考古与水下文化遗产保护事业也进入一个新的纪元。在此过程中，国家水下文化遗产保护基地（宁波基地、青岛基地、福建基地、武汉基地）相继成立，湖北省、山东省还专门成立了省级水下文化遗产保护中心。凡此种种，都在很大程度上增强了我国水下文化遗产保护事业的综合力量，完善了我国水下文化遗产保护事业的区域布局，整体上逐渐形成了由国家统一组织协调、重点发展沿海地区并逐步向内陆推进的水下文化遗产保护总体格局[2]。

2. 人才培养

为保证我国水下考古与水下文化遗产保护事业发展的需要，国家文物局先后委托中国历史博物馆（现中国国家博物馆）、中国文化遗产研究院、国家文物局水下文化遗产保护中心举办了5期水下考古培训班、1期水下文化遗产保护（考古）培训班、3期出水文物保护培训班，共培训各类人才157名（表一）。到目前为止，我国水下考古领

表一 中国水下文化遗产保护人才培训信息简表

培训班	时间	人数	分类合计
水下考古	1989～1990	12	86人
	1998～1999	22	
	2004	19	
	2007	13（含2名肯尼亚学员）	
	2009	20	
水下遗产保护	2011	20	20人
出水文物保护	2009	17	51人
	2012	16	
	2014	18	
总计	157人		

域的相关业务基本就是由这支力量，配合适当的交通、海洋部门的力量来完成的。业务繁多、人力缺乏一直是水下考古、水下文化遗产保护领域的基本现状之一。鉴于人员转岗离职、新陈代谢等因素，目前活跃在水下考古一线的人员实已不足二分之一；考虑到海洋探测与数据处理人才短缺、水下测绘人员不足等结构性因素，水下考古与水下文化遗产保护的人才需求就已不仅仅是绝对数量的多少问题，更是随着业务、视野、面向的逐渐拓展而出现的结构性不足与结构性失衡问题。由此可见，人才培养与队伍建设需要拓宽思路、常抓不懈。

3. 整体进展

近三十年以来，水下考古、水下文化遗产保护的工作范围不断拓展，所涉内涵日益深入，各项成绩显著，在仍以抢救性考古发掘为主要保护模式的同时，整体打捞、安防监控、原址保护、区域调查等理念和作业方式也得以实践，日益呈现多元化综合保护的趋势（表二）。结合第三次全国文物普查，国家文物局组织开展了11个沿海省市近海海域、西沙群岛以及部分内陆省份的水下文物普查，为摸清我国水下文化遗产的分布规律和保存现状提供了丰富的第一手资料；通过大量的水下考古实践，也逐步总结出了一套包括水下遗址定位、扰层清理、信息留存、文物提取、出水文物保护与整理在内的适合中国国情的水下文化遗产保护工作程序[3]。与此同时，盗掘盗捞十分

表二　中国水下考古若干代表性案例一览表

序号	时间	项目名称	项目意义
1	1987.6～8	荷兰北海沉船调查	中国专业人员最早参与的水下考古工作
2	1988.6	广东吴川沉船调查	中国正式开展水下考古工作
3	1989.11	广东“南海Ⅰ号”沉船早期调查	第一个中外合作项目
4	1990.2～5	福建连江定海沉船调查	第一个水下考古培训班项目
5	1991～1997	辽宁绥中三道岗沉船调查发掘	第一个独立开展的大型项目
6	1996.2	四川涪陵白鹤梁水下调查	中国内水水下考古工作的开始
7	1996.4～5	西沙水下考古调查	中国远海水下考古工作的开始
8	2007/2010～2013	广东“南澳Ⅰ号”沉船调查与发掘	考古发掘与原址保护相结合项目
9	2007至今	广东“南海Ⅰ号”整体打捞与发掘	整体打捞与室内发掘相结合
10	2013	南沙群岛水下考古调查	至此水下考古遍及中国主要海域
11	2013～2014	福建平潭海域（以海坛海峡为中心）水下考古区域调查	首次以“区域”为视角开展水下考古调查工作
12	2013～2014	辽宁丹东港水下考古重点调查	近现代水下遗迹
13	2013～2014	辽宁绥中姜女石遗址水下调查	水下、陆地考古结合
14	2013～2015	“海上丝绸之路”港口遗址系列调查	水下考古学范畴的田野考古调查研究项目
15	2005～2013	中肯合作拉穆群岛考古	大型对外援助合作项目

猖獗、保护技术有所缺位、基础研究不够深入等依然是目前我国水下考古、水下文化遗产保护领域所面对的基础性问题。

二、中国水下考古现状的若干分析

以上诸节主要目的在于对我国既往水下考古、水下文化遗产保护的基本现状和整体趋势予以简要概括。本节拟紧紧围绕“水下考古工作与水下考古学研究”这个主题，对中国水下考古的现状进行更有针对性的探讨。据不完全统计，近三十年以来，我国共开展大大小小的各类水下考古项目70个左右（表三）[4]。其中，有的项目工作一次即告结束或暂停，有的项目则延续多年，如“南海Ⅰ号”，如果从1989年正式开展调查工作算起，至今已有26个年头，按目前情况评估仅完成考古工作尚需数年，而文物保护的周期将持续更长。实事求是地讲，要准确评估中国水下考古工作现状并不容易，不仅要看项目数量、项目大小，更要看其难易程度、项目设计，看其多大程度上在资料积累、方法探索、理论建树等方面开风气之先，对行业和学科的发展起到引领和示范作用。即便如此，我们认为，对上述项目做些专门分析，亦可进一步了解中国水下考古现状的若干特点。

表三　近三十年来中国水下考古工作一览表

序号	年份	名称	时代	文献来源
1	1987	荷兰北海沉船调查（学习）	—	《福建文博》1997/02
2	1988	广东吴川沙角旋沉船调查	—	《福建文博》1997/02
3	1989	广东“南海Ⅰ号”沉船调查及发掘	南宋	《福建文博》1997/02
4	1990～1995	福建定海湾沉船调查发掘（3次）	宋元 明清	《福建连江定海湾沉船考古》
5	1990/1991 /2010	山东长山列岛海域水下考古调查	龙山/岳 石/汉	《福建文博》1997/02
6	1990	海南文昌宝陵港沉船调查	清初 （南明）	《福建文博》1997/02
7	1990	海南铜鼓岭明代遗迹水下调查	明代	待发表
8	1991	山东蓬莱墟里“打碗口”海域调查	明代	《福建文博》1997/02
9	1991～1992	广东新会银洲湖区域大海战遗迹调查	宋元之际	《福建文博》1997/02
10	1991～1997	辽宁三道岗元代沉船遗址发掘	元代	《绥中三道岗元代沉船》
11	1995	广东汕头广澳沉船调查	清初	《福建文博》1997/02
12	1995	重庆涪陵白鹤梁、云阳龙脊石题刻调查	历代	《福建文博》1997/02
13	1996	福建长乐大祉水下考古调查	—	《福建文博》1997/02

续表

序号	年份	名称	时代	文献来源
14	1996	日本名古屋常滑“中部空港”水下考古调查	—	《福建文博》1997/02
15	1997	浙江宁波象山西泽水下考古调查	—	待发表
16	1997	广东三灶镇草塘湾沉船调查	—	《四川文物》2006/01
17	1996 ~ 1997	湖北“中山舰”打捞	民国	《百年名舰风雨历程》
18	1996/1998/1999	西沙群岛水下考古调查及“华光礁Ⅰ号”沉船试掘	五代以降	《西沙水下考古（1998 ~ 1999）》
19	1999	香港大屿山竹篙湾水下调查	—	待发表
20	2000	广东汕头市广澳港南明沉船调查	南明	《文物》2000/06
21	2000/2003	福建东山海域（东门湾／南门湾／古雷头／东古湾）调查及发掘（2次）	明末清初	《福建文博》2005增刊
22	2002/2007	山东胶州湾鸭岛沉船发掘	明代	网络信息
23	2005	福建“碗礁Ⅰ号”沉船考古发掘	清代	《东海平潭碗礁一号出水瓷器》
24	2006	浙江宁波象山港水下考古调查	—	网络信息
25	2006	云南抚仙湖水下考古	—	《抚仙湖水下考古》
26	2006/2008	福建平潭九梁沉船调查	明代	《福建文博》2010/01
27	2006 ~ 2010	浙江沿海水下考古调查	—	《南方文物》2012/03
28	2007	广东（粤东／粤西）沿海文物普查	—	《南方都市报》2007/07/25
29	2007	福建平潭大练岛元代沉船遗址发掘	元代	《福建平潭大练岛元代沉船遗址》
30	2007	广东“南海Ⅰ号”整体打捞	宋代	《文化遗产》2008/02/20
31	2008 ~ 2010	福建沿海水下考古调查	—	《文物》2014/02
32	2008 ~ 2009	浙江宁波“小白礁Ⅰ号”沉船遗址调查	清代	《中国国家博物馆馆刊》2011/11
33	2009	安徽水下考古调查	—	网络信息
34	2009	山东沿海水下考古调查	—	《齐鲁晚报》2009/03/25
35	2010	福建平潭分流尾屿五代沉船	五代	《中国国家博物馆馆刊》2011/11
36	2010	福建漳州半洋礁沉船遗址调查	宋代	《海洋遗产与考古》
37	2010	水下文化遗产安防监控试点项目：以漳州半洋礁为例	—	《南方文物》2013/02
38	2010	广西水下文化遗产调查	—	待发表
39	2010	海南西沙群岛水下考古执法巡查	五代以降	《中国国家博物馆馆刊》2011/11
40	2010	浙江舟山白节山海域水下考古调查	近现代	待发表
41	2010 ~ 2014	韩国水下考古调查与发掘（如马岛考古）	—	广东省文物考古研究所提供
42	2007/10 ~ 12	广东汕头“南澳Ⅰ号”沉船发掘	明代	《考古》2011/07
43	2009/2011	天津散化锚地沉船调查	近现代	待发表

续表

序号	年份	名称	时代	文献来源
44	2011	山东牟平养马岛沉船调查（培训班）	近现代	待发表
45	2011	广东"南海Ⅰ号"试发掘（室内）	宋代	《2011年"南海Ⅰ号"的考古试掘》
46	2011～2013	中肯合作肯尼亚沿海水下考古调查及发掘	—	《中国国家博物馆馆刊》2012/08
47	2012	山东微山湖大运河水下考古调查	明清	待发表
48	2012	辽宁大鹿岛水下考古调查	—	待发表
49	2012	中俄旅顺狮子口海域水下考古调查	近现代	待发表
50	2012	山东青岛胶州湾水下考古调查	近现代	《中国重大考古发现》2012
51	2013	江西鄱阳湖老爷庙水域水下考古调查	明清	《中国文物报》2013/03/27
52	2013	湖北丹江口水库均州古城水下考古调查	明代	《中国文物报》2013/10/30
53	2013	福建古田县翠屏湖水下城址调查	现代	网络信息
54	2013	海南西沙群岛水下调查	五代以降	待发表
55	2013	吉林高句丽墓葬区水下调查	隋唐	待发表
56	2013	南沙群岛水下考古重点调查	—	待发表
57	2013～2014	天津大沽口沉船调查	近现代	待发表
58	2013～2014	河北唐山东坑坨水下考古调查	近现代	《光明日报》2014/04/09
59	2013～2014	福建平潭海域（以海坛海峡为中心）水下考古区域调查	五代以降	《中国文物科学研究》2013/02
60	2013～2014	辽宁丹东港区水下考古调查	清代	待发表
61	2013～2014	辽宁姜女石遗址水下考古调查	秦汉	待发表
62	2012/2014	浙江宁波"小白礁Ⅰ号"沉船遗址发掘	清代	《中国文物报》2014/08/29
63	2014	安徽黄山太平湖水下考古	—	《中国文物报》2014/03/26
64	2013至今	广东"南海Ⅰ号保护发掘"项目	宋代	《中国文物报》2014/12/30
65	2014	湖南开展首次水下考古工作	—	《湖南日报》2014/09/26
66	2014	海南海口水下古村落调查	明代	待发表

1. 水下考古工作的数量变化

根据对中国水下考古工作变化曲线与趋势的观察显示（图一），总体而言，1988年以来水下考古项目量逐年增加，工作对象种类日渐丰富。20世纪80年代末期，事业初创，受人员、设备、经费乃至经验的限制，每年开展一项水下考古已属尽行业之全力；90年代初开始达到两三项甚至四五项，其中1993年绥中三道岗元代沉船遗址的发掘更是我国水下考古独立自主完成大型水下考古项目的开始；随着内陆水域、西沙群岛水下考古工作的渐次展开，单从数量上看20世纪90年代中后期达到一个小的高峰；随着新世纪文物考古事业的整体进步（如人员数量、经费额度、文物普查等），2005年以后，尤其是2009年以后增势明显，2013年增至两位数。在统计学意义上，项目数

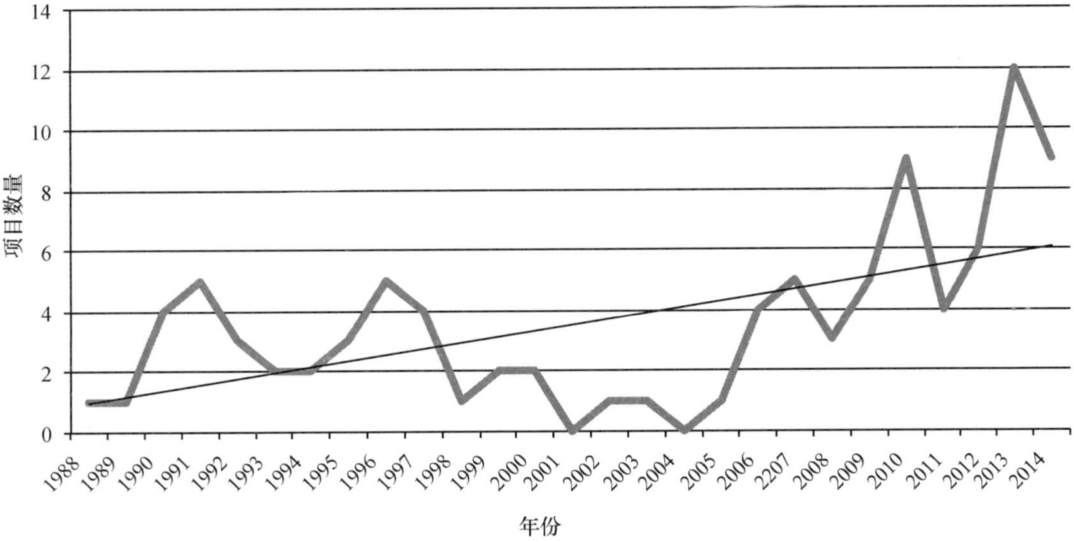

图一　1988～2014年水下考古工作变化曲线与趋势

量的增加意味着工作量的增加，也就意味着人员、设备、经费等支持项目开展诸要素的增加。因此，从某种意义上说，近三十年来我国水下考古项目的逐年增加以及工作对象的日益丰富，代表了中国水下考古能力和水平的不断进步，也展示了中国水下文化遗产保护事业的长足发展。

2. 水下考古项目的区域分布

我国既有的水下考古项目几乎遍及沿海各省、兼及内陆相关省份，但总体上呈不均衡分布状态（图二）。港澳台之外，在我国另外11个沿海省市（辽宁、河北、天津、山东、江苏、上海、浙江、福建、广东、广西、海南）中，除江苏、上海暂时还属空白外，其他各省市均有水下考古项目落地。其中，以福建、广东、海南、辽宁项目最多，山东、浙江等次之。湖北、安徽等几个内陆省份也开展了内水水下考古工作。在上述工作基础上，我国水下考古学界对包括大部分沿海地区，乃至西沙群岛、南沙群岛海域在内的水下文物（主要是历代沉船）和部分内水文物（主要是城址聚落、陶瓷运道等）有了一定了解，在考古调查与发掘层面上基本奠定了今天水下考古和水下文化遗产保护工作的格局。

开展工作较多的福建、广东、海南、浙江乃至山东、湖北等省也是水下考古专业力量较强的省份，辽宁虽然本省水下考古人员数量不多，但借着绥中三道岗元代沉船、姜女石遗址、丹东港区甲午海战遗存水下考古的重要机缘合作开展了大量工作。至于在江苏、上海地区较少开展工作，一方面与水下考古力量不足有关，另一方面也与工作思路不够宽广、视野过度以“沉船”为中心有关。众所周知，历史上，尤其是宋元以来江苏、上海背靠广阔的经济腹地、拥有发达的河湖海水系网络，在沿海交通乃至对外贸易中扮演着重要的角色，其各类水下考古资源的巨大潜力自不待言[5]；

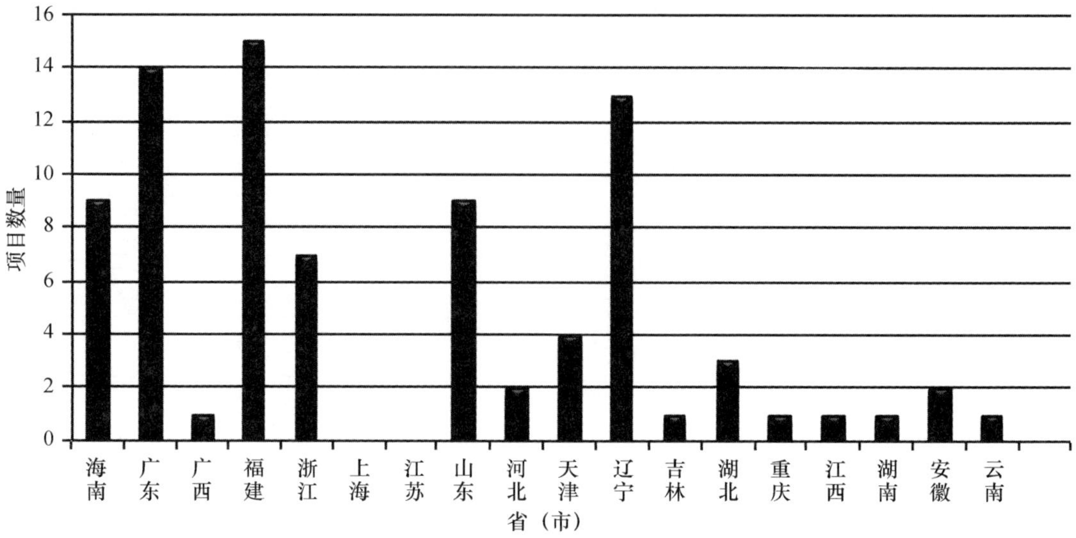

图二　2014年以前水下考古工作各省市分布示意图

从海洋地质地貌的角度看，由于“江苏辐射状潮流脊”“长江口北支潮流脊”等潮流沙脊的存在[6]，江苏、上海一带并不太适合沿岸航行，譬如元朝海运的创行者们曾先后三次改变南自崇明岛北达直沽的沿海航线便是为了躲避苏沪一带的沿海浅沙（图三）[7]。这种历史实际说明，江苏、上海一带的水下考古工作要紧紧围绕漕运海运、地貌变化、港市变迁、近现代史迹等资源特点主动设计课题，以更为多元化的视角开展水下考古调查、发掘及研究工作。

3. 水下考古工作的分类与性质

中国水下考古创始以来，尤其是近些年来，水下考古项目种类与性质日益多样化，既有传统意义上的调查、发掘，也已开始涉及整体打捞、原址保护、安防监控等新的内容；既有纯粹的水下考古项目，也有水下考古与陆地考古相结合，乃至调查方法探索的新课题，但毕竟凤毛麟角、未成气候。从整体上看，目前水下考古项目的种类主要涵盖文物普查、考古调查（一般调查和重点调查）、水下考古试掘与发掘等。这表明，中国水下考古像陆地考古一样承担了摸清中国文物资源家底、支撑文物保护（主要针对盗捞、涉海建设）和科学研究等任务，其主要目的是服务于水下文化遗产保护，是落实“保护为主，抢救第一”文物工作方针的重要组成部分，但仍需进一步完善。

与陆地考古不同的是，水下考古还比较缺乏专门针对考古学研究需求所主动设计和系统实施的案例。即便仅就保护而言，由于专业机构匮乏、人员严重短缺等因素，目前的水下考古也只能应付当下保护项目的需要，而事关长远和质量的重要基础性工作也来不及实质性开展。比如，水下文物数据库建设或者说水下文物登录标准及制度建设尚未实施，至今未完成一张全面完整、功能完善的水下文物分布图等。在这个方面，具

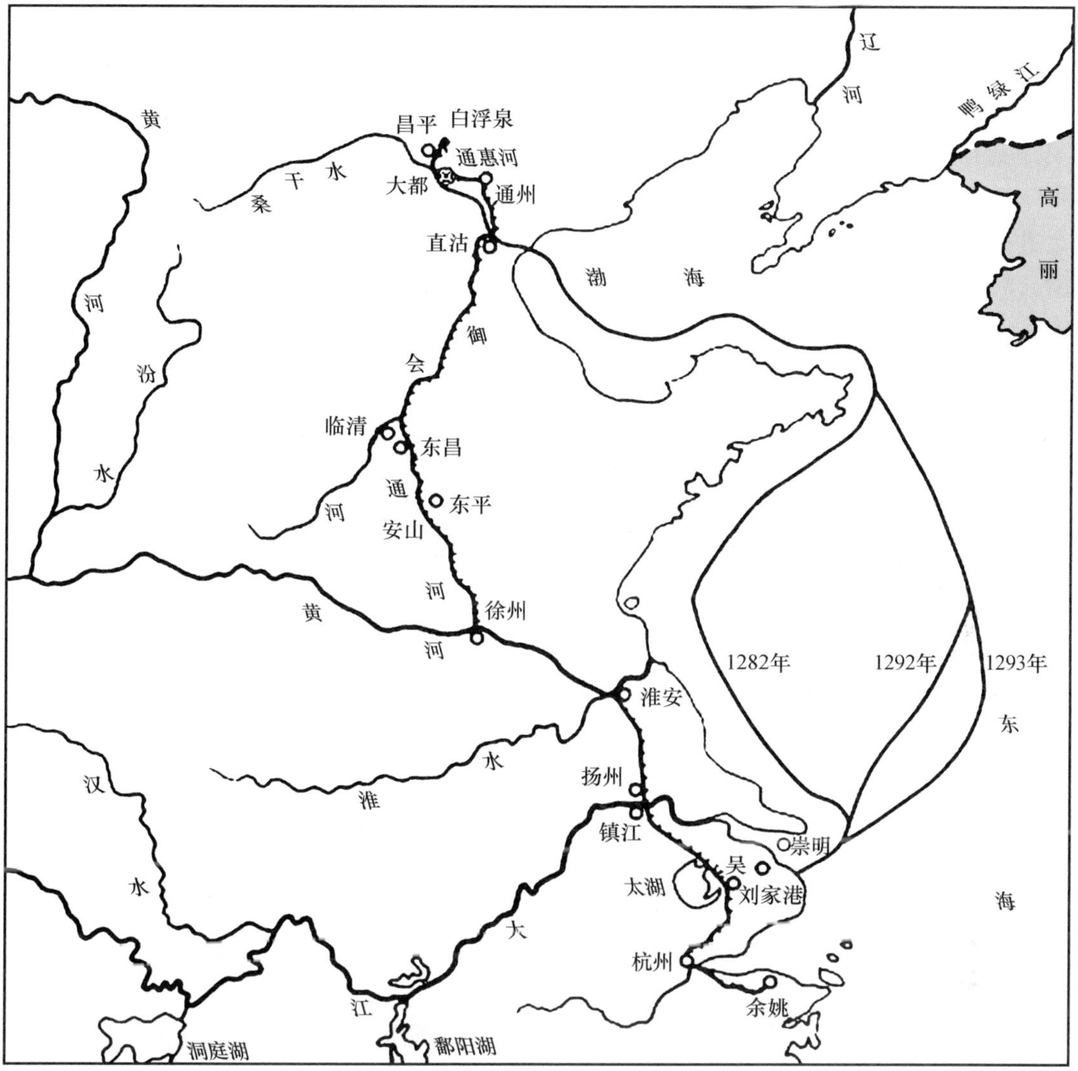

图三　元朝海运航路变迁示意（据 章巽）

有百余年遗产登录制度的意大利同行们的卓越工作可给我们提供诸多启示，其统一标准、按部就班、注重积累的可持续性项目运作方式让人耳目一新，值得借鉴[8]。

4. 水下考古资料的刊布与研究

水下考古资料的刊布与研究是水下考古工作的规定动作，科学、系统、全面地获取并公布资料是开展水下考古学研究乃至合理利用水下文化遗产的基础和前提。总体上看，目前我国水下考古资料整理出版滞后，学术研究亟须进一步加强。截至目前，除了尚未完成或刚刚结束的项目（如“南海Ⅰ”“南澳Ⅰ号”“小白礁Ⅰ号”等），详细系统刊布过考古资料的有辽宁绥中三道岗元代沉船、西沙考古调查（含“华光礁Ⅰ号”）、福建连江定海沉船、平潭大练岛元代沉船；另有若干简报与相关报导主要集中在《水下考古通讯》（仅办4期）《福建文博》《中国国家博物馆馆刊》《考古》《文物》等期刊以及《水下考古学研究（一）》《海洋遗产与考古》等大型学术资料集中；还有的调查与发掘资料散落在研究者的论文、报纸乃至网络信息中；相当多的项目没有资料发表，甚至个别大型项目至今没有全面整理资料（参见表三“文献来源”栏）。究其主要原因有：①人员少，项目多，任务重，导致缺乏专门的时间、精力进行材料整理；②部分项目目标、顶层设计疏于细化，缺乏足够的学术研究作为支撑，对一些遗迹遗物少的项目成果重视不够，因“没像样发现”而忽视资料的整理发表；③水下考古人员平时分散、用时集中的工作模式在保证水下考古项目正常开展的同时，也有如何发挥其学术研究积极性的问题，也就是说，缺乏较为稳定的水下考古队伍也是资料整理滞后的间接原因。

至于学术研究，限于篇幅和主题，本文无意进行具体学术成果的评价，但仅就学术报告论文等的梳理，即可从一个侧面对水下考古领域的整体研究态势有个宏观扼要、概览式了解。在“中国知网”中，若以“水下考古”为查询词，分别以“全文”“主题”“篇名”“关键词”“摘要”为检索条件[9]，1990年以来截止到2014年9月水下考古相关研究条目如下（表四）。

表四　中国知网“水下考古”查询条目

检索条件	全文	主题	篇名	关键词	摘要
条目数量	1201	806	146	761	89

如果以检索条件为“主题”的806篇论著为例进行适当的分类和分析，可得结果如图四。其中，“报刊简讯”可视为水下考古资料在某种比较简略程度上的刊布，或可反映一定的学术研究，共计400条，占比正好一半；发掘简报、综合研究、技术方法、陶瓷研究、理论概述、文化交流研究，均视为学术研究，总共200余篇，约占四分之一；其余部分约占四分之一，暂不视为一般意义上的学术研究。由此可得初步结论：①从总量看，以“水下考古”为“主题”的文章共有806篇，数量不大，平均每年30余篇；②除了报刊简讯、会议纪要、人物访谈等，单看研究性质的考古简报、学术论文等仅有200余篇，每年平均不足10篇，其研究态势可见一斑。水下考古学作为考古学的一个专门领域，仅就发表研究文章的数量而言也有很大提升空间，若结合表三和图四，我们或可进一步体会到水下考古资料刊布之滞后及理论方法探索之单薄与不足。

三、相关思考与建议

通过上文的回顾和分析，基本可以把握近三十年来中国水下考古发展的基本概况和诸种面相。从根本上说，水下考古如何发展，其未来方向怎样是个开放性的题目。

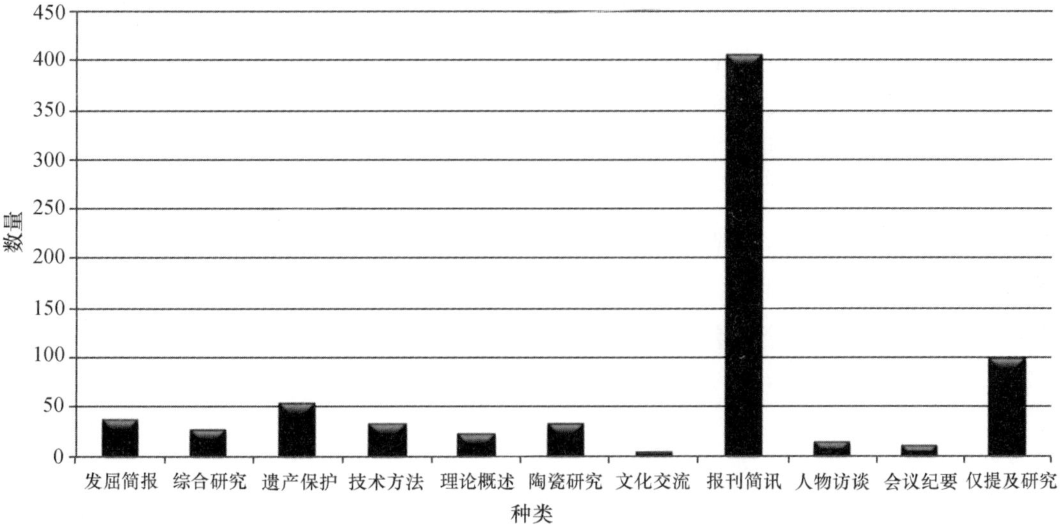

图四　检索条件为“主题”论著分类示意图

在个案研究与理论探讨时甚至会并且也应该出现“问题与主义”式的讨论，会有大到理论理念，小到方法材料的驳诘问难、交流探讨。但一个行业的发展，毕竟不单纯是学者个人的纯粹意义上的自由研究，应该在遵循事业和学科发展逻辑，综合梳理相关基础、条件的前提下系统规划，制定详细可行、持之以恒的分阶段目标，凝练出具有全局和引领意义的重大课题，并予以持续保障和渐次落实。抛砖引玉，下面提出问题以供进一步的讨论。

1. 水下考古工作与水下考古学

从根本上讲，水下考古工作与水下考古学是两个层面的概念。在目前情况下，把中国的水下考古作为一项事业、一项工作来看来评价，不会有太大争议。例如：建立了一支人员精干、装备精良的队伍；调查、发掘并抢救了一大批珍贵的水下文化遗产；对中国水下文化遗产现状有了较为深入的了解；获得了大量的水下考古资料，发表了一批学术成果（考古报告、论文等）等。但如果因此而称其为“水下考古学”，整个考古学界会有不同看法，我们从业者自己或多或少也缺些底气。因为，至少到目前我们还没有充分论述、系统表达水下考古学的终极目标是什么，这与陆地考古有何差异？要通过怎样的方法手段或技术路线达成目标，水下考古学有哪些特殊的理论、方法？通过凝练哪些具有特殊意义的重点课题、重点项目，以前瞻性的思路来引领研究？如何通过规范工作、系统成果展现水下考古学的目的与目标？诸如此类的问题，在一定尺度上，对某个研究者个人来说似可回避，但对于一个行业一个学科来说无法回避，也不能回避。

有鉴于此，“水下考古工作”应该：①坚持优良传统，进一步加强机构和队伍建设。如国家文物局水下文化遗产保护中心、国家水下文化遗产保护基地，以及若干地方水下考古专业机构的建设及布局优化。②加快技术、装备的吸收引进及适用性研究。如考古船工作平台、声学探测设备、光学测绘设备、潜水装备及信息提取与记录装备的使用与研究。③加强若干基础工作。如把水下文化遗产调查作为长期、重要的工作来部署落实，以求全面掌握资源家底；加快数据库建设，完成中国水下文化遗产分布图；加强水下文化遗产政策、法规研究等，这既是水下文化遗产保护的基础，也是水下考古学研究的基础。④加强水下文物保护工作。既包括安防监控、保护规划、原址保护，也包括出水文物保护关键技术的研发和实施等；同时要进一步强化水下文化遗产保护国际公约及世界范围内水下考古的相关跟踪研究，进一步深化"走出去、请进来"的合作发展战略等。

2. 进一步加强水下考古学学科建设

正如中国水下考古学的创建者和早期擘画者俞伟超先生投入极大的精力追问《考古学是什么》一样[10]，继其余绪，我们应该在新的基础上就水下考古学的若干基本理论与方法开展持续探索。事实上，直到今天，如何进一步解决水下考古学的可靠性、学术性或科学性问题依然是世界范围内水下考古学学科建设的一个根本问题[11]，中国亦不例外。上文论述也可表明这是中国水下考古在研究层面存在的最大不足和挑战。

因此，我们应该考虑：①如何进一步明确或探讨中国水下考古学的发展路径和手段？如何设计或借鉴更为细致、系统的方法、技术乃至设备来规范操作每一次调查发掘，科学记录每一处水下遗址（包括文物点）的遗存信息、环境信息？②要更加明确中国水下考古学所要达到的目标（哪怕是阶段性目标），是构建中国人认识、开发、经略海洋的时空框架？完善补充中国历史教科书？还是参与到以田野考古学为依托的构建完整中国历史的相关研究中去？③作为一个专门领域的系统研究，要明确、凝练中国水下考古学当前的重点课题和项目。要开展综合研究，如通过中国水下文物时空架构的相关研究，探讨中国的海洋开发利用史及其对中国历史进程的呼应与影响，进而探讨其与历史上内陆边疆对中国历史进程的影响[12]有何不同？要开展系列专题研究，如沉船调查与研究（政治、经济、文化、军事、贸易、交通、航海、陶瓷以及船舶与社会若干主题等）、"海上丝绸之路"研究（形成与机理、时空架构、内涵外延、代表性物证及其意义阐发等）、海防调查与研究、海岛文化研究（或者岛屿考古研究）、陆地与海洋（水下）文物（文化）的关系研究，以及若干事关方法探索、技术探讨的其他研究主题等。

总之，水下考古工作是水下文化遗产保护的基础，水下考古学是水下考古工作的升华与系统性表达。在中国水下考古如何发展这个问题上，加强水下考古工作与加快水下考古学学科建设同样重要、缺一不可。即便仅就水下文化遗产保护工作而言，也需要通过水下考古去认知水下文物，需要通过法规政策和适当的技术手段去保护水下（出水）文物，也需要通过公众考古等手段去引导社会公众分享、保护水下文物。

这些不仅仅是工作实践，都需要投入专门的精力去学习去研究，由此走下去，水下考古学必然会进入更为广阔的史学研究范畴。当然，囿于主题、篇幅，尤其是笔者的学力和见识，不可能面面俱到地展开谈。我们希望，在经过了近三十年、做了那么多工作、取得了那么多资料和经验的今天，中国水下考古工作者和整个考古界都应该重视对其发展历史与存在问题的回顾、分析、思考，进而明确规划中国水下考古工作的今天和明天，努力探讨中国水下考古学学科的建设与发展，为我们的下一个三十年甚至更久一段时期的将来指明努力方向。我们认为，在中国水下考古学的前方有一个明确但不甚清晰的目标，让她清晰起来，是当下最要紧的一件事。

注　释

[1] 张威、李滨：《中国水下考古大事记》，《福建文博》1997年第2期。

[2] 刘曙光：《向着更阔更深的蔚蓝世界前行》，《中国文物报》2013年3月1日。

[3] 国家文物局：《水下文化遗产保护“十二五”规划》（内部资料），2010年。

[4] 本项统计主要来自相关报章期刊的翻检，乃至网络信息、人员访谈，挂一漏万在所难免。其中既包括多年连续项目，也包括与中国有关涉的域外项目。需要指出的是，主要由田野考古工作者完成但与水下考古学研究息息相关的淤陆沉船、码头津渡、港市口岸、河运漕运遗迹等暂不计入。

[5] 吴松弟：《明清时期我国最大沿海贸易港的北移趋势与上海港的崛起》，《复旦学报（社会科学版）》2001年第6期。姚汉源：《京杭运河史》，水利水电出版社，1998年。太仓县纪念郑和下西洋筹备委员会：《古代刘家港资料集》，南京大学出版社，1985年。（明）马欢著，冯承钧校注：《瀛涯胜览校注》，中华书局，1955年。

[6] 夏东兴等：《海岸带地貌环境及其演化》，海洋出版社，2009年。章巽：《中国航海科技史》，海洋出版社，1991年。

[7] 章巽：《元“海运”航路考》，《章巽文集》，海洋出版社，1986年，图三是在本书80页图的基础上改制而来。现代地貌学上的“沙脊”在文献中曾被称为“黄连沙”“撑脚沙”“扁担沙”“万里长滩”等。“下侧如刃”的尖底海船尤其不适合在此区航行，而平底海船却相对适宜。历史上上海港的尖底海船、平底沙船即是南北分途。

[8] 中国文化遗产研究院：《意大利水下考古调研报告》（内部资料），2011年。

[9] 在检索过程中，曾先后以“水下考古”“沉船考古”“古代沉船”“水下文化遗产”等为查询词，通过对检索结果的具体梳理比对，以“水下考古”为查询词最接近事实真相。当然，此结果只限于以“中国知网”已有数据库为样本，溢出此范畴的如以书代刊、部分论文集等不在此列。不过总量不大，并不影响对一般态势的判断。

[10] 俞伟超：《考古学是什么——俞伟超考古理论文选》，中国社会科学出版社，1996年。

[11] 〔英〕理查德·A·古尔德主编，张威、王芳等译：《考古学与船舶社会史·绪论》，山东画报出版社，2011年。

[12] 〔美〕拉铁摩尔著，唐晓峰译：《中国的亚洲内陆边疆》，江苏人民出版社，2010年。

联合国教科文组织《水下文化遗产保护公约》（2001）和水下考古相关挑战的国际视角（纲要）

乌瑞克·盖伦（联合国教科文组织） 著

周昳恒（宁波市文物考古研究所） 译

联合国教科文组织是什么？

- 政府间组织
- 联合国下属的特殊机构
- 有195个成员国
- 总部设置在巴黎，有50个分处

为什么要签订公约？

- 保护的基础是法律
- 单个国家内部的法律和已生效的国际法律不足以全面地保护水下遗产
- 许多国家未设立相关的水下文化遗产保护法，甚至有些没有设立文化遗产的保护法
- 单个国家内部的法律无法在境外实行

•领海与领土内——国家拥有完全执法权

•专属经济区——国家拥有一定的执法权

•公海及以外——国家只对本国公民及船只拥有执法权

解决方法：国际法

- 国家之间可以签订协议，如一份公约，来解决常见纠纷
- 公约的内容将通过国家之间的协商确定，并最终由所有国家签署生效（或者在一次全球大会上通过）
- 通过后公约将对国际社会开放供批准

国际法与水下文化遗产

与水下文化遗产紧密相关的国际协议有：

- 联合国海洋法公约（蒙特哥湾，1982年）——海洋司法权的全球协议，仅略微

提及水下文化遗产

- 联合国教科文组织2001年《水下文化遗产保护公约》（巴黎，2001年）——水下文化遗产的全球公约
- 也存在着一些双边协议（如泰坦尼克号协议、VOC 协议等）和区域协议［如考古文化遗产保护欧洲公约（瓦莱塔，1992年）］

联合国海洋法公约

- 关于各个国家对于世界海洋的责任和权利的全球协议，建立了对于商业活动、环境保护、海洋资源开发的指导方针
- 经过了50年的协商
- 1994年开始实施
- 160多个国家和欧盟成为会员
- 联合国海洋法公约只包含了两个水下遗产相关条例：条例149和303
- 公约只针对大陆架范围的领海给予了保护权，仅有一些概论，并且允许商业打捞
- 联合国海洋法公约条例149：考古与历史遗存
  - 所有在本地区考古与历史性质的遗存应被保护，或基于全人类的利益进行妥善处理，特别应注意遗址的所在国、或文化起源国、或历史与考古起源国拥有该遗址的优先权
- 联合国海洋法公约条例303：海洋中发现的考古与历史遗存和文物
  - 国家有权保护海洋中发现的考古和历史性质的遗存和文物，并应以保护为目的进行合作
  - 为了控制文物的走向，沿海国家应依据条例33（在大陆架领海范围内）主张任何未经国家允许在其规定区域海床上的文物打捞是对其领土领海相关法律法规的侵犯
  - 本条例内容不影响发现物法、打捞法或其他海事规则的利益，也不影响有关文化交流的相关法律和活动
  - 本条例并无损害其他保护考古和历史性质的遗存的国际协议或国际法律的条款

联合国教科文组织2001年公约

- 为什么由联合国教科文组织制定该公约
  - 联合国教科文组织有制定标准的职能
  - 该秘书处已负责了6个解决不同文化争议的公约，经验丰富
  - 水下公约签订后，联合国的公约可以全面地保护各种类型的文化遗产
- 2001年公约
  - 在2001年联合国大会上通过启用
  - 这是国际社会对水下考古遗址破坏采取的措施
  - 保证水下文化遗产能与陆地文化遗产受到相同的保护

● 2001年公约内容
• 让水下文化遗产的保护与陆地文化遗产保护相统一
• 保证国家之间的合作和世界范围内科学家的合作
• 促进水下考古的发展，为水下考古制定更高规格的科技指导
• 公约与联合国海洋法公约（条例3）完全一致
● 2001年公约包含：
• 道德准则
· 水下遗产必须被保护
· 严禁违法打捞和商业开发
· 如没有好的发掘原因（如保护、研究或公共教育），就地保护应作为第一选择
· 鼓励有序地向公众开放水下遗产
• 有效的遗址保护方法
• 国家之间合作机制
· 合作地区在公海范围内（不适用于领海）
· 各国应要求他们的公民上报水下文化遗产的发现和与水下文化遗产相关的活动
· 各国应将得到的水下文化遗产信息通过联合国教科文组织向其他成员国共享
· 各国将会得到来自别国的信息
· 各国可以申报自己的利益来进行协商，具体处理办法将由协商国家共同决定
• 享有盛誉的水下考古科技指南（附件）
· 针对水下文化遗产相关活动的规定=公约附件
· 职业守则和科技指导
· 教导项目策划的流程内容
· 提供详细的操作指南（可自网站上下载）
不对遗迹或遗址的归属及海洋司法权的变化做出任何规定
● 水下文化遗产的定义
• 任何具有文化、历史或考古特征，半沉没于水下或完全处于水下，具有阶段性或延续性的100年以上历史的人类活动遗址
● 公约范围
• 全覆盖式保护（没有注册系统或保护名单，直接对所有遗址进行保护）
• 没有固定基准（对于文物和遗址的界定）
• 100年的基准可以以现有国家法律重新校正
• 包括环境、重复性的材料和近期沉没的遗址
• 在国家司法权辖制下的领土和个人（也包括有国家旗帜的船只、侨民和国家船舰的沉船等）
• 涵盖了所有水域，包括内陆水域和内海（湖、河、沼泽）
● 反盗捞机制
公约提供了强有力的针对考古遗址的反盗捞机制，其中包括：
• 各国控制其领土上的人员流动、货品贸易和财产交易

•停用在成员国司法权控制下的地区（港口、岛屿）
•追回并妥善处理任何违反公约规定行为所获得的文物（违法打捞和违法寻宝）
•成员国应制裁任何违反公约规定执行的行为
● 与其他联合国教科文组织公约的关系
•水下世界遗产
•比基尼环礁，红海湾遗址，湖区杆栏遗址
•与水下文化遗产相关的非物质文化遗产
夏威夷的捕鱼崇拜；海洋仪式；造船技术，如中国舢板的隔板防水技术
● 加入公约后的益处
•公约提供了有效的保护、干涉和研究水下文化遗址的具体指导
•公约保护了水下文化遗产不受打捞和商业开发的破坏
•公约为水下文化遗产提供了法律保护，无论遗址地处何处
•公约将水下文化遗产的保护提到了和陆上文化遗产保护的同一高度
•各国采取统一措施，并受益于与其他成员国的合作
● 怎样加入
•加入公约是一个国家宣布自己将受到一份公约的制约（核准、支持和通过具有同样效力）
•加入联合国教科文组织2001年公约需递交一份批准文件（信），并经联合国教科文组织的理事长批准通过
•国内法律需与公约相统一
● 公约怎样施行（图一）
联合国教科文组织的工作流程
● 法律保护的升级
•联合国教科文组织2001年公约
•法律应用协助（有示范法可供参照）
•文化遗产保护法数据库

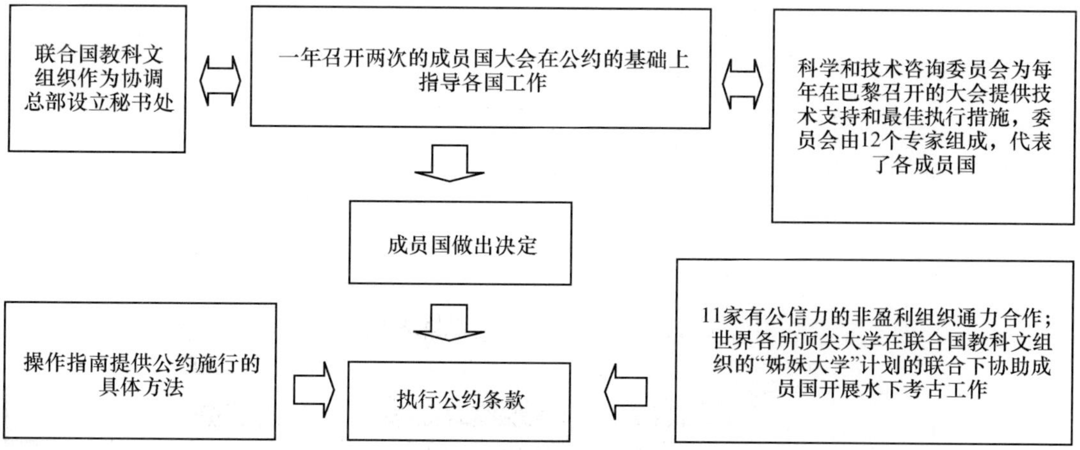

图一 公约施行流程

- 科技支持
  - 科学与技术咨询委员会
  - 水下文化遗产与水下考古会议
  - 博物馆建设支持
  - 顶尖大学在“姊妹大学”计划领导下协助开展水下考古工作
  - 由联合国教科文组织认可的优秀非营利性组织的加入

组织

- 培训由总部组织，基地遍布世界各地
- 联合国教科文组织自2007年起在80多个国家培训了400多名专业人士，培训科目众多，时长最长为三个月

出版书目

- www.unesco.org/en/underwater-cultural-heritage

公众意识普及

- 7种语言的水下文化遗产网站
- 针对儿童建立的网站和卡通片
- 水下文化遗产和2001年公约的专题片
- 水下文化遗产的展览
- 促进水下遗址的公众开放

国际性挑战

- 尽量减少
  - 打捞和商业开发
  - 工业污染
- 增加公众保护意识和水下文化遗产开放程度
  - 虚拟开放
  - 路径开发
- 可持续发展
- 增加科技合作（提案：2015非洲地区性会议；2017香港会议）

编者注：本文系根据联合国教科文组织《水下文化遗产保护公约》（2001）秘书处秘书长乌瑞克 · 盖伦（Ulrike Guérin）博士于2014年10月16日在国家水下文化遗产保护宁波基地举办的首届“水下考古 · 宁波论坛”所作PPT演讲稿（The UNESCO 2001 Convention on the Protection of the Underwater Cultural Heritage and an international view on underwater archaeology related challenges）整理并翻译而成。

法国考古向水下进军：卢恩项目——构建水下考古的未来

米歇尔·卢赫（法国国家海洋与水下考古研究中心） 著

周昳恒（宁波市文物考古研究所） 译

摘要： 不同于历史悠久的潜水活动，水下考古是一门新兴的学科。这门学科起源于20世纪50年代的欧洲，特别是法国，发展迅速并运用于一些极端复杂的环境，比如对深水沉船的科学探索。在过去的50年中，法国的考古学家们进行了各种实验，期待有一天能一探深埋于海底的沉船的神秘面貌。这股浪潮在2012年启动“卢恩项目”（Lune Project）时达到了顶峰。“卢恩号”（或译“月亮号”——译者注）（Lune）是一艘失事于1664年的法国皇家军舰，沉没在土伦（Toulon）港口附近。这个深海遗址引起了不少相关科技人员的特别兴趣，并最终促成了一个对该遗址的实验性发掘项目。该项目聚集了各行各业的专家，有考古学家、历史学家、工程师、计算机和机器人设备专家、海底探险专家及3D成像技术专家。本文将展现卢恩沉船的风貌，也介绍一些正在发展中的发掘方法、技术和设备。

关键词： 水下考古　深水沉船　卢恩号　实验　发掘

今天我希望在这里展示法国考古学家们致力于发展深水沉船发掘技术的决心，但首先我将简单介绍法国水下考古的概况，以及我们向更深的海底进军的发展史。

众所周知，人们探索水下环境的一大根本动力，就是搜索沉船并找到它们所载的货物。据闻两千多年前，罗马帝国就有专业的潜水员团队，他们被雇佣在船底进行潜水活动，寻找沉没的宝藏。接下来的十五个世纪，潜水技术毫无进步，直到18世纪，第一套潜水服的出现，第一个允许人类在水底有效工作的设备才被发明出来。

1715年，法国人皮埃尔·雷米德博夫（Pierre Rémy de Beauve）发明了他的第一个水肺。与此同时，居住在英国西南部的羊毛商人约翰·莱斯布里奇（John Lethbridge）发明了一个橡木做的空气密封木桶，可以使“潜水员”在水底呆上足够长的时间来进行沉船宝藏的打捞。莱斯布里奇和雷米德博夫的发明在18世纪和19世纪激励了整个欧洲的发明家们，这最终使得潜水技术在19世纪上叶——准确地说是1839年——以第一个潜水头盔的发明为标志，迎来了一次真正的工业革命。接下来的一百多年中，这套潜水服成为了潜水员的标准装备，但是同时也限制了潜水的发展，使得从1850年到1950年的一百年中，潜水员无法探索水深50米以下的深水沉船。

在上述这段漫长的潜水发展史中，水下考古并没有在其中扮演什么角色。这些潜水活动先锋们的最初目的，不是为了打捞水下宝藏大赚一笔，就是为了毁坏沉船来清理航道。

但是，其中也有一些人很早就认识到水下沉船和水下文物具有极高的历史价值。从几篇19世纪中叶的文献中可以看到，一些爱好者们已经仅为了研究古代文物而进行潜水探险了。欧洲该类文献最早的记载是在1854年，记录了一次在瑞士（Switzerland）摩尔日镇（Morgès）日内瓦湖（Lake Geneva）的潜水活动，那次潜水是以打捞史前湖畔村庄遗址中的遗物为目的。

不过上述的这些活动都是并不相关的独立事件，所以我认为无可争议的水下考古之父应是法国考古学家阿尔弗雷德·梅林（Alfred Merlin）。1907年6月，几个希腊渔民在潜水打捞海绵中第一次发现了沉没于突尼斯马赫迪耶镇（Mahdia）周边海域40米深水底的古沉船，时任法国宗属国突尼斯的国家文物部主管的阿尔弗雷德·梅林随即决定对该沉船进行有史以来第一次以考古为目的的系统性水下探索。从1907年到1913年，阿尔弗雷德·梅林对马赫迪耶沉船遗迹进行了一系列考古调查，他本人并不是潜水员，但是他在水面上指挥希腊潜水员完成了整个工作。于公元前80年～前70年沉没的马赫迪耶沉船出水了一批具有惊人价值的文物，还有一些大理石与铜质的雕像。发掘中，阿尔弗雷德·梅林每年都会出版考古发掘报告，产生了巨大影响。为此，1928年法国考古学家索罗门·雷纳克（Salomon Reinach）盛赞海洋是“世界上最大的博物馆”。

不过，这个有前瞻性的断言在接下来的五十年中并没有被充分地认识到。潜水依然是少数专家的专利，而且这些专家没有一个是考古学家。

所以自马赫迪耶考古发掘之后的半个世纪，考古学家们依然固守在船只上，对水下的世界视而不见，直到另一项发明的出现改变了这个现状。20世纪40年代，水肺也就是现在通称的“水中呼吸器”（SCUBA）被发明出来了。

在法国，水下考古领域的发展应归功于雅克-伊夫·古斯多（Jacques-Yves Cousteau）和埃米尔·加尼昂（Émile Gagnan），他们在1943年发明了水肺。这项发明使人能简单地潜入水下“寂静世界”，并以此为契机发现了法国与意大利境内地中海沿岸的众多水下沉船。意大利人尼诺·兰博格利亚（Nino Lamboglia）于1950年对“阿尔班加号”沉船（Albenga wreck）进行的打捞是最后一次使用有铜制潜水头盔的潜水套装的水下考古活动；而发生在1952年至1957年的法国马塞湾（Bay of Marseilles）的对大康格路易（Grand-Congloué）古沉船的潜水发掘，则是世界上第一次真正的水下考古发掘。

在马赛湾项目中，法国考古学家费尔南德·伯努瓦（Fernand Benoit）虽然全程指挥发掘，但并没有在发掘中受训潜水，具体的发掘打捞工作是由古斯多的潜水队完成的。但是随着一个个科学和技术上的困难接踵而来，潜水队立刻意识到他们需要一位考古学家在水下直接监控工作的进行。这意味着考古学家必须要开始学习潜水了。

为了应对这个状况，著名的法国作家、时任法国文化部部长的安德烈·马尔罗（André Malraux）于1966年建立了法国国家海洋与水下考古研究中心，简称DRASSM。我有幸在过去八年中领导了这个部门。新的研究中心如期在马赛建立，为了对其研究工作提供保障，水下考古研究中心在1967年装备了一艘特制的30米长的研究船只，名为“阿赫诺特”（Archéonaute）。

水下考古研究中心成立以后，就被赋予了管理、发展和保护世界范围内法国管辖水域中的水下文化遗产的职能。可能不为人知的是，法国实际上拥有世界上第二大的专属经济区，其范围覆盖了一千一百万平方千米的水域，包含了全球百分之十的珊瑚礁和全球百分之二十的珊瑚环礁。

在水下考古研究中心最初发展的十五年中，法国考古学家们致力于适应新的发掘方法，探索解决方案并决定最适合于水下文物的研究方法。在潜水呼吸器的帮助下，水下考古研究中心在1966年至1980年间共勘探和研究了法国沿海的近1500艘水下沉船，最深水深达到了60米。此外，在20世纪70年代，启动了一项颇有潜力的研究：利用机械和电子产品对深水沉船进行勘探和定位。

因此，在20世纪80年代，水下考古研究中心开始与其他机械和研究组织合作，共同勘探在较深水底的沉船遗迹。第一个合作项目是1980年位于土伦港（Toulon）贝纳特（Bénat）的四艘沉船，这些沉船位于328米深的水底。从一开始，这个项目就奠定了深水沉船研究的重要性，水下部门也就此继续了这项研究。

水下考古研究中心之所以对深水沉船有经久不衰的兴趣，其背后的动力来源于一个显而易见的事实：不论是遭遇了哪种灾难，暴风雨也好，战斗也罢，或者是因为超载，沉没于深海的船只总是保存得最为完好。一旦导致沉没的灾难过去，那么船只安息之地的绝对水深会使得它不受任何人类活动的侵扰。水深还保护船只不受日复一日海浪的冲击，不受海潮反复冲洗带来的氧化，也防止了船蛆（teredo navalis）等凶猛贪食的软体动物的蛀蚀。在20世纪80年代，我们并没有预料到，但现在我们却能清楚地认识到，如果没有这项研究，那么就不会有深海水下文化遗产的统计清单，而这份清单一出台就具有了重要的战略意义。长久以来，深水沉船就因其独特的埋藏环境而免受人类活动侵扰，然而现在因为潜水呼吸器技术的进步，特别是再生式氧气系统的发明，使得远海水下探险风靡一时；又因为渔业资源的萎缩促使捕鱼船不断进入原来不曾深入的海域，深水沉船现在面临着“寻宝盗猎者”和捕鱼船的双重威胁。但只要考虑到深水沉船中所蕴含的丰富的科学文化信息，就知道保护和研究这些遗址是我们工作的重中之重。

在首次发掘4艘贝纳特沉船后，我们认识到，作为考古学家，我们别无选择，只能创造出一套特殊的深海沉船发掘方法。这就是我们在1990年对“圣多萝西娅号”（Sainte Dorothea）的考古发掘中开始着手做的事情。这艘沉船是一艘丹麦商船，在

17世纪沉没于通往滨海自由城（Villefranche-sur-Mer）的航线中，埋藏在法国尼斯（Nice）的附近海域。我们在COMEX公司（一家专门设计深海探索机器人设备的专业公司）的帮助下对该沉船进行了勘探调查。

在20世纪90年代，我们将深水沉船的勘探和浅水沉船的发掘工作交替进行，以此来实验新的工作方法，同时也继续学习水下机器人的操控。

例如，在1993年和1995年，水下考古研究中心发掘了两艘沉没于地中海的沉船，分别位于660米和450米的深处。这两次发掘中都使用了“鹦鹉螺号”潜水器（Nautile），这是由海洋学研究组织IFREMER研发的潜水器械，后来还被用于“泰坦尼克号”的发掘中。

在这些发掘的初期阶段，一个基本的问题在考古学家们面前显现出来：在深水沉船的探索中，使用的仪器都不属于考古学家，一起合作的技术人员们也毫无考古经验，对于考古研究一无所知。所以，当时我们经常会觉得自己是发掘项目的旁观者而不是负责人，并且我们只是被邀来给出一些建议的。

不过，我们在20世纪90年代合作的公司与研究组织协助我们发展出一套新的工作方法，特别是对水下文物进行拍照和摄影测量。

1997年和1998年的一次水下考古发掘，让我们有了第一次机会来验证自己过去的实验成果。这是一次由我个人负责的水下发掘项目，针对一艘位于文莱（Brunei）沿海的15世纪沉船。船体残骸埋藏于距水面60米以上的深海中，所在水域悬浮颗粒众多，能见度基本为零。但是，在由考古学家操控的水下机器人和潜水器的帮助下，170多名水下考古队员和专业潜水员组成的队伍仅花了不到六个月的时间就大体完成了对文莱沉船的研究任务。

这个成果达到了我们的期望值，发掘经费也控制在可接受的范围内，因此进入千禧年后，我们更决意要将我们的专业延伸到深水考古调查领域中去。2002年，在位于地中海的“大日波特号”（Grand Ribaud）的考古发掘中，我们有了机会将工作方法进一步完善。这也是法国水下考古历史上最后一个不是由考古学家完全操控水下机器人装置的发掘项目。

让水下考古研究中心的考古学家们拥有自己的水下交通工具并熟练掌握操作方法一直是我的一个期望。这个意见终于在2006年受到重视，我们开始商议来建造一艘新的水下考古专用研究船来替代我们已经久经沙场的“阿赫诺特”。

300吨的“安德烈 · 马尔罗号”（Andre Malraux）船长37米，宽9米，于2014年1月24日首航。船上安装了所有水道测量船上能有的设备，如起重机、动力定位系统和柴油机电力推马达。这艘船是专为装载大型水下器械如自主式水下交通工具、水下机器人和各种型号的潜水器而设计的。在过去的两年中，我们在考古现场经常使用这些设备。

在进一步完善水下文化遗产统计清单和更好地保护水下遗址不受工业活动与深海拖网作业的危害的动力刺激下，水下考古研究中心不仅建造了“安德烈 · 马尔罗号”，还自2010年起定期地对人类潜水员还未能触及的海域中的沉船进行试验发掘。同时我们建立了一个水下试验遗址，在那里我们可以研发、实验和完善水下设备，这些设备也许在将来的某一天将会用于处在深水海底的水下文物的勘探和发掘。这个试验遗址就是沉没于1664年土伦附近航道上的“卢恩号”（Lune）沉船。

这艘沉船位于90米深的海底，保存情况非常良好，这也是我们选择它作为试验遗址的原因。

“卢恩号”是一艘有两层甲板的军舰，上面配备了54门机枪，在17世纪上叶无疑是法国皇家海军的象征。也正是因为这个原因，著名的法国画家皮埃尔·普杰（Pierre Puget）在1654年为它创作了一幅画作。尽管在土伦船坞中进行了多次修补，十年以后，也就是1664年，“卢恩号”还是不可避免地成为了一艘饱经风霜的老船，被当时法国制造的有两层甚至三层甲板、能安装80到90门机枪的新船所淘汰。

在这样的情况下，1664年10月，“卢恩号”和另外两艘军舰一起前往位于现阿尔及利亚沿海的吉杰利（Djidjelli）港，为法国远征军运送补给。当时远征军被路易十六派遣去占领一个港口，并与在地中海地区肆虐的北非海盗作战。刚到达吉杰利，“卢恩号”上的船员们就发现当地情况混乱，法国军队被当时统治阿尔及尔（Algiers）的君士坦丁堡（Constantinople）的苏丹所派遣的军队包围了，被迫撤退。在一片恐慌中，几千名士兵爬上了刚到达的三艘船上，所以当“卢恩号”在1664年10月31日启程回土伦时是超载的。除了船上原本的几百名船员外，这艘船上还装载着一批食品、武器和弹药，这些货物在匆忙中来不及卸载，另有几百名士兵、军官和陪伴军官而来的一些年轻的贵族。

“卢恩号”于11月5日到达土伦时，船上的情况非常糟糕，船体漏水非常严重，但是拥挤在甲板上的人群使得甲板无法维修。但是，当时土伦的皇家海军总督下令，直到他告知国王这次法军溃败之前，“卢恩号”不能进港。无奈之下，“卢恩号”船长只能于1664年11月6日起航离开土伦，但是马上就遭到了一场狂风暴雨的袭击。在土伦港五海里外，“卢恩号”迅速沉没了，其沉没速度之快被当时这场惨剧的目击者形容为“就像一块大理石一样沉下去了”，近八百人随之丧命，仅少数人生还。

人们将“卢恩号”和它的故事遗忘了330年，直到1993年5月重新发现这艘船的残骸。在一次试航时，法国探险潜水艇“鹦鹉螺号”（Nautile）意外地绊到了沉船残骸，才使这艘沉船得以重见天日。“卢恩号”静静躺在卡尔屈埃拉纳港（Carqueiranne）附近的海底，水下考古研究中心随后对其进行了勘探。但是鉴于船体埋藏的深度和保存程度的完好，水下考古研究中心当时决定将残骸暂时封存，以待将来机器人科技和深水考古发掘有了长足的进步之后，再将遗址完全发掘出来。

二十年以后，有了充分的深水考古工作经验的基础，水下考古研究中心开始计划“卢恩号”发掘项目。在过去两年中，“卢恩号”遗址一直是我们为深水沉船考古特别研发的新科技和发掘技术的试验场所，仅2012年和2013年中我们就测试了十二种机器人装置，我们也测试了一些自主式水下交通工具和声呐剖面系统。2013年，我们测试了一些录像器材和静态摄影照相机。但是在“卢恩号”的发掘中，我们希望能更进一步：能建立遗址的虚拟模型，特别用于部署工作和对于一些精细操作的前期准备和排练。为此，我们与法国达索系统公司（Dassault Systèmes）、西班牙吉罗纳大学（Girona University）和许多3D建模与计算机制图的新兴公司合作，在他们的帮助下，我们成功创建了第一个戴上一个虚拟现实头盔即可随时访问的遗址3D模型。在我们的努力下，清理残骸上方沉积物的操作方法有了长足的进步。我们也努力用不同的手段来修复不同的文物，即使是最脆弱最易碎的。

同时，我们也致力于发展、试验和完善发掘方法与相关设备，使我们在将来能用与在浅水水域发掘同样的严格科学标准来操作深水沉船的发掘工作。

凭借水下考古研究中心过去三十年的水下考古经验，和在“卢恩号”遗址试验场地中得到的实验成果，我们确立了“最完美”的水下考古机器人器材的规格型号。众所周知，机器人产品的“成品”型号只有军用型和商用型的，而这些大体上都不能满足水下考古的各种特殊要求。2012年，我们决定与大企业、工程学校和外国大学合作开发一款全新的、能在人类无法企及的深度进行深入考古发掘的水下交通工具。由此，“海洋考古文物修复与考古实验机械机器人操作系统开发联盟”项目，也称CORSAIRE项目启动了。项目细节在此不作赘述，但我们希望这个装置的开发运行能在2020年完成，届时，这个装置可在两千米的水深极限内使用。

总而言之，“卢恩号”遗址的考古发掘对法国考古学家来说是一个相当巨大的挑战。首先也是最重要的是这艘沉船有着深厚的历史底蕴，它的迅速沉没不仅带走了近一千条生命，也带走了装载的武器和设备，还有不可计数的船员和乘客的私人物品。换言之，“卢恩号”是世界上17世纪海洋和军事装备、社会和历史物品方面保存最完整、最有代表性的宝藏之一。而发掘这座水下博物馆是一场巨大的冒险，因为我们相信无论成功或是失败，这次发掘都将会对未来几年的深水沉船考古的发展和研究——在此我们说的研究不仅仅指影像记录——产生深远的影响。因为上述这些原因，我们希望这场冒险能够成功，当然，乐观地说，我们坚信它将会成功。

编者注：本文系法国国家海洋与水下考古研究中心主任米歇尔 · 卢赫（Michel L’Hour）教授英文原稿（French archaeology’s long march to the deep. The Lune project. Building the underwater archaeology of the future）之译文，关键词为编者所加。

越南“占婆号”沉船的考古发现与收获

宋忠信（越南考古研究院） 著

周昳恒（宁波市文物考古研究所） 译

摘要：本文介绍了越南15世纪沉船“Cu Lao Cham”号（占婆号）。该船由柚木制作，残长30、宽约6米；沉船出水的大量器物，主要为15世纪晚期产自海阳窑（Hải Du o ng Kiln）和升龙窑（Thăng Long Kiln）的越南瓷器，以青花瓷为大宗，也有绿釉瓷、各类彩瓷等，部分器物为来自中国、泰国的陶瓷产品。

关键词：占婆号　沉船　海阳窑　升龙窑

自1997年至1999年，在越南政府的批准下，越南历史博物馆（现越南国家历史博物馆）与越南考古研究院、广南省文化信息部、会安古城管理中心、越南历史博物馆胡志明市分部的专家们通力合作，共同对位于广南省（Quảng Nam）会安市（Hội An）沿岸以东60千米外的占婆岛（Cù Lao Chàm）海域中的“占婆号”沉船进行了水下考古发掘。

“占婆号”沉船是在1994年被渔民发现的，他们非法盗掘了沉船并打捞走大量文物。越南政府相关职能部门和海内外企业家们非常关心这一事件，并组织筹备了一次对该沉船遗址的大规模水下考古发掘。

一、人　　员

由于越南并没有专门的水下考古机构，相关部门邀请了英国水下考古中心——牛津大学MARE来负责此次水下考古发掘，而越南的相关研究机构，如越南历史博物馆、越南考古研究院、广南省文化信息部、会安古城管理中心等则负责监管发掘进程和评估遗迹价值，并注重对水下考古的学习与经验交流。

为了仪器的操作和发掘的顺利进行，发掘组织委员会邀请了多种设备的操作专家，他们来自于一些专业公司如马来西亚的传奇地平线公司（Saga Horizon Sdn. Bhd. Malaysia）、越南视觉打捞公司（Visal Viet Nam Salvage Corporation）。另外委员会还邀请了可潜至水深70米的来自英国、美国和加拿大的数名优秀潜水员。此外，多名越南、马来西亚、印度尼西亚的船员也参加了这次发掘。

二、设　　备

由于“占婆号”古沉船所在海域地理复杂，水深较深（达70米），海流混乱多变，在东海还频受风暴袭击，所以发掘耗时长、投入大，发掘所用设备也规模庞大。在高峰时期，曾使用过两艘功率高达500CV和1200CV的拖船来拖曳两艘巨大的驳船（长59米，宽20米，载重量达到3000吨）。两艘驳船配备有发掘人员、专家和船员休憩的起居室和卧室，另外还有一系列的发掘、研究和文物处理设备器材。

所有设备均来自于马来西亚和英国，包括：遥控操作水下交通工具、回声探测仪/鱼探仪、水下照相机、全球定位系统、尼康5型相机、旁侧声呐、数码相机、苹果计算机、氦氧潜水设备、Air-salutation潜水装备、注满海水用于保存出水文物的橡胶水槽。

三、预　　算

传奇地平线公司和视觉公司在1997年至1999年共投资了六七百万美元。

四、调查和发掘过程

首先，是沉船的定位。因为深海环境的复杂性，遗址的定位十分困难。在本次发掘中，所有常用水下考古的潜水方法都不见效，最终采用了最昂贵但最科学的air-salutation潜水方法，该方法中三名潜水员轮替潜水，可以在水下持续11个小时，这样总有两名潜水员在海床之上工作。在水下，潜水员辨认和确立一个沉船的基准坐标，设定一个假定深度，然后用淤泥清理器将船体慢慢清理出来。当船体揭露出来后，潜水员们就可以使用皮尺和坐标尺（50 × 50厘米或1 × 1米）来布设探方，接下来采用摄影、测量或绘图等手段来记录沉船现状。在完成这些技术步骤之后，潜水员开始将文物采集装入塑料袋、塑料筐中，并记录其所处的坐标和深度。接着，这些装有文物的塑料袋和塑料筐都会被收集进一个巨大的铁筐中，然后被提升到驳船上。在驳船上有一系列相当大的橡胶水槽，里面注满海水，用于浸泡刚出水的文物。这些文物塑料筐也标注有沉船的坐标（图一 ~ 图七）。

下一步的工作就是将出水文物脱盐，使它们恢复到沉没以前的状态，然后再对这些文物进行干燥、分类、编号、绘图、摄影，这些基本信息最后都会被录入到考古报告中去。

图一　水下考古发掘

图二　一个青花瓷罐的镜头近景

图三　发掘领队门森·邦德站在水中平台上（之后这个平台将会沉入水中）

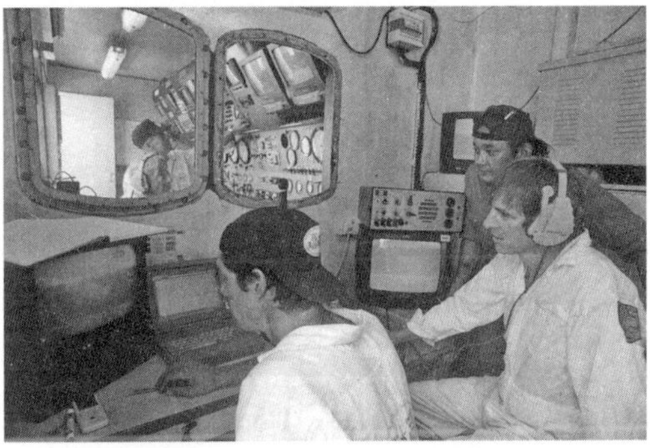

图四　弗朗西斯·波普、门森·邦德和杰克等发掘成员在控制室中工作

图五　绘图室场景（其中通常有超过六名技术人员进行瓷器的记录与绘制）

图六　越南历史博物馆会安分馆馆长范国泉与牛津大学门森·邦德在鉴赏从沉船中打捞上来的瓷器

图七　水下摄像机摄制的一名潜水员手持一个珍贵的青花瓷壶的照片

五、成　　果

（1）沉船遗骸

沉船是东西向排列，在海床上形成了一个自北向南倾斜的沙丘。当船体被清理出来之后，我们发现整艘船用柚木制造，长29.4米，最宽处达到7.2米。船身内被分为19个截面。木板的连接处发现了铁钉，还有方形和圆形的榫。

（2）出水文物

沉船中有大批文物，至1999年6月发掘结束，除去已散失的和一些陶瓷碎片，本次发掘共出水240000件文物，包括陶器、瓷器、铜器、石制容器和一些人类骨骸。

出水文物以陶瓷器为主，这些陶瓷被认为产于15～16世纪越南北部的两大陶瓷中心——升龙的首府河内（Thăng Long Capital Hà Nội）和海阳省楚到（Hải Dương Chu Đậu）。

“占婆号”出水的越南瓷器包括青花瓷、五彩瓷、青瓷、青绿瓷、彩绘薄胎白瓷以及石器。器形上有各式碗、碟、杯、盏、盂、taurins、盆、双足罐(two-bulb pots)、双足双系罐、梨形或桃形壶、高足低足壶、方形壶、中华鸭或鸡形壶、两足或三足瓶、单足或双足酒壶、釜、小瓶、盒、石灰石罐、石质容器，以及多种瓷制动物装饰品，如狮子幼崽、狮子、麒麟、大象、猴子、牛、鹿、乌龟、青蛙和鱼。

瓷器上的装饰主题十分丰富，内容描绘了不同的社会阶层人物、事物、花草、景观、房屋、庙宇、宝塔、皇宫、桥梁和水渠等。

除了上述的货物外，还有不少船员的私人用品，如厨具、蒸煮糯米的蒸器、锅、罐、黄釉小罐、黑釉钵和杵、青花或中国青瓷碗和碟、还有砚台。金属制品有铜制品，如铜壶、铜平底锅、铜盆、铜罐、铜杯、铜锣、中国铜币、铜镜和黄色金属指环。石制器具有三足圆平石磨盘。还有一些种子如龙眼、栗子、香附子、粗叶榕（Ficushirta Vahl nuts）。

人类遗骸经辨认共有11具，其中6具为成人、1具为少年、2具为婴儿。一具有头骨的遗骸经鉴定被认为有东南亚种族特征。

从沉船出水的文物和船体本身的数据上来推测，专家们认为这艘大船可能是制造于泰国，船上的水手们也可能是泰国人。从出水的瓷器、船型和编年史记载中看，该船约为15世纪的货船，沉没于15世纪中期。

15世纪上叶是越南瓷器发展的顶峰时期，以升龙和海阳两处为中心。当时越南瓷器被大范围地出口到东南亚国家、冲绳群岛、中亚和西亚。编年史古籍中记载着当时外国船只进入国际贸易港口广宁省（Quảng Ninh）云敦（Vân Đồn）与大越（Đại Việt）进行贸易的情景。越南瓷器也在上述地区中多有出土。更值得注意的是，在“占婆号”沉船中发现的瓷器种类与之前在日本冲绳群岛、菲律宾、印度尼西亚、泰国和土耳其的图库皮亚宫博物馆（Tokupia Sarayi Museum）中发现的极为相似。

该船失事原因被认为是超载（超过3万件瓷器），还有该船经过的占婆岛附近海流复杂，在暴风雨季节气候极端危险。

据国际专家评估，“占婆号”沉船被认为是世界上载重量最大的货船之一。鉴于货物数量之庞大，有些专家认为该遗址内可能有两艘沉船，在该海域极端恶劣的环境中两船相撞沉没。

“占婆号”沉船的发掘还是收获了一些研究成果的。越南瓷器的某些花纹第一次被公认为是最复杂和最完美的，因此越南国家历史博物馆收藏了一批具有较高历史和文化价值的瓷器，可供研究和展示。

“占婆号”沉船为研究越南对外贸易史和经过越南海域的东西方国际贸易航线提供了重要事实依据。

编者注：本文为越南考古研究院院长宋忠信教授英文原稿之译文，题目、摘要、关键词为编者所加。

水下考古在台湾：资源、启动、现况与挑战（纲要）

臧振华

（台北“中央研究院”历史语言研究所）

一、水下考古与水下文化资产

保护水下文资是水下考古的主要目的之一。

联合国教科文组织大会第31届会议通过《保护水下文化资产公约》（Convention on the Protection of the Underwater Cultural Heritage）。

“水下文化资产”系指部分或全部位于水下，周期性地或连续性地存在至少100年，具有文化、历史或考古性质的所有人类生存的遗迹。例如：遗址、建筑、房屋、工艺品和人类遗骸及其考古与自然脉络；船只、飞行器与其他运输工具，或上述三类的任何部分，所载货物或其他物品及其考古与自然脉络；具有史前意义的物品等。

二、台湾水下考古与文化资产保护的启动与发展

从2005年开始，台湾正式展开了水下考古之发展及水下文化资产保护之新纪元。透过法制建立、研究调查及教育倡导等措施，加强水下文化资产的保护工作，经过7年多之发展，已经获得了初步之成效。

（一）法制建立

1. 法规研拟

《水下文化资产保存法草案》计七章，共四十六条，其要点如下：

（1）明定水下文化资产活动之目的、就地保存原则。（第五条）

（2）水下文化资产活动不得从事商业开发行为。（第六条）

（3）进行影响水下文化资产活动者，应先行调查所属水域有无疑似水下文化资

产。（第十一条）

（4）涉及填海造地之开发行为、港湾开发或浚渫时，应将水下文化资产列入环境影响评估项目。水下文化资产活动排除捞救法与发现物法之适用。（第十二条）

（5）水下考古专责机构应本其职权，进行水下文化资产活动之程序。（第二十四条）

（6）私人从事水下文化资产活动之申请程序。（第二十五条）

（7）外国人从事水下文化资产活动之申请程序。（第二十六条）

（8）发现疑似水下文化资产应即通报主管机关处理之程序与后续作为。（第二十八条）

（9）水下文化资产活动人员资格、作业方式、就地监管保护与出水方式、发掘出水后保存与保护方式等作业准则。（第二十九条）

（10）主管机关划设水下文化资产保护区之条件与后续程序。（第三十条）

（11）主管机关应拟具水下文化资产保护区管理维护计划。（第三十二条）

（12）主管机关得向公众开放之水下文化资产保护区，以及其例外情形。（第三十五条）

（13）水下文化资产发掘出水之条件。（第三十六条）

（14）进行水下文化资产发掘行为前，应先提出发掘计划书，报请主管机关许可。（第三十七条）

（15）水下文化资产发掘出水后之处理原则。（第三十八条）

（16）发掘出水水下文化资产之列册、保存、典藏及再利用。（第三十九条）

2. 相关政府组织之增设

2005年所推动之水下文化资产之保存工作，是由文化建设委员会所属之文化资产保存研究中心依据海洋政策纲领负责执行。

2012年5月20日，文建会改造为“文化部”，而原“文化资产总管理处筹备处”同时改造为“文化部文化资产局”，下设“综合规划组”“古迹聚落组”“古物遗址组”“传艺民俗组”四个业务组，以及位于台南市的派出单位“文化资产保存研究中心”。而为因应水下文化资产之新增业务，“文化资产局”在“古物遗址组”下，新增“水下文化资产科”，与“古物科”及“遗址科”并列。

（二）水下考古与文资人才培训与团队组成

2006年9月1日开始，文化建设委员会文化资产总管理处筹备处委托“中央研究院”历史语言研究所执行首期水下考古发展领航计划，展开水下考古人才培训。目前已经完成四届初阶培训、三届进阶培训以及两届出水文物维护人员培训。

（三）系统性水下考古调查之规划（图一）（表一）

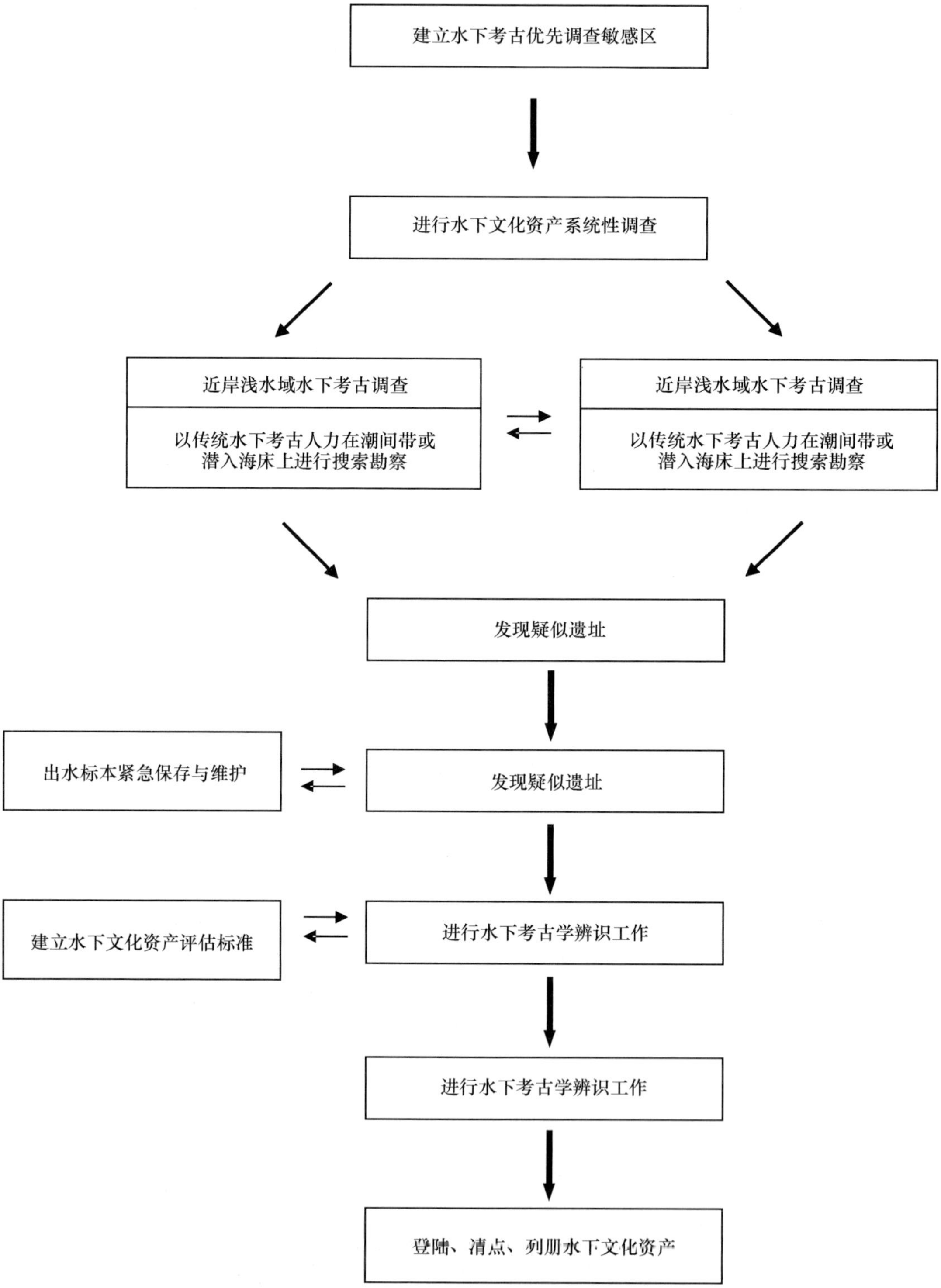

图一　澎湖水域水下文化资产调查流程图

表一　水下考古优先调查敏感区决策支持系统

第一阶段	历史文献档案与口述	
	属性数据	图层
	海洋事件	海战事件/海战场
		海洋贸易
	航路	历史地图/海图
		贸易路线/海战路线
	史料档案	清、荷、日、法历史沉船事件纪录
		沉船打捞纪录档案
	现有陆域考古信息	不同时期澎湖陆域考古遗址的分布
		陆域考古遗址遗物所指向的沉船讯息
	沉船与海床障碍物记录	英国水道测量局
		台湾大气海洋局
	口述息调查	渔夫、潜水员
	自然环境背景	
	空间数据	图层
	空照图	港口与海岸线
	海洋环境	暗礁分布、海床底质与地形地貌、水深
	物理背景	波浪、流场、台风路径
第二阶段	空间套选分析	
	划设优先调查敏感区/建立预期发现	
	分析海洋调查可行性相关因素（含海洋环境因素如流速、经费、船只适当性、人力资源，后勤补给）	
	勘查工作	
	资料回馈	
	修正强化决策支持系统	

（四）历史及相关信息收集

（五）水下考古调查技术

1. 低阶技术——以潜水为基础的调查

限制因素：水中能见度、水深、水温、装备、环境安全等。

2. 高阶技术（high technology）——以仪器为基础之调查

（1）遥感探测

海洋探测技术是水下考古调查不可或缺的一部分，以侧扫声呐（Side-Scan Sonar;

SSS）探测为主，主要运用其可探测大规模且高解析之海底地形与目标物之能力。若再配合多波束测深系统（Multi-beam System; MB）、浅地层剖面仪（Sub-bottom Profiler; SB）、无人遥控潜具（Remotely Operated Vehicle; ROV）、磁力仪（Magnetometer; MAG）、水中定位系统以及配合差分式全球定位系统（DGPS），则更能达到有效之水下搜寻及探测目的。

遥感探测调查通常可分为两种方法进行：其一是区块调查，即在固定之区块内，以等距之并行线进行调查，并行线之间距通常是50米；其二是线状调查，主要是针对线状目标，在所设定之线状区带内进行直线式的调查。

（2）航空、卫星照相

（六）初步成果

总结水下考古调查工作，自2006年9月1日开始迄今，累计发现水下目标217处，其中经过验证为具体目标物者共78处，辨识为历史沉船12处（表二）。

表二　2009～2012年“中央研究院”水下考古队辨识后确认沉船等目标物

编号	内容	水深	地点
1	二战沉没日运输船23南进丸	15米	澎湖内海海墘岩
2	二战沉没日运输船御月丸	18米	澎湖军港内
3	二战沉没日军特设巡洋舰浅香丸	18米	澎湖军港内
4	清代晚期木船	25～30米	澎湖空壳屿
5	1892年风暴沉没英轮Bokhara号	5～14米	澎湖姑婆屿
6	1942年沉没日运输船山藤丸	9～52米	澎湖龙门港东南六呎礁
7	1895年12月21日沉没清代广丙舰	15～20米	将军屿东南方蚝曝浅礁
8	满星丸	35～40米	七美屿西北海域
9	黑水沟更新世晚期动物化石	100～120米	澎湖水道
10	清代中晚期木船	5米	东沙内环礁
11	清代中晚期木船	5～7米	东沙内环礁

调查成果举例：

1. 黑水沟更新世古动物化石调查

（1）水深70至100多米深水域，位于外伞顶洲以南至高雄外海间海域，收集大量的各种大型哺乳类动物化石。

（2）化石种类包含有古菱齿象、水牛头骨和肢骨以及鹿类的头骨及鹿角等。

（3）可见在一万五千年至四万年前的更新世晚期，台湾海峡已有各种动物和疑似人类的活动遗迹。

（4）利用水下摄影调查古地貌。

2. 清代广丙舰

（1）广丙舰于清光绪年间建造于福州马尾造船厂，1891年4月11日下水，1892 年4月25日竣工。

（2）归属清代广东水师巡洋舰，1894年9月17日参加中日甲午战争开战前被编入北洋水师参加黄海海战，于1895年2月17日与被困威海卫的其他军舰一同向日军投降。

（3）随后广丙舰被编入日本舰队，1895年12月21日在澎湖岛南岸因遭遇风暴而触礁沉没，并于1896年2月18日除籍。

（4）广丙舰的首任舰长为林承谟，第二任舰长为程璧光，最后被日军捕获时的舰长为藤田幸右卫门少佐。

（5）水深约在15米，海床上陆续发现沉船相关遗物，有木质物、日式青花瓷片、白釉瓷盘残器、机炮、子弹、罗径、铜条等。

（6）文物中罗径正面有刻度表且有“*London*”字样，又罗径底部刻有中文楷书“参号”等字样。

（7）发现一发机炮底部刻有“二五·造兵厂”字样，残骸中也发现木质物。经研究广丙舰造舰当时也采用产于东南亚一带的木质材料，其他如玻璃、陶瓷片等都具备日式风格类型。

（8）广丙舰于1895年被日军捕获后，日军在吴造船部重新整备。从水下发现的文物类型分别具有中、日特征，对照了日方的调查报告，初步认定在蚝曝浅礁发现的残骸应是清代的广丙舰。

3. 空壳屿清代沉船

（1）年代：从散落文物初步观察，为清中叶运货船。

（2）位置：空壳屿西南方（暗礁西北方）。

（3）水深：23～31米。

（4）发现文物：砖、瓦、木质、彩瓷碗、青花碗、杯、青花盘。

4. 英轮Bokhara

（1）英轮SS Bokhara系于1892年10月10日从上海参加板球比赛返回香港航行途中遇到台风。

（2）在沙子海岛（Sand Island，即姑婆屿）附近触礁，第二次触礁时右舷被重创，两分钟之内沉没。

（3）此事件当时曾引起国际重视，包含伦敦以及纽约时报均大幅报导，之后英方等国捐款兴建灯塔，并在姑婆屿兴建“英轮遇难纪念碑”。

5. 绿岛一号

（1）揭露船体呈东南西北向，木质船体，有主梁及船板，船板下钉有铜皮、大小铜钉。

（2）水深30米，能见度15米，测量裸露船板，长9米，宽4.47米。

（3）每块船板宽19厘米，厚度9厘米；横梁长2.73米。

（4）出水少数铜钉辨识。

6. 胡佛总统轮沉船调查

（1）绿岛位于台湾东南的太平洋海上，根据绿岛乡公所网站记载以及民族志数据研究得知，美国邮轮“胡佛总统轮”曾经历几次不幸遭遇，其中于1937年8月30日于上海扬子江下游，被国府空军误认为是日本所属运兵船“浅间丸”而遭受轰炸，曾经接见过金元轮船公司老板罗勃 · 杜勒（Robert Dollar）的蒋介石听到消息暴怒无比，气得要下令处分攻击他老朋友这艘船的负责军官，后来发现是陈纳德将军，不但免其一死，过后还发给他一万元奖金。

（2）1937年12月11日凌晨“胡佛总统轮”在绿岛西北边搁浅，事后曾引发美、日两国以及绿岛当地大规模的救援活动，过程中发生许多感人的故事，犹如电影“铁达尼号”沉船故事的翻版。

（3）“胡佛总统轮”为当时世界上第二大的邮轮，船上有游泳池、客房、舱房、餐厅等娱乐设施。

（4）本计划在初勘调查前，分别根据“胡佛总统轮”史料以及民族志资料进行收集，根据当地耆老访谈得知目前“胡佛总统轮”船体已被打捞，但水下尚留有许多遗物（表三）。

表三　胡佛总统轮诸元档案

吨位	21970吨
船长	199米
船宽	24.7米
国籍	美国总统轮船公司所属邮轮
出厂时间	1937年
触礁地点	绿岛西北方公馆鼻
船员	330名
搁浅时乘客	450名（《台湾日日新报》昭和12年12月12日报道：分别有船员、美国人、日本人、菲律宾人等）

（七）水下文化资产的维护与推广

1. 就地保护

关于水下文化遗址的保护，以就地保护为原则。并经过文化资产价值评估，甄选出首批在澎湖海域所发现的四条历史沉船，包括空壳屿清代沉船、姑婆屿英轮SS Bokhara、将军屿清代广丙舰以及二战时日本运输轮“山藤丸”，均暂时按《文化资产保存法》第37条之规定，于2012年经过“文化部”遗址审议委员会审议通过，列册为首批沉船遗址，正式受到监管保护。

2. 出水文物的维护

为使文物出水后能在稳定的环境中受到妥适的保存，除了要依程序维护外，工作成员必须具备相关的保存维护技能，同时亦需不定时地接受专家学者的指导及训练。

“文化部”文化资产局文化资产保存研究中心的专业人员，不定期赴澎湖工作站协助指导出水文物保存维护。

3. 水下文化资产信息的保存与管理

《保护水下文化资产公约》第19条，强调对于水下文化资产应该合作与讯息共享，所以关于水下文化资产信息的保存与管理，在发展水下文化资产调查与保护工作的同时，即应同步进行；而数据库之建置与管理维护，则是必要的手段。

水下考古队在执行调查工作的同时，已经展开水下文化资产调查数据库之建置。其架构主要可以分成背景数据、海测数据、文化资产、工作记录、辅助参考数据、文物图像等项目。目前已经引进由ESRI公司的ARCGIS系统数据库，其ARCCATALOG的功能可达到简单分类、快速搜寻的效果；未来可以借由新技术的云端运算的功能，将GIS增加至云端，提供备份、查询、分享。

数据库建置。本计划为了因应日后庞大的数据，设置了一个数据库，将田野及相关数据保存起来，建构属于水下考古专属的数据库。除了将数据保存外，本计划也引进地理信息系统（ARCGIS），将具有空间数据的档案加以汇整、展示。数据库架构主要可以分成五个大项：背景数据、海测数据、文化资产、工作记录、辅助参考数据。

4. 水下文化资产的教育推广

丛书、专辑、媒体、展览、演讲、发表

5. 民间参与

中华水下考古学会

三、台湾发展水下考古面临的问题与挑战

（一）规模的局限

（二）制度的障碍

（三）人力的瓶颈

（四）现地保存实务

（五）与多面向研究理论与课题之结合尚有待拓展

编者注：本文系根据台北“中央研究院”臧振华院士于2014年10月16日在国家水下文化遗产保护宁波基地举办的首届“水下考古·宁波论坛”所作之PPT演讲稿整理而成。

韩国水下考古的最新成果与高丽船的复原

申熙权（首尔市立大学国史学科） 著

成環瑭（吉林大学边疆考古研究中心） 译

摘要：本文系统介绍了目前韩国水下考古的现状，并重点介绍了近年来韩国泰安海域发掘的4艘高丽时代沉船的最新考古成果以及马岛1号船的复原工作。

关键词：水下考古　高丽时代　船舶　复原

一、韩国水下考古现状

韩国实质性的水下考古工作始于1976～1984年期间实施的全罗南道新安郡防筑里海底调查与发掘，在此基础上，先后在济州道新昌里海底、忠清南道泰安半岛海底、全罗南道莞岛郡渔头里海底、全罗南道珍岛郡碧波里海岸、全罗南道木浦市达里岛海岸、全罗南道务安郡道里浦海底等海域开展了考古发掘（图一）。

2000年以后，借助各种尖端设备（侧扫声呐、浅地层剖面仪、水下相机等），依靠受过专门训练的人才，先后在全罗北道群山市十二东波岛、全罗南道新安郡安佐岛、忠清南道保宁郡元山岛、全罗南道群山市夜味岛等地开展水下地表调查与海底发掘。

水下发掘出水的遗物大部分是古船舶与陶瓷类器物。目前发掘有新安船、莞岛船、珍岛船、达里岛船、十二东波岛船、安佐船、大阜岛船、泰安船、马岛1号船、马岛2号船、马岛3号船、永兴岛船等12艘古船，共计出水有十几万件陶瓷器。

以上沉船除了新安船和珍岛船以外，均为高丽时代的韩国传统古船。同时，作为判断沉船年代的决定性证据的出水瓷器，基本上都是完整形态。

韩国现有水下文化遗产216处，其中12处遗产已开展过水下考古发掘，发掘区域主要集中在当时航路所经过的韩国西海岸一带（表一）。西海岸一带由于地理环境等特性，能够较好保存船舶、瓷器等遗物，可谓韩国水下考古的宝库。

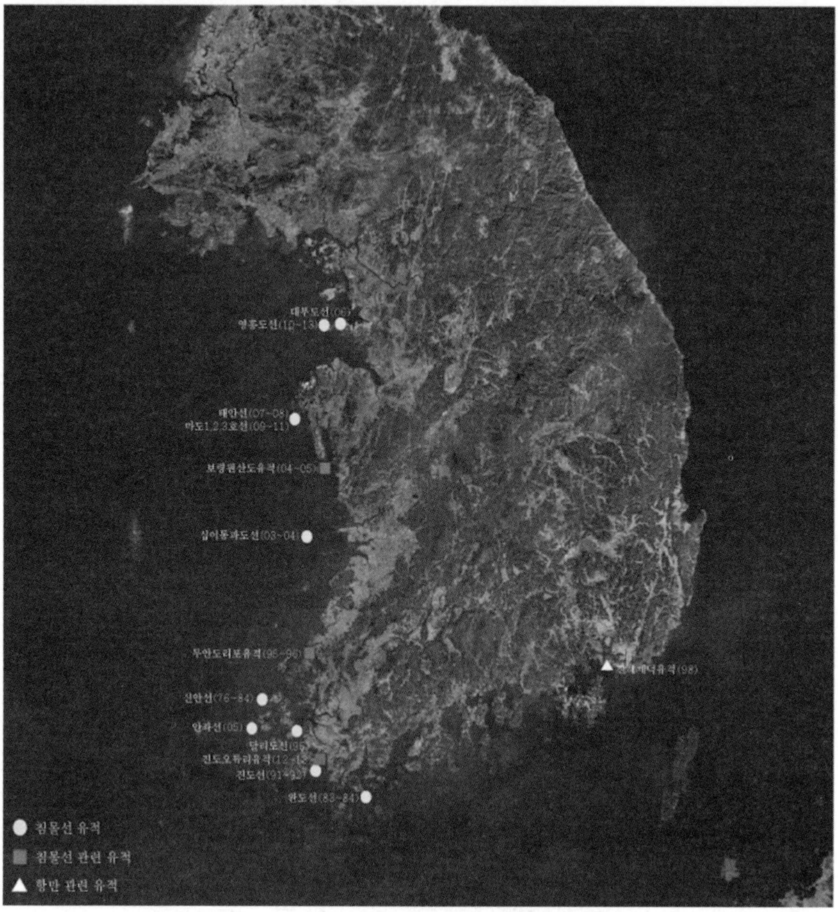

图一　韩国水下考古发掘遗址位置图

表一　韩国水下发掘现状（截至2014.7.11）

序号	发掘年度	发掘地点	出水遗物		年代
			瓷器	船舶及其他	
1	1976～1984	新安防筑里海域	宋元瓷器2.3万余件（包括高丽青瓷7件）	船舶1艘	中国元代（14世纪）
2	1981～1987	泰安岛近海海域	高丽青瓷等50余件		14世纪前叶
3	1983～1984	莞岛渔头里海域	高丽青瓷等3万余件	船舶1艘	11～12世纪
4	1991～1992	珍岛碧波里海域		船舶1艘 铜钱8枚	14世纪
5	1995	木浦达里岛海域		船舶1艘	13～14世纪
6	1995～1996	务安道里浦海域	高丽青瓷638件	磨制石斧1件	14世纪后叶
7	2002～2003	群山飞雁岛海域	高丽青瓷等3177件		12世纪
8	2003～2004	群山十二东波岛海域	高丽青瓷等8743件	船舶1艘	11世纪后叶

续表

序号	发掘年度	发掘地点	出水遗物		年代
			瓷器	船舶及其他	
9	2005	新安安佐岛海域	高丽青瓷4件 瓮器、瓦片等33件	船舶1艘	14世纪
10	2004～2005	保宁元山岛海域	高丽青瓷片1000余件		13世纪前叶
11	2006	仁川大阜岛海域	高丽青瓷等6件	船舶1艘	12世纪中后叶～13世纪前叶
12	2006	群山夜味岛海域	高丽青瓷780件 其他陶片8件 2005年抢救性调查发现 高丽青瓷25件		12世纪（第一次调查）
13	2007	群山夜味岛海域	高丽青瓷1026件		12世纪（第二次调查）
14	2007	泰安竹岛海域	高丽青瓷等22533件	木简34件 铁锅、铜碗5件	12世纪（抢救性调查、第一次调查、第二次调查）
15	2008	泰安竹岛海域	高丽青瓷等1046件	船舶1艘 船体附属具2件 人骨遗骸1具	12世纪
16	2008	泰安马岛海域	马岛Ⅰ区： 高丽青瓷515件（抢救性调查66件，发掘449件）		13世纪（第一次调查）
17	2008	群山夜味岛海域	高丽青瓷等1558件		12世纪（第Ⅲ-1次调查）
18	2009	群山夜味岛海域	高丽青瓷等1183件		12世纪（第Ⅲ-2次调查）
19	2009	泰安马岛海域	马岛Ⅰ区： 碗等418件 马岛Ⅱ区： 碗等454件（发掘） 碗等48件（抢救性调查）	船舶1艘 金属器44件 锚石23件 竹简53件 木简19件 竹盘8件 梳子3件 其他38件	13世纪（马岛1号船）

续表

序号	发掘年度	发掘地点	出水遗物		年代
			瓷器	船舶及其他	
20	2010	泰安马岛海域	马岛2号船出水遗物： 高丽青瓷等瓷器类163件 陶器类12件	船舶1艘 木质类55件 铁制品8件 青铜制品9件 石制品1件（石磨）	13世纪 （马岛2号船）
			马岛Ⅱ区试掘： 高丽青瓷等瓷器类34件陶器类2件	铁制品1件（锅盖） 青铜类5件 石质类39件	
21	2010	泰安元案海水浴场临近海域	1、2次抢救性调查、发掘： 陶瓷器224件		12世纪后叶～13世纪前叶
22	2011	泰安马岛海域	马岛3号船： 青瓷类等瓷器88件	船舶1艘 金属类55件 石质类13件（锚石等） 木质类70件 草本类23件 骨角类35件 种子类5件 谷物类13件 贝壳类4件 织物类3件	13世纪（马岛3号船）
			马岛Ⅱ区试掘： 青瓷类等瓷器49件	金属类14件 石质类12件（锚石等） 木质类5件 草本类4件	
			广域探查： 青瓷类等瓷器384件	金属类17件 石质类6件（锚石等） 木质类6件 草本类2件	
23	2012	仁川瓮津郡灵兴面海域	青瓷类等瓷器395件	部分船体片 石质类7件（锚石） 金属类1件(锅)	高丽～朝鲜时代

续表

<table>
<tr><th rowspan="2">序号</th><th rowspan="2">发掘年度</th><th rowspan="2">发掘地点</th><th colspan="2">出水遗物</th><th rowspan="2">年代</th></tr>
<tr><th>瓷器</th><th>船舶及其他</th></tr>
<tr><td>24</td><td>2012</td><td>珍岛五柳里海域</td><td>青瓷类等瓷器146件</td><td>青铜类8件（枪筒等）
铁质类1件（锅）
石质类10件（锚石）</td><td>高丽～朝鲜时代</td></tr>
<tr><td rowspan="2">25</td><td rowspan="2">2012</td><td rowspan="2">泰安马岛海域</td><td>试掘：
陶瓷器类70件</td><td>金属类18件（铜筷等）
石质类5件（锚石）
骨角类8件（鹿角等）</td><td rowspan="2">高丽～朝鲜时代</td></tr>
<tr><td>广域探查：
陶瓷器类41件</td><td>金属类1件（锅）
石质类23件（锚石）
其他1件（煤）</td></tr>
<tr><td>26</td><td>2013</td><td>仁川瓮津郡灵兴面海域</td><td>青瓷类等瓷器34件</td><td>船舶1艘
石质类2件（锚石）
铁质类12件（锅）
青铜类1件（碗）
骨角类2件（鹿角）
木质类2件（圆木等）</td><td>永兴岛船发掘</td></tr>
<tr><td>27</td><td>2013</td><td>珍岛五柳里海域（珍岛古郡面鸣梁路海域）</td><td>青瓷等330件</td><td>金属类24件（筷子等）
陶质类7件（网锤等）
石质类30件（锚石等）
木质类2件（木皮等）</td><td>1世纪前后（硬质素面陶器）～朝鲜时代</td></tr>
</table>

二、泰安海域的最新发掘成果

下文将着重介绍近年来韩国水下考古尤其是泰安海域的水下考古成果。2007～2011年，泰安海域共发掘了4艘高丽时代沉船（图二），目前发掘还在进行中，期待以后取得更多成果。

根据文献记载，泰安海域在历史上有很多船只沉没于此，因其发达的海床堆积、较好的水下能见度、水深（5～20米）等良好海况水文，是水下考古的天然福地。特别是已经发掘的4艘沉船中，发现有最早记载的货物标签木简等，据此可以具体了解船舶与相关遗物的历史内涵。

泰安半岛是朝鲜半岛西海岸突出的地区，位于韩国西海沿岸航路上，高丽、朝鲜时代多数漕运船只在此遇险，从而导致开凿运河、改变航路，是历史上一条险难的航路。特别是忠清以南地区，向王都运送税谷需从新津岛与安兴城之间通过，高丽时代

图二　泰安海域发现的沉船

这一带称为难行梁（后又改称安兴梁），与珍岛蔚石项、江华岛手石项、黄海道印塘水等合称为韩国的四大险路，都是船难事故频发海域。

2009～2012年，国立海洋文化遗产研究所在马岛海域的调查与试掘中，发现了80余件锚石。锚石是过去船舶在停船时使用的，一般将其置于木锚中（图三）。在马岛海域较小的范围内就发现有近百件锚石，可见当时该海域曾长期停泊船只。

1. 泰安船

2007～2008年发掘的泰安船是运送康津生产瓷器的运瓷船，出水有高丽瓷器23000余件、木简34件、金属器（铁锅、铜碗等）5件、人骨1具等遗物。通过泰安船出水遗物可了解其沉没时的情况以及沉没后的堆积情况等。泰安船上共载有5层瓷器，其下为四段结构的船侧板。一般船舶都发现有船底板与船侧板，但泰安船未见船底板，可能由于瓷器太沉，导致沉没后船只左侧或右侧完全倾斜至海底，船头、船尾以及船底板等随着岁月的流逝而消失，仅残存一侧船侧板。

泰安船比较特殊的是在瓷器下方发现有上肢骨、右侧上腕骨、尺骨、肩关节等人骨遗骸，形态犹如伸长的胳膊搭在旁边，但不是一个完整的个体，推测其为成年男性（30余岁），身高约为160.1厘米，身体非常健康。大概是由于船舶在短时间内迅速沉没，船载瓷器压倒死者，导致其无法脱身而亡。泰安船发现于离安兴港2.5千米的海域，应是在遭遇风浪后迅速向港内躲避的过程中而突然沉没的。

图三　泰安海域出水的部分锚石

泰安船出水的木简具有明晰泰安船历史事实的重要作用。通过解读木简获知，泰安船是“辛亥（1131年）年，满载由耽津（现全罗南道康津郡）生产的瓷器，运往首都开城”的船只，且这些瓷器是运送给高位官职者、下级军人、商人等各阶层的。

2. 马岛1号船

2009年发掘的马岛1号船，船体保存状态相对较好，共发现7列底板、2段左舷、3段右舷以及没来得及安装的船首板材。左右舷基本上残存相同，横断面上，底板基本是水平置放，纵断面上，稍向船首处倾斜。1号船右舷底部与船尾底部散布着大量遗物，沉船所在地既不是船舶停泊地，也不是抛锚地，而是靠近外海潮流比较急的地点，与泰安船一样，也是航海路上船舶沉没可能性比较大的地方。

通过出水的木简，我们获知：马岛1号船是“戊辰（1208年）年，由竹山（现全罗南道海南郡）、会津（现全罗南道罗州市）等地，收取并搭载稻谷、荞麦、大豆等粮谷而在马岛海域沉没的船只”；运载这批货物的主人是生活在开城的大将军金纯永、别将权克平等高官；负责运送这批货物的是高官的老乡或者其手下的差人。

3. 马岛2号船

该船于2010年发掘，残存有2段左舷外板、7列底板、5段右舷外板，横断面上稍向右舷倾斜25度，船首与船尾差异不大。遗物在船体内部向右舷侧瘫倒，右舷外板底部有谷物和木简，船体内部散布有大量遗物。由此可以判断，是右舷的严重倾斜导致该船沉没。

马岛2号船是1200年前后，将全罗北道高敞一带的粮谷与鱼酱等运送给开城一带高官的“粮谷运输船”。特别是通过与两件梅瓶一同发现的木简获知：高丽人将梅瓶称为“樽”。该船还揭示出运送香油与蜂蜜的新事实。

4. 马岛3号船

2011年发掘的马岛3号船，在目前发现的沉船中船体保存状态最好。其船体最深2.8米，残存10段左舷、9段右舷、5列底板，船体稍向左舷侧8～12度、船首侧5度左右倾斜。3号船之所以保存如此之好，可能与其沉没的位置有关。3号船位置大约距海岸线200米左右，周边陆地或岛屿环绕，几乎没有潮流，离海岸线较近，沙滩堆积比较发达。推测马岛2号、3号船当时已经是避航状态，同时还遇到了台风等特殊的气候状态，最终导致沉没。

马岛3号船也有木简出水，通过这些木简了解到：马岛3号船沉没于1265～1268年，船载货物主要是鲍鱼、蛤贝等干制海鲜，收货人是中央的贵族，尤其是与金俊一样的最高层人物。

三、马岛1号船的复原

2009～2010年，在忠清南道泰安郡近兴面马岛海域对马岛1号船进行水下考古发掘，通过出水木简获知，该船是唯一一艘可知绝对年代（1208年）的高丽沉船，被誉为研究那个年代船舶的最好材料。该船装载的货物都是国宝级的青瓷以及作为漕税米而征收的粮谷。通过遗物出水状况推测，该船是由长兴驶往开城的途中触礁沉没的高丽时代漕运船。船体残存7列底板、2段左舷外板、3段右舷外板等40块（包括不详船材者），还有2件加龙木、13块船体内部构造物、船首构件等。残长10.8米，残宽3.78米。

韩国国立海洋文化遗产研究所计划通过马岛1号船原状复原项目的实施，揭示高丽时代漕运船的形态，研究韩国传统船舶的造船技术、构造、船型、性能等，为漕运史与船舶史研究提供基础材料。同时，复原后计划将其置于位于忠清南道泰安郡的西海遗物保管中心展示，使其成为国民教育的重要材料。

韩国国立海洋文化遗产研究所过去曾复原过朝鲜时代至近代的船舶4艘，这些经验将成为马岛1号船复原计划的实质性基础，而且，过去发掘的沉船中，有10艘船是高丽时代的船舶，对于高丽时代的船舶构造与造船技术也有一些初步了解。将这些沉船的特征组合起来，并通过文献记载考证其他必要的参考内容，查找高丽时代船舶的原型。船舶的船型与构造通过《宣和奉使高丽图经》或《高丽史节要》，船舶的细节通过《高丽史》等文献记载收集相关证据，并且通过船舶的外形等也可以找到一些线索。此外，朝鲜时代的《轩圣遗稿》《各船图本》《李忠武公全书》等也有重要参考价值。综上，我们将目前为止所有的高丽时代沉没船只的各种特征与相关文献记载组合起来，最大程度地推比高丽时代船舶的原状，这些都是复原马岛1号船的基础材料。

以此为基础，2012年与2013年分别完成马岛1号船的构造、性能、造船技术等基础设计与施工设计图。2012年，按照设计图纸的1/20进行了模型制作实验；2013年，出版了以马岛1号船1/20模型的制作实验以及相关的造船工学分析等结果报告书与图纸资料集。马岛1号船按照长15.3米，宽6.5米，高3.2米制作（图四）。

图四　马岛1号船的复原设计图

2014年，入选非物质文化遗产造船匠与韩船技能的传承人的团体，现场搭建帐篷，并设立办公室，组织专家作为顾问，正式启动了船舶复原工作。现在，船体底板、船首、船尾等部分已经复原完工，正在进行外板复原工作。马岛1号船是韩国第一次运用高丽时代的造船技术，采用与之相同的一抱粗的原木制作，并且不用铁钉，采用木钉固定，帆用竹子撑开。船体的制作原则上也最大程度使用锛子、斧子、刨子、锯、凿子等传统工具及传统技法，并且所有的过程都向社会公开。本研讨会结束后，预计2014年10月，这艘船的复原工作将基本完成，我们期待不久的将来可以看到韩国第一艘经过考证制作的高丽时代船舶。

编者注：本文系韩国首尔市立大学申熙权教授韩文原稿（韓國 水中考古學의 最新成果와 高麗船의 復原）之译文，摘要、关键词为编者所加。

扇形扫描声呐与光学立体摄影测量仪在水下文化遗产调查、监测与展示中的运用

约恩·亨德森（英国诺丁汉大学） 著
周昳恒（宁波市文物考古研究所） 译

摘要： 本文介绍了使用声学和光学方法来探测一系列位于浅水和深水环境中的考古遗址的成功案例。康斯堡MS 1000扇形扫描声呐（Kongsberg MS 1000 sector scan sonar）起初是为商用设计的，特别被运用于水下桥梁、大坝、码头与港口的检验与勘探。然而，因该设备具有能够快速生成高质量、高精度水下遗址扫描图与操控简易的特性，使其逐渐成为调查并有效监测水下遗址的一项有发展潜力的重要新工具。本文还介绍了最近一次潜水员使用立体摄影测量仪的情况，该仪器生成的水下遗迹的高精度仿真照片模型，无论是考古学家还是普通公众都可以轻松地解读。这项设备因其生成的仿真模型和简单的使用方法，大大推动了水下考古对公众的宣传与展示。它不仅在水下遗址记录、监测中扮演了重要角色，更能生成三维仿真模型，让更多不潜水的参观者体验到探索水下遗址、欣赏水下灿烂文明的乐趣。

关键词： 考古遗址　探测　扇形扫描声呐　立体摄影测量仪　调查　监测　展示

所有与水下文化遗产保护相关的策略都包含了对水下文物资源的计量、记录和理想的监控。但是怎样精确、迅速、低成本地调查和监控水下考古遗址，是世界遗产保护界的一项基本难题。目前，通常是使用旁侧扫描声呐来发现、定位水下遗址的，但该方法不能生成足以判断遗址保存程度的高像素图片。如果需要更精确的遗址地图或者细节照片，那么，一般的做法是采用多波束探测仪或者让潜水员从多方位手动记录、拍摄遗址，然而这种做法不仅成本高，而且耗时较长。过去四年中，英国诺丁汉大学水下考古研究中心（Underwater Archaeology Research Centre, University of Nottingham, UK）与澳大利亚悉尼大学的实用机器人研究中心（the Australian Centre for Field Robotics, University of Sydney, Australia）、美国密歇根鹦鹉螺海洋国际集团（Nautilus Marine Group International, Michigan, USA）合作，共同探究扇形扫描声呐（sector scan sonar）和光学立体摄影测量仪（optical stereo-photogrammetry）对水下考古遗址定位、测绘的效用。

旁侧扫描声呐和多波束回声测深仪（multi-beam echo-sounders）是传统的海洋考古

设备，用于水下考古遗址的定位与海床地形图的绘制[1]。这两项仪器能在水中发射低频率和高频率的声波，不同的物体表面会反射回不同频率的声波，依据这些数据最终能绘制成海床的地形图。旁侧扫描声呐和多波束测深仪有许多不同型号、不同规格的产品，但是仪器在使用过程中都必须安装在船只上，或者拖曳在船尾。为了得到完善的数据，进行探测的船只必须在水面上持续航行，这不仅会导致最终成像时图片变形失真，也会使探测工作在狭窄水域和近岸浅水（水深小于3～4米）中难以进行。

作为一项声学科技产品，扇形扫描声呐的工作原理与以上介绍的两种仪器基本相同，依靠在水中发射高频率声波绘制地形图。但与旁侧扫描声呐和多波束测深仪不同的是，扇形扫描声呐在探测时需着陆在海床上，这大大提高了声呐反馈数据的精确度，也让该仪器更适合探测小范围水域内的水下考古遗址，或是大遗址中的细节部分。扇形扫描声呐能扫测到5～1000米范围内的物体，产生360度的声呐扫描圈，最后生成以仪器为中心的高精度的圆形声呐图。扇形扫描声呐设备的投放最大水深能达到3000米，但也可以在极浅的水域中使用。

一、扇形扫描声呐

扇形扫描声呐，有时候也称为自动扫描声呐，是一种有发展前景的声学成像声呐，可以通过一系列机械化扇形扫描来生成360度的声呐扫描圈。本文提到的考古活动均使用的是康斯堡米索泰克MS 1000（Kongsberg Mesotech MS 1000）型号的扇形扫描声呐系统。系统中包括一个MS 1000的声呐探头，利用一根高强度重量电缆可以将探头与水面上运行MS 1000声呐操作系统软件的电脑、笔记本或是服务器相连（彩版一，1）。支撑探头的三脚架可以从各种平台投放到水中，如小艇、轮船、水上平台或岸边（彩版一，2）。使用GPS定位系统，声呐探头的水中投放位置可以精确到50毫米范围内。声呐探头会发射一种窄频声波，这种声波会垂直扫描，所以最终得到的回声能准确地反映反射物体的距离和凹陷角度。因为传送器的位置是固定的，所以扇形扫描声呐能接收比传统旁侧扫描声呐和多波束回声测深仪更高分辨率的声波数据图。探头发出持续不断的高分辨率脉冲，装在声呐探头上的步进电机能使扫描范围覆盖以设备为圆心的360度的区域。一个高频率的声波脉冲（675赫兹）从声呐探头中发射出去，系统会等待接收回声，一旦接收到回声，电机会局部调整传感器到一个新的方位角度。整个系统会不断重复以上步骤，直到一个360度的圆形区域扫描完成。扫描的半径是由操作者设定的，可以在5～1000米的区间内选择。将探头安置在海床上后，通常一次扫描需要2～5分钟。不过如同其他声呐技术一样，扫描区域距离探头越远，得到扫描图的质量越低。

正常情况下，声呐探头的单次投放就可以在数分钟内得到数值精确的水下遗址扫描图，但是具体需要的扫描次数是由遗址的大小和所需扫描图的精度决定的。举例而言，“流浪号”沉船（The Tramp shipwreck）是一艘1926年建造的拖船，在20世纪70年代沉没于美国密歇根湖的大特拉维斯湾（Grand Traverse Bay, Lake Michigan, USA）14米深的水底。扇形声呐扫描系统仅投放了一次，就在5分钟内完成了对整个沉船遗址的扫描（彩版二，1）。在半径为30米的扫描图内可以清晰地看到半损毁的16.7米长的拖船，还有一些位于船体南边的残骸。更值得注意的是，图上还清晰地显示了在船体的东边，14米深的水底，湖床上有一道船锚拖曳过的痕迹。这道深度在10厘米以内的拖痕很好地证明了声呐扫描图对于海底地形细节的显示。这些沉船周边海域的细节信息十分重要，是判断遗址保存状况与辨别可能存在对遗址造成损害的威胁的重要依据。

正如陆地上的雷达扫描一样，扇形声呐扫描会被固体屏蔽，故而在树立的物体背后形成声学的“阴影”，这种“阴影”也在“流浪号”的扫描图中显示出来。为了克服这种问题，声呐系统可以在水中选取多个投放位置，环绕着遗址来扫描“阴影”部分，这样就可以在多张不同的扫描图中选取需要的部分，从而拼合成一张完全消除了阴影的高质量、高精度的合成图片。如果需要一张消除阴影的沉船遗址扫描图，那么通常需要在沉船周围不下于4处的位置投放声呐扫描设备。譬如，“SS米拉吉”（SS Milwaukee）是一艘1929年沉没于密歇根湖的铁路车辆渡轮，为了得到清晰的拼合图，水下考古学家一共在不同的位置以10米为半径对这个沉船遗址扫描了6次（彩版二，2）。

2009 ~ 2010年，扇形扫描声呐系统被用于位于希腊南拉科尼亚的青铜时代沉没的古城帕夫洛彼特里（Pavlopetri, southern Laconia, Greece）的考古发掘[2]。这次考古发掘的目的是尽可能详细地记录被淹没的古城遗址，因此也成为了水下探测高新科技的试验场地。这意味着扇形声呐扫描系统可以与多种其他水下探测科技，如高分辨率纵列海洋测深系统、旁侧扫描声呐系统、浅地层剖面仪、光学机械技术和岸上全站仪测量技术一较高下[3]。

整个（帕夫洛彼特里）古城遗址看起来就是一片散乱的石阵，但其中还是有一些石头围墙可以勉强辨认（彩版二，3）。整个遗址范围覆盖了4平方千米左右的海床，从近岸边一直延伸到了3.5米深的海中。建筑物的墙体是由未经切割的风积岩、砂岩和石灰岩石块堆积而成，并没有发现使用灰浆的痕迹。这些墙体有些残存三块石块的高度，但大多数只剩下墙基石，埋没在海床中，或与海床齐平。

仅仅花了十天，扇形扫描声呐就完成了对整个遗址的扫描。由于遗址主体是在浅水区域，所以扇形扫描声呐的投放位置依靠设置在岸上的全站仪的测量来决定。遗址所有残存的建筑结构，如房屋、街道、庭院、围墙和坟墓以及四周的海床地形都被一一摄影记录。在扫描帕夫洛彼特里古城的过程中，经常使用的扫描圈半径差距很大，大到100米，用于扫描房屋建筑（覆盖海床面积31000平方米）；小到分辨率极高的5米，用于扫描重要的小区域，如石棺墓等（彩版二，4；彩版三，1）。为了更好地辨识水下遗物，一般会移动声呐探头靠近所要扫描的物体来获得更高的图片分辨率。通过多次实验发现，扫描单个建筑物时，扫描半径在15米至30米范围内的扫描圈最为实用。这个大小既可以覆盖整个建筑物范围，又可以清晰地显示墙体中的每一块石块（彩版三，2）。为了完整地扫描一座位于帕夫洛彼特里古城内的建筑，需要将声呐探头放置在建筑物内侧扫描一次，再沿着建筑物外沿不同方位放置扫描4次以上，以此来抵消声学“阴影”区域。

扇形扫描声呐在本次的考古发掘中最重要的发现之一，就是一个巨大的不规则四边形建筑，长34米，宽12～17米（彩版四，1）。因为视野的局限，潜水员很难看清楚位于海床上的建筑物内部的墙体走向和相互关系，但是扫描图清晰地显示了建筑物的布局：它由至少三座独立的房间组成，可能是一座有统一屋顶的大房子，也可能是一个大院，里面分布着几座独立的房子。

人们逐渐认识到沉没的考古遗址对于探索人类发展史的重要性，因而对于能快速而有效地记录可能转瞬即逝的史前水下遗址的技术手段的需求也与日俱增，如扇形扫描声呐系统等一系列的新科技将会在未来的勘探和记录水下遗址中发挥重要作用。2014年扇形扫描声呐系统被用于探测史前北美驯鹿狩猎遗址，这个沉没于北美五大湖区的休伦湖（Lake Huron in the North American Great Lakes）中37米深的遗址距今已有9000年历史[4]。半径50米的声学扫描显示了整个遗址面貌，遗址由湖底规律排列分布的石块组成，浅色部分显示的是发出强烈声学信号的石头，而深色的部分是声学阴影。这张扫描图可以转化成一张地形平面图，清晰地标明了史前狩猎陷阱的各项文化特征，黑点代表着石块的位置，区分出了狩猎碉堡、鹅卵石地面和湖底岩石（彩版四，2）。扫描图的分辨率清晰到能标志出每一块石制工具的位置，方便潜水员在之后的发掘中获取。

扇形声呐扫描系统能够快速扫描水下考古遗址并生成数值精确图片，在水下考古活动中具有明显优势。因为声学声呐技术的图片分辨率会随着距离的变化而改变——当物体与声呐探头的距离增加时，所得该物体的扫描图片质量会下降，这是因为声波在水中传播的时候会发散——所以在考古应用中，笔者发现比较有效的扫描半径在20米到100米之间。其中50米以下的扫描半径适用于需要测量值精确的考古遗址地图，而扫描半径50米以上的适用于搜索海床以寻找可能的目标。不同扫描半径和分辨率的使用，需视所要扫描和勘探的目标和考古遗址的大小来决定。举例而言，在帕夫洛彼特里古城的考古发掘中，我们发现半径40～60米的扫描圈适用于大型沉船遗址，而需要精确到每一块组成石块的古城建筑则适合半径20～30米的扫描圈，更小的遗物比如石棺墓则需要更小的扫描半径，在5～15米之间。

扇形扫描声呐系统可以在3000米的水深极限内使用，但是对于考古应用来说，更关键的是该设备也可在浅水中使用。只要声呐探头完全浸入到水中，系统就可以启动，所以系统可以在水深仅0.5米的浅水中使用，并得到准确的数据。这样该设备不仅可以在近海进行勘探，还可以在河流和湿地等处使用。同样关键的是，当被运用于不同的水下考古遗址时，扇形扫描声呐生成的图片质量并不受水质影响，在低能见度或有其他光线障碍的水文环境中同样可以正常使用。因为扇形扫描声呐是使用声音来测绘水底地形，水中的杂质对其生成的图片质量不造成影响（不过设备无法扫描泥和油）。

二、光学立体摄影测量仪：潜水员的设备

虽然扇形扫描声呐最终生成的图像对考古学家非常有用，但是声学系统的数据输出还是需要一定的专业知识才能正确解读。为了解决这个难题，英国诺丁汉大学与澳大利亚悉尼大学的实用机器人研究中心合作研究出了一种简单易用的光学设备来生成水下遗址的精确仿真照片模型，让不管是考古学家还是普通大众都可以轻松、即时地了解遗址[5]。这个设备可以方便地记录海底地形，并将之以一种互动式的仿真三维模型的方式呈现出来。

被称之为“潜水员装备”的光学立体摄影测量仪能够拍摄高分辨率的海床照片，该仪器由照相机、闪光灯、感光器、控制仪表和电源组成，所有设备被牢固地安装在一个碳纤维和轻木组成的框架中（彩版五，1）。该仪器的核心是两台高分辨率的数字相机，被向下固定成一个可拍摄立体影像的相机组。两个照相机同时被一个2赫兹动力的微型遥控器控制着，以一定的速度和角度对同一景物拍摄3 ~ 5张照片。仪器还装备了前置、后置的LED闪光灯各1个，为向下的立体摄像设备提供光源，两个闪光灯之间相距0.5米。仪器中的辅助性设备包括一个压力感应器（测深）、一个水面GPS接收器和一个固态惯性测量装置（为了姿态平衡）。这个系统的设计是由澳大利亚悉尼大学的实用机器人研究中心完成的，与其相似的装置在之前的海洋学研究任务中被应用在了自主式水下交通工具（AUV）和水下机器人（ROV）的结构里，经过了多次的试验[6]。光学立体摄影测量仪与配置在自主式水下交通工具和水下机器人的装置的不同在于它使用了一小套的辅助工具，此外测量仪是专门为手动设计的，方便潜水员在水中进行操作和推进。

为了完整地记录一个水下遗址，潜水员必须推动着光学立体摄影测量仪以修割草坪的方式在遗址上方来回游动，使得勘探路线形成一条条互相覆盖的平行的“轨道线”（彩版五，2；彩版六，1）。测量仪必须在遗址上方0.75米至4米的水域中拍摄，高于4米会造成严重的背向散射，而拍摄的距离过近则会对对焦和覆盖面积造成很大的困难。因为单次拍摄的覆盖范围比较小，所以操作人员必须以比较缓慢的速度多次来回游动，形成紧密相连的平行“轨道”，才能毫无遗漏地拍摄整个遗址。考虑到实际潜水时间的限制，一般一小时内可以完成对一个15 × 10米的方形区域的精确完整拍摄，这一过程中可得到2800组左右的立体成像照片。从成像过程（包括后来生成3D网格图）中评估测量仪的动态时发现，来回游动时轨道之间的高度重叠是很有益的，但越高的重叠率意味着越长的勘探和信息处理时间。所以一般在实际操作中，我们会尽量达到50%的重叠率。在水中以普通游速操作一个2赫兹马力的光学立体摄影测量仪，

仪器会对“轨道”上的任何景物拍摄3～5张立体照片。如果“轨道”重叠率达到了50%，那意味着立体影像的数量会增加一倍（举例而言，轨道路线5将会有一半与轨道4重合，而另一半会与轨道6重合）。每个拍摄景物会出现在6～10组立体影像中。最终摄像机方位的估计是通过观察所有试验机位所拍摄的照片来决定的（通过该照相机的镜头位置和其他镜头位置拍摄的照片来得到足够多的参照物，最终计算出两个照相机的相对位置）。

一旦测量仪在现场拍摄了照片、收集了时间标记感应器的数据，这些保存后的数据就可供下载。拍摄到的照片在经过颜色、亮度和色彩饱和度的校正后，将会被输入到即时定位和运算制图（Simultaneous Localisation and Mapping algorithm：SLAM）的相关软件中进行计算处理。SLAM是过去几十年中机器人领域中最为活跃的研究，致力于发展在陌生环境中实时绘制高精度地图的技术，该技术还能同时追踪用于绘图的遥控机器人的位置[7]。简单来说，SLAM将精确导航数据、深度数据、照相机方位（机位和朝向）数据和立体摄影照相机的拍摄景物结合到一起，然后计算出一种方法排除所有数据中的变量，最终将成组的照片拼合形成一张巨大的3D仿真网格图[8]。

彩版六中的2是帕夫洛彼特里古城的一块发掘地区的3D俯瞰模型，面积为15×30米。这些影像的采集仪在现场花了3个小时，后期处理时拼合了6315组、35GB的立体影像形成了这个模型。后期处理成模型的时间大约6个小时。后期处理的时间与采集时间成正比，平均是采集时间的2～3倍。古城遗址中的墙体可以在水深图中看到（彩版六，2a)，但是纹理图呈现了更为传统的照片拼合质感（彩版六，2b），在两张图中可见的建筑结构与全站仪矢量线调查结果相同（彩版六，2c），两种技术所得结果的误差平均值在5厘米左右，最大误差达到20厘米。考虑到校正后拍摄范围边角定位较容易产生误差，立体测量仪在本次勘探距离内（大约1～3米）的精度为深度+/–20厘米、水平+/–10厘米。

光学立体摄影测量仪在帕夫洛彼特里古城考古发掘中所生成的照片的像素（大约从距海底2米拍摄的相片为1毫米/像素）相当高，甚至可以从中清晰地辨认出海床上的单片陶瓷碎片和其他遗物。对于这些散落遗物的研究也引出了一些新的发现，例如在10号建筑物外面的海床上发现了一个疑似储物用的大陶罐，其口沿部分突出在海床上（图一）。潜水员找到了这个容器，并发现该陶罐与其周边环境都保存完好，未受侵扰，说明这个容器周围至少有1米以上的堆积层（彩版七，1）。

纹理与水深的网格图都可以以地理参照的TIFF格式传输到图片处理软件或GIS程序中，如Adobe Illustrator和ArchGIS，然后凭借高精度和广覆盖度的数据，生成精确到每一块建筑石块的考古遗址图。这种方法也能生成传统的2D建筑结构图与考古勘探图。

如同2D图片一样，这种能体现纹理的多边形网格图也能在通过实时可视化引擎在3D图像中呈现。OpenSceneGraph平台（www.openscenegraph.org）开发了一个被称为benthicQT的3D互动式图形绘制系统。这个简易的应用允许用户在动态层次细节模型中进行互动漫游、动画记录和3D距离测量的操作（图二、图三；彩版七，2）。最终生成

图一　10号建筑物的纹理图（包含有一个大陶罐口沿细节）

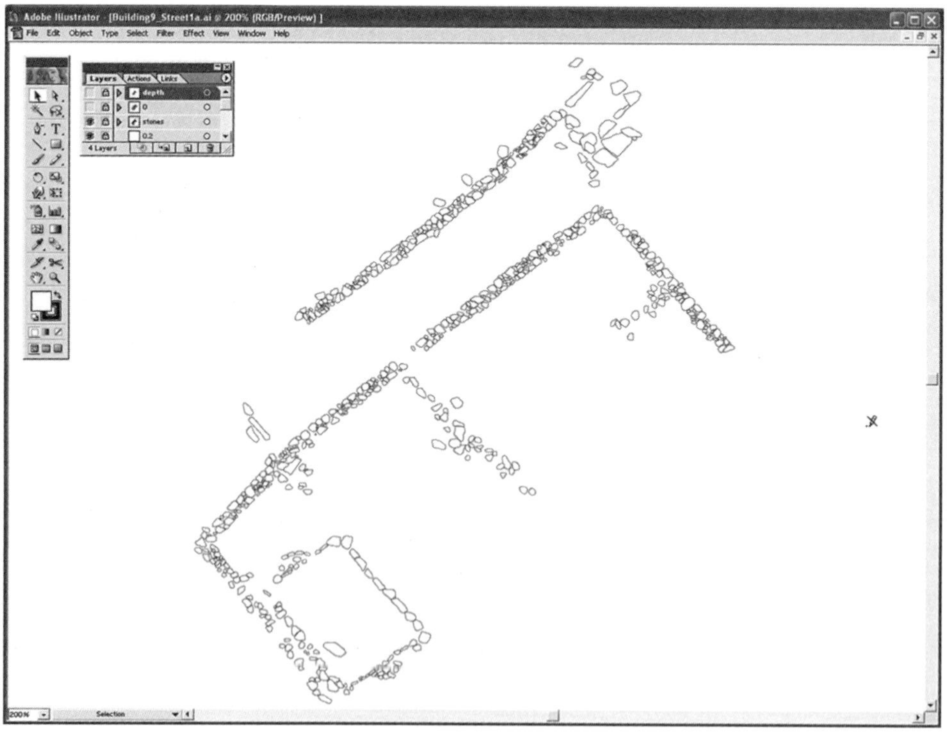

图二　纹理图

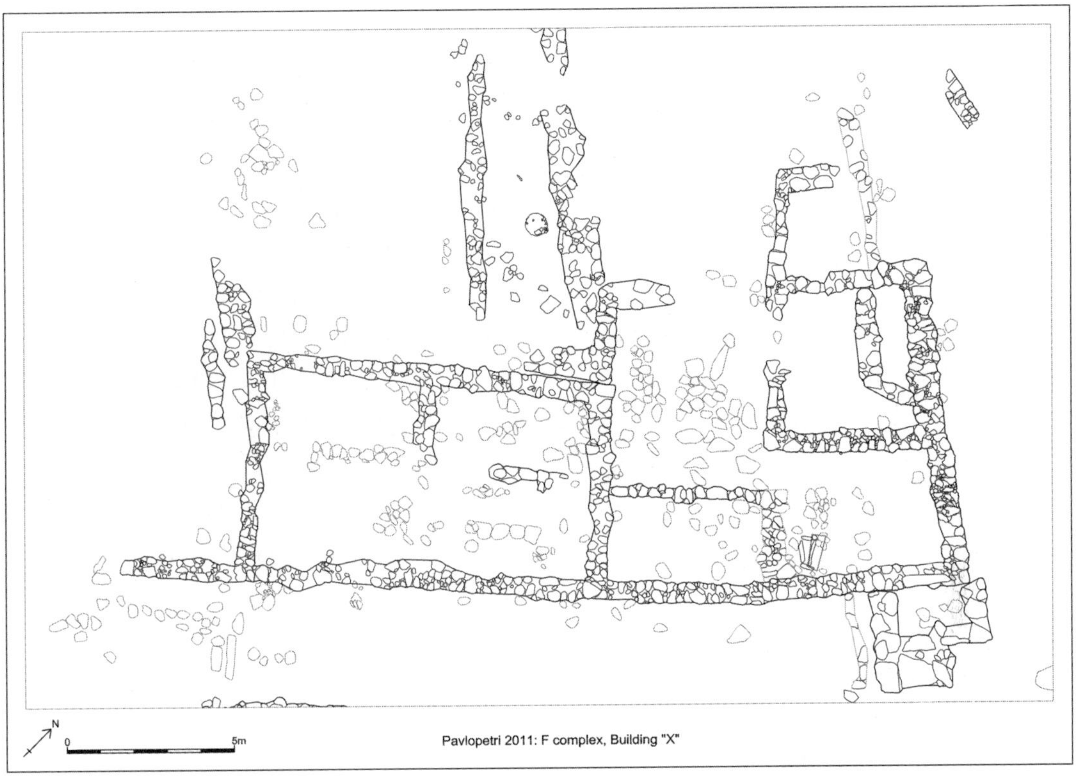

图三　10号建筑物的建筑结构图（使用Adobe Illustrator TM软件可以将古城纹理图和深度网格图中石块与墙体标注出来，并且形成10号建筑物的建筑结构图）

的互动式仿真模型在细节的处理上十分逼真，完全模拟了现实中的场景。这样3D模型便成为了与其他专家一起解读遗址的最佳平台，其延伸的功能也可以服务大众，使那些不具备专业知识来即刻情景化和理解遗址的参观者也能轻松地欣赏遗址（彩版七，3）。

光学立体摄影测量仪是一种结合了现有机器人平台光学技术来进行人工操作的高精度水下考古勘探设备。测量仪数据采集的简单程度相当于一台普通的水下照相机，而且相比较使用自助式水下交通工具和水下机器人，它的后期操作更简单（当然也更经济），同时也证明了这类高新科技并不仅限用于大预算的深水作业。

三、结　　语

扇形扫描声呐和光学立体摄影测量仪已经运用于各种水文、水深环境中的考古遗址中，无论是在淡水中还是海水中，无论是在沉船遗址、城镇遗址、海港遗址，还是在人类活动遗址，考古学家所能想象到的所有环境，这两种设备都能有效应对。

也许对于这两种设备最合理的用武之地是在未来对水下遗址的记录、监测和保护。因为这两者对于其所探测的环境不会造成任何危害，而且它们易于投放的特点让考古学家可以重复在同一个位置监控，从而建立一个长期的详细遗址记录。相比采用雇佣潜水员或使用水下机器人等方法来监控水下遗址的腐蚀、恶化程度，采用扇形扫描声呐和光学立体摄影测量仪更为快速，成本也更低。

扇形扫描声呐系统是在实践中最容易使用的设备，它适用于覆盖式大面积地勘探海床。扇形扫描声呐设备既方便携带又不易损坏，可以在任何地点进行投放，无论是从岸边、船只上、各种大小的海上平台上、充气皮筏艇上还是轮船上，唯一的关键就是一个电源。除了设备本身的优势外，扇形扫描声呐系统在设备操作方面也极具优势，因其安放设置操作简单，而设备快速生成的高清扫描图也基本不需要后期数据处理，所以并不需要专业操作人员，也不需要对预备操作员进行高强度的培训。这套设备可以在任何水下环境中使用，水质的清澈度和能见度并不对其产生影响，探测水深可浅至0.5米，深至3000米。这个特性使得扇形扫描声呐适用于水中能见度低下的现代港口与河流。运用这套设备可以在一天之内扫描调查多个水下遗址，而设备能在实地即时产生反馈结果的性能，对一些现场就要做出决策的情况有很大帮助，比如考古学家有时需要在现场对会对遗址造成轻微危害的威胁做出一定处理。

另一方面，光学立体摄影测量仪生成的更为详细的视觉成果，更适合于探测单个遗址的细节部分。仪器的功能使考古学家可以从几次的探测中仔细观察出极小的变化，据此有把握地辨别考古特征和文物。不过仪器的缺点在于它在实践中收集数据的时间较长，之后还需要对数据进行处理来得出仿真图片模型，所以得到最终的结果通常需要花上一整天的时间。

扇形扫描声呐和光学立体摄影测量仪的结合使用，解决了水下考古的一大难题，那就是如何快速、精确和经济地探测水下遗址。两种装置生成了简单易懂的水下遗址照片，使考古学家可以有效地观察、解读和监测水下文化遗产资源。光学立体摄影测量仪将水下遗址记录并生成能使考古学家与普通大众都能轻松理解的仿真图像模型，大大推进了向公众宣传、展示水下考古工作，使得不能潜水的普通参观者也能体验与观察水下遗址，帮助他们更好地欣赏丰富多彩、颇具价值的水下文化遗产。

编者注：本文为英国诺丁汉大学约恩 · 亨德森（Jon Henderson）副教授英文原稿（Using sector scan sonar and optical stereo-photogrammetry for the survey, management and presentation of underwater cultural heritage）之译文，关键词为编者所加。

注　释

［1］ Green J. Maritime Archaeology: A Technical Handbook (second edition). Oxford: Elsevier Academic Press, 2004: 74-84. Ballard R. D. Archaeological Oceanography. Remote Sensing in Archaeology, ser. Interdisciplinary Contributions to Archaeology. New York: Springer, 2007: 479-497. Bowens A. (ed.). Underwater Archaeology. The NAS Guide to Principles and Practice (second edition). The Nautical Archaeology Society. Oxford: Wiley-Blackwell, 2009: 103-111.

[2] Harding A., Cadogan G., Howell R. Pavlopetri, an Underwater Bronze AgeTown in Laconia. Annual of the British School at Athens, 1969(64): 113-142.

[3] Henderson J., Gallou C., Flemming N., Spondylis E. The Pavlopetri Underwater Archaeology Project; Investigating an ancient submerged town. Underwater Archaeology and the Submerged Prehistory of Europe. Oxbow Books, 2011: 207-218.

[4] O'Shea J., Lemke A., Sonnenburg E., Reynolds R., Abbott B. A 9,000-year-old caribou hunting structure beneath Lake Huron. PNAS Direct submission. www.pnas.org/lookup/suppl/doi:10. 1073/pnas.1404404111.2014.

[5] Henderson J., Pizarro O., Johnson-Roberson M., Mahon I. Mapping Submerged Archaeological Sites Using Stereo-vision Photogrammetry. International Journal of Nautical Archaeology, 2013, 42(2): 243-256.

长风破浪会有时

——“中国考古01”船的诞生

宋建忠

（国家文物局水下文化遗产保护中心）

摘要：2014年9月4日，中国第一艘考古工作船——“中国考古01”正式投入使用，结束了中国水下考古没有专业工作船的历史。本文简要叙述了该船立项、设计、建造的过程及其功能布局。

关键词：水下考古　考古船　设计建造

2014年9月4日，随着一声汽笛长鸣，“中国考古01”船开始了它的首航之旅，这标志着中国第一艘考古工作船正式投入使用，结束了中国水下考古没有专业工作船的历史。“中国考古01”的投入使用与国家文物局水下文化遗产保护中心的独立建制、国家发改委对南海基地的立项批复，可以说是2014年度中国水下文化遗产保护事业的三件大事，无疑会成为中国水下文化遗产保护事业发展的重要里程碑。

从“中国考古01”的立项、设计、建造到交付首航，历经4年多时间。现做简要介绍。

一、背　　景

我国拥有300万平方千米的辽阔海疆及宽广的内陆水域，其中蕴含着丰富的水下文化遗产，成为我国历史文化遗产的重要组成部分。然而，长期以来，由于技术与装备的简陋，无法满足进一步拓展工作范围和提高工作精度的要求，许多珍贵的水下文化遗产无法得到有效的保护。同时，随着近年来我国开发利用海洋资源步伐的加快，以及沉船文物盗捞情况的日益严峻，我国水下文化遗产保护工作面临着巨大的挑战，在专业队伍建设与技术手段提高等方面亟待加强。

2009年9月28日，根据国家文物局的批复，国家水下文化遗产保护中心职能主要为组织、协调与实施全国各类水下考古发掘、出水文物保护以及对外交流合作、宣传展览等事宜。2010年6月29日，经国家文物局第36次局长办公会研究，决定由文物保护与考古司牵头，中国文化遗产研究院具体负责，近期重点完成配备水下文化遗产保护专业工作船相关调研，就如何充分发挥国家水下文化遗产保护中心作用，尤其是涉及编制及考古工作船停靠、养护等具体问题尽快形成详细报告。此后，水下中心展开了紧锣密鼓的调研与立项工作。2010年11月2日，完成考古工作船可研工作初步报告《关于水下文化遗产保护专用船可研工作的初步报告》。2011年3月15日，国家文物局召开第3次局务会议，审议了水下考古专用工作船方案事宜，原则同意300总吨（排水量580吨）级别方案，4月底前完成可研报告，争取年底完成财政部立项工作。2011年4月20日，国家文物局在中国文化遗产研究院组织召开了500吨级考古工作船项目申报书专家评审会，通过了项目申报书。2011年5月12日，完成《国家文物局500吨级考古工作船项目可行性研究报告》。2012年4月16日，国家文物局与中国船舶重工集团公司第七〇一研究所签订《国家文物局500吨级考古研究船设计合同》。2012年10月24日，国家文物局与重庆长航东风船舶工业公司签署《国家文物局考古工作船建造合同》。2012年11月26日，国家文物局与上海双希海事发展有限公司签署《考古工作船建造项目监理合同》。至此，“中国考古01”船前期调研、立项与设计、建造、监理招标工作结束。

二、设计与建造

根据《国家文物局500吨级考古工作船项目可行性研究报告》，考古工作船定位以近海为主，兼顾远海（可航行至西沙海域），主要工作任务是通过配置条带声呐、旁侧声呐、浅地层剖面仪等相关设备及各种探测手段，发现、确认与定位水下遗址，为下一步的发掘、保护、管理提供准确信息。考古工作船的建造目标是进行考古调查、小规模考古发掘、出水文物现场初步保护、小规模展览等，需要同时满足水下文化遗产保护工作的科研需要和船上考古工作者的生活需要。

方案设计最初依据《国家文物局500吨级考古研究船设计采购项目》招标文件技术要求进行，设计船体总长49.9米，型宽9.5米，型深4.4米，排水量590吨，吃水2.6米，航速不小于14节。动力装置采用两台船用中速柴油机，以及配套供应的弹性联轴节、减速换向齿轮箱、电子控制及监测系统。考古作业相关设备有A型架2个、潜水升降梯1部、电动绞盘、液压吊机1部、4人潜水减压舱、污泥清理泵、潜水人员装备及用户自配考古物探设备（彩版八）。

在后期的方案深化设计过程中，考虑到为满足考古作业需求，考古工作船配备的物探设备，如多波束测深仪系统、浅地层剖面声呐、多普勒流速剖面仪、高精度侧扫声呐等设备对船舶振动噪音十分敏感，其次文物的处理、保护及展示也需要一个安静舒适的环境，因此，考古工作船设计上必须保证本船振动噪音尽可能小，并且作为一艘新造船也需要考虑技术先进性及后期可扩展性。根据招标文件要求，最初设计方案采用的是中速机+可调螺距螺旋桨，电力系统由2台发电机及1个主机带PTO轴带发电机组，从系统的稳定性及功能也完全满足使用需求，但是振动噪音性能不是最优。另外，考古工作船对电力需求较大，因此更好的技术方案是采用综合电力系统方案。电力推进及360度全回转推进方式具有经济、节能、可靠、舒适、灵活机动、操纵简单等特点，多机配置特别适合多工况需求，并且采用电推设计可以满足当前及未来考古所需的任何用电需求。然而，因综合电力系统设备较多，对空间布置的要求相应大大增加，而之前的设计方案空间十分紧张。因此，若改变推进方式，必然要求考古工作船的主尺度、排水量、航速及布置等做出相应调整。经过认真比较，反复论证，对方案进行了进一步的优化设计，最终形成了全电力推进系统方案，即采用3台主发电机+1台停泊发电机组和360度全回转舵桨配置，航速不小于12节的设计方案。同时，优化后的方案在作业能力及居住舒适性方面也有了较大提高（彩版九，1）。

2013年4月11日，“中国考古01”船在重庆长航东风船舶工业公司点火开工建造，国家文物局副局长顾玉才、中国文化遗产研究院党委书记柴晓明等领导出席了开工仪式。按照设计与施工要求，船体全部为钢结构，由钢板逐件焊接拼装而成。全船由7个分段组成，前期的工作程序依次为钢板下料、小组预制、分段装配。同年10月30日，“中国考古01”船建造进入船台合拢阶段。

2014年1月24日，“中国考古01”船下水进入水上舾装阶段，国家文物局副局长顾玉才、中国文化遗产研究院院长兼国家文物局水下文化遗产保护中心主任刘曙光等领导出席了下水仪式。4月14日，进行倾斜试验。6月23日，在万州库区进行试航。7月14日，拖航至南京八卦洲。7月28日，“中国考古01”船自航至青岛团岛中苑码头。

2014年8月6日，“中国考古01”船在青岛正式交船，国家文物局副局长童明康、国家文物局水下文化遗产保护中心主任柴晓明等领导出席了交船仪式。“中国考古01”船的完工交付是多方共同努力的结果，在长达16个月的建造过程中，我们始终得到了国家海洋局北海分局、中国船级社武汉审图中心与重庆分社、中船重工集团公司第七〇一研究所、重庆长航东风船舶工业公司、上海鼎祥船舶工程有限公司、上海双希海事发展有限公司、青岛环海海洋工程勘察研究院的大力支持和帮助，确保了该船建造任务的完成与交付使用。

三、基本布置

建成后的“中国考古01”船，全长56米，型宽10.8米，型深4.8米，设计排水量为900吨，满载排水量为980吨，设计吃水2.713米，满载吃水2.883米，最大航速12.5节，巡航航速11节，经济航速9节，续航力1000 海里（巡航航速），自持力30天，定员30人，床位37张，可以满足20名左右考古队员的生活起居与工作需求，可以承担水下文化遗产的调查、发掘和出水文物的保护、展示、宣传等工作。

本船具有一层连续主甲板，主甲板以上设艏楼甲板、驾驶甲板和罗经甲板。主甲板以下设局部平台甲板和局部双层底，发电机舱区域为双底。主甲板、艏楼甲板和平台甲板上设有居住舱室。

主甲板以下由4道主水密横舱壁将主船体分隔成5个水密舱段，自首至尾分别为：

（1）首尖舱水密段：设压载水舱、首舱。

（2）生活舱室水密段：设居住舱室、3号通道、3号梯道、2号设备间；平台甲板下设1号仪器舱、1号空舱、淡水舱、压载水舱、管隧。

（3）发电机舱水密段：发电机舱内布置发电机组、逃生口和通道等。

平台甲板上设：集控室、机修间等；平台甲板下设：燃油舱、管隧等。

双层底下设：高低位海水阀箱、滑油舱、油渣舱、污油舱等。

（4）减摇水舱水密段：设变频变压器室、3号设备间、样品库、储藏室、2号缓冲间、2号仪器舱、围井、减摇水舱、管隧、淡水舱、燃油舱等。

（5）尾舱水密段：设4号设备间、Z推舱、压载水舱。

长艏楼内自首至尾布置有：锚链舱、冷藏室、冷冻室、1号缓冲间、生活住舱、2号配电间、餐厅、厨房、盥洗间、风机室、医疗救护室、考古仪器设备间、潜水工作室、蓄电池间、出土文物保护实验室、配气站、CO_2灭火站、2号通道、2号梯道等。

主甲板中后部为考古作业区域，设置1部液压折臂吊机、A字架（含绞车）、4人潜水减压舱、1条工作艇、潜水舷梯等，并预留有集装箱基座，主甲板后部布置2部电动锚绞车及2个尾锚。

艏楼甲板首部布置有：起锚机、2台系泊缆卷车、导缆钳、导缆滚轮、导缆孔、带缆桩。

艏楼甲板上甲板室内布置有：船长室、首席专家室、领队室、大会议室、1号住室、2号住室、1号设备间、1号配电间、1号通道、1号梯道等。

艏楼甲板后部为救生区域，左右舷各布置2个20人救生筏，左舷布置1条救助艇，同时还布置有烟囱、发电机舱进排气风道等。

驾驶甲板上为驾驶室和小会议室。驾驶室布置有驾控台、驾驶座椅、海图桌、无线电桌等；小会议室布置有工作桌、沙发和茶几等。

罗经甲板上设：雷达信号灯桅一根、磁罗经、通信/导航天线、卫星应急无线电示位标、船名灯等。

四、专业系统布置

“中国考古01”船的设计要求满足两大目标，其一是满足船员工作与生活的需要，其二是为完成考古任务而设计的专业考古系统。专业考古系统是“中国考古01”船最重要和最具特色的部分，该系统设计根据考古作业区域、能力及具体使用要求而确定。

针对考古作业需要，“中国考古01”船设置了两舷对称宽1.5米可收放式考古潜水梯、3吨 A型门架、7.5吨液压折臂吊、四人减压舱、工作艇、救生艇及收放装置、考古发掘用空压机、淤泥泵、文物保护处理实验室、真空打包机、便携式移动呼吸空压机、12升潜水气瓶，以及多波束测深仪、浅地层剖面声呐、多普勒流速剖面仪、高精度侧扫声呐等专业考古设备（彩版九，2）。

“中国考古01”船考古作业流程一般是通过物探设备发现、定位水下遗存后，考古人员经潜水舷梯下水对遗存进行调查、探摸、测绘、影像记录、发掘和提取。出水文物及器材可通过A字吊、折臂吊或考古人员携带出水，文物出水后可在舷梯及A字吊旁边海淡水处冲洗，之后根据需要送入储藏室或出水文物保护试验室，处理后文物根据需要可在储藏室储存或真空打包保存。为满足考古作业各项功能的需求，为此设计布置了以下系统：

1. 低速航行及停泊作业稳定系统

“中国考古01”船配备了电推系统和2套360度全回转Z形推进器，可以实现本船各种作业航速要求，并具有良好的航行操纵性能。同时，因固定作业需要，除艏部2个艏锚外，在尾部还配备了2个尾锚，通过艏、尾锚在作业时固定船位。停泊或低速作业时，当横摇角度大于3度时启用减摇水舱，减小船体在波浪中的摇动。

2. 潜水装备支持系统

“中国考古01”船配有固定式2套电动呼吸空压机、1套便携式移动呼吸空压机。正常情况下，由固定式呼吸空压机为潜水气瓶充气，当固定式潜水气瓶进气口周围空气质量较差时，可利用移动式呼吸空压机选择清洁空气处为潜水气瓶充气。

在主甲板右舷设置1个减压舱集装箱，集装箱内主要安装4人用减压舱、独立电气控制台等，可用于潜水员水面减压、医疗恢复以及应急治疗。与减压舱配套的空气供气部分（含储气罐、空压机等）布置在平台甲板的4号设备间内。与减压舱配套的氧气瓶布置在主甲板减压舱集装箱旁。

主甲板尾部两舷各设潜水舷梯1部，液压驱动，操纵箱位于主甲板潜水舷梯旁。潜水舷梯可翻转入水1.5米深，供潜水员入水和出水用。

在艏楼甲板后部左舷布置玻璃钢救助艇1艘，带护舷气囊，艇长约6.8米，定员6人，静水航速不小于20节。配备起艇装置1套。

3. 考古发掘系统

本系统主要对水下文物进行即时性、抢救性考古发掘，提供发掘所需设备及对水下杂物及污泥清理。本船主甲板尾部设快速接头，由淤泥软化泵（流量：35立方米/时；扬程：80～150米可调）提供高压海水与软管相连，通过高压水枪将海底淤泥软化。淤泥软化泵布置在4号设备间，通过改变输入泵电流频率的方法使泵转速发生变化，从而实现泵输出压力的变化，以适应不同的使用环境。

设置的吸泥机（吸泥量：60立方米/时；工作深度：20～50米）可将海底污泥抽至其他部位便于水下考古发掘，或抽到水面滤网过滤污泥，收集文物。污泥抽吸装置的动力源来自空压机，空压机布置在4号设备间，尾甲板设置压缩空气的接头，抽泥时通过软管与吸泥机相连。可根据需要将污泥抽至不同的部位。

4. 出水文物保护系统

在尾甲板设置海水和淡水龙头，清洁出水文物和潜水装备等；出水文物保护试验室设置有脱盐、脱水设施等，另外配有1台真空包装机，供文物发掘处理后打包隔离空气使用。船上设置了样品间及大会议室（兼文物展览室），配置空调装置，满足文物的储存条件，对出水文物提供最大限度的保护。

5. 物探设备系统

“中国考古01”船通过配置的专业设备，借助磁法、声法等先进物探技术对水下文化遗存进行探测、确认、定位，为下一步的发掘与保护提供准确的信息。主要配有多波束测深仪系统1套、船舷安装浅地层剖面声呐1套、超短基线声学定位系统1套、船用测量传感器多路分配器隔离装置1套、GPS定位测量系统4套、导航测量软件2套、多普勒流速剖面仪ADCP2套、高精度侧扫声呐2套。

五、总体评价

2014年9月4日，“中国考古01”船首航出发赴辽宁丹东港海域执行调查任务，10月2日结束丹东港海域调查工作转赴河北唐山曹妃甸水域执行调查任务，10月30日结束曹妃甸水域调查工作返航，10月31日回到青岛母港。

经过首航检验，“中国考古01”船各项性能与功能基本达到设计目标的要求，但作为首制船也难免存在一些不足。首航结束后，我们组织设计人员、托管单位技术人员、船员与水下考古队员就该船存在的不足进行了认真讨论，对于锚缆、工作艇吊架、潜水悬梯等存在的缺陷问题组织了相应整改。

从水下考古作业角度看，“中国考古01”船实现了五个平台，即水下考古作业平台、潜水安全应急平台、出水文物现场保护平台、海上作业人员休整平台和后勤保障平台，达到了集水下考古调查、试（发）掘、出水文物现场保护与展示诸功能于一体的设计目标。

“南澳Ⅰ号”发掘及原址保护技术

——大型框架在发掘与保护中的运用

崔　勇

（广东省文物考古研究所）

摘要：“南澳Ⅰ号”2012年度的发掘与保护，创造性地采用了大型框架技术，不仅提升了水下考古工作效率，提高了沉船水下测绘精度，保障了水下作业安全，同时对“南澳Ⅰ号”沉船遗址的原址保护也起到了很好的作用。

关键词：南澳Ⅰ号　大型框架　水下考古发掘　原址保护

一、概　　述

“南澳Ⅰ号”发现于2007年5月；2007年6～7月，广东省文物考古研究所对其进行了调查和试掘；2010～2011年，广东省文物考古研究所、国家水下文化遗产保护中心（现国家文物局水下文化遗产保护中心）、广东省博物馆合作对“南澳Ⅰ号”进行水下考古发掘，取得了丰硕成果。2011年，“南澳Ⅰ号”先后入选“2010年度社科院考古论坛六大发现”和2010年度全国“十大考古新发现”。

2011年12月，“南澳Ⅰ号”水下考古工作总结会在广州召开，会议确定了“南澳Ⅰ号”水下考古的项目性质、工作目标、工作方式，具体内容就是“南澳Ⅰ号”水下考古要从短期项目变成长期项目,从单纯考古向综合研究转变。会议对2012年度的发掘工作提出了以下三个目标：第一，基本完成船货的清理工作；第二，全面摸清船体状况，包括船体的长度、宽度、高度及保存状况等；第三，提出具体的船体保护意见。根据会议精神并结合沉船保存现状，制定了2012年度的工作总体目标；同时参照前两个年度的发掘成果，总结了近两年发掘过程中所取得的经验，具体分析了所遇到的困难、效率、人员安全及文物安全等各方面因素，针对性地制定了2012年度发掘方案和相关预案，并开创性地将大型框架运用于水下发掘与保护中。

二、大型框架在发掘中的作用

1. 框架的设计与安放

2012年度发掘工作始于6月初，广东省文物考古研究所、国家水下文化遗产保护中心（现国家文物局水下文化遗产保护中心）承担现场考古发掘工作，广东省博物馆负责出水文物临时保护处理，交通部广州打捞局提供“南天顺”号工作平台和水下工程的潜水台班，满员时船上工作人员近60人，其中水下考古队员近25人。根据“南澳Ⅰ号”2012年度发掘方案，我们设计了一个集探方、灯阵、保护功能于一体的大型水下框架，框架长32米，宽12米，沉降后内部尽空高1.5米，16个吸力锚桩脚，采用主体800毫米，横梁300毫米钢管制造，重约50吨（图一）。

由于框架的安放需要，我们在天津水科所的协助下，获取了框架在水下的大地坐标，并成功将水下框架准确吊装到位（图二）。此前水下考古较普遍使用GPS、DGPS技术定位水下遗址，此次在水下遗址中运用RTK技术尚属首次。RTK技术不仅能安全、准确地将水下框架放置到位，还可以通过实测与参数修正，获取水下遗址每一遗物、遗迹的地理坐标与准确位置，有助于恢复、重建水下遗存关系，具备构建GIS管理系统的基础。

图一　制作框架

图二　吊装框架

2. 框架的延伸功能

（1）布设水下灯阵，改善水下光照度

水下框架为安放水下灯阵提供了良好平台。我们采用4分镀锌管焊接成一个长2.6、宽1.5、高0.3米的架子，并在其四个角分别安装1盏高光照度的、附有万向节的水下电筒组合成灯阵（图三）。灯阵架子可扣在水下框架之上，有效地改善了水下光照度。

图三　灯阵架子

（2）改进抽泥方式，提高工作效率

“南澳Ⅰ号”水深在25～28米，按照传统的水下考古抽泥方式，抽泥头的抗浮配重将超过50千克，随着船体与波浪的起伏，潜水员很难控制好抽泥头，发掘过程中极易对船体和文物造成损害。2012年度发掘时，我们将抽头直接焊接在水下框架上，抗浮的配重由框架承受，直接用不带配重的软管进行连接，操作简易轻便。抽头在船体的前、中、后各布设一个，抽泥范围可覆盖整个沉船遗址，也可以同时在船的前、中、后三处实施抽泥工作，工作效率与安全系数得到大幅度提高。

（3）精确布设探方，提高测绘精度

为便于测绘，水下大型框架每间距2米有横梁，每根横梁下每隔4米焊接3个椭圆形的穿孔铁片，从穿孔处拉绳可形成3条基线，如此可构建成2×4米的坐标系，或从穿孔处吊挂铅坠进行定位。水下框架起到了精确布设探方的作用，大大提高了测绘精度。

“南澳Ⅰ号”2012年度发掘在总结前两年工作经验和困难的基础上，有针对性地进行改进、整合和优化，在安全、效率、精度及保护等方面都有了较大的突破，考古技术有所创新，完成了既定目标，为较大深度及复杂海况下开展水下考古工作积累了经验，建立了模式，完善、规范了工作程序，可以说是一次难得的实践。

三、大型框架在保护中的作用

1. 大型框架在现场保护中的作用

大型框架对“南澳Ⅰ号”遗址的保护作用非常关键。2011年前，盗捞者主要通过拖网和潜水等方式对遗址进行破坏；2011年发现还使用船锚犁地式拖底盗捞，并对沉船遗址的西南角形成了一道破坏性的沟槽，将泥沙中的文物翻出；2012年在躲避6号台风“杜苏芮”期间，先期布好的简易定位框再次被拖离至沉船遗址的西南角，虽未对沉船遗址造成严重破坏，但仍可说是一个不容忽视的安全隐患。大型探方框架安放就位后，以上种种危害就不复存在了。

2. 大型框架在原址保护中的作用

“南澳Ⅰ号”2012年度水下考古发掘工作结束后，基本完成了船载文物的抢救发掘任务，然而新的问题又摆在了我们面前：一是发掘队伍撤走后，船体、凝结物等遗存如何有效保护；二是岸上对动态船舶的监控手段一直没有得到有效解决；三是水下安放的大型框架有无沉降或结构性锈蚀。为了解决以上问题，2013年和2014年，广东省文物考古研究所每年都组织水下考古专业人员对水下框架及沉船进行复查，及时了解沉船的水下动态，也为今后的水下遗址发掘和保护提供一种可资借鉴的新模式。现简要介绍如下：

（1）物探调查

水下大型框架成为物探调查的已知参照物，因框架有精确的地理坐标和主要尺寸，可以作为参照物进行尺寸正形及复原。物探调查以多波束探测为主，浅地层剖面探测为辅；使用高精度DGPS定位，并辅以高精度电罗经姿态补偿系统，还采用了声速剖面仪进行图像校正，以提高探测精度。测线以“南澳Ⅰ号”为中心，呈放射状加密布设，这样可以从各个方向反复穿越探测区域，避免出现因声波遮挡而出现的盲区。

（2）潜水调查

复查时除物探调查外，还进行了潜水调查。潜水调查的目标主要是了解框架的锈蚀程度、框架对沉船的保护状况以及牺牲阳极对框架的保护效果等。由于水下大型框架提供了安全的潜水环境，本次潜水调查效率和安全性都有了质的提高，充分体现了在低能见度下水下框架的导引作用。

（3）框架保存状况

物探扫测结果显示,水下框架在海底结构稳定，没有出现结构性损坏，由于采用了吸力锚原理设计的桩脚，也没有出现超范围沉降现象，达到了预期效果。值得一提的是，2014年通过物探我们发现框架出现了西高东低的倾斜情况，东部的吸力锚桩脚沉降到位，吸力锚底板与海床平齐，西部的吸力锚底板甚至高出海床约60厘米，这与2012年放置、2013年复查时的情况相同（彩版一〇，1）。结合发掘期间对隔舱板测量结果，船体本身也是由西向东倾斜8度～13度，再结合2010年对南澳周边海底进行的地形、淤泥厚度的探测数据分析，得出如下结论：“南澳Ⅰ号”与保护框架都坐实在海底的原生土上，已经不存在继续沉降的风险。框架有较多的海洋生物附着在上面。通过潜水调查，也没有发现框架出现锈蚀和片状剥落的现象，证明了牺牲阳极保护法效果明显。

此外，参照水下框架的尺寸，采取必要的技术手段，将多波束图像进行处理，剥离了水下框架后，获取了“南澳Ⅰ号”沉船在海底的保存现状（彩版一〇，2），证明了大型框架在沉船原址保护中能够起到良好作用。自2013年以来，“南澳Ⅰ号”的每年度复查不但是该项工作的延续，而且还是对此类遗址原址保护或临时保护的一种有益探索。今后，我们还将在复查的时机、方法、程序上继续探索，争取摸索出一套适合该类型水下文化遗产的保护经验与方法。

2010～2013年肯尼亚水下考古调查与发掘收获

赵嘉斌　孟原召
（中国国家博物馆）

摘要： 中国和肯尼亚合作实施拉穆群岛地区考古项目是一项重要的文化援助项目，由中国国家博物馆和肯尼亚国立博物馆联合开展，主要是围绕以拉穆群岛及周边海域为主的肯尼亚沿海地区实施水下考古调查与发掘工作，发现了6处水下文化遗存线索，还对拉穆群岛谢拉（Shela）水下遗址和马林迪奥美尼（Ngomeni）沉船遗址进行了发掘，为探讨肯尼亚古代的海外贸易与对外交流提供了珍贵资料。

关键词： 肯尼亚　沉船遗址　水下考古　调查　发掘

一、项目缘起

中肯合作实施肯尼亚拉穆群岛水下考古项目是我国对肯尼亚实施的一项重要文化援助项目。2005年，中华人民共和国国家文物局与肯尼亚文化遗产部签署合作考古协议；2006～2007年，受国家文物局委托，中国国家博物馆、北京大学考古文博学院专家赴肯尼亚开展前期调查；2007年4月，中肯两国政府换文，合作实施考古项目援助；2007年6～9月，中方为肯尼亚培训了两名水下考古专业人员；2009年7月，中华人民共和国商务部批复项目任务书；2010年2月23日，中肯正式签署项目实施合同。这一合作项目包括水下考古和地下考古两个部分，分三个年度开展，每年赴肯尼亚工作约两个月时间，其中水下考古部分由中国国家博物馆和肯尼亚国立博物馆合作，主要是围绕以拉穆群岛及周边海域为主的肯尼亚沿海地区实施水下考古调查与发掘工作。

二、实施概况

中肯合作实施肯尼亚拉穆群岛水下考古项目现已顺利结束。三个年度的工作时间分别为2010年11月26日至2011年1月23日[1]、2012年11月27日至2013年1月12日、2013年11月20日至2014年1月8日，其中2011年度工作因肯尼亚局势不稳而延后一年开展。项目实施过程中，中国国家博物馆每年度牵头组织来自辽宁、山东、上海、浙江、福建、安徽、江西、广西、海南等地水下考古专业人员赴肯工作，其中2010年12人、2012年18人、2013年17人，肯尼亚国家博物馆派2～3名专业人员（包括2007年中国负责帮助培训的肯尼亚水下考古队员）参加，共同组成肯尼亚水下考古工作队。

工作区域以肯尼亚沿海拉穆群岛和马林迪海域为主，兼顾蒙巴萨海域。三年来，我们不仅完成了对几处水下遗址的较大规模的考古调查，还对拉穆群岛谢拉（Shela）水下遗址和马林迪奥美尼（Ngomeni）沉船遗址进行了发掘。现简要介绍如下文。

三、水下考古调查

肯尼亚水下考古工作中的调查，包括前期开展的陆地调查、海洋物探调查和考古潜水调查。

1. 前期陆地调查

水下考古的陆上调查是为了搜寻水下历史文化遗产的线索而在陆地上开展的调查工作，是水下考古活动的重要基础和依据[2]。肯尼亚水下考古陆地调查主要进行了蒙巴萨沉船线索、拉穆群岛海域（拉穆岛、曼达岛、帕泰岛等）、马林迪海域水下遗存线索的前期调查及地理环境、海况潮汐等必需资料的搜集工作。陆地调查的依据主要有文献资料（包括古代文献与近现代记载）、口碑资料、实物资料等。主要通过以下三种形式开展陆地调查：①咨询当地博物馆相关文物考古信息（蒙巴萨、拉穆），从港务局了解水下遗存线索和海图海况资料；②通过走访当地渔民、潜水员和收藏家，了解水下打捞出的古代瓷器、各类陶器资料，掌握第一手资料，作为实地考察的依据；③通过已开展的考古调查与发掘资料，了解拉穆群岛及蒙巴萨地区的文物考古信息，如蒙巴萨沉船与城堡考古发现的中国瓷器等。

通过前期陆地调查，发现了6处水下文化遗存线索，分别位于拉穆群岛的谢拉（Shela）、小曼达（Manda Toto）、曼巴哈维（Mwamba Hanawi）、帕扎里（Pazarli Ridge）海域和马林迪的奥美尼（Ngomeni）东北侧海域、豹礁（Leopard Reef）海域。这些水下遗存线索所在海域是下一步海洋物探调查和考古潜水调查的重点工作区域。

2. 海洋物探调查

海洋物探调查是水下考古工作中一项重要的技术方法，主要是通过声呐设备、浅地层剖面仪、磁力仪等对海底地貌进行探测，以获知水下文化遗存概况。肯尼亚水下考古调查中主要采用了旁侧声呐仪、浅地层剖面仪和多波束测深仪三类设备，分别可以获取海床平面、剖面和三维地貌。

2010年，在陆地调查的基础上，水下考古队对拉穆群岛谢拉东侧、小曼达东侧、曼巴哈维海域3处水下遗存线索和马林迪奥美尼东北侧海域沉船线索，使用旁侧声呐仪进行了物探扫描，扫描面积总计约260万平方米，充分发挥了高科技设备的作用，获取了旁侧声呐图像资料，为分析水下遗存状况提供了重要参考。

2012年，水下考古队使用旁侧声呐仪和多波束测深仪对小曼达海域线索和谢拉水下遗址进行了扫测，面积总计约39000平方米，获取了这两处地点海床平面和三维地貌图像（彩版一一，1、2），为判别水下遗存分布状况提供了参照。

2013年，考古队使用旁侧声呐和浅地层剖面仪，获取了蒙巴萨耶稣堡沉船和马林迪奥美尼沉船的海底地貌和水下分布信息（图一、图二；彩版一二，1、2），使我们对其有了进一步的宏观认识。

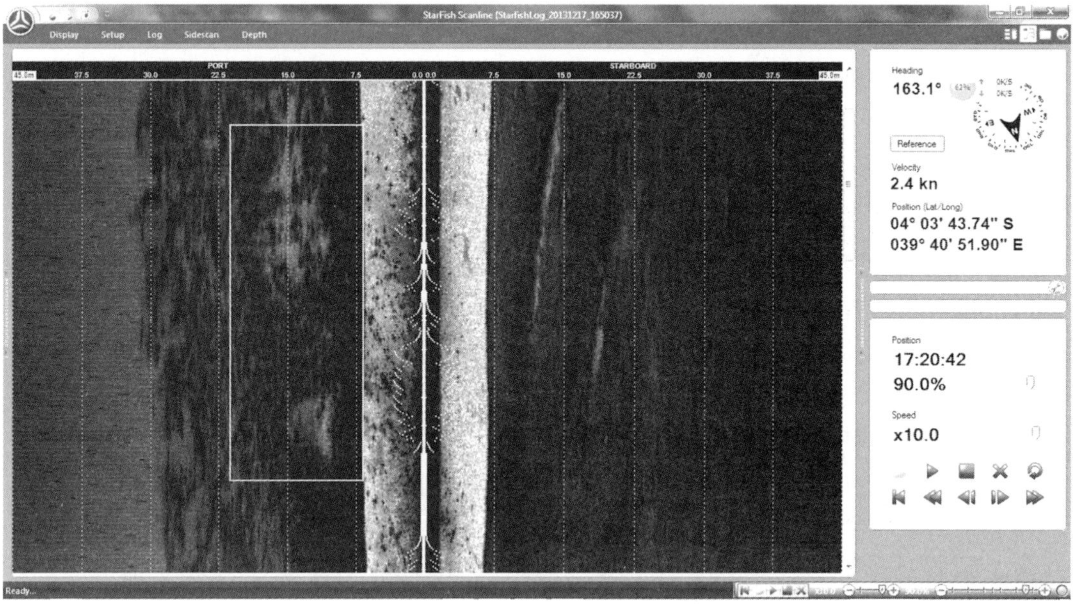

图一　蒙巴萨耶稣堡沉船旁侧声呐仪扫描成像图

总之，通过这些现代物探设备扫描捕获的数据图像，显示了海底地貌情况，从中分析和判定了可疑的水下文化遗存信息，从宏观角度了解了水下遗址的大致分布情况，为下一步调查和工作提供了重要而精确的参考数据。

3. 水下调查

水下调查是在对水下遗址线索确认的基础上，进一步对遗址的基本情况进行调查，并做测绘和摄影摄像记录。水下考古队分别对拉穆群岛的谢拉、小曼达、曼巴哈维、帕扎里海域，马林迪海域的奥美尼、豹礁海域，蒙巴萨耶稣堡海域进行了潜水探摸，调查面积累计达125000平方米，尤其是对谢拉水下遗址、奥美尼沉船遗址做了重点调查（图二，彩版一三，1），基本了解了遗址的分布情况。

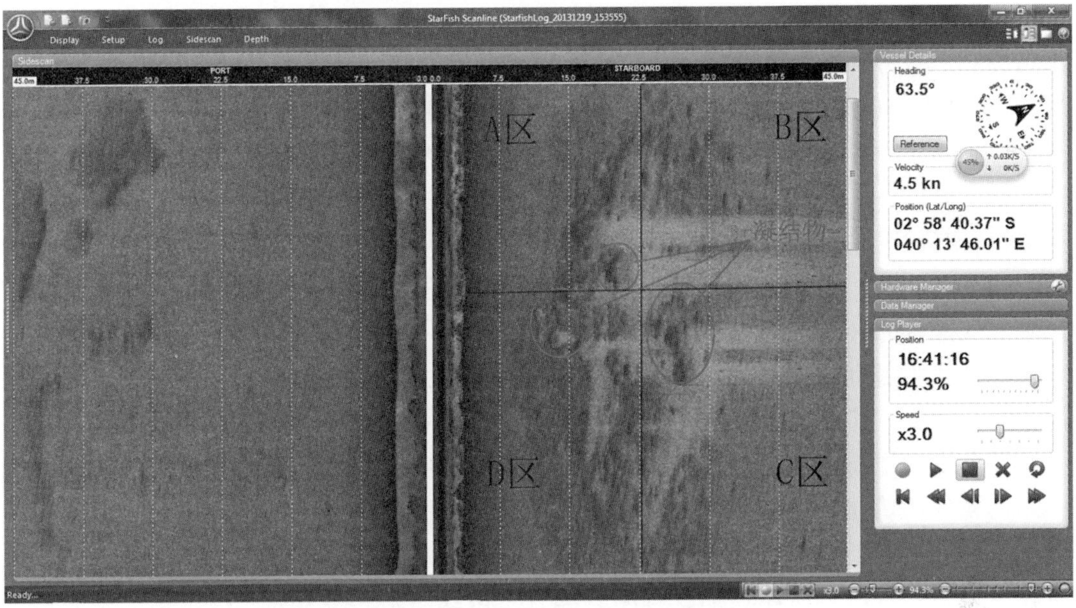

图二　马林迪奥美尼沉船旁侧声呐仪扫描成像图

图三　马林迪奥美尼沉船遗址潜水调查

四、谢拉水下遗址调查与发掘

谢拉水下遗址位于拉穆岛谢拉东侧海域，东邻曼达岛，水深8米左右，海床表面以沙为主，并杂以软珊瑚、水草，南侧、西侧近岸区域沙层下为软质礁石底。

该遗址以往就零星发现有陶罐等文物。2010年度主要对遗址北部区域进行了潜水调查，测绘面积约12000平方米；2012年度则以2010年度南侧基点为工作总基点，继续向南侧区域进行调查，逐渐扩大调查区域，并对调查发现的水下遗物进行了测绘和影像记录，调查面积达49000平方米。

根据遗址分布范围广的特点，考古潜水调查工作分区域进行，首先在遗址中部确立工作基点，由基点向南北侧延伸调查，布设正南北向基线；由南北基线向东、西两侧布设30米见方的调查搜索区域。调查范围为基线东侧20米，西侧60米，基点向南120米，基点向北50米。由于遗物较为分散，对调查中所发现的遗物随时进行测绘记录，并汇总到遗址总平面图。通过水下调查，发现了零星分布的陶罐、木板、瓷片、铁锚等遗物（彩版一三，2），遗物分布相对较为分散，而边缘区域遗物较少。调查中采集了部分具有代表性的标本。

全面调查之后，对遗物集中分布的两个区域进行发掘，分别布设2×2米的硬探方10个、软探方9个，计76平方米（彩版一三，3、4）。此外，还对遗址做了部分勘探，以进一步了解遗址分布、堆积情况。经发掘可知，陶罐等遗物为泥沙覆盖，埋藏较浅，堆积较薄，其下即是礁石和沙底。

采集出水遗物主要是陶器、釉陶器、瓷器：

陶器以罐为主，形制多样，领有高、矮之分，多为高领罐，是肯尼亚当地常见器类，有伊斯兰、斯瓦西里等不同地域风格，曾在疏浚水道时有较多发现。采集标本数量较少，多是红陶，质地较细，有的肩部有三系或四系，多素面无纹，少部分刻划有三角或斜线纹，部分陶罐有修补和使用痕迹（彩版一四）。

釉陶器数量较少，仅发现1件绿釉黑彩钵碗，为伊斯兰风格器物（彩版一五，1）。

瓷器发现较少，有青花、蓝釉两种，器形有碗、盏、盘。从其形制、胎釉、纹饰等特征来看，与附近帕泰（Pate）、希由（Siu）等地发现的中国瓷片相似，其表面可见使用痕迹，应为清代中晚期闽南窑场产品。例如，青花灵芝云纹碗，制作规整，侈口，弧腹较深，圈足，挖足过肩；胎色白，质细密；通体施白釉，泛淡青，釉面光润，足沿处无釉；以青花为饰，外壁开光内绘灵芝云纹，内底心绘一枝草叶纹，线条草率、流畅，足外墙及内底心均饰两道线纹；外底心书有“永玉”行书款识；青花色泽较深，泛灰，晕散明显（彩版一五，2）。

通过所发现遗物年代比对，其延续时间较长，再结合谢拉遗址水下堆积状况，陶罐可能是出自该区域的沉船遗址，零星的瓷片则应是生活废弃遗物，其性质尚待进一步研究。

五、奥美尼沉船遗址发掘[3]

奥美尼沉船遗址位于马林迪滨海小镇奥美尼（Ngomeni）东北方向约4海里处，6米深的海底，东距海岸约300米。该沉船遗址发现于2010年12月，2013年1月进行了考古潜水调查，2013年11～12月开展水下考古发掘（彩版一五，3），基本完成A区（共分4个发掘区）船体以上堆积和纵横两条探沟的发掘，揭露面积达150平方米，大致搞清了遗址的分布范围、层位堆积、船体结构、船载文物、文化内涵等基本情况。

该遗址凸出于沙质海床之上，呈东北—西南长条状走向，最长处约48米，最宽处近17米，总面积约500平方米，船体以上堆积厚度约20～120厘米。沉船为木质，上层建筑和甲板已不见，残存船体底部；船体方向60度，残长约36米，残宽约10米；近底部的船壳外板、肋骨、舱底垫板、隔板等主要构件保存较好，清晰可辨且复原性高；船壳外板单层、厚实，肋骨密集、粗壮，舱底垫板单层、轻薄，船材外包铅皮、中缝填塞铅条，造船工艺独特而富有研究价值。已出水的船载文物标本约600件（片），包含象牙、铜锭、铜砝码、水银、朱砂、金属圆饼器、绿釉陶器、木桶、木质滑轮、石球、圆形穿孔石器、动物骨骼、船钉以及大量带钉孔的铅条、铅带、铅皮等，其中既有船员生活用品，更有运输货物，类型多样且特色鲜明。

在船体结构、造船工艺以及船载文物特征等方面，奥美尼沉船遗址与2008年在纳米比亚发掘的16世纪葡萄牙Oranjemund沉船（Oranjemund Shipwreck）以及1999～2000年在葡萄牙里斯本发掘的17世纪葡萄牙Pepper沉船（The Pepper Wreck）具有一定相似性，初步判定奥美尼沉船应是一艘16至17世纪的葡萄牙商贸运输船。

奥美尼沉船遗址水下考古工作卓有成效，成绩斐然。该沉船遗址是肯尼亚乃至东非的一项重要考古发现，为该地区水下考古研究打开了一扇全新的大门，相信必将推动肯尼亚水下考古事业的发展，可谓中肯水下考古发展史上的里程碑。

六、结　　语

中肯合作实施的肯尼亚水下考古调查成果，特别是谢拉水下遗址发现的各类陶罐和中国瓷器，奥美尼沉船船体结构与出水的绿釉陶器、铜锭、象牙等文物，为探讨肯尼亚古代的海外贸易和对外交流提供了珍贵的资料。同时，中国和肯尼亚合作实施拉穆群岛地区考古项目是一项重要的文化援助项目，也是中国水下考古队首次在国外开展的大规模工作项目，对实施文化强国战略具有重要意义。

编者注：本文作者原在中国国家博物馆工作，现已调入国家文物局水下文化遗产保护中心工作。

注　　释

［1］ 中国国家博物馆水下考古研究中心、肯尼亚国立博物馆沿海考古部：《2010年度中肯合作肯尼亚沿海水下考古调查主要收获》，《中国国家博物馆馆刊》2012年第8期。

［2］ 林国聪：《浅谈水下考古的陆地调查》，《宁波文物考古研究文集》，科学出版社，2008年7月。

［3］ 中国国家博物馆水下考古研究中心、肯尼亚国家博物馆滨海考古部：《肯尼亚马林迪奥美尼角沉船遗址2013年度水下考古发掘简报》，《中国国家博物馆馆刊》2014年第9期。

湖北丹江口库区均州城2013年度水下考古调查与收获

孙　键

（国家文物局水下文化遗产保护中心）

摘要：均州城是20世纪60年代在兴建丹江口水库时被淹没的一处重要古代城址。受历史条件所限，当时并未对均州城进行文物考古工作，档案亦多有阙失。均州城水下考古是针对现存水下的城址实施水下环境、保存现状、分布范围等内容的调查，同时适当扩大范围了解掌握龙城、周府庵等库区水下遗址情况。类似的水下遗址在我国多有存在，这些遗址由于保存于水下，虽然局部或单体建筑易受外力侵袭损坏，但城市的整体布局却免受大规模基建破坏，反而得以较为完整地存留。此次水下考古调查是我国第一次大规模有系统地针对内水水下遗址开展的考古工作，取得了一定成果，对今后开展此类工作，推进内水水下文化遗产保护作出了有益的尝试。

关键词：均州城　内水　古代城址　水下文化遗产保护

一、前　　言

丹江口水库位于湖北省丹江口市与河南省淅川县毗邻处，域跨鄂豫两省，于1958年始建，1973年竣工，蓄水174亿立方米，水库总面积846平方千米，目前为亚洲库容最大的人工淡水湖。库区淹没的均州城原为湖北省丹江口市均县镇旧址（图一），东临汉江，基本保持了明代以来的官署、街坊格局。1967年，因丹江口水库蓄水，均州城沉入水下。库区枯水期、丰水期水位变化较大，水深为20～50米不等，根据南水北调工程丹江口库区蓄水要求，2013年底水位线将提高至170米，整个遗址区水深将升高至60米，届时常规实地潜水调查的难度与成本将成倍增加，潜水风险也急剧攀高。为此，2013年5～6月，国家文物局水下文化遗产保护中心联合国家水下文化遗产保护中心武汉基地，与浙江、广东、海南、山东等地的水下考古专业人员共同组建“丹江口均州古城水下考古队”（以下简称考古队），开展了均州城水下考古调查，基本明确了城区周边建筑格局，以及现存水下的文化遗产分布与保留状况。

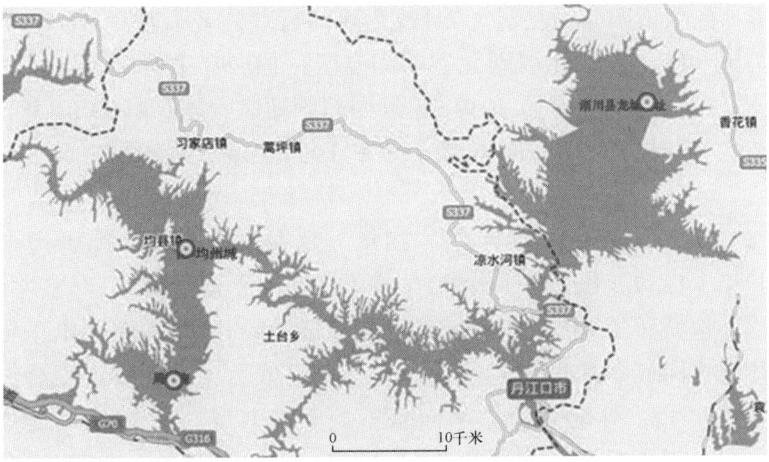

图一　均州位置示意图

二、历史沿革

均州古称“均陵”，今为湖北省丹江口市之一部，位于鄂西北东部鄂豫两省交界处，东临鄂北重镇襄阳市，西连汽车之府十堰市，南接千里房县和神秘的神农架林区，北交豫南古城南阳市，地处汉江中上游，是“接雍豫，通巴蜀”的咽喉所在，古有“三阳腹地”之称，也是连接“三阳”（郧阳、襄阳、南阳）的中心纽带。均州城位于汉水中游，依山傍水，商船往来均州，下可通汉口，上可达陕西，为汉水交通咽喉。特殊的地理位置，使其成为黄河流域与长江流域古代文明的交汇区域及南北文化的交流要地。《丹江口市志·建置》记：“均州城是均县人民政府的旧址，位于东经111度11分，北纬32度41分，东倚汉江。”（图一）

均州古属三苗之地，春秋属麇，麇亡属楚。战国属韩及楚，称均陵。秦置武当县，因境内武当山得名，秦始皇二十六年（公元前221年）分天下为36郡，武当县属南阳郡。东汉建安十三年（208年），曹操得分南阳郡置南乡郡，下辖武当等八县。晋太康十年（289年）十一月，改南乡郡为顺阳郡。北魏郦道元《水经注》所记“汉水又东南径武当县故城北”，即指均州城。

隋开皇五年（585年），改名均州，因境内均水而得名，辖武当、均阳两县。唐武德元年（618年），改武当郡为均州；天宝元年（742年），改为武当郡；乾元元年（758年），复为均州。宋建隆元年（960年），均州领县武当、郧乡；宣和元年（1119年），均州武当郡升为武当军节度，领县未变。明洪武九年（1376年），武当县入均州，属湖广布政使司；成化十二年（1476年），改割郧乡、上津属襄阳府，此后均州无领县，由直隶州降为散州，沿至清末。民国初年，改均州为均县，属湖北襄阳道；民国二十一年（1932年），隶属湖北省第十一行政督察区；民国二十五年（1936年），改属湖北省第八行政督察区。1948年3月21日，均州县城解放；3月28日全县解放，属鄂豫陕第四专员公署（7月改为陕南行政公署第四专署）；1949年属陕西省陕南行署两郧专区；1950年属湖北省郧阳专区；1952年隶襄阳专区；1960年撤销均县并入光化县；1962年恢复均县；1965年复归郧阳地区管辖；1983年8月19日，经国务院批准，撤销均县，设立丹江口市（县级）；1994年郧阳地区与十堰市合并，为十堰市代管。

均州城墙原为汉光武帝建武四年（28年）延岑筑的土城，经历代修葺，仍为土墙。明洪武五年（1372年），千户李春在城西外西岗上建造窑场，烧制30～40千克重的城砖，修筑外包城砖的城墙。现淹没于丹江口水库的城池为明代永乐年间始建，经清代不断修补增建而成。20世纪50年代，均州城墙依然比较完整。城墙结构为内填土夯实、外包城墙形式，外陡内缓，平面呈不规则正方形，南北长约1000米，东西宽约900米，占地约1平方千米。城墙周长3600多米，高约8.5米，上阔4米余，下阔约20余米，雉堞790个，设有大东门（宗海）、南门（望岳）、西门（夕照）、北门（拱辰），其中北门设有里外两重城的“瓮城”。北门外为护城壕沟，再外接沧浪洲。这四座城门原各设置有重檐歇山城楼的“战楼”，后来仅存南门和东门的城楼。因墙体雄伟坚固，可抵御兵匪和水患，故有“铁打的均州城”之说。

均州城大致可分为城内、城外两大部分，总面积约3平方千米，主干大街有两条，分别为城内的南大街与城外的南关街。城内是政治、文化区，除体量不大的生活区域外，集中了代表王权系统的官署和神权系统的静乐宫等建筑。南门外为经济、商业区，内城南大街出城后东向延伸出一条小巷为“朝武街”，此区域集中了大量店铺、市场，东接两个码头，是均州城内最为阜盛之地。《均州城概貌》载：“出石坊过河街便是宽阔的青石蹬道，直达江水，江边停泊密密的木船，日夜不停地装卸进出口物资。”均州城东码头紧邻汉江，漕运不断，朝武街延伸至大东门，往来汉江的商客货运至此后，聚集朝武街市集买卖走贩。东门外因为码头兴旺而开一条河街，据《明史》载，永乐十四年（1416年）从北京漕运来武当山的金殿构件亦是在均州城东码头下船转运。均州城的商贸活动十分繁荣，19世纪初叶至中叶，均州城有大小商号和会馆百余家，如江西会馆、川陕会馆、湖州会馆等（图二）。均州城的建设在唐贞观后成为地域内中心的县城格局就基本稳定下来，直至明代由于武当山的兴盛，明政府对周边地区采取了一系列的管理措施，从永乐至明末，提调藩参和提调太监的主要工作就是督工修缮宫观，所用人工均来自均州千户所军余工匠。正是由于“均州踞楚上游，为数省之凑，而太和一山，实隶封内。胜国时，祀典特隆，远越五岳”（康熙《均州志》卷首）的关系，明清时期入武当山除南路（来自九江、荆州）可不经均州外，走北路（北方诸省、江南路）、西路（来自山西、四川）均须经过均州，遂逐渐形成了现存于水下的均州古城。

受自然条件和经济实力限制，均州城的规模较小，布局亦因地制宜，依山川形势，随山就水（图三、图四）。内部格局以官府、庙观为中心，商业布局依临河码头、道路隘口展开，多转运贸易，故常见商人会馆。

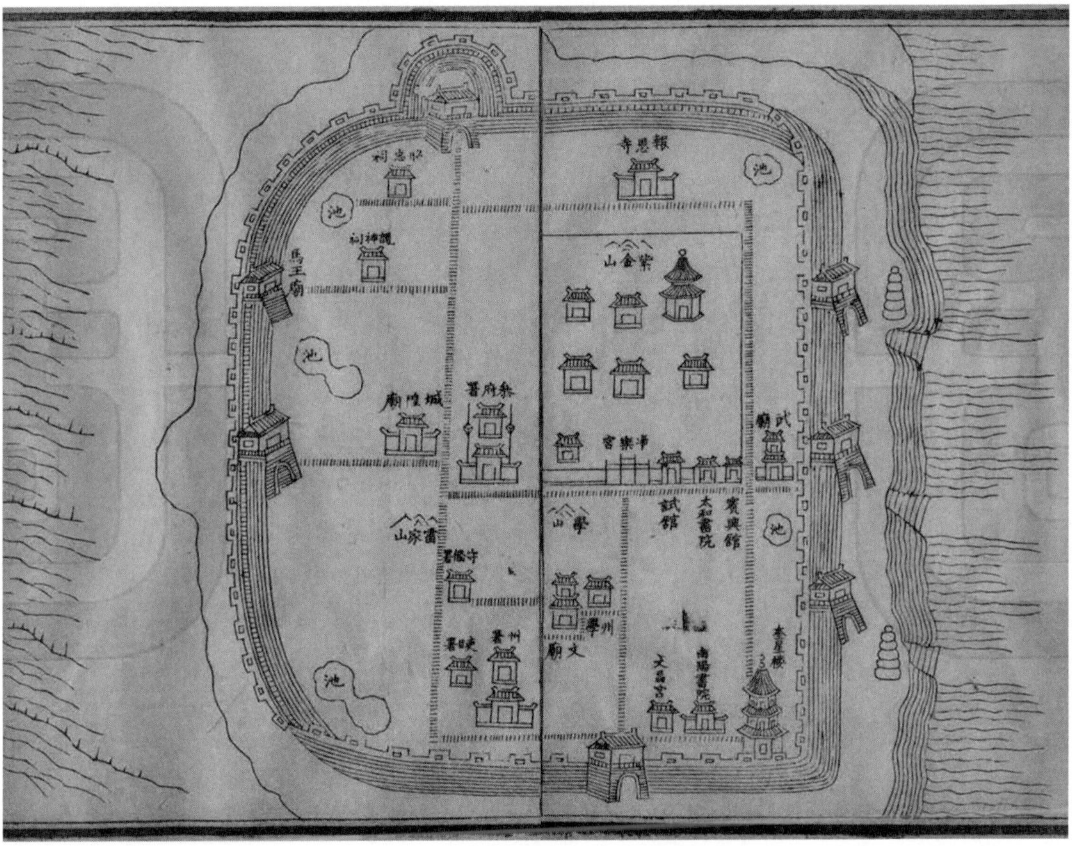

图二 《续辑均州志》城池

三、水下考古调查

1. 调查经过

调查工作始于2013年5月25日，至6月22日结束，历时28天。声呐扫测总面积约3平方千米，浅地层测线总长度约10千米，总计潜水作业197人次，潜水时间约6000分钟。基本明确了城区周边建筑格局，以及现存于水下的文化遗产分布与保存状况，为今后的保护工作提供了客观依据。

调查范围包括面积约1平方千米的均州城城区，以及超过2平方千米的城外区域，调查范围内遗存有众多的单体建筑遗迹。依据清库时的拆迁情况，结合目前水下淤沙严重之现状，将仍旧露出的城楼及门洞列为重点调查对象，开展考古测绘、摄影、记录等工作，并对已掩埋于泥下的静乐宫、奎星楼、大码头、沧浪亭等遗址开展了实地潜水探摸以核实位置。此外，为了了解分析古城周边水下地貌与建筑格局等情况，考古队还利用多波束测深系统和浅地层剖面仪等物探设备扩大范围扫测。

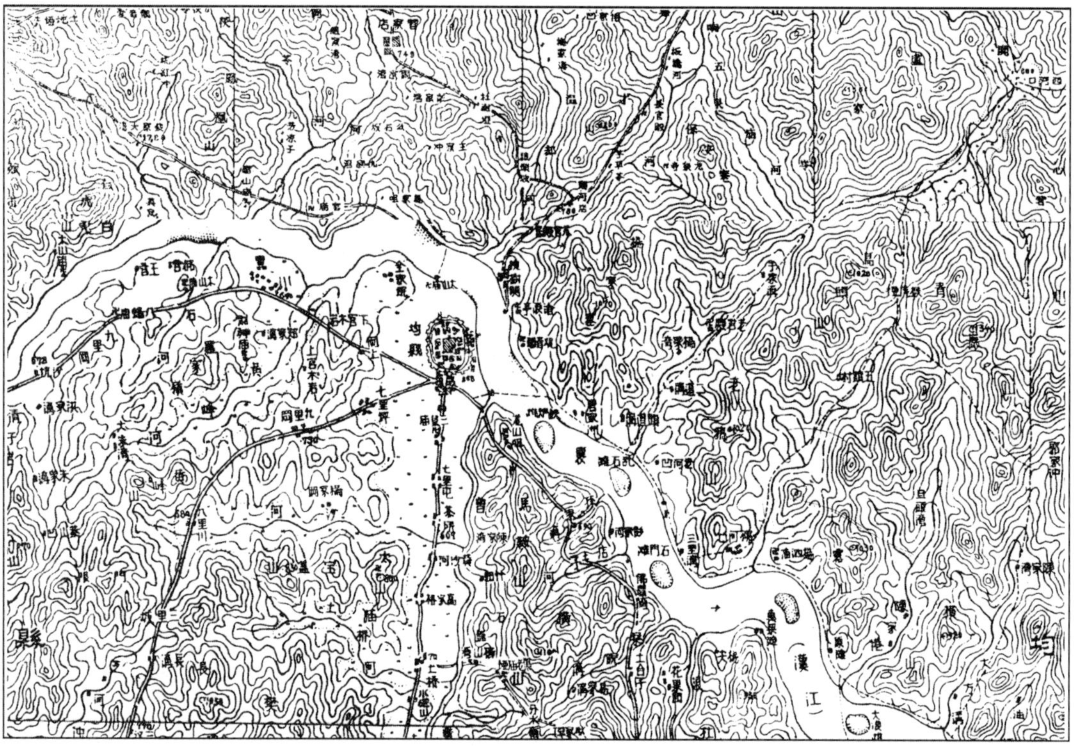

图三　民国三十七年（1948年）均县测绘图

通过调查，考古队获知在半个世纪的时间里，古城淤泥平均厚度约达3.5米，城墙已淤近半高度，露出的遗迹仅有城墙墙体、城门楼，测绘工作也主要围绕各城门楼展开，包括每座城门楼的平面图、城墙的立面图，并对城墙进行了纵剖测绘。依照测绘数据可以做到对古城门的重建。通过细致的测绘，对城楼的构建方式、保存现状均有详尽掌握。

此外，由于长年累月网捞捕鱼的影响，露出的城墙、门洞等凸出物体上均挂满了渔网等缠绕物。调查之前，需先清理这些渔网以保证人员安全与工作开展，清理挂网成为一项繁重的工作内容。同时，丹江口水库水底为淤泥，又无水流，悬浮物多，水下能见度仅0.3～0.5米，若受上游降雨影响，水下能见度几乎为零，因此在水下无法拍摄到较大画面，拍摄效果也不理想。

2. 物探调查

本次调查选用的是丹麦Reson公司的SeaBat7125型多波束测深系统和加拿大Knudsen Pinger SBP浅地层剖面声呐仪。针对大范围的水下遗址进行调查，采用多波束测深系统、浅地层剖面仪等水声学物探设备对古城及周边区域进行了扫测，能够获取高精度的水下探测图像，获得更多可供研究的细节。

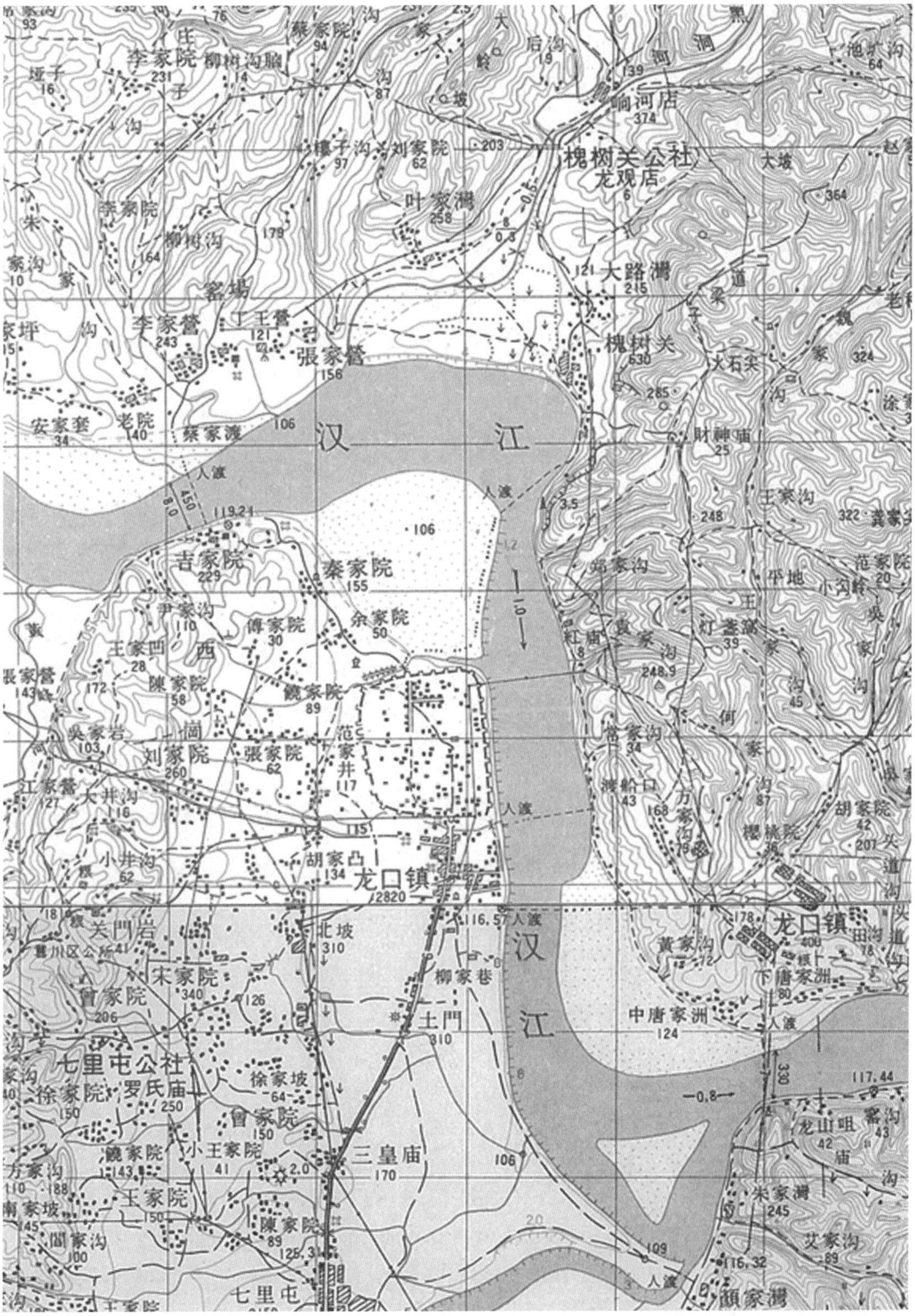

图四　1956年均县航拍图（国家测绘总局）

工程平面控制资料由湖北省文物考古研究所提供。经现场检查，观测控制点标记已毁损，只好在附近选择一个有特征的地方架设基准点，并计算出其相应的坐标值。平面坐标系统采用北京54坐标系，高斯3度带投影，测区中央子午线为111度。高程采用1985国家高程基准，水位采用丹江口水库公布的水位高程值，测量期间水位高程值为156.07米。

通过大范围的物探扫测后，获取古城重点区域内更详尽的声呐图像，有效弥补人员工作的局限。城区几近淤平，街坊格局从声呐图像上可辨，但是人员水下实地调查已难以感知水底地面微小起伏。对古城周边扩大扫测范围，获取周边村舍、道路、河道等声呐图像资料。

3. 潜水方法

潜水方法的选择需要综合考虑工作环境、水文变化、工作内容、潜水物理等诸多因素。

就水下工作环境而言，古城墙体露出有3～5米的高度，城外东临汉江，江水直落较深，沧浪亭岩岸陡直，整个遗址具有高差大、起伏大的特点，水深一般在12～20米间，汉江底深度超过30米。

此次调查并非单纯地搜寻找点，水下队员要完成搜寻、测绘、照相、录像、记录等工作内容，尤其是测绘与摄影工作均需要较长的水下工作时间。使用双瓶空气潜水，气量供应较为充足，较好地保障了水下作业的安全与时长。同时，从减少工作疲劳度和提高潜水安全系数考虑，本次水下作业采取免减压潜水，并在5米处做3分钟安全停留。

由于库区属于内水，不存在潮汐现象，在潜水作业过程中，除个别时段上游集中降水外，基本不受水流因素影响。所以，只要根据具体水下疑点事先做好减压方案，可以全天候进行潜水调查。但是，由于水流停滞和不同层位间的水体很少交换，也带来了水下能见度极差且难于改变的不利影响。

此外，水温、水深对潜水工作影响也甚大。据戚琪、彭虹、张万顺、雷少平、熊文《丹江口水库垂向水温模型研究》一文，丹江口水库在每年11月至次年3月水温基本呈垂直均匀分布；4月至10月，水温呈分层现象，垂直变化明显，温差在6～17℃（图五）。从库区水温看，7～9月份20米水深均保持在20℃以上，开展水下作业比较适宜。但从水深角度考虑，据“丹江口水库水位数据监测表”（图六），7～9月是汛期，水位从137米快速上升到153米，主要工作区域水深也将从20米上升到超过40米，空气潜水风险加剧。为此，工作时间选择5～6月，但水温较低，潜水实测汉江水底水温低达7℃，故除了选用5毫米厚的潜水服外，也使用了干式潜水服，御寒效果良好。综合上述因素，本次潜水主要采用双瓶空气潜水方法，用单瓶应急，并新增干式潜水服御寒，最终证实科学有效，方法比较合理。

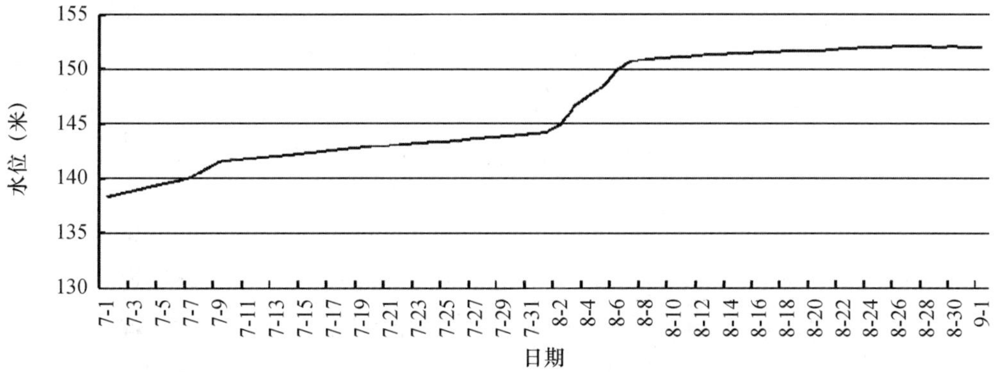

图五　丹江口水库水位数据监测

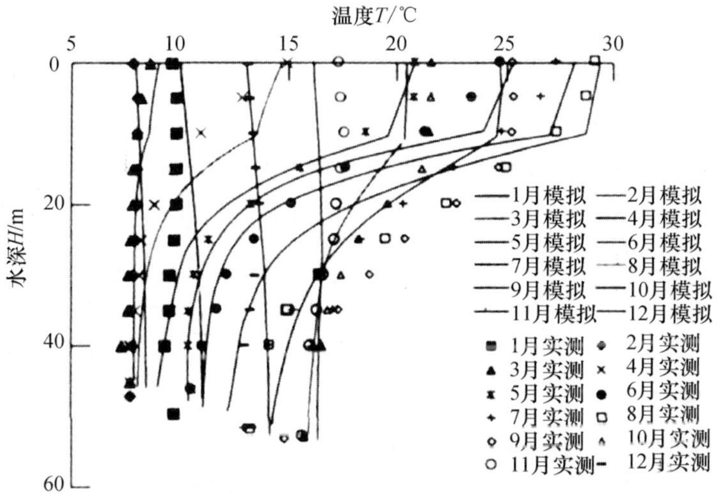

图六　丹江口水库水温数据监测

四、成果概述

1. 均州城总述

均州城虽然经过清库拆除及泥沙覆盖，根据物探设备扫测，声呐图像显示水下整个城区布局清楚，城墙、房舍、河道等遗存可辨（彩版一六，1）。

水下均州城基本呈正南北向，地势西北向东南倾斜。平面近方形，城墙四角为圆弧形拐弯，城南、北、西三面临护城河，东面直接临近汉江，共设有4个城门、1个瓮城门、2个水门。经物探测量，东城墙长1010米，南城墙长798米，西城墙长840米，北城墙长740米，瓮城直径65米，城内占地1平方千米多。东城墙比较平直，受汉江长年冲刷，城墙坍塌处较多，该段城墙在南、北近两端处开有两道水门，中间略偏南处开有一道城门，遗痕可辨。北城墙近正中位置开有一城门，外存一瓮城，该处淤泥堆积极厚，整个北城墙较其他城墙弯曲度大、增厚，其北临沧浪洲，汉水汛期时北城墙正面挡水，乃多次水患后再修缮的结果。西城墙城垣保存较好，中段偏北处有一土台，城门开在中段偏南处。南城墙的东段临近江水有部分塌陷，该处原建有奎星楼，现仅存台基，南城门设在城墙中段偏东处，为保存最好的一处城门。声呐图像显示城墙西北、西南拐弯处均有微凸的建筑，推测为马面，其他处已坍塌。

城内有主要街道可通达四城门。其中东、西城门有直街通达，南城门街道往北可通至静乐宫宫门，北城门街道往南与东西直街相接。以上述街道为干，再平行开设多条更窄一点的街巷，以此划分出街坊。城区主要建筑是静乐宫，位于城东北部，这与以往资料记载位于中部不符。城西为水池，经潜水探摸较周遭洼下，街坊、房舍布局从声呐图像依稀可辨，但垂直高差较小，水下探摸难以察觉。这与清库时城内建筑被拆平、水库长年泥沙淤积有关。

城外建筑集中于南城外，声呐图像可见街道、房舍等遗址痕迹，水下探摸均是平地。大码头位于城外东南汉江边，沧浪亭遗址位于汉江东岸岩壁上，水下调查均有探知。

当前，均州城较为详尽的资料多收录于《均州水下文明》一书中。工作期间，考古队邀请了该书作者张华鹏先生（已于2013年10月意外去世）了解均州古城的拆迁情况，证实在蓄水前，城内所有屋舍、门楼、奎星楼、静乐宫等均拆除无存，城墙包砖亦被取走，这与多波束扫测图像与实地调查结果相吻合。

2. 城墙

均州古城为砖城，墙体结构外部包砖，内为夯土。形体上小下大，按声呐图像复原，墙体底部宽25～30米，顶宽4～5米，高达6米。经过水下实地调查，城墙内外两侧已淤积厚厚的泥土，墙顶高出淤泥面不足1米，于两侧呈斜坡状分布。原城墙外陡内缓，现今城外较城内淤积更甚，淤泥坡面内侧比外侧更斜，内外有厚达4米以上的高差。墙砖大多已被拆除。调查时对位于西墙中段部分的城墙进行了测绘，该处城墙上部宽4.7米，高出泥面仅60厘米，夯土墙体上的包砖已无存，城墙顶部还残留有踩踏的砖铺面，城墙上靠外侧残存二层石砌条石，应为垛口（彩版一六，2）。

3. 城楼遗址

城楼台基呈四棱台形，以条石错缝叠砌，略有收分，一般每高1米内收10厘米，墙内筑以夯土。门洞亦石构，以条石双层起券。城楼上面门楼均已毁，仅有砖瓦废弃堆积，并被覆盖于淤泥中，城楼中部多不堪淤泥重压而沿门洞方向坍塌，城墙周边的雉碟也多无存。城楼四壁及门洞处挂满渔网，城墙上未见牌匾。

南城楼　古称“望岳门”，南接官道，北望静乐宫，为均州城主要通道。城楼面阔29.6米，进深22.85米。在所有城楼里，南城楼为淤泥覆盖最薄、保存最好的一座城楼，仅东北部的条石有缺失，门洞顶部有两处因坍塌而形成的坑洞，从西壁至北壁的城墙上均挂满渔网。外（南）墙壁淤沙两侧较厚，出露4米高，中间门洞处沙层较薄，出露19层条石，其厚度自上而下尺寸为25、18、23、24、25、28、30、20、30、30、28、30、30、28、30、28、30、30、30厘米，高达5.1米（据城墙资料，原高8.5米）。内（北）墙淤沙相对较少，出露20层条石，高5.3~5.6米。门洞砌双层石，门框以双层竖条石构建，上接券顶，以7块楔形条石对搭起券。券顶往上还有6层城墙石，计1.7米高，由于泥沙淤积，门洞仅出露2.7米高（复原高度为5.6米），其中券顶高2.17米，门洞内宽4.6米，门框及券顶宽60厘米。南门洞还设有挡水石，即靠门洞内壁两侧对称各立一石墩子，凸出宽30厘米，高度至门框起券处，汉江涨水时，可靠石礅竖下门板挡水。另外在城楼西北转角处有一角柱，四棱柱形，尺寸40×40—55（高）厘米，角柱顶凿有一榫头，尺寸为8×8—3（高）厘米。在南门洞上方还存有一二十世纪标语"一切为了早日实现社会主义"，用水泥抹在城墙石上作为地衬，再涂一层白石灰，以红油漆刷写而成，尺寸长6米，宽1.3米（彩版一六，3）。由于泥沙淤积过厚，登楼马道并未直接探到，经测绘并结合声呐图像，该城楼有两个马道，分别位于内墙东、西两侧。条石规格长100~240厘米，一般长2米，宽80厘米，厚18~30厘米。

北城楼　古称"拱辰门"，城楼面阔28~30米，外墙稍宽2米，进深22.8米，城楼中央门洞全部坍塌，形成一道宽6~12米的浅沟。内（南）墙壁保存较好，出露21层条石，高5米。外（北）墙壁保存差，中部石块多有缺失，墙体出露14~17层条石，高3~4.3米。门洞仅内外城门口券顶保存完好，砌双层石，以7块楔形条石对搭起券，淤泥正好堆积至起券位置，内宽4米，券顶高2.2米，每层券顶石厚30厘米。内侧门洞上还叠压有6层城墙石，高1.3米，外侧门洞直接塌至券顶石。雉碟在城沿上还有残留，以四方形的大石块构建，菱角向外，石块大小1.3~2米，厚30~40厘米，中心距2.2米，仅存4块，其中东南2块，东北角1块、北部1块。门楼已废，原位于城楼顶，探摸有触及到门楼外墙，砖构，残高1米，宽80厘米，门楼至城墙四周为一周廊道，宽2米。声呐图像显示，登楼马道位于内墙东侧，宽3米左右。

西城楼　古称"夕照门"，据悉古时该城门并不开启使用。城楼阔30米，进深22米，门洞位于正中，南北两端接夯土墙。门楼建筑已塌，仅有砖瓦废弃堆积，并被埋于淤泥下，楼顶临近内侧门洞（东）有部分坍塌。外侧（西）墙体出露高2.6~3米，计13层条石面，收分较小，门洞为双层券顶，每层厚约30厘米，从城墙到券顶高1.2米，共6层条石，错缝叠砌，门洞仅露出部分券顶，出露尺寸高0.7米，宽3.6米。城内侧淤沙稍薄，因而出露的墙体及门洞范围稍大。门楼南、北两侧经探查，全是斜坡状的淤泥，从声呐图像看，马道位于内墙北侧（图七~图九）。

东城楼　古称"宗海门"，面阔34米，进深25米，尺寸稍大，或与重修有关。因紧临汉江，受江水冲刷，保存最差，外（东）侧部分台基亦被冲毁，内（西）侧墙体残高2.3米，露出9层条石。外（东）侧条石无存，直接出露夯土墙。门洞亦全部坍塌，声呐图像显示内墙左右两侧均建有马道（彩版一六，4）。

4. 北门及瓮城

仅一座，位于北城门外，外接沧浪洲，该处原为处决死犯的场所，瓮城设置可防止劫法场。平面为圆形，直径65米。与均州城墙同等规格，外亦包砖，城门开在瓮城的西部，可避免江水直冲，现场调查仅存一宽6米以上的缺口，瓮城内几被泥沙淤平（彩版一六，5）。

5. 城区著名遗址

水门　两处，分别位于东城墙的南端与北端拐弯处。仅存一缺口，宽度为40、34米（彩版一六，6）。

静乐宫　位于城内东北部，蓄水前部分建筑已搬迁，原址已基本拆平。其宫墙、坊门、碑亭、宫殿等基址从声呐图像上有较明显的反应。经水下探摸，全为平坦的淤泥面，发现有御碑亭台基形成的隆起，因淤泥过厚，起伏并不明显（彩版一六，7）。原静乐宫是均州城内最主要的建筑，也属于武当山八大宫之一（图一〇），原建筑面积3万多平方米，全宫占地面积121785平方米，共有大小殿堂和道房520间，在部分明、清名人的游记中，甚至把净乐宫描绘成皇帝行宫，气势恢弘，可惜这近似故宫的美妙建筑被火烧毁，后几经修葺，粗还旧制。修建丹江口水利枢纽时，该宫重要文物被运往丹江口城区。调查中，考古队发现遗址在水下已被2～3米厚淤泥所掩埋，但建筑的基础尚存，且挂有大量渔网锁具等，由于工作性质属于调查，故未对遗址表面进行抽沙、吸泥等发掘工作。

奎星楼　蓄水前已拆除，探摸发现水下仅存圆形的底座，直径18米，与声呐图像吻合（彩版一七，1）。

码头　位于城址东南，临近汉江，是南城外最主要的货物转运地。码头共有两个，其中北侧的规制较大，旧俗称“大码头”“小码头”。水下探摸发现直下的条石面，或为码头护坡，或为石阶象眼石（彩版一七，2）。

石坊　原为“麇镇雄关”坊，考古队在向导指引与地图推测位置的前提下，入水反复探摸均未发现线索，声呐扫描图像亦无迹象显示，估计已不存在。

沧浪亭　位于汉江东岸的石壁上，与均州城夹江相望。从声呐图像上显示有下凹的平地。水下探摸时，在水深13米处发现一小平台，周边皆陡峻的石壁，为“沧浪亭”亭台位置无疑，大小5～6米见方，表面覆盖着淤泥，台子外缘用条石砌边，台子下仍为石壁，下探至23米仍未到底（彩版一七，3）。据悉题刻“沧浪绿水”位于亭下石壁上，在向导的指引下，考古队在疑点正上方下水搜寻，经多次搜寻均未找到，台基周边挂满渔网，潜水调查时非常危险，发生多次危及水下人员的缠绕情况。推测该建筑本身已坍塌，后被碎石以及多年挂住的渔网所覆盖。

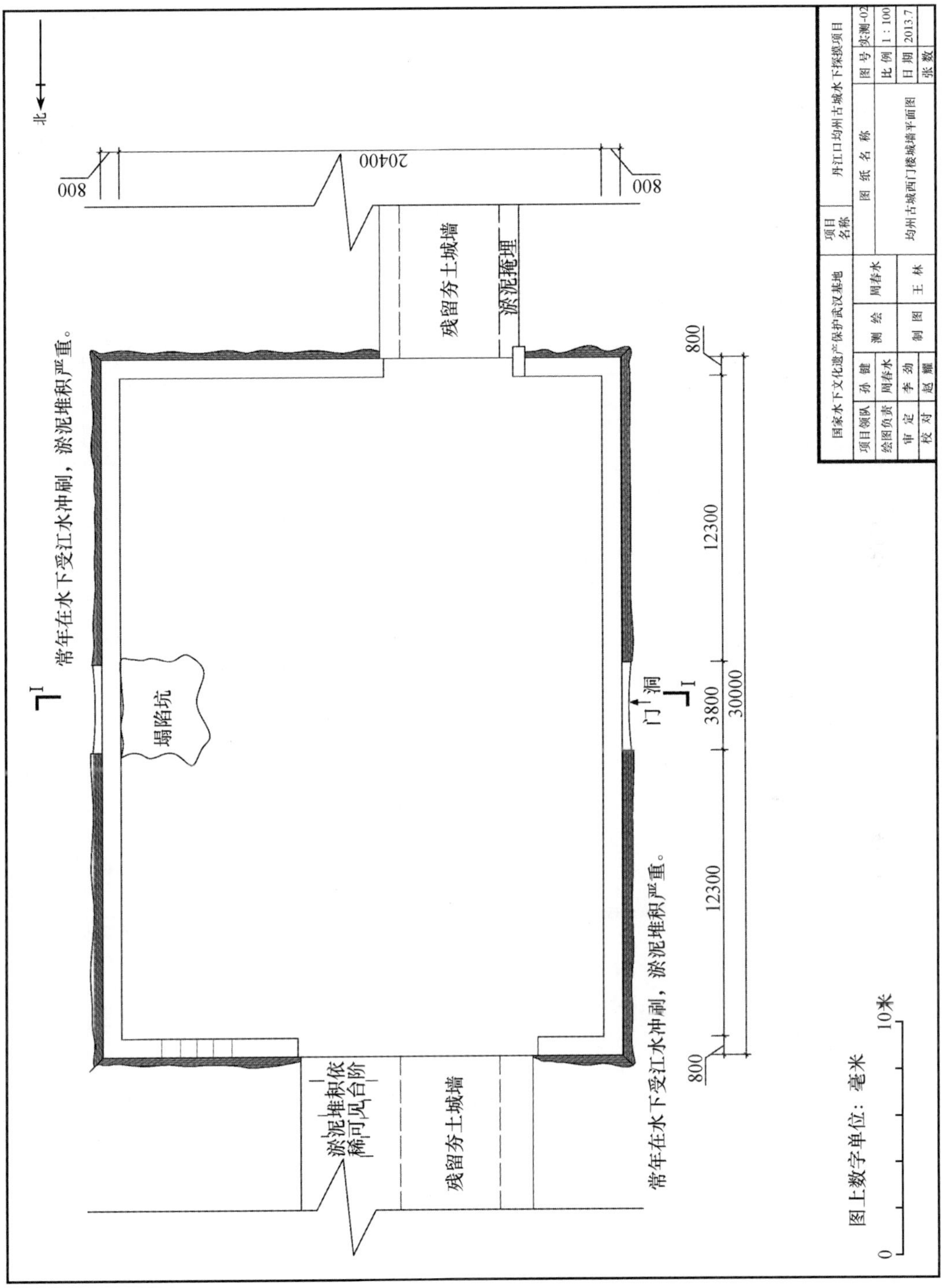
北
常年在水下受江水冲刷，淤泥堆积严重。
800
20400
800
残留夯土城墙
淤泥掩埋
塌陷坑
门洞
I
I
800
12300
3800
30000
12300
800
淤泥堆积依稀可见台阶
残留夯土城墙
常年在水下受江水冲刷，淤泥堆积严重。
图上数字单位：毫米
0
10米
国家水下文化遗产保护武汉基地
项目领队 孙键
绘图负责 周春水
审定 李劲
测绘 周春水
制图 王林
项目名称 丹江口均州古城水下探摸项目
图纸名称 均州古城西门楼城墙平面图
图号 实测-02
比例 1:100
日期 2013.7
张数

图七　西门楼城墙平面图

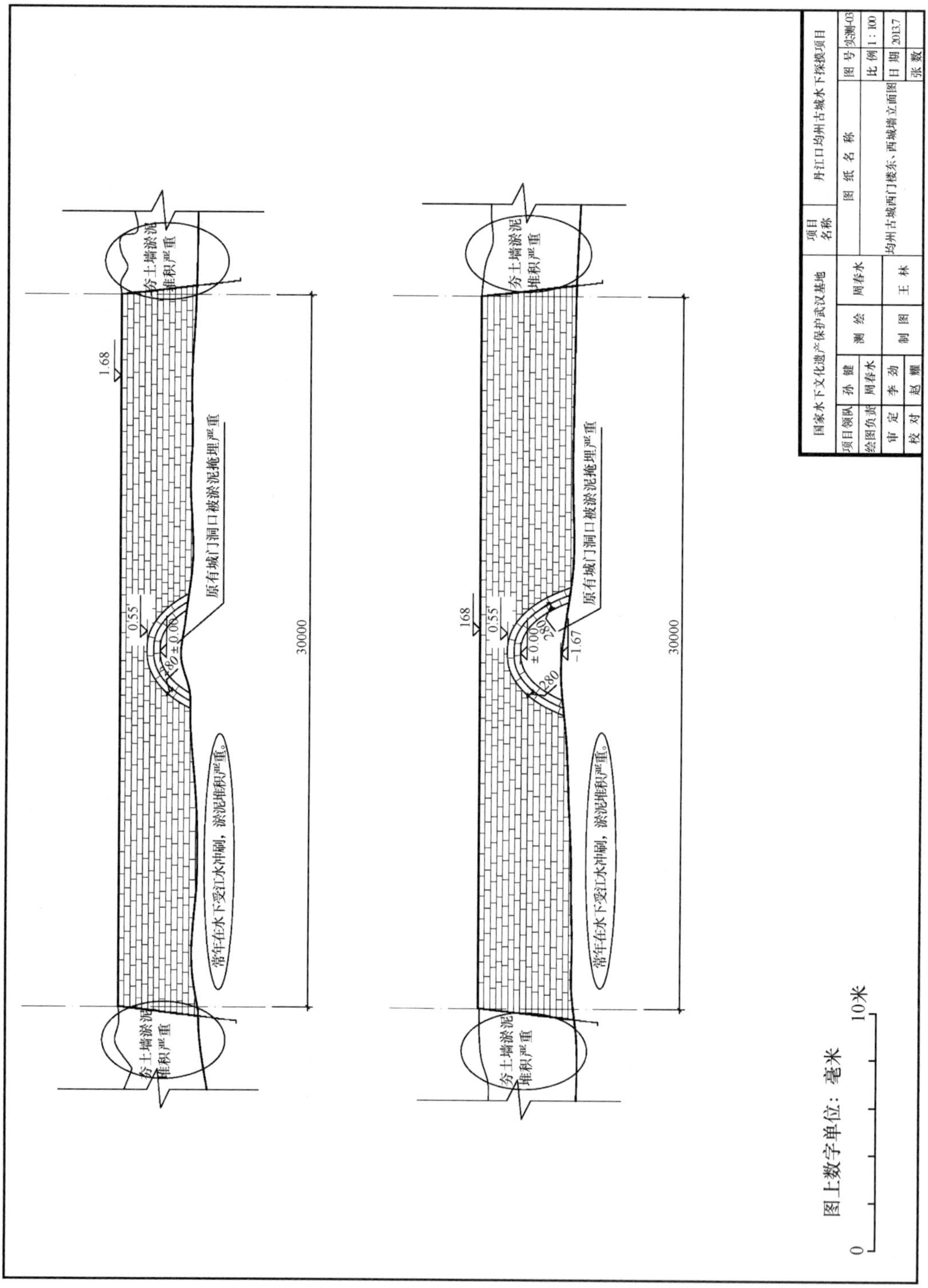

图八　西门楼东西城墙立面图

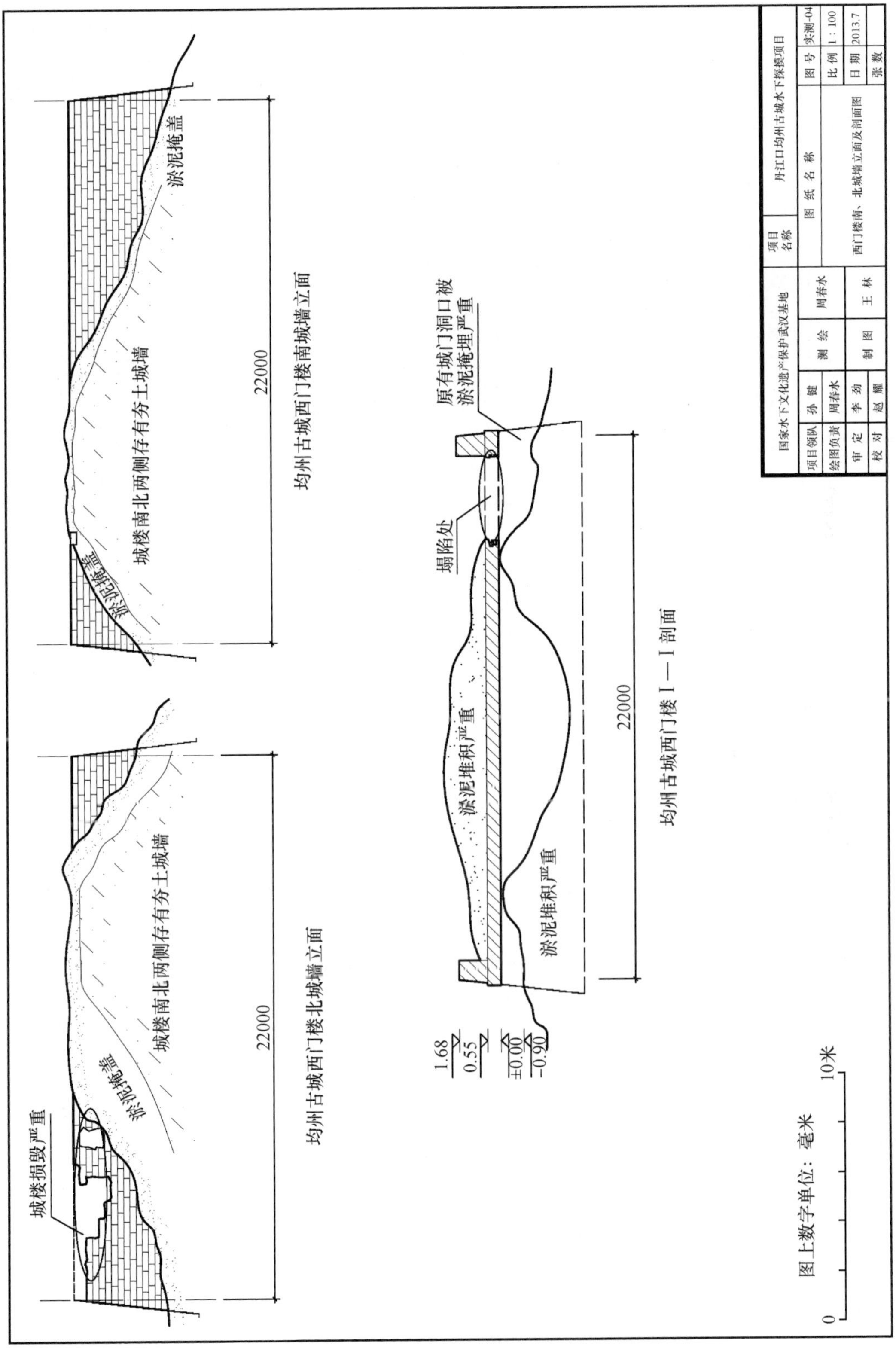

图九　西门南北城墙立面图及门楼I-I剖面图

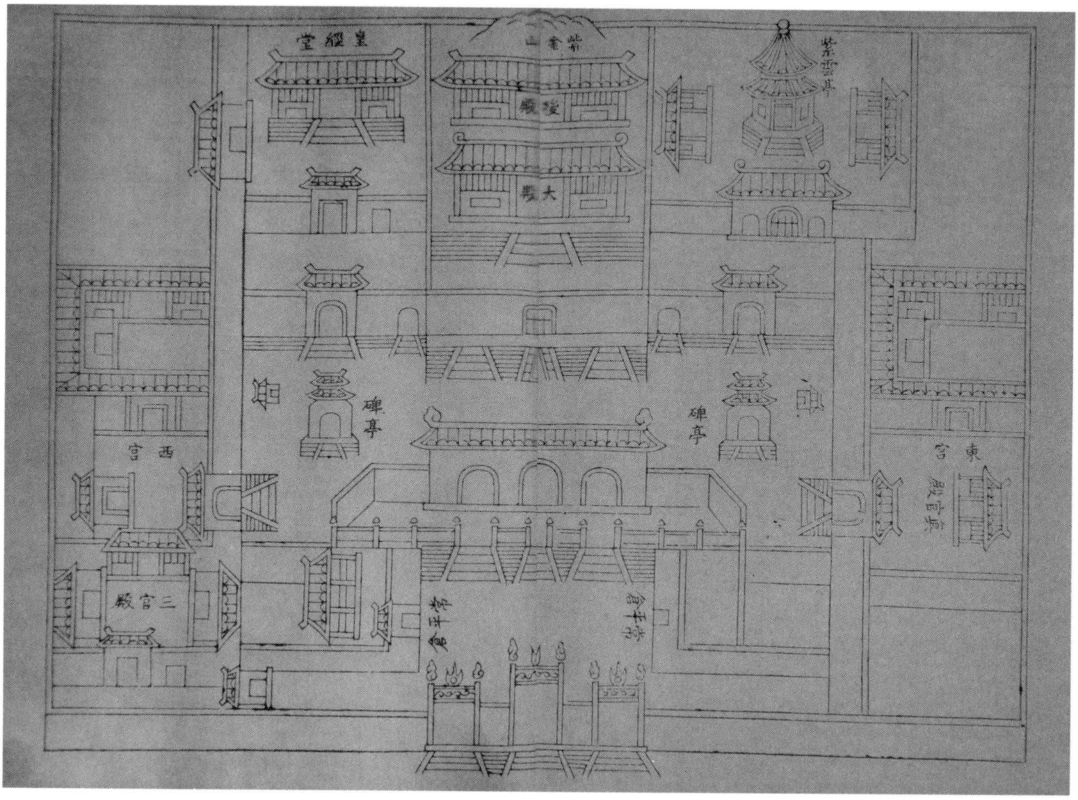

图一〇　静乐宫（光绪《均州志》）

6. 古城建筑材料翻建

由于均州地处丹江口库区腹地，所在区域多为山地，生产生活资料历史上就较为匮乏，因此均州城淹没时相当多的建筑材料被当地居民拆走挪作他用（彩版一七，4）。考古队针对这一现象在当地开展了陆地调查，其中较为重要的地点为原肖川粮管所房舍，通过调查该处建筑，对于均州城建筑材料翻建情况可窥一斑。该粮管所绝大部分房子都使用古城拆除下来的材料翻建成办公及住宿房舍、蓄粮仓库、卫生设施等，并用石板铺路（图一一）。目前粮管所职能已消失，房舍或闲置，或用于饲养家畜。

廊道门　从古城一处民宅中按原样拆来，一般为花厅边门。圭形门，含有门框、门槛、门额，全部石构。门框为立柱，刹角，上立书卷式柱头，卷轴上浅雕缠枝莲纹。经测量，门宽150厘米，门高233厘米，门框宽23厘米，门槛高30厘米，门额高30厘米。

城砖　泥质灰陶。发现两种尺寸，分别为50×20–12厘米，50×21–15厘米。

菱形花纹砖　泥质陶，砖侧印有花纹。残长25厘米，厚11厘米。

方形石板　青色，表面平滑，石质较硬，据悉来自静乐宫。尺寸为100×100–7厘米。

条石　黄绿色，石质软，表面多风化，来自于城楼石。尺寸为185×40–22厘米。

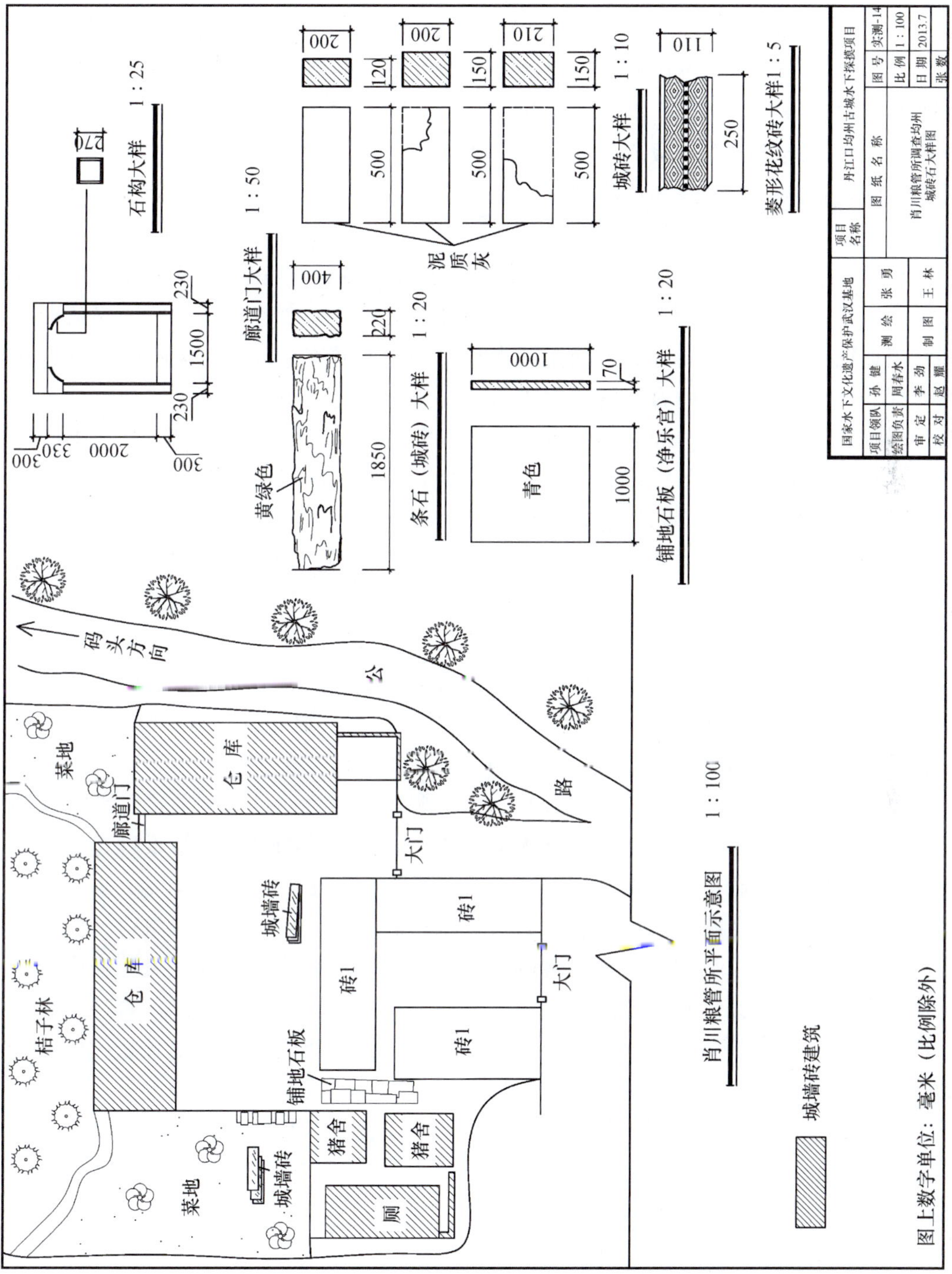

图一 肖川粮管所平面图（古城建筑材料的再利用）

五、结　语

均州古城水下考古调查历时一个月顺利结束。早在前期走访调查时，获知1967年建水库蓄水时，因时间仓促，除静乐宫门坊、碑亭外，整个古城并未开展任何测绘，因此此次调查对能调查的区域均开展调查，能测绘的遗址均开展测绘，并采用物探设备进行拉网式扫测，尽可能详尽收集资料，最终收获颇丰，取得了一定的成果。现简要总结于下。

（1）古城资料的勘误与补充。如前所述，对均州古城的认识主要来自于经历者的回忆，水库蓄水至今已逾50年，因而不可避免存在偏差，如对沧浪亭位置的确认即出现多名当地向导指认不清的现象。通过此次翔实的水下调查工作，相关书中大部分的资料得到了印证，并对一些有误的资料进行了纠正，补充了更多细节。诸如北门楼位置偏于中部，而非西北角。静乐宫位置偏东，而非正中，建筑面积也没有相关书中所绘宽广。最重要的是填补了许多欠缺资料，包括各门楼准确尺寸（图一二、图一三）水下各遗址点保存情况等，同时还在西墙上发现一土台。

（2）对均州水下遗址淤积的认识。库区泥沙淤积十分严重，尽管事前对此有所考虑，但仍远超预期。这主要是由两方面原因造成的：首先，我国内水的泥沙含量非常高，降水集中在雨季，会携带大量泥沙注入库区。考古队查阅了大量资料发现，均州自清嘉庆后植被被大量砍伐，晚清以降，水土流失严重，汉、丹河道淤塞就很严重，丹江口市的森林覆盖率仅为28.1%，周边的淅川县、白河县更分别只有26%、15%，这还是包括人工林在内的统计。其次，整个均州城在清库前几乎拆平，惟余下城墙，造成了水下存有建筑垃圾，经过长时间分解与水流搬运，已将遗址全面覆盖。调查发现城区房舍建筑基础全埋于沙层下，几乎无迹可寻，原本高耸的城墙也被堆埋过半。在近50年的蓄水期间，城区平均淤沙层厚达3.5米，其中城北较城南淤积厚1米，城区拆除后的建筑基础均覆盖在厚厚的沙层下，人员入水难以感知，声呐图像也只有外围大体轮廓。从实地调查及声呐扫测（能显现的）均反应城址的主要遗迹现象见于城内及城南，这与汉江冲刷、城墙对泥沙的阻挡有关。城北濒临沙洲，汛期受汉江直冲，村舍少，也难以保存；城西与关门岩相峙，西门不开，也应少有建筑；城南凡超过城墙范围的建筑物，包括东墙外的河街、校场等也难以反映，均遭泥沙淤埋。此外，水库库区发达的人工水产养殖业（图一四），形成饲料、粪便、围栏等不间断的水体污染，水质富营养化后，木质文物全部损毁。所有这些表明我国内水的水下文化遗产保护工作亟待进行，越早开展调查工作效果越好。

（3）在丹江口库区存在着相当数量的古代城址（表一），均州古城是其代表，类似的水下遗址在我国多有存在。这些遗址由于保存于水下，虽然局部或单体建筑易受外力侵袭损坏，但城市的整体布局却免受大规模基建破坏，反而得以较为完整地存留，均州古城即属此例。为此，尽快开展水下考古调查亦是当务之急，否则随着时间

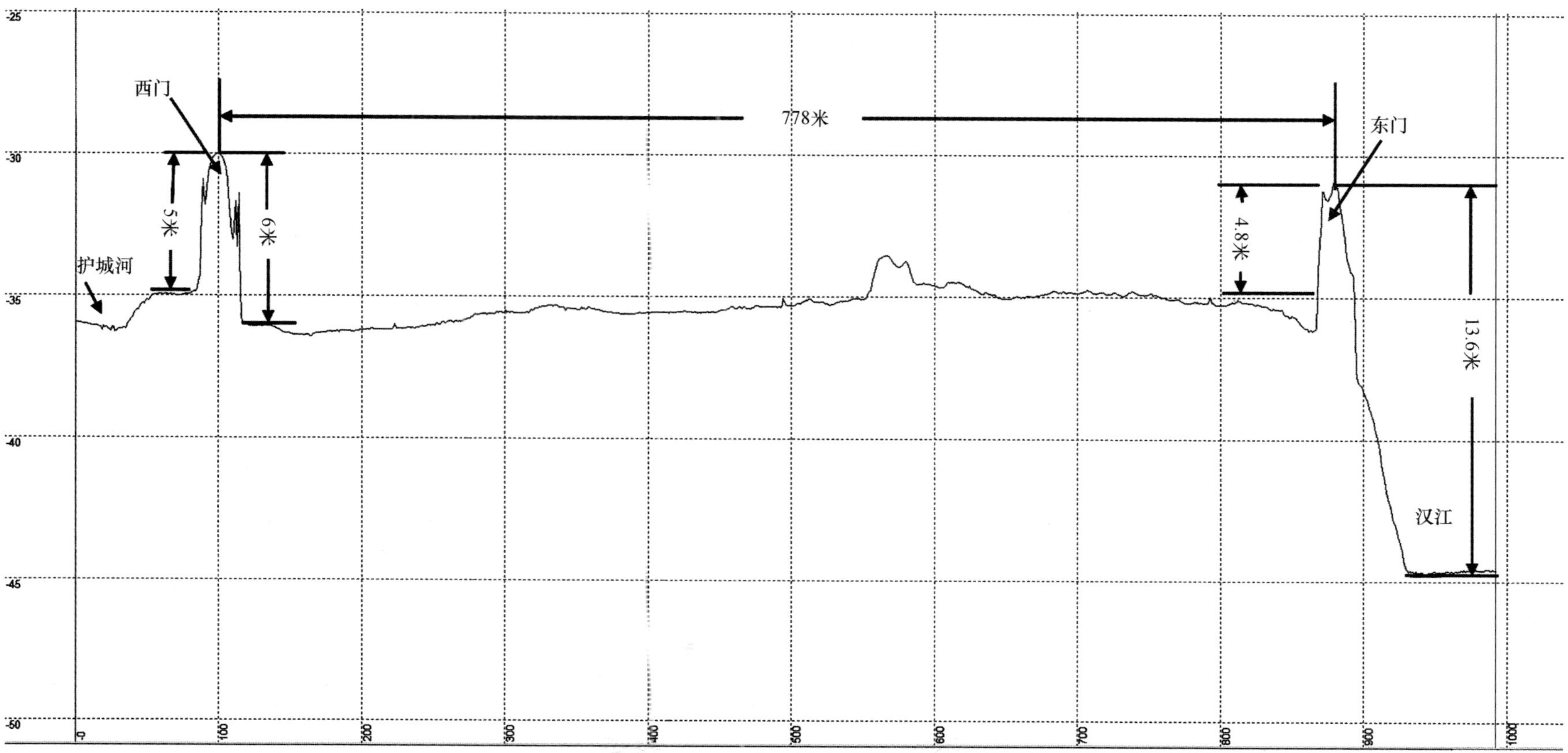

图一二　西门至东门剖面线图

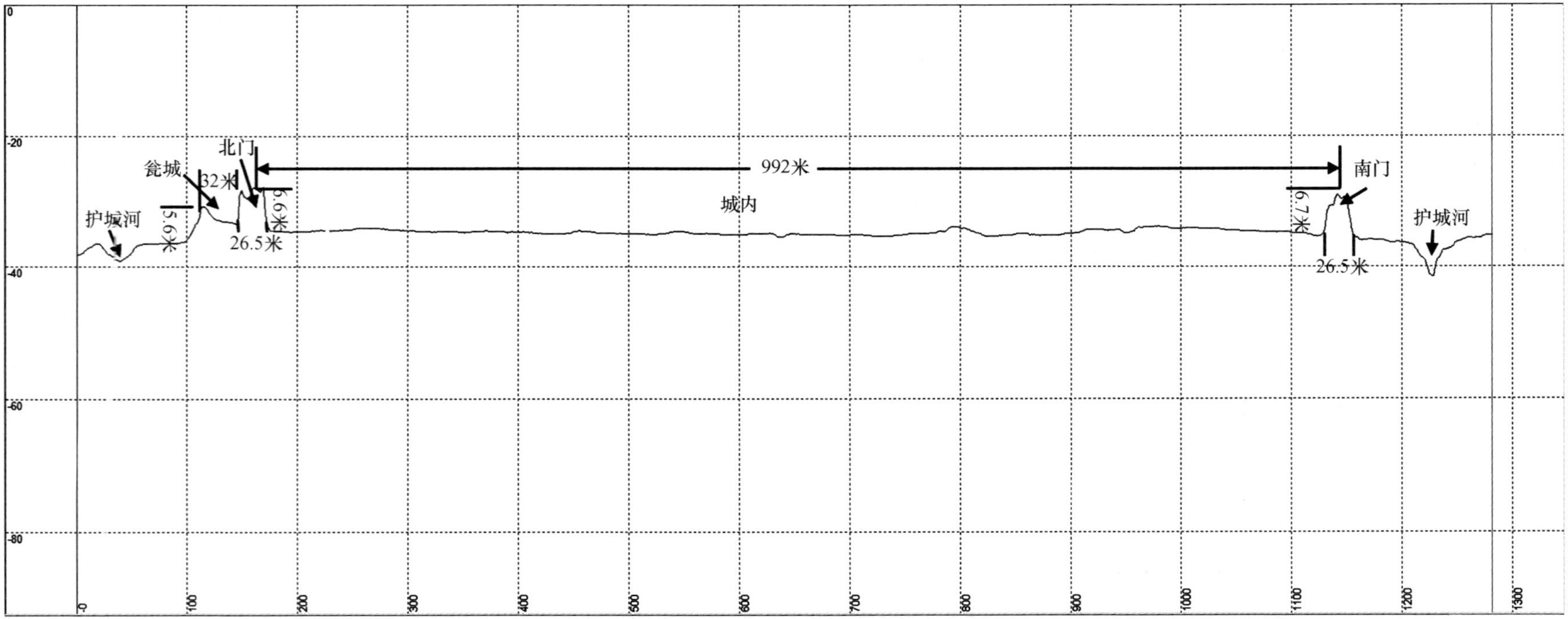

0
-20
-40
-60
-80
0
100
200
300
400
500
600
700
800
900
1000
1100
1200
1300
护城河
5.6米
瓮城
32米
北门
26.5米
6.6米
992米
城内
6.7米
南门
26.5米
护城河

图一三　南北剖面线图

的流逝，将会给文化遗产保护工作带来极大的损失。同时，随着水下遗址调查的深入，相关的保护工作亦应同步展开，将相关水域设定为文物保护区，禁止航行、养殖、拖网作业等对遗址有破坏的行为，并在时机、条件成熟时鼓励公众无害地进入参观，使之能够回馈社会并共同参与水下文化遗产保护。

图一四 水面环境（网箱养殖）

表一 明清城池兴修简表

城名	规模	兴修时间	等级
郧阳（郧县）	周长六里多，高二丈五尺，七门；东门外壕长五十余丈，宽二丈二尺，深九尺	天顺八年（1464年）筑土城，成化二十年（1467年）加修砖城，嘉靖三十六年（1557年）因旧址增拓。顺治十四年（1657年）、嘉庆九年（1804年）重修	府城
均州	周长六里多，高二丈五尺，四门；西南北三面凿池，深宽各一丈五尺，东以汉水为池	洪武五年（1372年）因旧址修土城，永乐中加修砖城。明末毁。康熙三年（1664年）重修，雍正乾隆年间屡修	州城
淅川	周长四里多，高一丈七尺，四门；池宽二丈	成化七年（1471年）筑土城，正德六年（1511年）加修砖城，万历五、十年（1577年、1582年）增修。明末毁。康熙十四年（1675年）重修。乾隆十年（1745年）再修	县城
白河	旧城周长三里多，后改修，周长半里，高一丈三尺，三门	成化十二年（1476年）筑。明末毁。康熙二十六年（1687年）改筑，乾隆三十一年（1766年）加砖城，嘉庆二年（1797年）增筑	县城

续表

城名	规模	兴修时间	等级
郧西	周长一里，高一丈三尺，四门；池壕深一丈，宽二丈	成化十二年（1476年）始筑，正德十六年（1521年）加修砖城。明末毁。嘉庆二年（1797年）重修	县城
上津	周长二里，五门；东枕山，西阻吉水，南北有壕	成化四年（1468年）筑土城，正德年间加修砖城。明末废。嘉庆六年（1801年）重修	县城

资料来源：《家庆志》卷二〇一，二四一，三四六，三四九；康熙《郧阳府志》卷三；万历《襄阳府志》卷一六；嘉靖《邓州志》卷九；同治《郧阳府志》卷二；嘉庆《白河县志》卷二；咸丰《淅川厅志》卷一等。（转引自晏昌贵：《丹江口水库区域历史地理研究》）

“海上丝绸之路”上的宝石贸易：以明定陵和梁庄王墓的发现为例

姜 波

（国家文物局水下文化遗产保护中心）

摘要：元明时期，各种宝石作为高端奢侈品通过“海上丝绸之路”进入中国，在明廷和上层社会成为一时风尚。20世纪下半叶以来，屡有宝石在考古中发现，本文即以明代定陵和梁庄王墓的考古发现为例，结合水下沉船考古资料和相关文献，从宝石贸易的角度来探究明代“海上丝绸之路”的历史。

关键词：海上丝绸之路　宝石　明定陵　梁庄王墓

宋元以来，海外贸易兴起，虽一度衰落，但明代“隆庆开海”以后，更臻于极盛。在海洋贸易的背景下，中国的陶瓷、丝绸等产品源源不断地通过海路输出到东南亚、南印度、波斯湾等地。与此同时，异域的舶来品也纷至沓来，其间除了我们熟知的白银、香料、名贵木材、珍禽异兽之外，各种宝石作为高端奢侈品也进入了中国，甚而至于，在明廷和上层社会成为一时风尚。20世纪下半叶以来，虽屡有宝石在考古中发现，却鲜见从“海上丝绸之路”角度进行解读的。本文拟以明代定陵和梁庄王墓的考古发现为例，从宝石贸易的角度来探究明代“海上丝绸之路”的历史。

一、明代定陵的发掘与宝石的出土[1]

明定陵位于北京十三陵天寿山麓，是明神宗万历皇帝朱翊钧和他的两个皇后——孝端王皇后、孝靖王太后的合葬墓。神宗朱翊钧生于嘉靖四十二年（1563年）；隆庆二年（1568年），即“隆庆开海”次年，被立为皇太子；隆庆六年六月初十日登基，改元万历；万历四十八年（1620年）七月二十一日崩于弘德殿，是明代历史上在位时间最长的皇帝；万历四十八年十月初三日，朱翊钧葬于定陵，谥曰“范天合道哲肃敦简光文章武安仁止孝显皇帝”，庙号神宗。孝端王皇后于万历六年二月立为皇后，无子；万历四十八年四月病故（较万历皇帝早三个月去世），同年十月合葬于定陵。孝靖王太后原为宫女，万历九年冬被万历皇帝临幸，遂有身孕；万历十年四月被封为恭妃，八月生皇长子（光宗朱常洛）；万历三十四年晋封为皇贵妃；万历三十九年九月病卒；次年七月葬于东井平岗地；万历四十八年万历皇帝朱翊钧死，迁祔合葬于定陵。定陵的建造从万历十三年起动工，至万历十八年止，历时五年，耗银八百万两，堪称一座豪华的地下宫殿。

1955年10月，时任北京市副市长吴晗，会同郭沫若、沈雁冰、邓拓、范文澜等上书国务院，请求发掘明成祖朱棣的陵墓——长陵。后经夏鼐等学者商定，决定先行发掘规模较小、时代较晚的明神宗定陵，为长陵的发掘作先行试验。发掘工作由当时的中国科学院考古研究所和北京市文物工作队联合组队实施，发掘队于1956年5月进驻定陵，至1958年7月完成玄宫内的器物清理，费时两年又两个月。定陵地下建筑规模宏大，由金刚墙、隧道、前殿、中殿、后殿和左右配殿组成。万历皇帝和孝端、孝靖皇后的棺椁放置在后殿，本文讨论的宝石也多发现于此。

定陵清理出土各类器物共计2648件（套）。本文所讨论的宝石，主要以以下四种方式被埋入墓葬：

①包裹以后分别放入帝、后棺内的头部，共计有13包、313块宝石（含猫眼石19块）。万历皇帝棺内出土的宝石被装入一个长方形的木匣子内，匣盖上有"御用"二字。匣内宝石按不同颜色分别放置，红、黄、白、蓝、绿各5块。孝端皇后头部的宝石也按五色分别放置。孝靖皇后的宝石则只有红、蓝二色。另外有18颗猫眼石（也称猫睛石），另用纸袋包裹放置。

②作为首饰上的镶嵌宝石被埋入墓葬。定陵出土首饰共计248件，分属万历皇帝和孝端、孝靖二后。首饰多成对出土，簪、钗、耳坠上多有镶嵌宝石的情况。如编号D112：2号"镶珠宝玉龙戏珠金簪"，共镶嵌红宝石74块、蓝宝石4块、绿宝石1块、猫眼石1块；D112：5号"镶宝玉寿字金簪"，簪子背面刻"万历戊午年造""大明万历年造"，在玉质寿字上镶祖母绿1块、红宝石4块、蓝宝石3块、猫眼石3块（彩版一八，1）；J103号"金环镶宝玉兔耳坠"，玉兔头顶红宝石1块，双眼红宝石各1块，足部中央猫眼石1块，两侧蓝宝石各1块。

③作为冠、革、带上镶嵌的宝石。定陵出土冠服用品很多，其中冠、带上镶嵌宝石的情况非常多见。如W167"乌纱翼善冠"，出土时戴在万历皇帝头部，后山前面镶二龙戏珠，每条龙身上镶猫眼石、黄宝石各2块，红蓝宝石各5块；4顶凤冠上，也镶嵌有数量惊人的各色宝石。万历皇帝棺内出土的"宝藏库取来大碌带"，是一件精品，上有20件镶珠宝金托，每个托子上中心有大颗的祖母绿1块，周围饰以小块的红宝石（彩版一八，2）。

④作为器皿上镶嵌的宝石。典型者如W19"金酒注"、W9"金托金爵"、W3"金托玉爵"、"鎏金银托盘双耳玉杯"（彩版一八，3）、W4"金托金盖玉碗"、X14：4"镶珠宝桃形金香薰"等，在底座或盖顶，镶饰红宝石、蓝宝石等，堪称文物精品。在定陵出土其他随葬品上，也有装饰宝石的情况，如X20：9"箭袋"，袋身上有花叶型鎏金银饰，每件银饰上有红、蓝宝石3块。

二、梁庄王墓的发掘与宝石的出土[2]

湖北钟祥梁庄王墓是明代藩王梁庄王朱瞻垍及王妃魏氏的合葬墓。按该墓所出《梁庄王圹志》所记，梁庄王生于永乐九年（1411年）六月十七日，永乐二十二年十月十一日册封为梁庄王，宣德八年（1433年）就藩，正统六年（1441年）正月十二日卒，同年八月二十六日葬"封内瑜坪山之原"，即今天的湖北钟祥市长滩镇大洪村二组。梁庄王享年30岁，魏氏享年38岁，二者下葬年代相去十年，这与考古发掘所显示的墓葬由单人葬改建为双人葬的现象是一致的。

2000年，梁庄王墓由湖北省文物考古研究所主持发掘，地下建筑部分由墓道、封门墙、前后甬道、前室、后室和壁龛组成。梁庄王朱瞻垍与王妃魏氏的棺木置于后室，镶嵌宝石的随葬品也多出于后室。值得一提的是，梁庄王墓曾二次被盗，但盗墓者未能进入墓室，实属万幸（与梁庄王墓相距不远的"娘娘坟"则惨遭洗劫）。

梁庄王墓出土首饰、臂饰、服饰共计78件，首饰多成对出土。冠、带27件（套）。首饰、冠带上镶嵌宝石非常普遍，尤以镶嵌宝石的帽顶引人注目。据统计，梁庄王墓出土珠宝多达3400件以上（含珍珠、玉珠）。从出土情况来看，镶嵌宝石的首饰类文物多出土于魏氏棺内。标本"云形金累丝镶宝石青玉镂空鸾鸟牡丹簪"，一对（编号"后：29、30"），边缘一周分别镶宝石9颗、8颗，前者有红宝石5颗、蓝宝石与绿松石各2颗；后者有红宝石4颗，蓝宝石、绿松石各2颗。标本"后：49"为大型云簪子，称"云形金累丝镶宝石簪"，通长19.2厘米，重65克，尚存7颗宝石（已缺失1颗），计有祖母绿1块、红宝石3颗、蓝宝石3颗（彩版一八，4）。金镶宝石镯子一对，编号"后：14、15"，前者存宝石6颗，有红宝石3颗、蓝宝石2颗、东陵石1颗；后者存宝石7颗，有红宝石4颗、蓝宝石2颗、祖母绿1颗。

梁庄王墓共出土帽顶6件，其中镶宝石帽顶4件。帽顶属于官服所用，均出土于梁庄王棺内。标本"棺：28"号，金镶五色蓝宝石帽顶，底座分上下两层，各镶嵌一圈宝石，帽顶用"栓丝镶""搓花丝"工艺镶嵌一颗重达76.7克蓝宝石（彩版一八，5）。梁庄王墓出土的金镶宝石革带上也常见镶嵌宝石的情况。

三、考古所见明代宝石的分析与研究

杨明星、梁柱等先生曾对梁庄王墓出土的宝石作过初步鉴定，共检验了111件镶嵌宝石的饰品，对其上的772颗宝石进行了鉴定[3]。按他们的统计，梁庄王墓出土的宝石分属18种，包括：红宝石（Ruby）175粒、蓝宝石（Sapphire）147粒、祖母绿（绿柱石，Emerald）52粒、猫眼石（金绿宝石，Opal）11粒、绿松石（Turquoise）53粒、东陵石12粒、石英石12粒、石榴石1粒、尖晶石4粒、玛瑙56粒、珍珠2粒、辰砂1粒、长石1粒、锆石1粒、软玉47粒、玻璃4粒。由此可见，世界上的五大宝石，除了钻石

（Diamond）没有发现，其他四类红宝石、蓝宝石、祖母绿、猫睛石在梁庄王墓里都有出土。当然，梁庄王墓也有一定数量属于中国传统玉石类的绿松石和软玉。明代马欢所著《瀛涯胜览》曾提及郑和船队在波斯湾口的忽鲁谟斯采购宝石：“（忽鲁谟斯）此处各番宝物皆有。如红鸦姑（红宝石），青、黄雅姑，剌石（玫瑰色宝石）、祖把碧（绿宝石）、祖母喇（绿宝石）、猫睛、金刚钻……”，云云[4]。以明定陵和梁庄王墓发现的宝石品类来看，马欢对宝石的分类大体可信。

明代宫廷宝石需求量是很可观的。《大明会典》载，明代宫廷帝后佩戴首饰，随年节、时令不同而变更；遇圣寿、大喜、大典时而换戴有相应吉庆内容的簪叉。万历皇帝时期，以太后进奉，诸王、皇子、公主册封，婚礼等急需，大肆采办金珠宝石，费以巨万，以致内府库藏匮竭。从考古发现的情况来看，宫廷和上层社会使用宝石的量确实是很惊人的。明代贪官刘瑾被抄家，罪证之一就是家中搜出的宝石多得以“斗”来衡量。正因如此，明代墓葬出土宝石的情况，明定陵和梁庄王墓并非特例，山东邹城明代鲁荒王墓出土的“镶宝石金带饰”就是一个很好的例子[5]。这件令人惊叹的黄金带饰，装饰了34颗色泽鲜亮的红宝石、蓝宝石、绿松石和珍珠。明定陵出土的“宝藏库取来大碌带”，所谓“大碌带”就是装饰大颗宝石（祖母绿）的革带，这种镶嵌宝石的革带，古里国、阿丹国都曾向明廷进贡过[6]。而“宝藏库”的出现，说明明廷已经有专门存储珠宝的“国库”了。

随着宝石大量进入中国，宝石加工工艺也随之而来。明代文献有明确记载，装饰宝石的首饰，被称之为“桃仗”。从墓葬出土宝石情况，可以观察到“栓丝镶”“搓花丝”等工艺的运用。由于宝石硬度很高，远强于中国传统的绿松石和软玉，所以大多数的镶嵌类宝石都采用了所谓的“随形”工艺，即按照每一颗宝石的自然形状来做简单加工，并依此来制作承揽宝石的“托子”。梁庄王墓出土的帽顶，可以看到工艺娴熟的钻孔，说明钻孔加工技术已经很过关。梁庄王墓和定陵出土的猫眼石，猫眼线居中，说明当时已经掌握猫眼线定向加工的工艺。但是，依宝石解理面进行刻面型加工的工艺，尚未见到。

这里需要特别说明的是，宝石进入中国以后，对中国传统的工艺传统、财富观念、身份象征乃至丧葬习俗产生了一定的影响。明定陵出土的金托玉爵，底座上缀饰各色珠宝，折射出宝石对传统玉石工艺的影响。明清文学作品中有“条带平安祖母绿，帽顶高嵌佛头青”之句，描述的是达官贵人在腰带上镶嵌祖母绿一类的宝石，在帽顶上配饰蓝宝石的情形，倘以明定陵发现的镶嵌祖母绿的“大碌带”和梁庄王墓出土的顶饰蓝宝石（“佛头青”）的黄金帽顶来审视，何其神似！

宝石所带来的观念，与中国的传统礼制也产生了碰撞与交融。在墓葬中随葬五色石，是道教习俗在中国丧葬传统上的体现。明定陵用五色宝石替代中国传统意义上的“五色石”（图一），可见宝石观念已经渗透到文化传统中最为根深蒂固的丧葬习俗中，这实在是一种值得回味的现象。不过，尽管宝石文化已经浸润到社会生活的方方面面，我们仍然可以看到，明定陵出土的皇帝祭祀天地宗庙社稷所戴的“冕”，以及

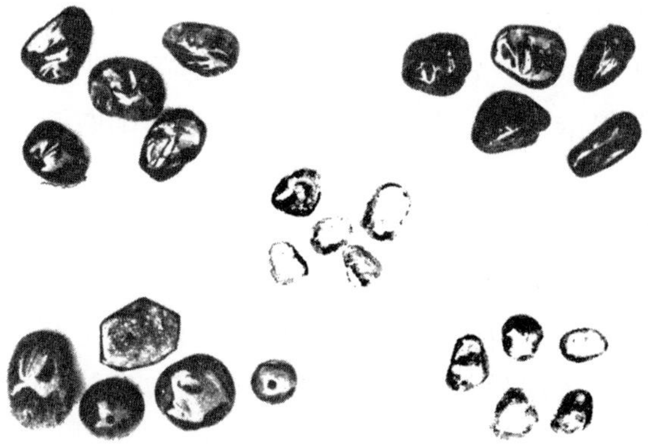

图一　定陵出土用宝石替代的"五色石"

梁庄王墓出土的类似冠饰，依然是只是采用传统的玉珠作为冕旒，而不使用大行于世的宝石，可算是国家礼制传统的一种坚守。

四、"海上丝绸之路"上的宝石贸易

明定陵和梁庄王墓是两个显著的例子，表明明代帝王陵墓和藩王墓开始大量出现宝石，较之明代以前的墓葬考古，这是一个非常值得注意的现象。众所周知，古代中国并不出产宝石，世界公认的五大宝石红宝石、蓝宝石、猫眼石、祖母绿和钻石，其产地都不在中国。传统意义上，古代中国用于镶嵌的宝石，以本土所产绿松石最为多见，从新石器时代一直沿用至近代[7]，其早期的代表以二里头遗址出土的"嵌绿松石铜牌饰"[8]、绿松石龙[9]和殷墟出土的"嵌绿松石象牙杯"[10]最为著名。

综合现代矿物学的知识和古代文献的记载，世界上宝石的产地是这样的：红宝石的产地主要在南印度，蓝宝石的产地主要在斯里兰卡，钻石的产地主要在非洲（如南非）。作为宝石产地之一的澳大利亚，在大航海时代到来以前，与旧大陆和"海上丝绸之路"不相关涉，我们暂且不予讨论。需要说明的是，东南亚的泰国和柬埔寨，也生产低端宝石，并曾以低价格的优势进入"海上丝绸之路"贸易市场，在清代中晚期尤其明显。

明代从海外输入宝石的情况，我们可以从郑和航海遗留的文献中觅得踪迹。郑和航海的官方档案已经被毁，但跟随郑和远赴印度洋的费信、马欢、巩珍却留下了三部重要的旅行文献：《星槎胜览》（成书于1436年）、《瀛涯胜览》（成书于1451年）和《西洋番国志》（成书于1434年），三人以实录的方式记述了郑和船队与"海上丝绸之路"沿线港口进行宝石贸易的情形：

马欢《瀛涯胜览》"锡兰山"条："（锡兰）甚喜中国麝香、纻丝、色绢、青瓷盘碗、铜钱、樟脑，则将宝石、珍珠换易。”[11]

巩珍《西洋番国志》“锡兰国”条：“（亚当峰）此山出红雅胡、黄雅胡、青米蓝石、昔剌泥、窟没蓝等诸宝石。”“（锡兰）甚爱中国麝香、纻丝、色绢、青磁盘碗、铜钱，就以宝石珍珠易换。”[12]

马欢《瀛涯胜览》“古里”条：“哲地富户将宝石、珍珠、珊瑚等货来看议价，非一日能定，快则一月，缓则二、三月。”[13]

巩珍《西洋番国志》“忽鲁谟斯”条：“（忽鲁谟斯）其处诸番宝物皆有。如红鸦鹘（红宝石）、剌石（玫瑰色宝石）、祖把碧（绿宝石）、祖母绿（绿宝石）、猫睛石、金刚钻、大颗珍珠若龙眼重一钱二三分者……。”[14]

综上所述，郑和船队曾经在锡兰山和忽鲁谟斯采购宝石当无疑义。众所周知，印度尼西亚的巨港（旧港）、马来西亚的马六甲、斯里兰卡（锡兰山）、印度西南部的古里（卡利卡特）、波斯湾口的忽鲁谟斯，是郑和航海船队的主要停靠点。其中锡兰山、古里分别是蓝宝石、红宝石矿产所在地的海港（南印度红宝石出口港还有“柯枝”），满剌加（马六甲）、巨港、忽鲁谟斯是“海上丝绸之路”上著名的宝石交易场所。结合以上文献来看，郑和船队在上述港口采购过宝石，断无疑义（图二）。当然，如马欢、巩珍所言，西洋锡兰国、忽鲁谟斯等国也有遣使中国贡献宝石之举。

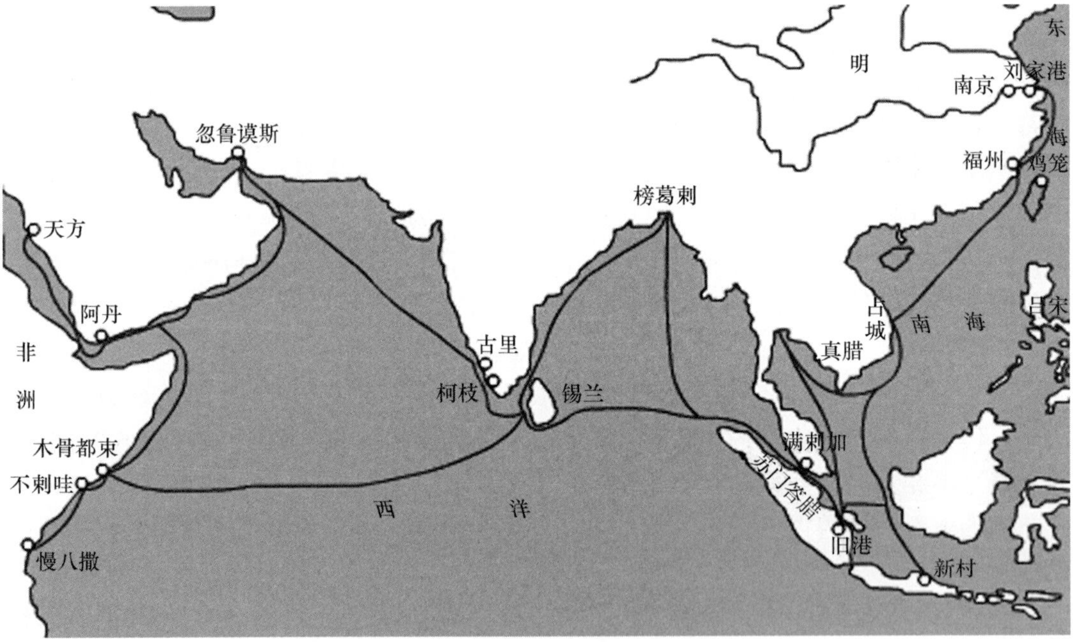

图二　郑和航海采购宝石的地点

马欢《瀛涯胜览》“忽鲁谟斯”条：“王常差人赍珍珠、宝石等物，随同回洋宝船进贡朝廷。”[15]

马欢《瀛涯胜览》“忽鲁谟斯”条：“（忽鲁谟斯）国王亦将船只载狮子、麒麟、马匹、珠子、宝石等物并金叶表文，差头目跟同回洋宝船，进献朝廷。”[16]

以上所述，都是外国使团、商人随郑和宝船来中国贡献宝石等，事实上，元明时期，外国使团、商人也有直接驾船抵达中国进行贸易的。至元十八年（1281年）正月，杨庭璧率船队自泉州起航，四月抵达印度的马八儿国，马八儿宰相马因的对杨庭璧说：“官人此来甚善。本国船到泉州时官司亦尝慰劳，无以为报。今以何事至此？”[17]可见，中、印之间，其时确有海舶往来贸易于印度洋与南海的。

从文献记载来看，中国商船采购宝石的量很是惊人，这一点也为“海上丝绸之路”沿线港口土著人所熟知。以其量大，竟至直呼中国商船为“宝石船”：

马欢《瀛涯胜览》“柯枝国”条：“（柯枝国）名称哲地者，皆是财主，专一收买下宝石、珍珠、香货之类，候中国宝石船或别国番船客人来买。”[18]

至于中国人远海至上述宝石产地和宝石交易地的考古学证据，迄今也有许多的发现。除了记载郑和航海事实的“刘家港通番事迹碑”“长乐天妃灵应之记碑”“御制弘仁普济天后宫之碑”外，还有江苏太仓周闻夫妇墓志、泉州灵山伊斯兰圣墓的“郑和行香碑”、斯里兰卡出土的“郑和布施锡兰山碑”等。限于篇幅，这里不再赘述。

明代宝石输入中国，这里还有一个佐证：与梁庄王墓宝石一同出土的，居然有一锭郑和下西洋采购回国的金锭（彩版一八，6），金锭上有刻铭：“永乐十七年四月□日，西洋等处买到，八成色金一锭，伍拾两重”。当然，输入中国的宝石，不一定全是中国商人采购回来的，也有可能是外国商团带到中国来的。早在唐代，波斯船队就曾来到过中国东南沿海，《全唐文·进岭南王馆市舶使院图表》载（唐德宗时）“波斯、古逻本国二舶顺风而至。”不仅如此，波斯、大食还与唐帝国发生过贸易摩擦，《新唐书·西域下》载：“乾元初，（波斯）从大食袭广州，焚仓库庐舍，浮海走。”[19]唐、五代以来，岭南地区海外贸易兴起，金银开始进入货币流通市场，以玉为宝的财富观念，受到“金银”的挑战，以致官方馈赠和民间贸易领域，“金帛”开启了取代“玉帛”的历程。唐代元稹曾言：“自岭以南，以金银为货币；自巴以外，以盐帛为交易。”[20]南海周边以金银为商品交易媒介，在沉船考古中亦有很多的证据。印度尼西亚海域发现印旦沉船，即有四十九锭银锭出水，银锭上有“盐税上色银”刻铭，包裹其外的锡纸上有“桂阳监”字样，可见是用税银作为海洋贸易支付手段的[21]。宋、元、明时期，由于海外贸易额度的大幅增长，白银大量流入中国，并逐步成为最重要的支付手段。这种影响，甚至延展到了外交领域。北宋淳化四年（993年），宋太宗回赐波斯使者蒲希密，赏赐清单即是“敕书、锦袍、银器、束帛”[22]。永乐七年（1409年），郑和布施锡兰山佛寺，代表大明皇帝向佛祖释迦牟尼、印度教主神毗湿奴、伊斯兰教真主阿拉贡献物品，其物品各有等差，但卷首提及的主要供品却是惊人的一致：“金壹仟钱，银伍仟钱，各色纻丝伍拾疋”[23]。郑和航海年间，明帝国与锡兰之间曾有过贸易、外交方面的冲突，并发生过著名的“锡兰山之战”。郑和布施锡兰山佛寺，可算是“化干戈为玉帛”的外交举措，但这次的馈赠，是“金帛”而非“玉帛”，这也可以看成是“金帛”取代“玉帛”的一个标志性事件。逮至万历九年（1581年）张居正实行“一条鞭法”，规定国家征税以白银支付[24]，对明帝国的社会经济文化产生了深远影响。

目前正在广东海上丝绸之路博物馆内进行室内发掘的“南海Ⅰ号”沉船，是一艘满载货物出海贸易的南宋海船，不幸沉没于广东台山的上、下川岛海域。考古学家在沉船上发现了中东风格的黄金链条、眼镜蛇头骨（可能与印度习俗有关），说明船上很可能有印度和波斯湾地区的商旅。现下“南海Ⅰ号”沉船考古发掘工作还在进行之中，这是很值得我们期待的。

注　释

[1] 中国社会科学院考古研究所、定陵博物馆、北京市文物工作队：《定陵》（上、下册），文物出版社，1990年。本文所述及的定陵考古材料，概出于此，下文不再一一注引。

[2] 湖北省文物考古研究所、钟祥市博物馆：《梁庄王墓》，文物出版社，2007年。本文所述及的梁庄王墓考古材料，概出于此，下文不再一一注引。

[3] 杨明星等：《梁庄王墓出土宝石的主要特征》，《梁庄王墓》，文物出版社，2007年，第322～327页。

[4] （明）马欢著，万明校注：《明抄本〈瀛涯胜览〉校注》“忽鲁谟斯国”条，海洋出版社，2005年，第97页。巩珍所记与此略同：“（忽鲁谟斯）其处诸番宝物皆有。如红鸦鹘（红宝石）、剌石（玫瑰色宝石）、祖把碧（绿宝石）、祖母绿（绿宝石）、猫睛、金刚钻……”，见（明）巩珍著，向达校注《西洋番国志》“锡兰国”条，中华书局，2000年，第43页。

[5] 山东省博物馆：《启航：“海上丝绸之路”特展》，中国文史出版社，2014年，第156页。

[6] （明）马欢著，万明校注：《明抄本〈瀛涯胜览〉校注》“古里”条、“阿丹国”条，海洋出版社，2005年，第71、85页。

[7] 陈星灿：《裴李岗文化绿松石初探——以贾湖为中心》，《新世纪的中国考古学——王仲殊先生八十华诞纪念论文集》，科学出版社，2005年。方辉：《二里头文化的绿松石制品及相关问题研究》，《二里头遗址与二里头文化研究——中国 · 二里头遗址与二里头文化国际学术研讨会论文集》，科学出版社，2006年，第167～179页。中原地区绿松石的产地，一般以为出自鄂陕交界处（即文献中所谓“襄阳甸子”）或晋南的中条山脉。

[8] 中国社会科学院考古研究所二里头工作队：《1981年河南偃师二里头墓葬发掘简报》，《考古》1984年第1期，第37～40页。

[9] 中国社会科学院考古研究所二里头工作队：《河南偃师市二里头遗址中心区的考古新发现》，《考古》2005年第7期。许宏、李志鹏、赵海涛：《河南偃师二里头遗址发现大型绿松石龙形器》，《中国文物报》2005年1月21日1版。

[10] 中国社会科学院考古研究所：《殷墟妇好墓》，文物出版社，1980年，第215页，彩版三九。

[11] （明）马欢著，万明校注：《明抄本〈瀛涯胜览〉校注》“锡兰国”条，海洋出版社，2005

年，第56页。

[12] （明）巩珍著，向达校注《西洋番国志》“锡兰国”条，中华书局，2000年，第23～24页。马欢《瀛涯胜览》“锡兰国”条与此略同，估计是巩珍沿袭了马欢的说法。

[13] （明）马欢著，万明校注：《明抄本〈瀛涯胜览〉校注》“锡兰国”条，海洋出版社，2005年，第66页。

[14] （明）巩珍著，向达校注《西洋番国志》“忽鲁谟斯”条，中华书局，2000年，第43页。

[15] （明）马欢著，万明校注：《明抄本〈瀛涯胜览〉校注》“锡兰国”条，海洋出版社，2005年，第56页。

[16] （明）马欢著，万明校注：《明抄本〈瀛涯胜览〉校注》“忽鲁谟斯国”条，海洋出版社，2005年，第98页。

[17] 《元史》传九十七“外夷三”。

[18] （明）巩珍著《西洋番国志》“柯枝国”条有类似记载：“名哲地者专收买宝石珍珠香货，以待中国宝船及各处番舡”。

[19] 《新唐书》传一百四十六下“西域下·波斯”。

[20] 刘驰：《十六国时期的金属货币》，《中国史研究》2010年第4期。

[21] Michael Flecker. *The Archaeological Excavation of the 10th Century: Intan Shipwreck,* BAR International Series 1047, Archaeopress, 2002.〔英〕杜希德（Dennis Twitchett）、〔荷兰〕思鉴（Janice Stargardt）：《沉船遗宝：十世纪沉船上的中国银锭》，《唐研究》第十卷。

[22] 《宋史》卷二九四“外国六·波斯”。

[23] 姜波：《从泉州到锡兰山：明代中国与斯里兰卡的交往》，《学术月刊》2013年第7期。

[24] 此即所谓“总括一县之赋役，量地计丁，一概征银，官为分解，雇役应付”。参阅《明史·张居正传》。

“小白礁Ⅰ号”水下考古项目管理与创新

林国聪　王结华

（宁波市文物考古研究所）

摘要：“小白礁Ⅰ号”清代沉船遗址水下考古历经线索发现、普查确认、重点调查、船载文物发掘、船体发掘保护、室内保护展示等一系列科考过程。其在项目管理与技术应用方面的诸多创新做法为业界所称道，被誉为“我国水下考古的又一创新之作”“我国水下考古走向水下文化遗产保护的又一重要标识”。

关键词：小白礁Ⅰ号　水下考古　项目管理　创新

“小白礁Ⅰ号”位于浙江省宁波市象山县石浦镇渔山列岛海域北渔山岛小白礁畔水下24米（图一），是一艘下沉于清代道光年间（1821～1850年）的木质商贸运输船[1]。该船于2008年10月浙江沿海水下文物普查中被发现；2009年6月，实施了重点调查和试掘[2]；2011年4月，国家文物局批复同意“小白礁Ⅰ号”水下考古发掘项目立项；2011年6～7月，结合首届“国家水下文化遗产保护（考古）培训班”开展了遗址表面清理；2012年6～7月，基本完成船载文物清理发掘[3]；2013年4月，国家文物局批复同意“小白礁Ⅰ号”船体现场保护与保护修复（Ⅰ期）项目立项；2014年5～7月，完成船体发掘与现场保护工作[4]。2014年7月，拆卸出水后的“小白礁Ⅰ号”船体构件进入国家水下文化遗产保护宁波基地沉船修复展示室内边保护边展示；2014年10月，“小白礁Ⅰ号”出水文物及发掘场景作为“水下考古在中国”专题陈列的一部分在宁波基地专题陈列室内正式对外公开展示。至此，“小白礁Ⅰ号”水下考古项目全面转入保护修复、展示宣传、资料整理、报告编写与学术研究等后续工作阶段。

作为宁波、浙江首个正式获批立项的水下考古发掘项目和国家水下文化遗产保护重点项目之一，“小白礁Ⅰ号”不仅因其众多珍贵的出水文物和“中西合璧”的船体构造为社会所关注，更因其先进的工作理念、科学的考古方法、创新的科技应用、超前的保护意识和多重的安全保障等为业界所称道，被誉为“我国水下考古走向水下文化遗产保护的又一重要标识”“我国水下考古的又一创新之作”[5]。

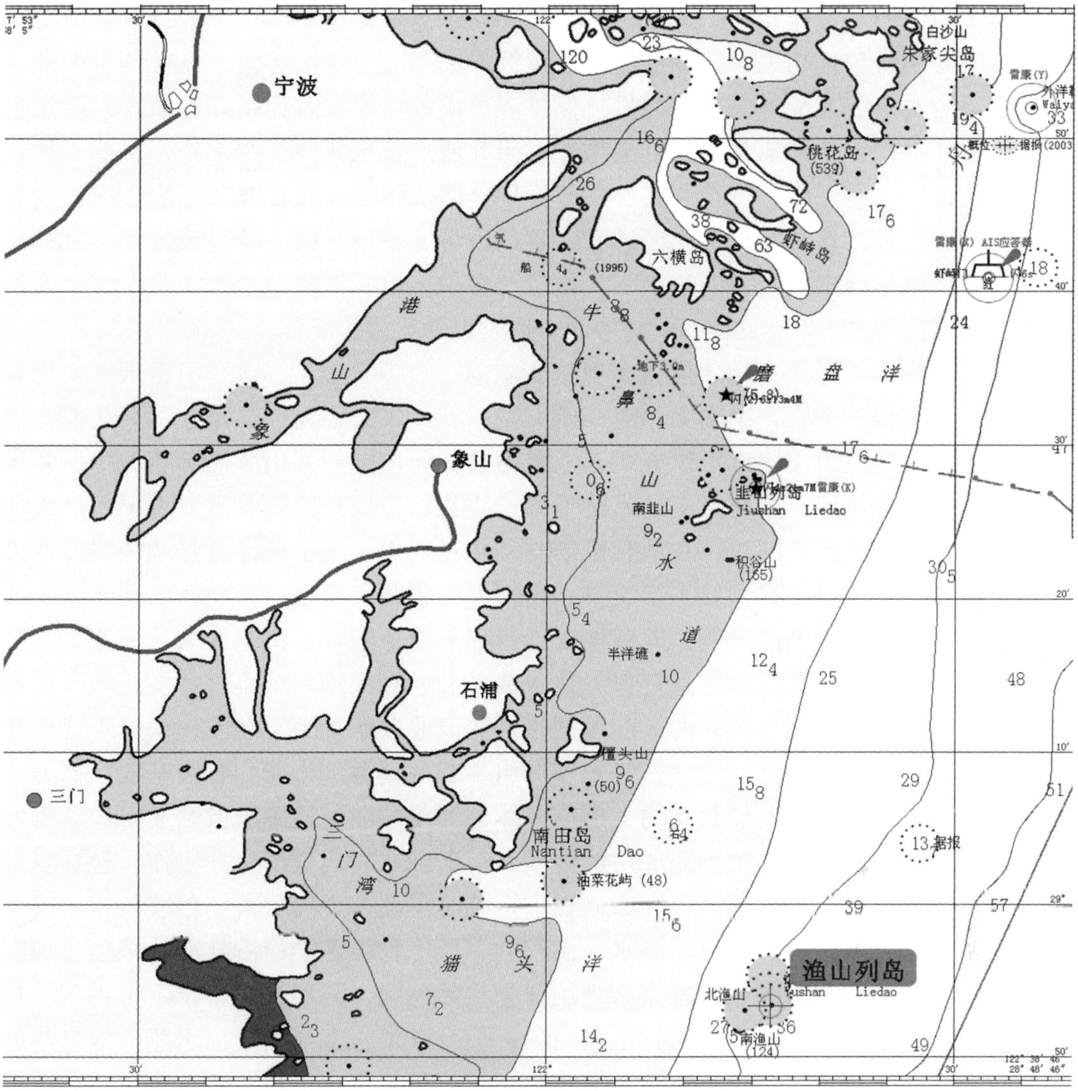

图 渔山列岛位置示意图

一、在组织架构上，既强化项目的整体管理，又强调一线专业人员的核心作用，上下联动，共促发展

水下考古项目的管理是一个系统而复杂的工程，需要事先对项目的计划、组织、协调与控制等全过程进行全方位的考虑。其中，组织架构的合理搭建与良性运行至关重要。以“小白礁Ⅰ号”2014年度发掘为例，该项目是在国家文物局的领导、中国文化遗产研究院、浙江省文物局与宁波市文化广电新闻出版局的管理以及象山县文化广电新闻出版局、国家水下文化遗产保护宁波基地象山工作站、石铺镇人民政府的协助下，由国家文物局水下文化遗产保护中心、国家水下文化遗产保护宁波基地（宁波市

文物考古研究所）合作开展。其中，国家文物局水下文化遗产保护中心负责全面统筹安排，主要工作包括相关文件申报传达、发掘方案与应急预案审定、设备器材调配、全国水下考古专业人员与出水文物科技保护人员调集、发掘过程指导等事宜；国家水下文化遗产保护宁波基地（宁波市文物考古研究所）负责具体组织实施，主要工作包括联络协调、后勤保障、经费落实、财务管理、队伍组建、发掘方案编制、应急预案编制、实施发掘、现场保护、把握进度、管理现场、整理资料、编写报告等事宜；象山县文化广电新闻出版局、国家水下文化遗产保护宁波基地象山工作站和石浦镇人民政府主要提供相关的人员支持、联络协调、后勤保障等协作配合。

在“小白礁Ⅰ号”2014年度发掘项目实施前，经各方磋商，成立了由国家文物局水下文化遗产保护中心、中国文化遗产研究院、浙江省文物局、国家水下文化遗产保护宁波基地（宁波市文物考古研究所）、象山县文化广电新闻出版局等相关单位领导组成的项目领导小组，主要负责项目的指挥、决策、协调和监督等重要事项，以强化项目的整体管理工作。同时，在项目策划与实施过程中，也十分注意强调一线专业人员的核心作用，实行项目领导小组决策、指挥下的领队负责制：由领队主持开展各项工作，协调各技术系统的运行，并根据工作目标与业务职责，将全体人员分为考古发掘、现场保护、规程试行、信息资料、技术装备和后勤保障六个小组，实行组长负责制，并采取以目标分解为导向的纵向垂直管理和以业务职责为驱动的横向分工合作相结合的组织方式（图二）。其中，考古发掘组主要负责潜水作业，布设基线、探方，逐层清理遗址堆积，提取船载文物，拆取船体，测量绘图，摄影摄像和文字记录等发掘工作；现场保护组主要负责完成对船体板材与船载文物的现场保护工作，包括登记建档、初步清洗、近景摄影、三维激光扫描、临时浸泡、现场保护、包装装箱、安全运输等工作，以及船材、舱料、海水、沉积物、微生物等各类检测样品的采集；规程试行组主要负责结合本次船体发掘与现场保护实际情况，开展试行《水下考古工作规程》的各类事宜，并编写规程试行汇报材料；信息资料组主要负责出水船体板材与船载文物的编号、登记、统计、保管、文字描述，收集、整理工地的各类文字、图纸和影像资料等工作；技术装备组主要负责工地各类设备与器材的造表登记、日常维护、安装调试、运行管理、定期保养、故障维修、零配件更换以及气瓶配气等；后勤保障组主要负责与相关部门联络协调，安排食宿、交通、接送、接待、采购、票务以及应急医务等工作。

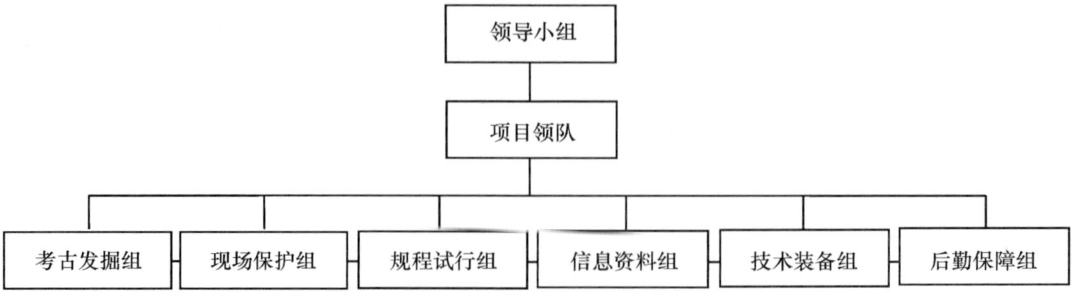

图二 “小白礁Ⅰ号”2014年度发掘项目管理架构图

二、在项目运作上，引入市场机制，博采众家之长，积极推动多学科的介入和多团队的合作

水下考古作为一门边缘交叉学科，需要海洋工程、海洋勘测、潜水科学、科技保护、数字信息等诸多相关学科的技术支撑。水下考古这一多学科与跨领域的行业特性，要求我们必须开阔工作思路，创新项目管理。

在“小白礁Ⅰ号”水下考古工作中，我们积极推动多学科的介入和多团队的合作。比如，在2014年度船体发掘与现场保护项目实施过程中，通过全国调派、公开招标、技术合作、委托服务等方式，汇集了来自国内外的20余名水下考古队员和10余家合作单位的30余名技术人员齐聚宁波，会战渔山。相关合作内容主要包括：

与浙江大学合作开展沉船遗址海底环境样品检测；与武汉理工大学合作开展船体测绘与复原研究；与中国文化遗产研究院合作开展船体保护修复项目；与中国科学院合作开展船体构件脱硫效果监测与评估；与中山大学合作开展船材等木质文物材质鉴定及损伤评估；与美国劳雷工业公司合作开展水下三维声呐点云数据采集与三维测绘；与武汉海达数云技术有限公司合作开发出水文物数字化管理系统与水下考古现场三维展示系统；由交通部广州打捞局提供职业潜水台班与船体起吊、浸泡、包装、装卸、运输服务；由宁波镇海满洋船务有限公司提供2000吨级工程船“满洋2004”作为考古发掘工作平台（彩版一九，1）；委托北京国洋潜水公司提供潜水设备维护、保养、维修、零配件更换等服务。

在“小白礁Ⅰ号”水下考古项目领导小组的统筹下，以上合作单位与来自北京、山东、浙江、福建、广东、海南、德国的水下考古和文物保护专业人员共同组成水下考古工作队。工作队实行领队负责制，下设考古发掘、现场保护、规程试行、信息资料、技术装备和后勤保障六个小组，各组之间分工协作，相互支持，并可根据工作进度和实际需要进行调配。这一项目运作模式，突破了以往主要依靠文博系统自身力量开展水下考古的传统做法，减轻了核心队员的工作压力，获得了更多更好的学科支持和专业服务，也保障了“小白礁Ⅰ号”水下考古工作的质量与水平。

三、在技术方法上，参照田野考古，结合水下特色，检验试行并修改完善《水下考古工作规程》

水下考古是田野考古从陆地向水域的延伸。水下考古与田野考古在学科理论、性质目的、基本要求上是一致的，但在具体的运作模式和工作方法上也有着一定的区别。在“小白礁Ⅰ号”水下考古历年工作中，我们不断探索，大胆尝试，既参照借鉴田野考古和国际通则，又不生搬硬套《田野考古工作规程》与国外技术规范，走出了

一条具有自身特色的水下考古之路。国家文物局和国家文物局水下文化遗产保护中心还将“小白礁Ⅰ号”2014年度水下考古作为检验和完善《水下考古工作规程》的试验项目，为即将颁布的《水下考古工作规程》提供了实践经验。

一是开创水下考古调查的经典模式。2008年4月，我们通过文献查寻和口碑调查相结合的陆上调查（彩版一九，2、3）方法，获得了“小白礁Ⅰ号”的线索，并首次将口碑资料、实物资料、文献资料、地理环境等方面的证据作为水下文物线索的认定标准[6]；同年10月，我们在“小白礁Ⅰ号”线索所在海域采用旁侧声呐、多波束声呐、浅地层剖面仪和磁力仪等多种高精尖的海洋仪器进行探测（图三）[7]，探扫到数处可疑的水下文物位置点，然后由水下考古专业人员在可疑的水下文物位置点潜水探摸，通过圆周搜索、矩形搜索等水下探摸方式[8]，最终发现并确认了“小白礁Ⅰ号”沉船遗址。2009年6月，为了进一步掌握“小白礁Ⅰ号”的文化内涵，评估其价值，我们开展了重点调查和试掘（彩版一九，4），通过纵横两条探沟的解剖和有选择的局部试掘相结合的方法，确认了遗址的分布范围、主体堆积、层位关系和船体的主要构造、大小、方向、保存状况，以及船载文物的主要种类、大概数量、大体分布等基本情况，同时还充分掌握了沉船遗址所在海域的海况、水文环境等信息，达到了重点调查的预期目标[9]，为下一步开展正式的考古发掘提供了基本数据和科学依据。以上调查方法因其创新性、系统性、规范性与专业性，具有普遍的学科意义，获得了业内的一致肯定，并迅速向全国推广，成为了我国水下考古调查的经典模式之一。

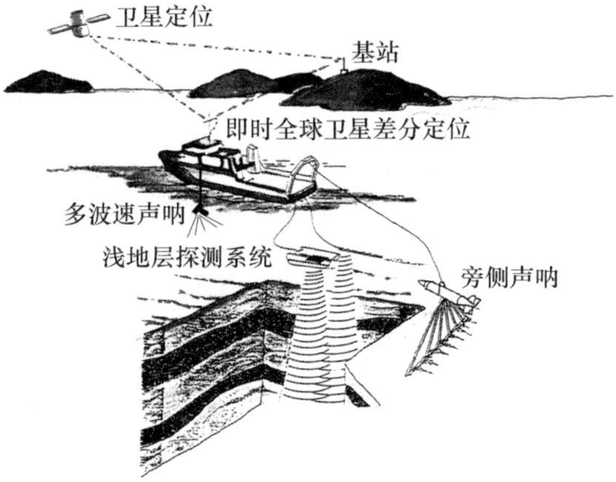

图三　水下考古仪器探测示意图

二是因地制宜选择发掘方法。2012年我们在实施“小白礁Ⅰ号”船载文物发掘时，确定了以南部裸露龙骨的最南端为永久基点，并以此作为水下基线、水下探方和水下三维测绘系统等的主要控制点。拉设纵横基线，布设2×2米规格的用不锈钢管制成的水下硬探方，通过人工搬运、气压抽泥并辅以高压水炮冲刷的方法，自上而下逐层清理发掘船体以上堆积（彩版二〇，1）。2014年发掘时，我们依然沿用2012年确定的永久基点、水下基线和水下三维测绘系统，但考虑到架设水下硬探方所必备的立柱必须直接钉牢在船体上，势必会破坏船板材，同时也不便于船板的拆卸出水，因此，我们从实际出发，依托船体本身纵横结构的特性，利用现有基线，采取分区发掘，即在南北基线5、10和15米处垂直拉设东西向水平基线各1条，长度均为15米，将沉船遗址分成自南向北的8个区域进行发掘并取得成功（彩版二〇，2）。

三是科学精准测绘船体遗迹。科学、精准地测绘好船体遗迹是系统编号并逐块拆卸船板的基本前提，也是船体出水后拼对、保护、复原的主要依据。由于水下能见度不高，潜水作业时间有限，因此水下测绘（彩版二〇，3）的关键是要抓住船体遗迹平面分布范围和剖面高差变化，并尽可能详尽地绘制每块船板之间的连接方式、上下叠压和前后左右相对位置等空间关系，以便之后的船板编号、拆卸、拼对、复原。以“小白礁Ⅰ号”2014年发掘为例，我们在水下完成的测绘图纸主要有遗址、遗物分布图，船体总平面图、分层平面图，船体纵向剖面图与每道肋骨横剖面图，以及船体结构图等；船板起吊出水后，再按照古船建造规范和考古制图要求，现场实测每块船材的平、剖面图以及钉孔分布、接口形状、破损情况等在水下测绘时难以完成的具体细节，包括船体的典型节点图、重要结构图等。此外，我们还尝试使用水下三维声呐获取沉船遗址点云数据辅助测绘，也取得了良好效果。

四是系统编号沉船船体构件。能否制定出一套科学的船材编号系统，关系着船体发掘的成败，也关系着船体出水后能否顺利原样拼对复原。“小白礁Ⅰ号”船体南艉北艏浅埋于海床之下，地势南高北低，埋藏南浅北深，从南往北发掘推进较为便利，残存船体自上而下有隔舱板、舱底垫板、肋骨、船壳板、龙骨等不同门类的构件。根据这种情况，2014年我们在进行船材编号时，采取了“自上而下、从艉（南）至艏（北）、由外（东西两侧）及内（中心龙骨）、分门别类、逐块编号”的方式。考虑到以英文或拼音首字母加阿拉伯数字命名的传统编号方法不够直观，将来资料整理时也容易产生误解，因此我们在发掘中采用了汉字名称中的关键字加阿拉伯数字的命名方法。如肋骨，从船艉向船艏逐组依次编号肋1、肋2、肋3……，若某组肋骨残存有若干块船材，则从船体左侧向右侧依次再编若干分号，如肋1-1、肋1-2、肋1-3……；其他门类船材编号依此类推。沉船主体周边的零散船材按发现先后依次编采集号，并注明采集位置。此外，我们还规定龙骨左侧的船壳板和舱底垫板用黑字编号，右侧的船壳板和舱底垫板用红字编号，以便于区别辨认。所有编号标牌使用色彩醒目的天蓝色塑料薄板制作，编号时用防水油性笔书写在标牌上，再用透明胶带密封防止字迹模糊、褪色；同时，为了确保所有船材出水后上下、前后与左右空间关系一致，我们统一在每个编号左侧加注箭头标志，所有标牌上的编号字体一致朝上、箭头一致向北，用不锈钢钉钉牢在每件船材的正上方（彩版二〇，4），且每件船材至少钉有两个相同的编号标牌以防缺损或丢失。该编号标牌系统信息量丰富，依照各自编号与字体颜色便可直观辨别出船材的类别及所处船体的大致位置，结合编号标牌的钉牌位置与箭头朝向，使得本来艰难繁杂的船体拼接复原变得有章可依、有据可循、简易方便。

五是按照造船规范拆卸船材。在完成水下测绘、摄影、摄像和编号工作的基础上，按照“自上而下、分门别类、以龙骨为中心、从艉至艏、由外及内”的方式逐块拆卸船材。具体实施时，先自上而下、由南往北依次拆卸隔舱板、舱底垫板、肋骨等横向船材，再从左右两侧向中心龙骨由南往北、自上而下成列拆卸船壳板等纵向船材，最后分段拆卸的龙骨，并在拆卸过程中特别注意各船材上下、左右、前后之间的连（搭）接方式等空间结构。拆卸船材时，我们先按照上述方法试验性完成西部断裂的小部分船体拆取工作，为东部断裂的大部分船体拆取积累经验。由于水下能见度有限，船壳板之间的接缝难以在水底直观辨认清楚，也无法逐块编号，不能盲目拆卸出水，对此，我们在水下每间隔2米横向平行在每列船壳板上钉上临时标牌，以保证船壳板出水后在工作船上能够快速按照临时标牌完成整体拼对复原，然后再按照既定的编号方式正式逐块编号，难题就此迎刃而解。

六是严格信息采集保护流程。船材起吊到考古工作船上后，即进入资料采集与现场保护阶段，开始登记建档、初步清洗、现状评估（彩版二一，1）、样品采集（彩版二一，2）、近景摄影、船体测绘、加固定形、喷水保湿、防霉杀菌、临时浸泡、包装入箱（彩版二一，3）、安全搬运、集中存放（彩版二一，4）等流水化作业程序。每道作业井井有条，环环相扣，在指定的区域，配专职的人员，严格按照规范程序实施完成，确保了“小白礁Ⅰ号”船体发掘信息资料的完整性和现场保护工作的科学性。

四、在科技应用上，借力高新设备，勇于尝试创新，探索开展水下考古的立体化与数字化

水下考古，技术是关键，创新是灵魂。与其他水下考古项目相比，“小白礁Ⅰ号”水下考古尤其是2014年水下考古发掘，在现代科技应用上也有着诸多创新之处。

首次采用水下三维声呐设备blue view 5000辅助进行水底测绘工作，获取了“小白礁Ⅰ号”海底保存状况的点云数据和三维数字模型（彩版二二，1），其测绘精度高达毫米级，还可以按需生成任意角度的各类平面、剖面和立面图。

首次成功三维虚拟复原沉船在海底的保存现状。通过对每件船材的三维激光扫描（彩版二二，2）和正射影像采集（彩版二二，4），建立每件船材的三维模型与二维线图（包括平面、剖面和立面图），以及龙骨、桅座、典型肋骨、典型舱壁板、典型船壳板等关键船体构件的三维模型交互软件。在此基础上，三维虚拟复原“小白礁Ⅰ号”在海底的保存现状，并根据复原研究成果，以模型为基础数据，编辑船体营造过程视频，从而科学、直观地再现“小白礁Ⅰ号”。

首次成功构建水下考古现场三维展示系统。通过六旋翼飞机的精准航拍，获取了渔山岛与水下考古现场正射影像（彩版二二，3）、空中鸟瞰图（彩版二三，2）、空中全景等信息，构建水下考古现场三维展示系统，实现了对水下考古现场的数字化管理与三维立体展示。

成功开发首个专用的出水文物数字化管理系统。2014年发掘时，我们专门为“小白礁Ⅰ号”量身定制了出水文物数字化管理系统（图四），实现了“小白礁Ⅰ号”水下考古发掘文字、图纸、照片、视频、三维模型等信息资料的数字化登记录入，也方便了今后的查询、统计、比对、分析与打印、输出等管理工作。

首次全程使用水下高清摄像头配合水下流速流向仪，实时监测“小白礁Ⅰ号”

图四　“小白礁Ⅰ号”出水文物数字化管理系统

所在海域的水下能见度、悬浮物、流速、流向等动态水况，据此合理调度部署水下作业。若海况良好，则优先安排水下摄影、摄像、测绘、钉编号标牌等细致性工作；若海况较差，则安排抽沙、拆卸、搬运、起吊等粗放型工作。这样既保障了工作质量，也提高了工作效率，效果十分明显。

以上现代科技手段的综合运用与创新融合，不仅有力推进了“小白礁Ⅰ号”水下考古项目的按时、保质、高效完成，同时也为我国水下考古的立体化与数字化作出了有益尝试，在某种程度上可说是开创了我国水下考古工作的新模式。

五、在保护理念上，发掘保护并重，保护展示并举，让水下文化遗产保护成果为公众共享

“考古工作与文物保护是密切联系，相互依存的。……应该把考古工作纳入到文物保护体系之中。”[10]正是秉承这一理念，“小白礁Ⅰ号”水下考古始终坚持的是发掘与保护并重，特别强调的是保护与展示并举。

在启动2012年度“小白礁Ⅰ号”船载文物发掘前，我们即同步编制了《水下考古发掘方案》和《现场文物保护方案》，并邀请水下考古、科技保护与古船研究等领域的知名专家对方案进行分析、探讨、修改、完善。2012年7月船载文物发掘刚刚完成，我们马上着手编制了《船体科技保护初步设想》，并于同年10月召开了专家论证会；会后，我们通过公开招标方式，委托中国文化遗产研究院编制了《宁波“小白礁Ⅰ号”清代沉船现场保护与保护修复方案（Ⅰ期）》，并获国家文物局批复立项。2013年5月，因国家水下文化遗产保护宁波基地尚在工程建设中，考虑到发掘出水后的“小白礁Ⅰ号”船体不能及时运送到宁波基地专用的沉船修复展示室内实施保护修复，经

报请国家文物局和水下文化遗产保护中心同意，原定2013年度开展的船体发掘工作因保护需要顺延至2014年度实施。2012年7月船载文物发掘结束后至2014年5月船体发掘开始前，我们还专门雇请当地岛民在北渔山日夜值班守护“小白礁Ⅰ号”的安全，并借助市海洋局在岛上布设的监控预警设备，实时观察“小白礁Ⅰ号”所在海域的异常情况，省、市两级海洋与文物执法部门还不定期地对“小白礁Ⅰ号”等水下文化遗存所在海域联合开展日常巡查工作。2014年上半年，我们在完成保护设备、材料的招标采购之后，方于5月正式启动“小白礁Ⅰ号”船体发掘与现场保护工作，并于7月将发掘出水后的船体构件全部运至已基本建设成形的宁波基地沉船修复展示室内开展科技保护与修复，从而实现了发掘现场保护与室内保护修复的平稳过渡和无缝对接。

2014年10月16日，国家水下文化遗产保护宁波基地暨宁波中国港口博物馆正式建成投用（彩版二三，1），设于宁波基地内的“水下考古在中国”专题陈列也同步对外开放（彩版二三，3）。“小白礁Ⅰ号”出水文物与发掘场景（彩版二三，4）都在“水下考古在中国”专题陈列中同时展出；宁波基地内专门开辟的沉船修复展示室，既是“小白礁Ⅰ号”船体保护修复的工作场所，也是“水下考古在中国”专题陈列的一个特别展厅（彩版二四，1），透过颇具科技含量的通电玻璃，可以即时向游客呈现船体科技保护与修复的全过程，让公众共享水下考古与水下文化遗产保护成果[11]。

六、在安全保障上，健全相关制度，注重潜水安全，合理规划平台，科学监控指挥，确保项目顺利实施

健全制度是基础。“小白礁Ⅰ号”历次水下考古都成立有安全领导小组，并制定了切实可行的《宁波“小白礁Ⅰ号”水下考古发掘应急预案》《宁波“小白礁Ⅰ号”水下考古发掘工地纪律》《宁波“小白礁Ⅰ号”水下考古发掘安全守则》等应急预案与安全制度。

潜水安全是重点。如在“小白礁Ⅰ号”2014年发掘时，工作队在发掘现场专门配备了潜水专用减压舱（彩版二四，2）和潜水医师，科学采取了以双瓶高氧、免减压轻潜为主的水下作业方式，既成倍增加了滞底潜水作业时间，又明显降低了潜水的疲劳度，更有效提高了水下作业的安全性。同时，发掘现场还配备了2名专司潜水设备的技师，为“小白礁Ⅰ号”水下考古及时提供潜水设备的日常维护、定期保养、故障维修、零配件更换等专业支持，保证潜水设备的状态良好与安全使用。

合理规划解隐患。以2014年为例，根据发掘进度和工作流程，我们将“小白礁Ⅰ号”海上发掘平台划分为设备区、配气区、潜水区、起吊区、浸泡区、木作区、资料采集区、现场保护区、文物存放室、监测指挥室、夜间值班室等功能区域（彩版二四，3），不同职责的人员在相应的功能区域内开展各自的流程作业，人多事杂的发掘平台得以合理规划与有序运行，既充分利用了发掘平台，又提高了工作效率，同时

也规避了因混乱无序而可能导致的人员、文物、设备等方面的安全隐患。

监控指挥保安全。如在“小白礁Ⅰ号”2012年发掘时，工作队在考古现场首次成功构建了集水上—水下监控摄像系统、水上—水下多向通话系统、水下照明系统、短基线技术等前沿科技于一身的立体监控指挥系统（彩版二四，4），实现了项目领队对水上和水下动态情况的实时了解与全面掌控，能够第一时间向水上、水下人员发出安全预警和工作调度指令，从而有效保障了人员、文物、设备等的安全。

附记：本文系以宁波市文物考古研究所副所长林国聪在首届“水下考古·宁波论坛”所作之PPT演讲稿和林国聪、王结华、姜波共同执笔之《我国水下考古的又一创新之作——浙江宁波象山“小白礁Ⅰ号”2014年度发掘》（载《中国文物报》2014年8月29日第5版）为基础写作而成。

注释

[1] 中国国家博物馆水下考古研究中心、宁波市文物考古研究所：《浙江宁波渔山小白礁一号沉船遗址调查与试掘》，《中国国家博物馆馆刊》2011年第11期。

[2] 同[1]。

[3] 宁波市文物考古研究所、国家文物局水下文化遗产保护中心：《浙江象山县“小白礁Ⅰ号”清代沉船遗址2012年发掘简报》，《考古》2015年第6期。国家文物局水下文化遗产保护中心、宁波市文物考古研究所：《水下24米——浙江宁波象山“小白礁Ⅰ号”水下考古实录》，中国广播电视出版社，2014年。

[4] 宁波市文物考古研究所、国家文物局水下文化遗产保护中心：《我国水下考古的又一创新之作——浙江宁波象山“小白礁Ⅰ号”2014年度发掘》，《中国文物报》2014年8月29日第5版。林国聪、王结华：《“小白礁Ⅰ号”水下考古取得重要成果》，《浙江文物》2014年第4期。

[5] 宁波市文物考古研究所、国家文物局水下文化遗产保护中心：《我国水下考古的又一创新之作——浙江宁波象山“小白礁Ⅰ号”2014年度发掘》，《中国文物报》2014年8月29日第5版。

[6] 林国聪：《浅谈水下考古的陆上调查》，《宁波文物考古研究文集》，科学出版社，2008年，第167～178页。

[7] 冯雷、朱滨：《高科技探测方法在水下考古调查工作中的应用》，《水下考古学研究（第一卷）》，科学出版社，2012年，第142页。

[8] 张辉：《浅谈水下考古之水下探摸》，《中国文物报》2012年9月14日第7版。罗鹏：《水下考古圆周搜索法浅析》，《宁波文物考古研究文集（二）》，科学出版社，2012年，第61～65页。

[9] 同[1]。

[10] 张忠培：《应将考古工作纳入文物保护体系中（纲要）》，《宁波文物考古研究文集》，科学出版社，2008年，第Ⅴ页。

[11] 国家水下文化遗产保护宁波基地、宁波市文物考古研究所：《风雨兼程十六载——宁波水下考古的回顾与展望》，《中国文物报》2014年9月26日第5版。宁波中国港口博物馆、国家水下文化遗产保护宁波基地、宁波市文物考古研究所：《众志成城铸华章——宁波中国港口博物馆与国家水下文化遗产保护宁波基地建设巡礼》，《中国文物报》2014年10月10日第6、7版。

"小白礁Ⅰ号"古船研究

顿　贺（武汉理工大学）
金　涛（宁波市文物考古研究所　中国科学院大学）

摘要：本文详细介绍了"小白礁Ⅰ号"古船的结构特征与建造工艺，并对该船的建造地、性质、船东、价值等进行了初步探讨。

关键词：小白礁Ⅰ号　舱壁　肋骨　结构

"小白礁Ⅰ号"位于浙江省宁波市象山县石浦镇北渔山岛小白礁畔海底24米，是一艘下沉于清代道光年间的木质商船，于2014年5月至7月开展船体发掘与现场保护工作。6月中旬至7月上旬，在发掘现场开展了"小白礁Ⅰ号"古船测绘工作。本文以"小白礁Ⅰ号"测绘资料为基础，详细介绍该船的结构特征与建造工艺，并对其建造地、性质、船东、价值等进行初步探讨。

一、"小白礁Ⅰ号"——中外造船技术融合的实证

1. 使用舱壁技术

早期中国的木板船横向是以横梁支撑的。明代《龙江船厂志》载：船"中虚则不固，故托之以梁，梁必衡之，如屋梁也。"[1] 1951年，广州东郊原十九路军坟场出土的东汉陶船模就有横梁支撑。

410年，中国发明了水密隔舱技术。据唐欧阳询《艺文类聚》所引《义熙起居注》记载："卢循新造八槽舰九枚，起四层，高十余丈。"[2]《宋书·武帝上》："循即日发巴陵，与道覆连旗而下，别有八艚舰九枚，起四层，高十二丈"。中国通常把长方形盒子也称为"槽"，八槽舰就是将船分成八个水密舱。这项重大发明已经为1960年江苏扬州施桥出土的唐船[3]、1973年江苏如皋出土的唐船[4]、1974年福建泉州湾出土宋代海船[5]、1979年宁波市东门口出土的宋代海船[6]、蓬莱出土元末明初战船[7]、宁波象山明代古船[8]等大量唐、宋、元、明的古船所证实，而古文献对水密隔舱的记载也很多，如北宋徐兢著《宣和奉使高丽图经》[9]、明代宋应星著《天工开物》[10]等，对此，笔者有详细介绍[11]。

由于早期将船的横向支撑称为“梁”，所以即使在发明舱壁以后，舱壁也习惯被称为“梁”。

船舶设置水密舱壁以后，有以下优点：

①增强船舶的抗沉性。船舶在使用中万一破舱进水，由于有舱壁分隔，进水量将受到限制，如果再及时排除进水，就能更好保证船舶的安全。从已出土的中国古船和有关文献记载看，中国古船具有舱壁多、间距小的特点，舱壁间距多在1.2～1.8米，个别大舱才长达2米左右。

②在船舶破舱进水时，可将货物临时搬到其他舱，减少了货损。

③可按需要将船分隔成若干个舱室，满足了不同的使用需求。

④设置横舱壁，有利于船舶的横向强度和抗扭转变形，有利于船舶大型化，这是中国古代很早就出现了大船的原因之一。

⑤现代钢船设水密隔舱还有利于防火、防毒。

元末明初，朝鲜半岛引用了中国发明的水密舱壁技术。2005年蓬莱出土的3号古船（高丽船）就是实证[12]；其前韩国出土的莞岛沉船和群山十二东波岛海底古船等，还是以横梁（韩国称其为“加龙木”和“驾木”）作横向支撑[13]。以加龙木、驾木作横向支撑是朝鲜半岛长期形成的造船传统。

清代，水密隔舱技术东传至日本。日本于1786年建造的“三国丸”设7个舱，日本称舱壁为“关板”。其前建造的“安宅丸”“关船”“小早”还是以上船梁、中船梁、下船梁作横向支撑，并无舱壁[14]（图一）。

古代库兹王国造船是以横梁作横向支撑，船底设肋骨，船板缝合（图二）。

科威特古代造船是以肋骨、横梁作横向支撑，肋骨取自然弯曲之木（彩版二五，1）[15]。

越南古代传统造船也是以肋骨框架支撑，无舱壁（彩版二五，2）。

1998～1999年，德国打捞公司在印尼勿里洞岛海域打捞了一艘阿拉伯商船，名为“Batu Hitam”，中文意译为“黑石”号。“黑石”号据说是从扬州出发，古船的时间相当于中国的唐代。该船以肋骨框架支撑，采用绳索缝合捆扎船体，不使用铁钉，无舱壁（图三）。

西方船舶基本是以横向框架支撑，直到19世纪60年代，欧洲造船业最发达的英

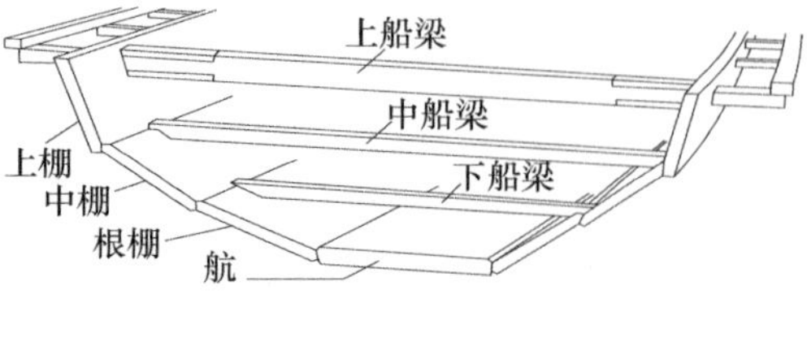

图一　日本17世纪时船舶还没舱壁

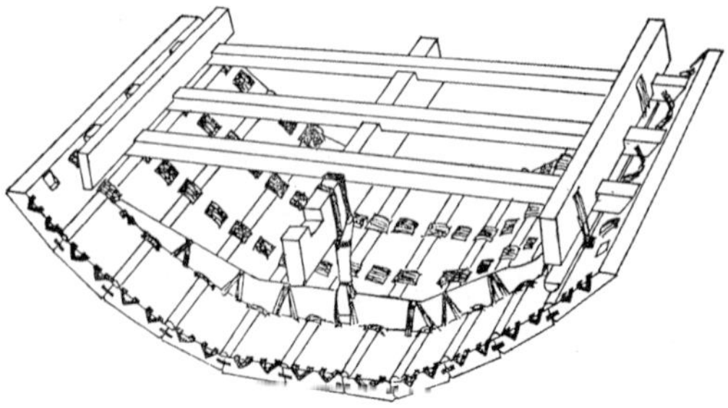

图二　古库兹王国船以梁和部分框架支撑

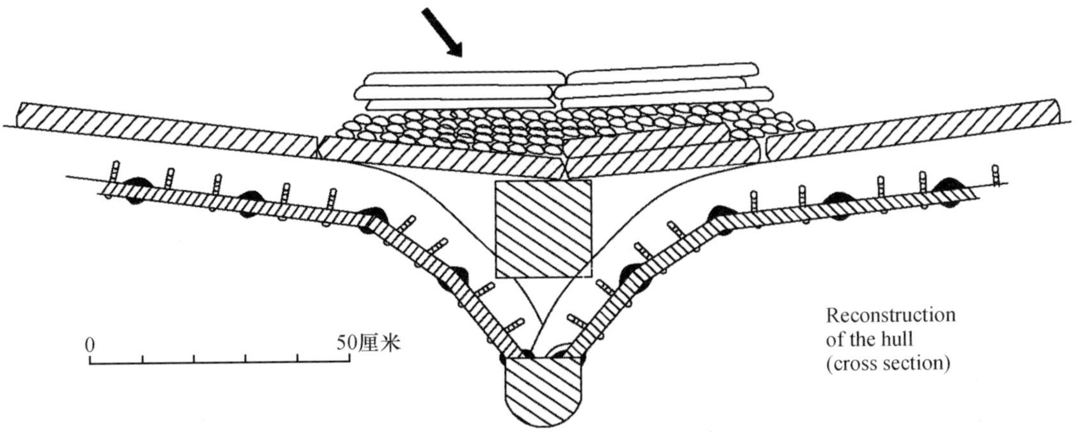

图三　扬州出土的“黑石号”阿拉伯船

国、荷兰所造船舶，美国最优秀的飞剪式船，“这些船的船体结构是所谓的混合式结构：骨架，如肋骨、甲板横梁、纵桁等都是铁制，而外壳、龙骨、首柱和尾柱则为木材制造”。[16]以此分析，也还没设舱壁。

在中国，也曾出现过横向框架结构。1978年天津静海元蒙口出土的宋代内河船和2011年河南省安阳市滑县出土的两艘北宋内河船都是框架结构，滑县船还有底肋骨和船侧肋骨局部加强[17]。然而这三艘内河船，都没有设严格意义上的横舱壁。

全框架结构的古船出土少之又少，从现在出土的古船和古文献看，中国长期以来沿用多个舱壁，可能更多考虑到的是船舶的安全，并没有把框架结构与舱壁结构在同一艘船舶有机结合。到了1868年1月18日，福建船政开始建造的第一艘用木肋骨的“万年青”号，不得不派人到暹罗、仰光采买曲木、直木（柚木），福建盛产的杉木作肋骨恐强度不够。沈葆桢在1874年向清廷上疏：“以往船肋用才必然为天然弯木，一向取之于暹罗、仰光等地。”[18]

世界科技史学者英国李约瑟在《中国科学技术史》中写道：“那么中国的舱壁结构原理的传入很可能有两次：第一次是在17世纪末，用于沿海小渔船；第二次是在一个世纪以后，用于大船。”“不难看出，欧洲人从中国学到的另一种有价值的造船技术就是水密隔舱。”[19]他又在《科学技术史通论》之《科学与中国对世界的影响》中写道：“用横向舱壁来分隔货舱，我们知道，在19世纪早期，欧洲造船业采用这种水密舱壁是充分意识到中国这种先行实践的。”

18世纪末到19世纪初，欧洲造船业广泛采用水密舱壁技术。

全船用横向舱壁作支撑、分隔有许多优点，缺点是船体自重大，导致载量小，速度慢，不方便装运较长、较大件货物。全船采用框架结构，船舱空间大，但安全性差。将两者科学地结合，可谓取长补短。应该说，舱壁与肋骨框架交互布置本身就是船舶设计思路的一次飞跃性进步。现代钢船，无论是横骨架式、纵骨架式，还是混合骨架式，都是框架结构与横舱壁交互使用。

“小白礁Ⅰ号”以横向肋骨框架为主，残存30余道肋骨，肋骨间距500～650毫米，其截面为方形，厚度大多在160～180毫米，最厚的达200毫米；残存3道横舱壁，均仅剩下部，舱壁板与外板用船钉从外侧钉入，上下舱壁板之间用铲钉，舱壁板与舱壁板应为水平直线缝平对接，未发现使用枣核钉，也未见榫痕（图四；彩版二五，3）。应该把它看成是引进中国的舱壁技术与当地传统的肋骨框架结构进行融合的初期摸索阶段。2005年蓬莱出土的3号高丽古船，出现了中国传统式的铁钉和朝鲜半岛造船传统的木钉（称“皮槊”）交叉使用，该船应该是处于引进中国用铁钉造船技术的早期阶段。

“小白礁Ⅰ号”既有肋骨框架，又有横舱壁，实现了肋骨制和舱壁制的结合，是中外船舶建造技术融合的重要见证。现代钢船、木船普遍采用混合的结构，这也成为现代船舶建造规范。

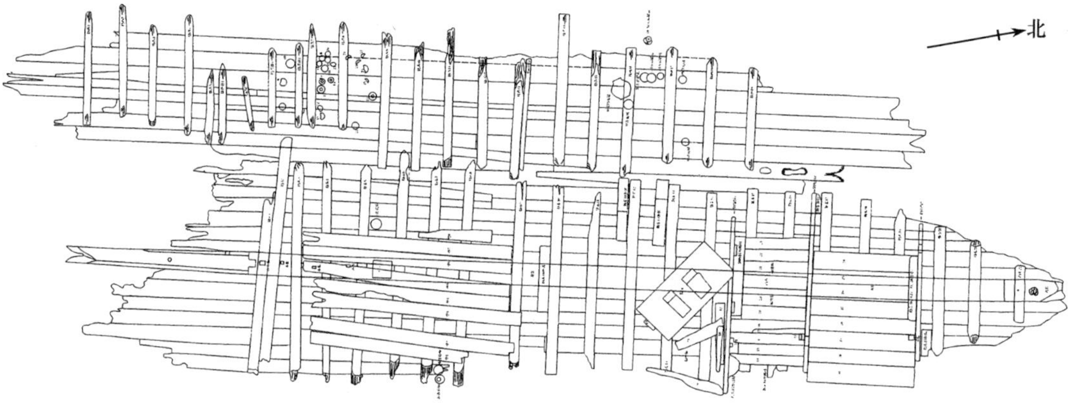

图四 “小白礁Ⅰ号”船体平面图

2. 采用艌料技术

要使船不渗漏水，就需对板缝进行填塞，“夫造船之工，惟油艌为最要。”[20]中国使用艌料可能很早，这已被唐代及其后出土的大量古船所证实。中国盛产桐油，中国木船用的艌料由桐油、石灰、麻绒按1∶2∶1比例构成，而“温台闽广即用砺灰”[21]，古代交通不如现代发达，温州以南不产石灰，故以蛎壳烧成灰代替石灰。此外，广东和广西用竹绒代替麻绒也是其特点。

蓬莱出土的3号古船（朝鲜半岛建造的船）所用艌料虽不知其成分，但显得略为松散；日本在1431年时还用短水草塞板缝；溜山国（今马尔代夫）“盖番人造船，不用铁钉，止钻孔，以椰索联缚，加以木楔，用沥青涂之至紧”；满剌加（今新加坡）“打麻儿香乃一种树脂，流入土中，掘出如沥青，可以点灯及涂船不漏。”[22]阿拉伯地区“板缝则用橄榄糖，或沥青，或鱼油涂盖”[23]；科威特则以棉绒沾棕榈油涂缝，从印度或也门进口的鱼油当舱内涂漆，以印度的大迈尔胶（一种树脂）当防腐剂。

中国不仅艌料中有桐油，船身还都用桐油涂抹。

用沥青类艌缝，其艌料色泽应呈黑色或深灰色。

“小白礁Ⅰ号”采用艌缝技术，其板缝间艌料呈灰白略带红，分析其成分可能接近中国的艌料。

3. 使用船钉

战国时期，随着冶铁技术的发展，河北省平山县公元前310年的中山国王墓内出土的游艇已出现了使用铁箍连接船板的现象[24]。秦汉时期，中国已经用铁钉连接船板了，长沙出土的16桨西汉木船模就是有力实证；江苏如皋唐船、扬州施桥唐船、宁波宋代海船、泉州湾宋代海船等也都是用铁钉连接船板的。据申叔舟《海东诸国记》记载，日本在1431年开始用片状缝钉连接船板。朝鲜半岛在中国的元代开始引用铁钉，并保留有一定量的木钉（称为皮朔），而此前完全是木钉。溜山国（马尔代夫）“盖番人造船不用铁钉，止钻孔，以椰索联缚，加以木楔，用沥青涂之至紧。”椰绳“收积盈堆，各处番船皆贩去卖与造船等用。”[25]“印度洋和东南亚的船舶则普遍采用竹钉或木钉加椰绳的缝合技术。”[26]《西洋番国志》成书于1434年2月，可以说，1434年以前，东南亚和阿拉伯地区造船还没用铁钉连接。

中国船用铁钉有铲钉、刺根钉、枣核钉、蘑菇钉、锔钉，都是铁匠用熟铁专门打造，其截面呈方形，钉上之后吃木，拉力大（彩版二六，1）。铲钉有四种以上，不戴帽（铲钉）或粗端敲扁的（刺根钉）用于外板、壁板连接；带小圆帽或带勾帽的用于大板，如首挡浪板与船外板连接；枣核钉用于板间串起；锔钉早期用于外板与船舱壁的挂锔和定位，后来也用于外板与外板、舱壁板与舱壁板的连接；蘑菇钉用于大构件的固定，如龙骨接头处补强材与龙骨的固定。此外，根据笔者掌握的有限的外国船资料，朝鲜半岛使用的木工工具及元明以后的铁钉与中国同，不过科威特的船钉与中国的船钉则完全不同。

“小白礁Ⅰ号”使用了大量与中国古代造船完全相同的人工锻打的船钉。肋骨与外板的连接，用铲钉从外侧钉入（图五），有的还加有小圆木桩的定位榫。肋骨与龙骨连接则是多用两枚大钉（大铲钉）从舱内钉连，钉距100～110毫米，有的也设有小木桩的定位榫。外板与外板的连接，两道肋骨之间，铲钉从内侧钉连，其间距大小不等，经抽查有50、65、70，87、90、92、92、105、110、110、120毫米等。铲钉大小不同，大钉长多在180～200毫米，其截面为10×10、12×12、8×8毫米。

传统的中国船的钉向有明显的规律，而“小白礁Ⅰ号”外板与外板之间用的铲钉钉的方向有的朝内，有的朝外，并无规律，板缝处也没遗漏钉钉，这可能与建造地的造船习惯有关。中国造船时外板是在船上拼接，故钉钉的方向容易一致。而在东南亚，如越南，有在地上拼外板的习惯，因此就会出现哪边顺手往哪边钉的现象。

4. 开设流水孔

中国古船舱壁间距小，万一破舱进水，量不会太大。中国木船舱流水孔多呈拱形

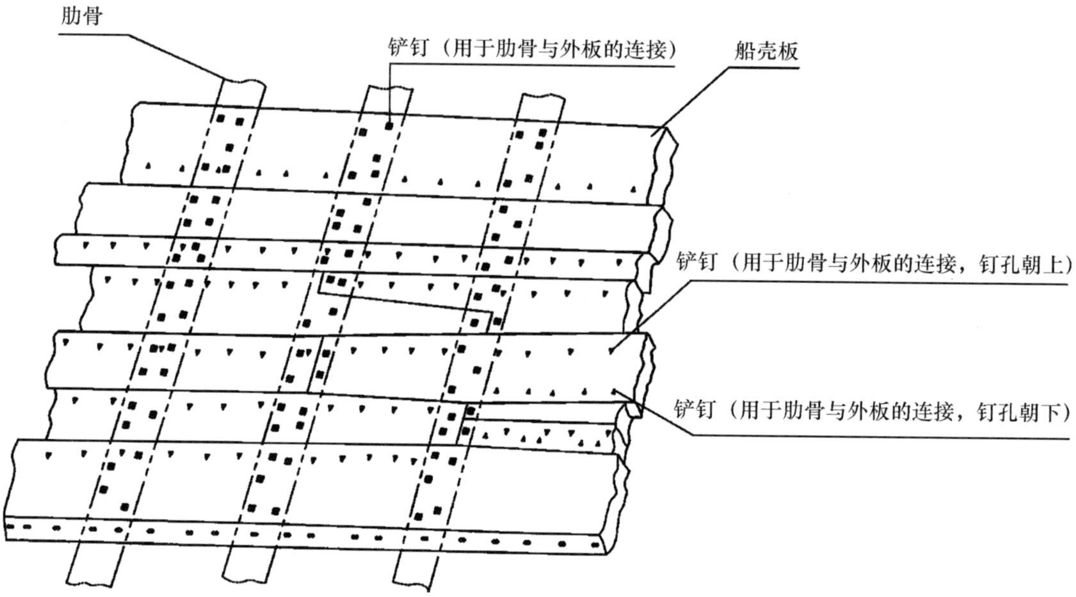

图五　“小白礁Ⅰ号”肋骨与外板、外板与外板船钉钉法

或方形，孔不大，便于用棉布、木塞等堵住流水孔，舱壁变成水密，拔掉后积水可以流到最低处，便于排水；如此，即使浪涌进船舱，也方便集中排除。

“小白礁Ⅰ号”在舱壁和肋骨上都设了长方形流水孔，在船的首部，由于船体形状越来越消瘦，流水孔从中部的两个改为一个，这种灵活的做法也与多艘出土的中国古船同。“小白礁Ⅰ号”流水孔尺寸大小不等，例如：自首第一块舱壁板上设一个流水孔，尺寸为高70、宽42毫米；第三道舱壁板设两个流水孔，流水孔尺寸其一为高74、宽42毫米，另一为高80、宽45毫米；底部肋骨都设有流水孔，船首部前七道设一个流水孔，其后至船尾设两个流水孔，其大小也不完全相等。

5. 部分传承中国古代造船习俗

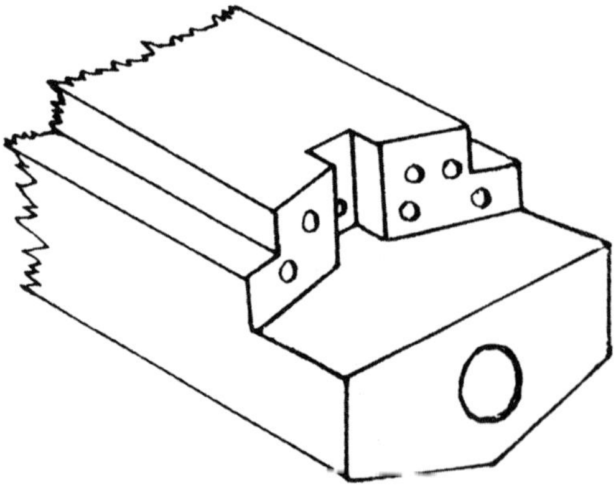

图六　七星伴月

中国古代造木船是件大事，犹如陆地盖房子，开工建造时要摆酒席，有的还要做法事；龙骨一铺，表示开工了。

福建地区造船有“七星伴月”习俗，即在主龙骨与首尾龙骨的接头处放一枚铜镜和七枚铜钱（图六）；浙江有的地区有“保寿孔”习俗，即在接头处放铜钱；浙江和福建（如厦门）一些地区则在主龙骨与尾龙骨相接的位置开一方槽，内放五金（金银铜铁锡，以放白银的居多，至少放铜币）和五谷。

“小白礁Ⅰ号”的尾龙骨与主龙骨用直角启口搭接，并有凹凸定位榫，在凹凸榫结合部，发现一枚铜钱，在尾龙骨上挖有方槽，方槽内发现两枚圆形金属片，可能是开工造船的习俗，以图吉利。

二、关于“小白礁Ⅰ号”的建造地

要确定一艘古船的建造地是十分复杂的问题，需要综合分析各种信息，不但与古船出土地点有关，还与船舶的使用材料、建造工艺、船型特征、帆型特征、造船习俗等有关。

1. 从结构特征分析“小白礁Ⅰ号”

了解中国古船的结构特征，有助于分析“小白礁Ⅰ号”的建造地。

（1）外板的接缝

在现代，船体外板船长方向的接缝称为“边接缝”，船宽方向的接缝称为“端接缝”。

边接缝：有搭接和平面对接两种。搭接又有斜面搭接，如天津静海元蒙口宋代内河船；直角启口搭接，如泉州宋代海船、韩国新安郡出土的中国元代商船。蓬莱出土的两艘中国古船，宁波宋代海船等则采用平面对接。“小白礁Ⅰ号”龙骨翼板与龙骨是搭接，即在龙骨上表面两侧开有凹槽，龙骨翼板搭接于凹槽上；外板的边接缝为平面对接，只用铲钉，未见枣核钉，铲钉从内侧钉入。

端接缝：中国古船外板的端接缝结构形式比较多，有平面同口、钩子同口、钩子同口加定位榫、滑肩同口、直角同口、斜面同口、蛇头同口、直角启口等，都可以举出实船例子。端接缝后来多布置在舱壁板处，且相邻两列板不可同时间断，连续与间断是交错的，这样既利于装配，也利于强度和水密性。“小白礁Ⅰ号”外板的端接缝有平面同口、滑肩同口、直角同口几种形式，其不足是有的位置出现接头过于集中，对船舶的水密性和强度不利；板间用铲钉从舱内钉入，钉向有上也有下，不过没有遗漏钉钉，钉距也正常，未见使用枣核钉。

（2）龙骨的连接

大船龙骨需接长，接头位置多设补强材，如宁波象山明代古船、蓬莱1号和2号古船；有直角搭接，如宁波宋代古船、泉州湾宋代海船（泉州古船还有凹凸定位榫）；钩子同口连接，如新安郡元代海船；钩子同口加定位凹凸榫连接，如蓬莱1号和2号古船[27]（图七、图八）。另外，船底比较尖的船，主龙骨较突出，从安装和水密性考虑，龙骨上部会做成凸台形，以便与龙骨翼板连接，如泉州湾宋代海船和新安郡元代海船。

“小白礁Ⅰ号”龙骨由三段木组成。有主龙骨、首龙骨和尾龙骨。主龙骨完整，

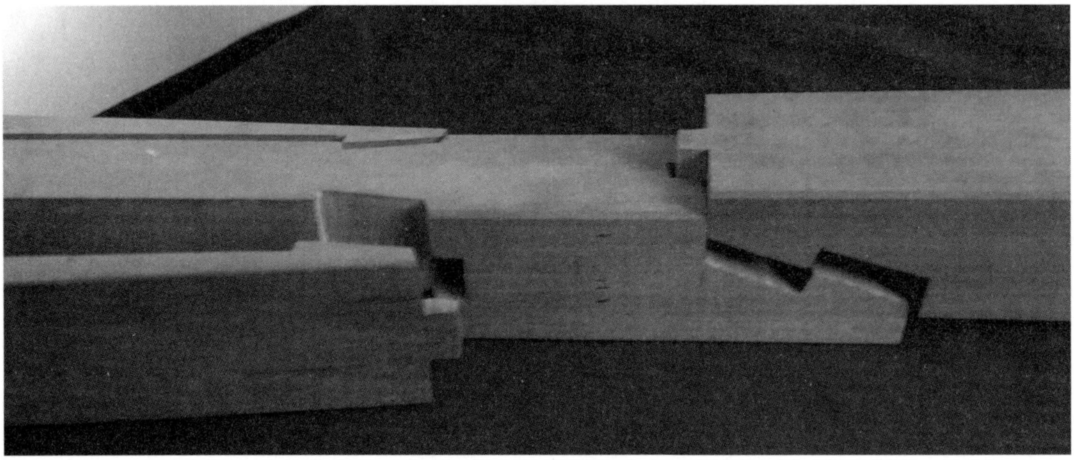

图七　蓬莱 I 号古船主龙骨与首柱、龙骨翼板的连接

长14.25米，宽450毫米，厚140 ~ 155毫米，首厚尾薄逐渐过度；首龙骨残长 1.06 米，宽400毫米，厚118毫米；尾龙骨残长 6米，宽约420毫米，厚155毫米。

“小白礁 I 号”主龙骨与首龙骨（实为首柱）为直角启口搭接，主龙骨在下，首龙骨在上，在搭接处用多枚船钉按四方上下钉固，未见补强材、铁箍、蘑菇钉；主龙骨与尾龙骨采用带凹凸榫槽的搭接，主龙骨在上，有方形凸榫，尾龙骨在下，有凹槽榫，连接时用三根方形大榫从上方楔入，方形大木榫下小上大，在楔入连接部位也加有较大的铁钉，未见铁包箍（图九 ~ 图一一）。这样的结构工艺在中国已出土的古船中还是首次发现。

唐宋时中国的造船技术已经成熟，到了元明时期，中国古船的木构技术和工艺已经很先进。清道光年间的“小白礁 I 号”出现的上述比较落后的结构工艺，应该不会被当时的中国造船师所采用。

（3）桅座结构

海船航行主要靠风力，帆大桅重，故中国古船在桅杆下端有两个桅夹，桅夹下端有方形凸榫，船内底有一横向大木即桅座，桅座上开两个方形榫槽，与桅夹的凸榫相配。桅座固定于船底板和舱壁板之间，桅夹固定于舱壁板，并有桅面梁限位，使重力均布。

“小白礁 I 号”的桅座是架在两道肋骨之上，桅座上开的两个槽槽形特殊（中国古船基本是在桅座上挖方榫槽），且在每个槽内有两根圆形小木桩孔槽（彩版二六，2），当是做定位榫之用，桅座坐落在肋骨上，有两个桅夹，显然是可倒桅。海船最怕遭遇暴风折桅，中国至少在唐代已经使用可倒桅技术，在桅杆折断后可更换新桅杆。

（4）肋骨框架与舱壁关系

众所周知，中国古船舱壁本身就是能满足横向强度的大构件，在材料、厚度不是相差悬殊的情况下，空心的肋骨框架的横向强度比不上实心的横舱壁，这也是古代中国可以造大型船舶的原因之一。

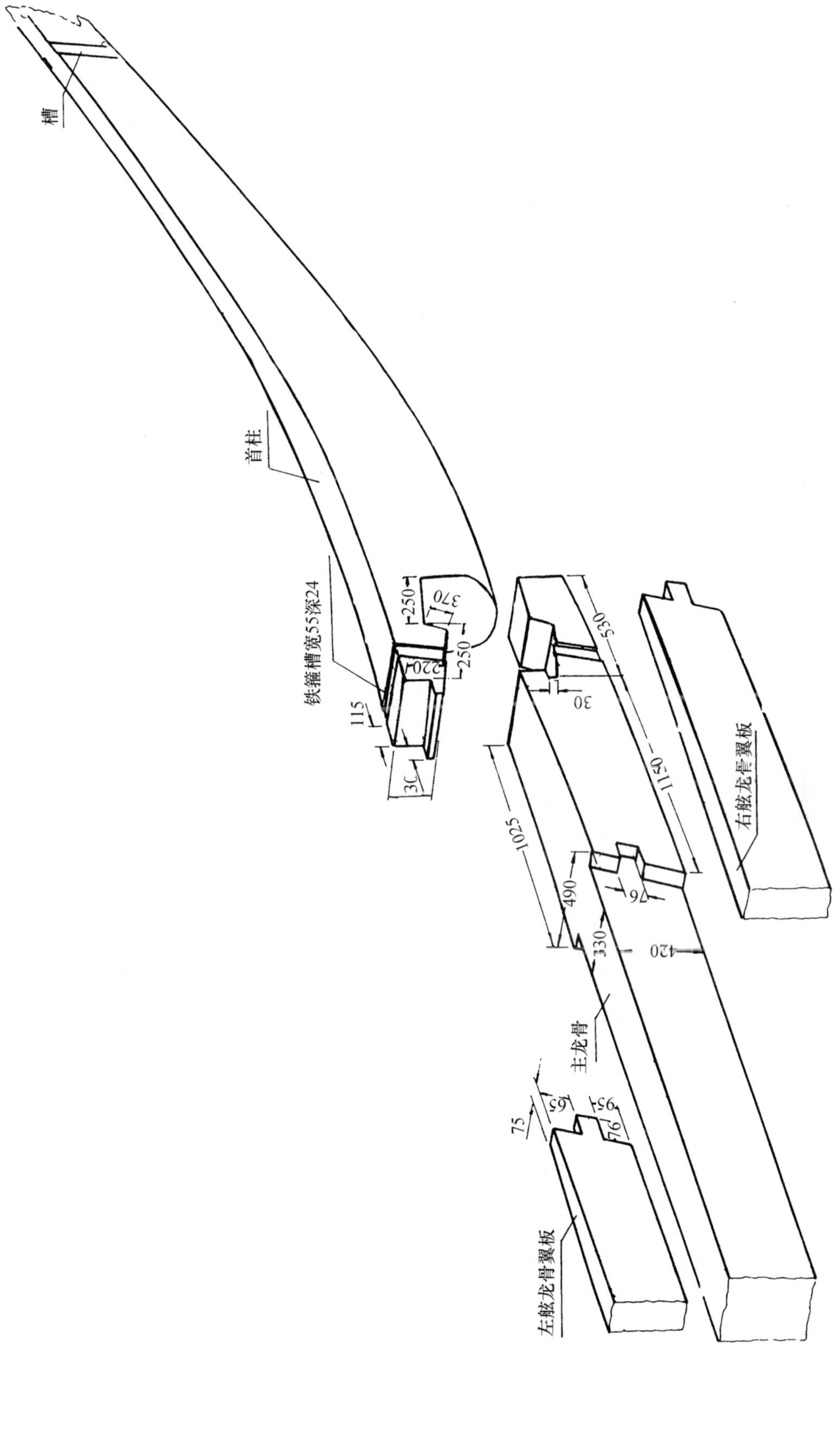

图八　蓬莱2号古船主龙骨与首柱、龙骨翼板的连接（单位：毫米）

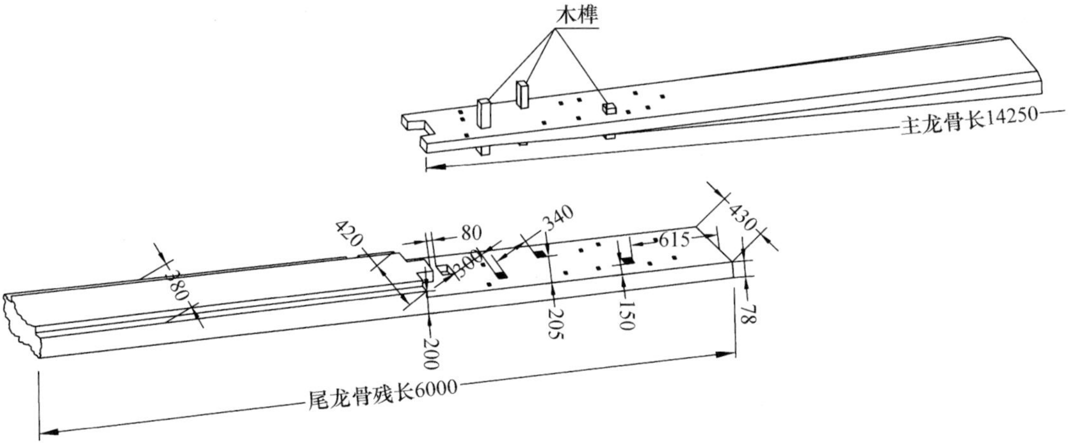

图九　“小白礁Ⅰ号”主龙骨与尾龙骨的连接图示（单位：毫米）

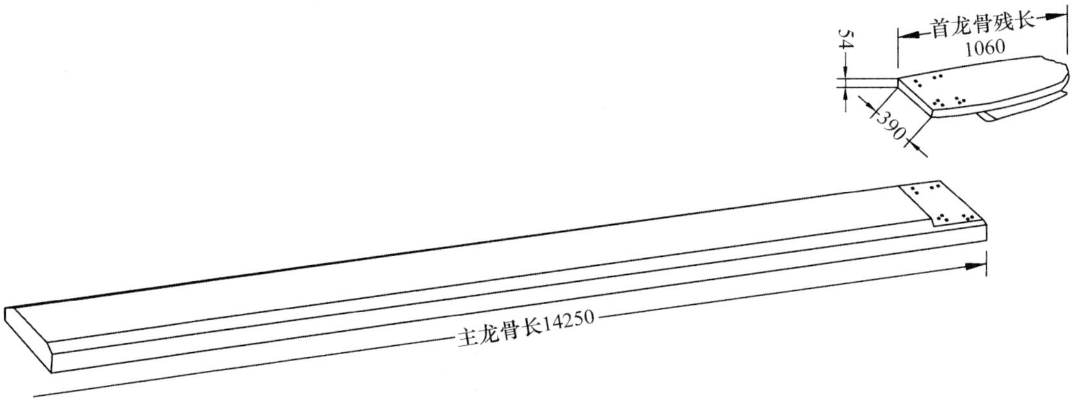

图一〇　“小白礁Ⅰ号”主龙骨与首龙骨连接图示（单位：毫米）

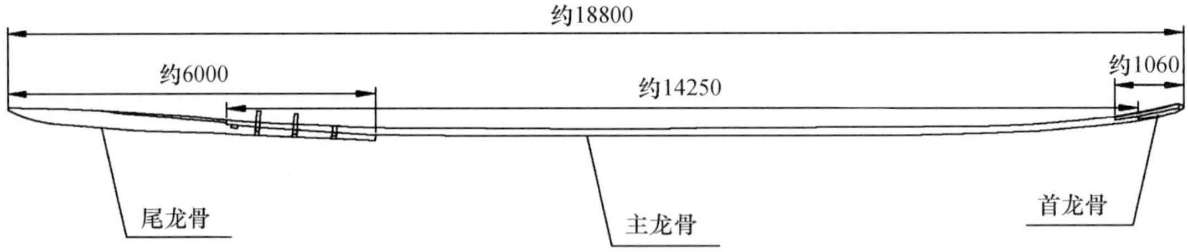

图一一　“小白礁Ⅰ号”主龙骨与首龙骨尾龙骨连接总图（单位：毫米）

“小白礁Ⅰ号”舱壁板虽然也是好材料，但板厚似乎偏薄，三处舱壁设在两肋骨之间，且肋骨间距变化不大。如果舱壁板厚度合理选取，该处完全没有必要设肋骨。合理的解释是：该古船建造地虽然引进了中国发明的水密隔舱技术，但对舱壁对船舶横向强度的重要作用缺乏足够的认识，仍然以肋骨框架做横向支撑为主，并设置了抵住舱壁的加强板（板上有两个斜槽，可能为打木楔或加固舱壁设扶强材之用），还用撑樌顶住加强板（顶樌两旁是木铺板）（图一二）。据此分析，“小白礁Ⅰ号”的舱壁对船的横向强度有利，但当时主要目的是为了分隔舱室，该古船当属引进中国水密隔舱技术的初始阶段。

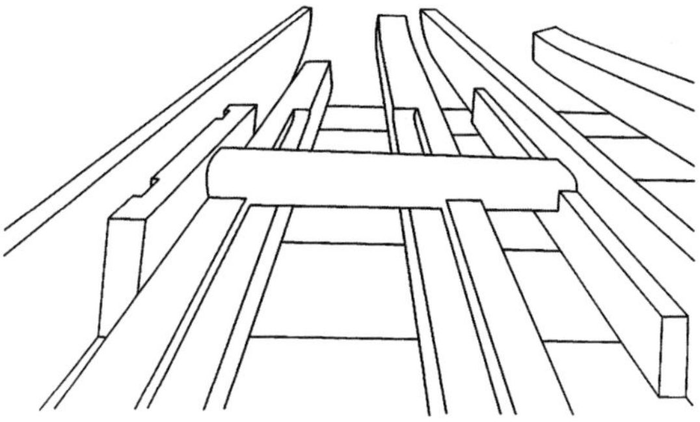

图一二 “小白礁Ⅰ号”船首部局部结构

（5）肋骨结构及肋骨与外板的连接

据出土古船统计，中国古船的板材当采用搭接时，其搭接长度大多超过板宽的三倍，而且需加钉钉固；如果偏短，还要加铁箍。现行木船建造规范对搭接长度要求更高，如果采用平面对接，在接头处的一面或双面需加补强板，补强板的厚度、长度、钉子的粗细与多少都有严格要求。这些结构要求，可见于造船实践中总结形成的中国木船建造规范。

“小白礁Ⅰ号”的船底部与舷侧的肋骨之间的连接方式有：齐头对接、短的斜面对接和短的上下搭接，有的在搭接处侧面加很短的补强板，有的未加，仅靠外板加强，即使是搭接，搭接长度也很短（图一三），这就造成了强度的薄弱环节，“小白礁Ⅰ号”船体在主肋骨与舷侧肋骨连接处全部断裂，恰恰说明了这一点。船底部肋骨与龙骨基本是用两枚大船钉从上向下钉入，而肋骨与外板是从外侧钉入4～6个船钉不等。值得一提的是，在外板、龙骨上位于肋骨位置，有一些部位残留有定位的小木榫桩，多呈圆棒形，少数为方形（彩版二六，3）；应是先定位，再钉铁钉，这样的工艺极其罕见。

（6）防水层与双重板

“小白礁Ⅰ号”靠近龙骨的几列外板外面包了一层薄板。该船外板的内层板厚48～52毫米，外层板厚15～17毫米，最厚的外层板厚20毫米（数量不多），内层板与龙骨用大钉从上向下钉入。内层板与肋骨是从外侧钉入。外层板与内层板用船钉从外侧钉入，但外层板的钉距稀疏，间距在300毫米左右，钉距不等。外层板的纵向边接缝与内层板的纵向边接缝略有错开，外层板的端接缝为平面同口，外层板较长。

“小白礁Ⅰ号”在外层板与内层板之间夹一道防水层，层厚3～7毫米。初步观察，防水层用的是某种树木叶或植物皮纤维（应不是干竹叶，也不是棕榈树叶或皮，有可能为剑麻叶，但尚待鉴定）；防水纤维上涂抹一种带黏性较透明的略呈红色的材料（可能是某种树汁）（彩版二六，4）。这种防水层在出土（出水）古船中也是首次发现。

中国使用舱料和捻缝技术历史悠久，工艺纯熟，不用防水层就能达到水密性。据记载，早在北宋出使高丽的客舟就有使用重板结构，其后明清文献也都有使用重板结构的记载。天津静海元蒙口出土的宋代内河船有二重板结构；泉州湾出土的宋代海船龙骨翼板为二重板，其他外板为三重板（彩版二七，1）；西沙“华光礁Ⅰ号”南宋沉船是多重板；韩国新安郡出土的中国元代商船首封板是二重板。这些中国古船都是靠

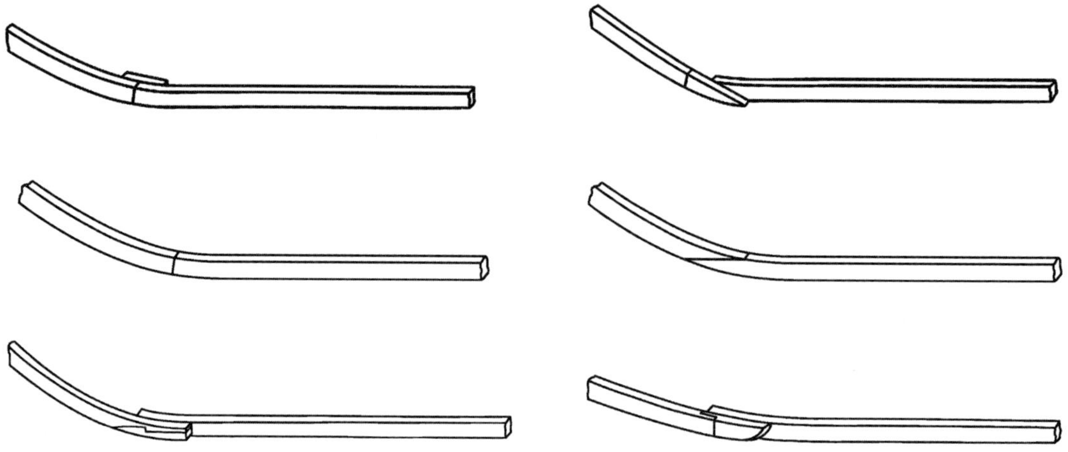

图一三　“小白礁Ⅰ号”船底部肋骨与舷侧肋骨连接部位几种结构形式

精湛的捻缝技术，未见填塞纤维类防水材料。“小白礁Ⅰ号”属双重板结构，对外板强度有利，但作用不大，从船壳的外层板厚度看，主要目的应是保护防水层，这点不是中国的传统造船工艺。

2. 从造船用材分析“小白礁Ⅰ号”建造地

（1）中国古船建造用材

中国古船建造用材品种繁多。根据周去非《岭外代答》、宋应星《天工开物》、沈岱《南船记》、郑若曾《筹海图编》、李昭祥《龙江船厂志》、茅元仪《武备志》、王鸣鹤《登坛必究》、何汝宾《兵录》、俞大猷《洗海近事》、侯继高《两浙兵制 · 造修福船略说》、惠麓酒民《洴澼百金方》、明《漕船志》和清《闽省水师各标镇协营战哨船只图说》等文献记载，中国造船用材有杉、松、楠、樟、榆、槐、柏、楸、稠木、铁力木、乌婪木、檀木等多种。

目前已出土（水）古船所用木材初步统计如下：

江苏如皋出土的唐船，舱面为松木，桅杆为杉木。

宁波出土的宋代海船，龙骨为松木，首柱为杉木，抱梁肋骨、首柱为樟木，舱壁板为锥属木，外板为杉木，桅座是楠木。

泉州湾出土的宋代海船，主龙骨、尾龙骨为松木，首柱、抱梁肋骨、桅座为樟木，外板为柳杉，隔舱板多用杉，少数用樟、松。

上海嘉定封浜出土的宋船，船体为杉木，桅杆、川口为桑木。

天津静海元蒙口出土的宋船，舷板为楸木、楠木、槐木，横梁为槐木。

河北磁县出土的元船，船板为杉木。

山东菏泽出土的元船，外板杉木，舱壁硬木。

蓬莱出土的元末明初古战船（1号船），主龙骨为松木，尾龙骨、首柱为樟木，舱壁板为锥属木，桅座为楠木，外板为杉木；明代古船（2号古船）,首柱、补强材为榆木，主龙骨、龙骨翼板为松木，桅座为锥属木，抱梁肋骨为樟木、锥属木，外板为松、杉、榆木。

宁波象山出土的明代海船，龙骨、船壳板为杉木，桅座为樟木。

山东梁山县出土的明初古船，船体为松木。

（2）国内外有关木材产地

中国造船木材产地：松木，产于中国各地；杉木，产于长江中上游及以南各地；楠木，产于四川、云南、贵州、湖南等地，另有滇楠、紫楠、山南；樟木，产于长江流域及以南地区；槐木，分布于我国各地，北方为多；榆木，产于长江流域至东北、内蒙古、新疆等平原地区；柏木，产于长江流域及以南地区；柳杉，产于长江以南地区；杨木，产于北方；桧木，以黄河、长江流域为中心分布；格木，产于浙江、福建、台湾、广东、广西；柚木，产于台湾、广东南部、云南南部；榔榆，产于黄河流域及以南各地；楸木，产于黄河、长江流域；榉木，产于淮河以南地区；檫木，产于长江流域及以南地区；乌婁木，产于广西钦州；乌木，产于广东；铁力木，产于云南、广西，明代后期接近枯竭，从南洋进口；紫檀木，又名青龙木，中国海南岛、云南思茅仅有栽培，但树小难堪材用，且产量少。

其他一些国家造船用材。雅固布·尤斯夫·哈基在《科威特造船史》中写道：“阿拉伯半岛几乎没有造船业可以依赖的木材。”[28]科威特造船用的木材基本是从印度进口，有麻栗木、柚木、月桂木、菠萝蜜木、菲尼木、琼崖海棠木、巴凯木等。而埃及刺木、芒果木、酸枣木则来自于阿曼，迈特木来自于索马里。亚丁（古阿丹国）产紫檀木（见明巩珍《西洋番国志》）；印度产小叶紫檀；泰国、印度、印尼、缅甸产铁力木；柚木产于泰国和缅甸；山樟木产于马来半岛；印尼、马来半岛产乌木；巴劳、梢木产于马来半岛、印尼，现在我国还在从马来西亚进口巴劳、梢木等用于建造木船。

（3）“小白礁Ⅰ号”建造地分析

根据初步的木材鉴定结果，“小白礁Ⅰ号”造船用材如下：

龙骨：石梓。

龙骨翼板：佩龙木。

船底板：俯重（硬）坡垒、深红娑罗双、龙脑香、芳香（软）坡垒、芳味冰片香，

隔舱板：芳香（软）坡垒（桅面梁）、龙脑香。

桅座：芳香（软）坡垒。

垫板：芳香（软）坡垒。

立柱：铁线子。

上述木材基本产自于东南亚。东南亚盛产好木材，且品种多样，价格便宜。据此，“小白礁Ⅰ号”很有可能在东南亚某地建造。

三、关于“小白礁Ⅰ号”的性质

“小白礁Ⅰ号”舱内发现了大量较为规整、扁薄的长方体石板材和品相精美的青花瓷器等，应为商品。石板产自于宁波地区，青花瓷器多为景德镇产。船上还出土了日本铜钱“宽永通宝”、越南铜钱“景兴通宝”、西班牙银币和清乾隆、嘉庆、道光年间的铜钱。多币种的发现，说明是进行国际贸易。

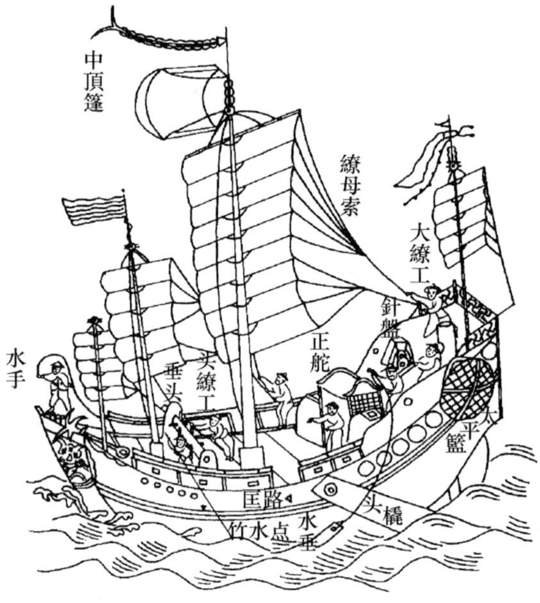

图一四　清《浙江海运全案》沙船航行图中所绘测深锤

“小白礁Ⅰ号”沉船还出水了一件铅锤，上有穿绳孔（彩版二七，2），其外形与清代《浙江海运全案》沙船航行图中所绘的测深锤相似（图一四）。

早在北宋，中国的远洋船已经用铅锤系绳探测水深了。北宋徐兢《宣和奉使高丽图经》云：“海水不畏深，惟惧浅阁，以舟底不平，若潮落，则倾覆不可救，故常以绳垂铅锤以试之。”“故舟人每以过沙尾为难，当数用铅锤，时其深浅，不可不谨也。”

使用铅锤测水深，明、清文献也有记载。铅锤连绳一起称“托”（北方念音“tao”），成年人两臂张开的长度定为“一托”。明人张燮《东西洋考》：“方言谓长如两手分开者为一托。”清代《江苏海运全案》：“其长短以讬计，几五尺为一讬”“锤上包以布，抹以蜡，泽以脂膏，俾水底沙泥缘锤而起，验其色以辨海运世界，计绳之长短，知水之深浅。”又清代《海国闻见录》：“用绳驼探水，深浅若干，驼底带蜡油，以粘探沙泥。”即在绳上每间隔一托系一布条，将铅锤丢入水中，沉底后拉上来，计布条数即知水深，再查看铅垂粘接泥沙情况探知海底底质，就可知此处能否抛锚了，此法简单实用。

行船不怕水深，就怕水浅，远洋海船一般备有测深锤。航船一般熟悉近海水域，无需测深锤探测水深；远洋水域的深浅常不可知，故需配备测深锤，而且应有大小不一数只。“小白礁Ⅰ号”出水的铅锤位于船体尾部，器形较小，是目前发现的首例清代测深锤实物。测深锤的发现，也说明了“小白礁Ⅰ号”是一艘远洋航行的货船。

四、关于“小白礁Ⅰ号”的船东

“小白礁Ⅰ号”出水了一支毛笔和一件砚台底座，这表明应有账房随船用毛笔蘸墨书写账目。还出水一方印章，阳刻“源合盛记”（彩版二七，3），“记”多用于商号，“源合盛”有可能是贸易商行的名号，说明船东身份可能是某个商号的老板。清代从事运输的个体贸易商行大多联合起来成立行业协会，称为“会馆”，如宁波的庆安会馆、聊城的山陕会馆等。随船还出水有一把小巧精致的紫砂壶（彩版二七，4），说明船东有品茶习惯。中国的茶文化历史悠久，但是南方和北方喝茶方式及茶具有别。北方喝茶用大瓷壶，壶多是铜提梁，喝时用大茶杯或大碗，以解渴、避暑、提神为主；南方“品茶”多用小紫砂壶与小茶盅。

“小白礁Ⅰ号”尾龙骨接头处遗留的文物反映了中国古代造船习俗，方槽内有意放置的金属钱币等，不光厦门有此习俗，浙江也有。

综上所述，“小白礁Ⅰ号”船东可能是江浙一带的老板。船上所载的大量石板材为宁波一带特产，因此宁波可能为始发港。

五、关于中国古代造船技术向东南亚传播的时间与途径

在各个历史时期都有中国人移居东南亚，与当地人的长期融合，成为有华人血统的后代。考古发现早期的有段石锛、边驾艇即是从中国大陆传到东南亚的。

郑和下西洋后，明朝廷将贸易的重点转移到日本和东南亚一带。频繁的贸易活动也必然带来文化和技术的交流融合。中国造船技术大量向东南亚传播，更多的应该是明清时期。

明末清初，活跃于海上的商船队以郑芝龙和郑成功的规模为最，郑芝龙后来降清，郑成功坚持反清复明，活跃于东南沿海。清廷极力封锁造船材料，郑成功就从东南亚进口，进一步扩大了与东南亚的国际贸易。由于中国古船的建造、操驾技术的先进性与性能优越性，有些东南亚国家就请中国的造船师造船，甚至船长、船员都雇请中国人。在日本长崎松浦史料博物馆珍存有日本人画的“唐船图”，其中“暹罗船”“广南船”“咬留吧船”[29]是泰国、越南、印尼的船，这些船舶显然是雇请了中国的造船师建造。中国船舶航海性能的优越性、木构技术的先进性和特殊的建造工艺，必然引起当地国家造船师的注意并进行学习。然而，学习总有一个吸收、消化到掌握的过程，同时往往还会带有当地一些习惯的烙印。

“小白礁Ⅰ号”沉没于清代道光年间，其舱壁、舱料、铁钉的使用等特点，说明它是中国古代船舶技术向国外的传播产物；而横舱壁与肋骨结构的交互使用，又是中外船舶技术融合的实证，也是古代“海上丝绸之路”的见证。

注　　释

[1] （明）李昭祥：《龙江船厂志》，江苏古籍出版社，1999年，第33页。
[2] （唐）欧阳询：《艺文类聚》，上海古籍出版社，1982年，第1234页。
[3] 席龙飞：《中国造船史》，湖北教育出版社，2000年，第117页。
[4] 南京博物院：《如皋发现的唐代木船文物》，《文物》1974年第5期。
[5] 福建省泉州海外交通史博物馆：《泉州湾宋代海船发掘与研究》，海洋出版社，1987年，第17页。
[6] 林士民：《宁波造船史》，浙江大学出版社，2012年，第103、107页。
[7] 山东省文物考古研究所、烟台市博物馆、蓬莱市文物局：《蓬莱古船》，文物出版社，2006年，图版二。
[8] 宁波市文物考古研究所、象山县文管会：《浙江象山县明代海船的清理》，《考古》1998年第3期。
[9] （北宋）徐兢：《宣和奉使高丽图经》卷三十四，中华书局，1985年，第116页。
[10] （明）宋应星：《天工开物》，江苏广陵古籍刻印社，1997年，第268页。
[11] 顿贺：《中国古代船舶技术两项重大发明——尾舵与水密舱》，《郑和与海洋文化研究》2012年第7期，第120～126页
[12] 山东省文物考古研究所、烟台市博物馆、蓬莱市文物局：《蓬莱古船》，文物出版社，2006年，彩版一三。
[13] 韩国国立海洋遗物博物馆：National Maritime Museum，2005年，第30、124、138页。
[14] 〔日〕石井谦治：《图说和船史话》，东京至诚堂出版，昭和58年（1985年），第290、271、158页。
[15] 〔科威特〕雅固布 · 尤斯夫 · 哈基著，李光斌译：《科威特造船史》，国际文化出版社，2009年，第49、75、77、79页。
[16] 杨檁：《帆船史》，上海交通大学出版社，2005年，第130、148页。
[17] 安阳市文物考古研究所、滑县文物保护管理所：《河南滑县宋代古船的发掘》，《文物》2013年第3期。
[18] 辛元欧：《中国近代船舶工业史》，上海古籍出版社，1999年，第129、139页。
[19] 〔英〕李约瑟：《中国科学技术史》第四卷《物理学及相关技术》第三分册《土木工程与航海技术》，科学出版社、上海古籍出版社，2008年，第467、719页。
[20] （明）李昭祥：《龙江船厂志》，江苏古籍出版社，1999年，第129页。
[21] （明）宋应星：《天工开物》，江苏广陵古籍刻印社，1997年，第268页。
[22] （明）巩珍：《西洋番国志》，中华书局，2000年，第23、33页。
[23] 陈希育：《中国帆船与海外贸易》，厦门大学出版社，1991年，第11、20页。
[24] 王志毅：《战国游艇遗迹》，《文物》1979年第1期。
[25] （明）巩珍：《西洋番国志》，中华书局，2000年，第33页。

[26] 陈希育：《中国帆船与海外贸易》，厦门大学出版社，1991年，第11页。
[27] 顿贺、王茂盛、袁晓春、罗世恒：《蓬莱古船的结构及建造工艺特点》，《武汉造船》1994年第1期。顿贺、席龙飞、龚昌奇、蔡薇：《蓬莱二号古船结构特征及其复原研究》，《蓬莱古船》，文物出版社，2006年，第94～96页。
[28] 〔科威特〕雅固布·尤斯夫·哈基著，李光斌译：《科威特造船史》，国际文化出版社，2009年，第48页。
[29] 〔日〕大庭修：《〈唐船图〉考证》，载《〈唐船图〉考证·中国船·中国木帆船》，海洋出版社，2013年，第59、63～64页。

下　　篇

“小白礁Ⅰ号”沉船与中国古船复原技术

袁晓春

（蓬莱登州博物馆）

摘要：“小白礁Ⅰ号”沉船是中国水下考古的最新成果，与其有关的中国古船复原技术引起人们的高度关注。中国是世界古船的发现大国，迄今已发现古船100余艘，位居世界前列。中国古代造船与复原工艺是中华民族的优秀海洋文化遗产，但随着铁壳船的普遍使用，古代造船与复原工艺行将退出历史舞台，学术界尚未见专文探讨。本文从中国古船的测绘、拆分、编号、搬运等方面着手，对古船的龙骨、底板、舱壁、桅座、肋骨、外板、甲板等复原工艺，复原中使用铁钉、铁锔加固，艌料密封、桐油封护船体等技术，需要添加船材问题以及中国古船舱壁结构的演变等进行探究，旨在开展“小白礁Ⅰ号”沉船与中国古代造船与复原工艺的研究和传承。

关键词：古船　复原　工艺　传承

2014年10月，位于宁波市北仑区春晓滨海新城的国家水下文化遗产保护宁波基地暨宁波中国港口博物馆正式开放。中国水下考古的最新成果之一——宁波象山渔山“小白礁Ⅰ号”清代沉船，在宁波基地的“水下考古在中国”专题陈列中与中外观众见面，与其有关的中国古船复原技术也引起人们的高度关注。

中国濒临浩瀚辽阔的太平洋，拥有18000千米曲折漫长的海岸线，使得华夏先民很早就从事渔业生产，世纪初发现的8000年前萧山独木舟，表明中国是世界上历史最悠久的造船与航海古国之一。迄今中国已发现100余艘古船，堪称世界古船发现大国。四十多年来，中国相继建成了福建“泉州海外交通史博物馆”、山东“蓬莱古船博物馆”、广东阳江“广东海上丝绸之路博物馆”、浙江“宁波中国港口博物馆”等一批专题性古代沉船博物馆[1]，其中展示有各地发现的著名古船。以中国古船为代表的中华海洋文化“名片”，在国际学术界的影响日渐显现。随着浙江宁波“小白礁Ⅰ号”、海南西沙“华光礁Ⅰ号”等古代沉船陆续出水展示，中国古船复原工艺日显重要。

中国古船复原工艺主要有两种：第一种是将发现的古代沉船船体分拆，在博物馆展厅内再组装复原，例如泉州南宋沉船、蓬莱4艘中国朝鲜古船、宁波“小白礁Ⅰ号”清代沉船等；第二种是将古代沉船整体打捞出水，移至博物馆，采用亚克力支架等硬质材料，支撑船体进行展示，例如阳江“南海Ⅰ号”南宋沉船等。

中国古船复原工艺与造船工艺相同，在各地的造船行业中，造船工艺多是行业内的口传心授，作为行业技术代代延续，父子相传，师徒相授，秘不示人，很少以文字材料传世。历史上曾出现古代先进造船工艺失传现象，如福船多层复合外板造船技术，从泉州古船的3层外板到西沙“华光礁Ⅰ号”古船的5层外板，其复合外板工艺独特，连接技术复杂，堪称中国古代造船的奇特技艺，但是当代福船造船工匠却从未延续使用该技术。随着中国造船工业现代化进程的推进和铁壳船的普遍使用，传统木船造船技术逐渐凋零，若干年后中国木船的造船、复原工艺恐将退出历史舞台。目前学术界尚未见古船复原工艺的论文进行探讨，因此借“小白礁Ⅰ号”沉船出水、展示、保护、修复之际，撰文抛砖引玉，希望有更多专家参与中国古代木质造船、复原工艺的研究，使之具有上千年传统的中国古代造船和复原工艺得以传承保存。

一、古船复原前的测绘

古船复原前的测绘工作十分重要，直接关系到“小白礁Ⅰ号”沉船复原能否顺利进行。

大部分中国古代沉船发现时，甲板以上部分没有保存，古代沉船的测绘工作主要针对沉船船壳及各个舱壁展开，文物考古工作者绘制的测绘图有：古船总平面图、舱壁（每个舱室）横剖面图、古船纵剖面图等，依据古船测绘图可进行古船复原工作。如能邀请到造船工作者测绘古船型线图，则古船复原就会更加准确。

古船复原方法与思路：四十多年来，泉州古船、蓬莱古船等多地古船复原的成功经验证明，古船复原与研究工作是多学科参与共同完成的系统工程，非文物单位一个系统的技术力量能够自己解决。负责古船发掘、保护、展示与研究职责的文物单位，如采取泉州文物部门将古船资料、图纸向全国各科研单位提供，邀请各学科的重要人员一起研究的方法，相对容易取得经过时间考验、令人信服的古船研究成果；否则，像有的文物部门自己不能研究，古船资料又对外保密，封闭起来，则必然使古船复原与研究工作裹足不前，进展缓慢，最终影响到古船复原工程的开展和完成。

国内古船测绘与复原研究专业技术力量主要有：武汉理工大学造船史研究中心席龙飞、顿贺、蔡薇、龚昌奇等教授；广州何国卫、金行德高级工程师；宁波林士民研究员；武汉何志标教授；蓬莱袁晓春副研究员等人。其中，武汉理工大学造船史研究中心席龙飞教授团队是目前国内最强的古船复原研究队伍，其先后承担了蓬莱4艘中国朝鲜古船、梁山明朝古船、淮北柳孜唐朝古船、菏泽元朝古船、洛阳洛河古船及宁波市区和义路南宋古船、象山“小白礁Ⅰ号”清代沉船、慈溪潮塘江元代沉船等重要古船的测绘与研究工作。

国内古船安装复原的制作厂家与技术人员主要有：宁波宝德中国古船研究所尤飞君、尤泽峰（曾承担建造过“江山号”仿古木船等）；常熟湖海古船制造厂韦文禧；

舟山岑氏木船作坊岑国和；蓬莱马格庄船厂谢心达、崔成涵，长岛船厂刘延安、庞贤乐；温岭陈氏仿古船作坊陈祥荣；象山杨雪峰、陈霖；上海张玉琪；厦门杨育锥等。

案例1：前后20多年历经2次发掘的蓬莱4艘中国朝鲜古船，复原工作选择由同一厂家承担。2005年，登州港发掘3艘中国朝鲜古船时，事先考虑到复原工作，安排马格庄船厂谢心达等船厂技术力量参与古船船体测绘与分拆工作。在7年后的2012年，还由这家船厂技术队伍复原3艘中国朝鲜古船。此外，1990年蓬莱元朝古船的复原工作，也是由这家船厂承担施工。在古船测绘、船体分拆以及复原前，考虑好安排古船复原整个工作流程，而采用一家船厂的技术力量承担施工，可以使古船复原施工的技术人员事前了解古船复原工作的全部工序，使古船复原工作顺畅，不易出现技术问题。

二、古船船体的分拆

四十多年来中国古船发掘、保护、复原、展示工作的经验证明，绝大部分古代沉船都会选择发掘后船体分拆，古船船材经过脱盐、脱水、加固等保护后，再复原展示的方式。像“南海Ⅰ号”沉船那样整体打捞后饱水展示的方式，受发掘费用、保护、展示等诸多因素影响，恐将成为国内古船复原的绝唱。

古船船体的分拆有分拆顺序、标记、编号、搬运等关键步骤，举出案例2来强调编号、标记的重要作用。

分拆顺序：从迄今发现的中国古船打捞出水或出土情况看，比较成熟的经验是将古船船体拆开，船材经过脱水、加固、保护处理后，再进行组装复原。分拆的顺序步骤：第一步船舱构件（舱壁板、肋骨、桅座）；第二步古船外板；第三步古船底板；第四步古船龙骨。分拆步骤为先舱内，后船壳板。船壳板分拆是自上而下，最后拆至龙骨。

具体的古船船体分拆实际操作，先用凿子将船板间的舱料剔除，再用凿子将船板间连接铁钉凿开，后用凿子、撬棍将船板与船体撬开，使得拆除的船板与船体分离，再将拆开后的船板搬走。

标记：从蓬莱4艘中国朝鲜古船所做标记来看，先后采用了三种标记：第一种墨书。即用黑墨将每块船材的位置编号，书写在船材侧面。蓬莱1984年发现元朝沉船，1990年复原组装。2005年发现3艘明朝、高丽（朝鲜）沉船，2012年复原组装。前后两次古船脱水保护工程，均历经七年以上，其船材上的墨书题记依然清晰，说明黑墨题记简单，耐久性好。第二种油漆。在古船的左右舷船材外侧，选择使用不同颜色的油漆标记，实用性很强。第三种标牌。在复原古船现场，总有不少1米左右的小件船材标记不清，无法安装。因此需要标牌标记，以重点解决小件船材复原问题。但古船发掘与复原的实践证明，在船材上钉或捆绑标牌的方式，经历多年后容易脱落，很不实用。

编号：古船船材编号以龙骨为中心，首柱、龙骨、尾龙骨编为龙1、龙2、龙3；底板与外板以龙骨居中，开始编为左1、左2、左3……右1、右2、右3……；同一列板（一般为前后两个接头，3块船材）编为左1-1，左1-2，左1-3；隔舱从前向后编号：舱1、舱2、舱3……，舱壁板从下向上编号。采用这样的顺序编号，有利于后期古船复原的进行。

搬运：将含水量达300%～400%的古船船材运出发掘现场，搬至保护处理场所，搬运工作是个重要环节。因饱水船材弹性较差，搬运中需要关注两类船材：第一类是过长船材，如龙骨、底板、外板在十几米以上的船材，必须考虑到搬运中露在车辆外边船材的上下颤动，易造成船材颤裂；第二类是材质腐朽的船材，应采用木板将腐朽船材上下托住，用绳子捆扎好后，再将其搬离。饱水船材各种性能较差，应选择好保护处理场所，减少搬运次数来防止对船材的损害。某地复原的古船船材，先后经历了四次搬运，分别是第一次从发掘现场搬运到保护场所；第二次是从小保护室搬迁到大保护室；第三次是保护室拆迁，又搬运到另外保护室；第四次是从保护室搬回博物馆展厅，进行复原拼装。像这样脱水保护期内频繁的搬动，对古船船材保护和复原拼装是极为不利的。

案例2：蓬莱4号古船复原出错。2005年蓬莱4号古船（高丽2号古船）出土后仅存四块底板，即龙骨、龙骨翼板、外板，船体分拆时出现了船板断裂。该船船材因标识和题记不清，2012年复原组装后，韩国专家观看时提出该船复原组装错误。经发掘现场照片与该船现场比较，现在蓬莱古船博物馆展厅展出的蓬莱4号古船船板确实与发掘时的照片不符。分析出错原因，是将船材的前后、左右顺序搞混了，可见标识、编号在古代沉船复原中的重要作用。

三、古船复原工艺

古船复原工艺是将古船分拆的构件，主要有龙骨、底板、舱壁板、肋骨、桅座、外板、甲板等重新复原组装的造船技艺。

古船复原工艺与造船工艺相同，古船复原后在博物馆展厅原地保存展示。古船复原工艺允许多样性工艺存在，如古船艌料北方用石灰，福建等地用牡蛎壳灰。本文探讨的古船复原工艺，仅作为复原工艺的一种谨供参考。“小白礁Ⅰ号”沉船复原工艺当会有所不同。

1. 搭建木质墩台

选择在博物馆展厅平地搭建木质墩台，墩台自前向后以1米多到2米多间隔横向排开。木墩为方木，宽30～50厘米，厚20多厘米，自下向上垒起。木墩台最低高度以船工能够钻进施工为宜，木墩台随船底板、外板上沿施工而升高，木墩台与船板间塞以木楔，木楔的作用是填塞墩台与船板间的缝隙。墩台的宽度与复原的古代沉船船宽相同。

2. 铺设龙骨

古船复原第一个步骤是在水平墩台上安放龙骨，其后分别连接首龙骨（首柱）、尾龙骨（尾柱）。

3. 安装龙骨翼板或船底板

在龙骨铺设好后，在其左右分别安设组装龙骨翼板或船底板，连接方式有螺栓紧固以及穿心钉加固，辅以铲钉，要特别注意规避新钉的防锈问题。

4. 安放舱壁板、肋骨

在龙骨、龙骨翼板、船底板具备一定宽度后，按照各个舱室的位置，开始铺设下层舱壁板和安设肋骨，用钉子将舱壁板、肋骨与龙骨、龙骨翼板、船底板钉固连为一体。

5. 安放桅座

在船底板具备一定宽度后，来安放前桅座、中桅座等桅座，用钉子将桅座与船底板钉固连为一体。

6. 同步安装底板、外板与舱壁板

在底板、外板安装好的同时，安设舱壁板和肋骨。在底板和船壳板具备一定高度后，再安装相同高度的舱壁板，一层层由外及内逐渐加高。

7. 安装甲板

等到外板与舱壁板安装到位后，铺设纵向木梁，最后安装甲板。

另一种古船复原工艺：将古船龙骨铺好后，安装底板，在龙骨、底板上安放舱壁，再将外板与舱壁钉固，舱壁安装在先，外板安装随后。舱壁与外板达到设计高度后，最后安装纵梁与甲板。

曲线船材加工工艺：船工为加工成曲线船材，将船材放入特制大锅中蒸、煮，或者直接火烤，使船材变软，以便加工成曲线船材。因火烤损害船材，这种工艺后来较少使用。

四、古船复原使用艌料密封

古船复原时必须使用中国传统的特制密封填料——艌料，用来保证古船的水密性能。艌料由桐油、麻丝、石灰调制而成。桐油为中国特产，易起氧化、聚合反应，形成的油膜坚韧耐水；石灰本身有很强的黏结性；麻丝柔软耐拉。将桐油与麻丝、石灰调和在一起，促进桐油的聚合干结，生成桐油酸钙，有很好的隔水填充作用，在船材间起到良好的水密性能[2]。中国古船艌料有两种：一种为麻板，由麻丝、桐油、石灰调制而成，福建等地还有使用牡蛎壳灰、桐油、麻丝调制的麻板，主要用于填塞船板间等较大缝隙，保证船体的水密性；第二种是腻子，由桐油和石灰调制而成，主要用于密封钉孔和较小的孔隙，用腻子封堵钉眼，能有效防止铁钉生锈腐蚀。2005年蓬莱出土明朝战船舱内底板表面发现大面积使用腻子，出土时腻子仍坚固如初。

平度隋朝双体船、如皋唐朝古船、泉州宋朝古船、韩国新安古船、蓬莱3艘古船等均使用艌料，从这些发现看，艌料在隋朝造船和维修时已广泛使用。中国传统船舶习惯每年维修一次，清除船底附着的海生物后，多使用艌料填补空隙、涂刮船底进行维修、保养，以保证船材的耐久性。这种独特与成熟的艌料技术一直沿用到现在。

五、古船复原使用铁钉铁锔

古船复原工程中，船材连接多使用铁钉加固，主要有铲钉、方钉、枣核钉、趴头钉、扁头钉、蘑菇钉、穿心钉等，此外还采用螺栓紧固。

特别推荐选择不锈钢制作钢钉来连接船体，不锈钢钢钉（时间长也可生锈）虽然造价稍高，但钉进船材后不易生锈腐蚀，耐久性好。请参阅案例3考察使用。

船材钉固的通常步骤是先将沉船船材内的原有铁钉悉数拔出，再将新打制的铁钉（新钉需大一号）钉入船材，起到连接加固作用。如使用铁钉，为防止铁钉氧化生锈，需要将钉入船材的铁钉钉眼和船材间的缝隙用艌料密封。

考古发现表明，战国时期已使用铁箍连接固定船板技术，如1978年河北省平山县出土的战国木船上发现使用铁箍加固连接船体。此外，在战国时期的墓葬中曾出土铁钉，如安徽省淮南市瞿家洼出土8枚铁棺钉，湖南长沙黄土岭出土6枚铁棺钉和一些普通铁钉。铁钉既用来钉固棺材，也应该用于连接船体，但战国时期是否已出现了铁钉连接古船船体技术，尚有待于考古发现的证实。最晚在西汉时期（公元前202 ~ 公元25年），人们已使用铁钉来连接船体，1951 ~ 1952年在湖南省长沙市伍家岭西汉墓中出土一件西汉后期的木船模型，模型长1.54米，宽0.2米，是用一块整木雕刻而成，在其船舷的上沿和首尾的平板上都有整齐排列的细小圆孔，应是用以加固船身的钉孔。使用铁钉连接船体构件，可以极大地加强船体的强度，这一铁钉连接技术的使用，在中国至少已有了2200多年的历史。

中国古船除了使用铁钉连接外，还广泛使用铁锔连接技术。铁锔是用铁锻制的造船紧固件，是一种兼有螺栓和钉连接功用的连接工艺，主要使用在船体的外板之间，外板与舱壁板、肋骨，以及内部构件之间。如蓬莱元朝古船的定位锔，是在两个外板间开出锔槽，铁锔插入锔槽同时紧挂在舱壁板上，既保证了舱壁板的定位，又加强了舱壁板与外板的连接。铁锔主要有长尾锔、双嘴锔、蝌蚪锔、拐子锔等。据泉州宋朝古船铁锔文物表明，宋朝古船制造中已采用铁锔工艺，这种中国古代造船特有的挂锔连接工艺一直沿用至今。

案例3：韩国新安沉船复原采用不锈钢钉连接船体。新安元朝古船出水后，经过多年的聚乙烯乙二醇（PEG）浸泡脱水加固，船材趋向稳定。韩方在船体复原时，采用不锈钢质钢钉来连接船材，颇有创新意义。使用不锈钢船钉，能够有效避免铁钉生锈腐蚀后不起连接作用并腐蚀船材的古船保护隐患。

六、古船复原后桐油封护

中国古船复原后的船材，一定要采用桐油等材料封护船体，这是船材防腐的技术要求，否则展览中的古船船材的耐久性肯定受到影响。桐油是中国特产的油料树种（主要产地有云南、江西、四川、湖北、安徽等地）——桐油种子（含油30%～41%）所榨取的油脂。作为船舶封护传统用防腐植物油，主要为桐酸的甘油酯，淡黄色，半透明，具有黏性大、耐酸碱和渗透性强等特点，涂抹于古船船材表面，有防腐、隔水、隔潮、迅速干燥、耐高温、附着力强等效果。中国传统船舶使用桐油进行第一遍封护后，第二遍往往使用油漆进行封护。中国古船经过桐油护底髹漆装饰后，既能起到防腐和防蛀作用，又色彩缤纷，图案丰富，美名远播海外[3]。

案例4：国际上影响较大的瑞典"瓦萨号"沉船，自出水后采用高分子材料聚乙烯乙二醇（PEG）进行了多年的喷淋脱水，待船材加固稳定下来后进行复原拼装，后入馆展示。但是进入21世纪，"瓦萨号"沉船船材出现病害，船材外表开始脱落，后进行了处理。探其原因，是因为"瓦萨号"沉船未采用类似中国古船复原后桐油封护船体等封护技术，船材与PEG保护材料氧化出现了病害问题。

七、古船复原添加船材问题

在古船复原工程中，通常要遇到古船的关键部位缺损需要添加船材连接船体进行修复的情况，应该如何处理添加船材问题呢？

一般在使用添加船材时可考虑以下两个原则：

一是"修旧如旧"原则。在中国文物保护界有文物修复"修旧如旧，不改变原貌”的原则，运用到古船复原工艺中，在小范围必须修复船材时，一般选择与原沉船船材材质相同的旧船材来修复古代沉船重要缺损部分。用来修复的船材，其颜色、材质需与古代沉船船材相似，以确保古代沉船的外貌不发生改变。

二是“可标识”原则。“可标识”原则是国际流行的文物维修原则，要求文物修复工程中具备可标识性。如在使用添加船材时，虽然选用相同船材材料，但要求新旧有所区分，修复后的古船船材新旧区分明显，可以标识。

总的来说，修复后的古代沉船应该保存古船的原始形状、颜色外观等，不得任意添加船材对古代沉船进行“建设性”修复。

八、复原古船结构的讨论

中国古船结构与欧洲古船结构迥然不同，中国古船主要用舱壁（辅以肋骨）加强船舶横向强度，而欧洲古船以密集肋骨来加强船舶横向强度。以往发现的众多中国古船都是采用舱壁结构，后来中国古船由舱壁结构向欧洲古船的肋骨结构（同时保留舱壁）转变，以至于当代中国的仿古船如舟山“绿眉毛”、南京复原的郑和“宝船”等均采用肋骨结构（同时保留舱壁），这与中国古代造船史实不符。中国古船舱壁结构是从什么时间发生改变呢？从目前搜集的中外古船资料来看，明朝后期中国与欧洲的古船开始出现了技术交流。明朝末期，福建的郑芝龙船队规模庞大，经常与来自欧洲的荷兰、西班牙等国船队进行海上角逐，并牢牢控制了东亚、东南亚和南中国海的制海权。据荷兰莱顿大学包乐史教授研究，1633年7月，郑芝龙在福建沿海船坞曾“按荷兰模式建造庞大精致、装备精良的帆船及舰队”[4]，建造了25艘荷兰模式的帆船。郑芝龙之子民族英雄郑成功收复台湾后，也录用荷兰造船工匠，维修、建造郑氏船队中的海船。资料表明，明朝末期福建官方、海商等开始与欧洲荷兰、西班牙、葡萄牙等国船队进行造船技术的交流，因而可以推测中国古船舱壁结构是在17世纪中期（清朝前期）向欧洲古船的肋骨结构转变，并逐步全部采用肋骨结构（同时保留舱壁）的造船技术。当然，其具体转变时间的确定，尚有待于欧洲荷兰东印度公司、英国东印度公司等欧洲国家相关古船史料的发现印证，以及中外海域中国清朝沉船的发现验证。

早在20世纪90年代，中国学者已经开始探讨中国古船舱壁结构问题，原厦门大学南洋研究所陈希育在《中国帆船与海外贸易》著作中提出：“清代造船顺序如何呢？先看现代建造木船或机篷船的情况。首先是先定龙骨，再安肋骨及框架结构，最后贴钉船底板，这称为先结构、后船板的建造法（简称结构法），一般认为属于欧洲造船技术的影响。可是，宋代泉州古船都是被认为属于另一种不同顺序的制作工艺，即先定龙骨，后是水底板、横舱板，即所谓的船壳法。结构法与船壳法的区别，很大程度上要看船壳内部是否安有肋材（或肋骨），而且是先在船体两边架设纵向、呈弓形状的肋骨后，再钉上船壳板。宋代泉州古船仅仅在舱壁与外板相接处遍设肋骨，1984年

6月，在山东蓬莱（登州港）发现3艘古船，已经发掘的1艘较为完整的战船，一般认为是元末明初的船只。该船在每道舱壁的两舷舭转弯处设有局部的肋骨，从局部肋骨看，估计该船是先钉着船外板，再贴上肋骨，起加固作用，而不是先搭架子，包括许多整根的肋骨，再附上船板的做法。那么，究竟中国造船顺序的变化发生在什么时期？现在的造船师傅已不得而知，也就是说，通过口头调查已经无法解决这一问题。从考古角度看，上述泉州古船和蓬莱古船的实证，说明直至元末明初，仍然没有发生变化。"[5]2010年7月，在上海中国航海博物馆第一届国际学术研讨会上，英国剑桥大学霍夫森学院程思丽（Sally Church）博士向会议提交了论文，她在研究明代《龙江船厂志》一书时发现明朝造船有首先建造船壳再及舱壁结构的工艺。由此可见，中外学者在不同时期都关注过中国古船舱壁结构的问题。当然，无论中国古船舱壁结构何时发生转变，需要确定的是，复原中国古船必须以古船发掘时舱壁结构为标准。

九、结　　论

清朝初期开始，中国的优质木材出现短缺，清朝每年维修故宫等各宫殿的木材，有的需至海外采购。而东南亚坚硬的上等木材贮量丰富，价格低廉，所以中国东南沿海商人往往到东南亚去购木造船，再驶回国内。"小白礁Ⅰ号"沉船基本由东南亚的硬质木材建造而成，为以前发现的中国古船所罕见，说明中国古代商人在开展海外贸易的同时，已充分了解东南亚热带、亚热带地区优质木材的特性，就地取材来建造更为优质的贸易海船。从这个意义上说，"小白礁Ⅰ号"沉船的发现，既显示出了中国古代造船的多样性与海外造船能力，也为中国古船家族增添了新的文物实例。

中国古船与航海技术对世界的文明进程产生过重要影响，中国古船复原工艺值得学术界的高度重视。在走向世界海洋强国的进程中，中华海洋文化遗产需要进一步弘扬，中国古代造船与复原工艺需要认真传承与研究。总之，包括"小白礁Ⅰ号"在内的中国古船复原前需精心测绘；船体拆分要注重编号和保护过长船材；复原施工中一定要采取中国古船传统工艺，从安装龙骨、底板，到安装舱壁板、肋骨、外板皆如此；船体复原拼装后需用桐油等传统材料封护，以增加古船的耐久性；展览中的古船，其船材保护工作处于动态之中，需要长期不间断地进行。此外，还应积极对外开展古船复原保护技术交流，主动吸取国际古船复原保护的先进经验，使中国古船的复原与展示工作自觉走在国际前沿，为中国海洋强国建设做出应有的贡献。

注　　释

[1] 袁晓春：《再析海事博物馆》，《文化力量与博物馆的挑战》，上海古籍出版社，2013年12月，第164～174页。

[2] 席龙飞：《构件与属具的结合》，《中国之韵》2012年第9期，第29页。

［3］ 袁晓春：《8000年的漆与船》，《中国生漆》2013年第4期，第1～5页。
［4］〔荷兰〕包乐史：《中国梦魇——一次撤退，两次战败》，《中国海洋发展史论文集》第九卷，台北中研院人文社会科学研究所，2005年，第129～168页。
［5］ 陈希育：《中国帆船与海外贸易》，厦门大学出版社，1991年，第108页。

议古沉船水下考古　探“小白礁Ⅰ号”沉船

何国卫

（中国船级社武汉规范研究所）

摘要：古沉船本身相对船载物而言是体量最大的文物，对航海史、海外交通史、海外贸易史、海外人文交流史以及造船技术史等的研究往往是最重要、最珍贵的，其文物价值不可低估，也不可取代。近50年来，我国的古沉船考古与研究成果喜人，人们对“南海Ⅰ号”“南澳Ⅰ号”以及“小白礁Ⅰ号”等沉船水下考古项目充满期盼。古沉船考古内容丰富，如何认识古沉船本身的文物考古价值值得各界关注，造船史学者更是大有可为。本文主要结合“小白礁Ⅰ号”出水后本人所获悉的点滴信息，从古船技术角度提出几点建议和思考。

关键词：古沉船　水下考古　文物价值　小白礁Ⅰ号

古沉船有埋藏于现在已成为陆地或滩涂的地下和现在仍埋藏在水下两种地理环境，不同的沉船环境决定了工作难度的不同，水下发掘显然要比地下或滩涂发掘难度更大。“小白礁Ⅰ号”沉船发掘即属于后者，该船于2008年在浙江省宁波市象山县石浦镇渔山列岛海域被发现，先后于2012年6～7月、2014年5～7月完成船载文物发掘与船体拆解发掘工作，出水的船体构件已安全搬运至国家水下文化遗产保护宁波基地内专门开辟的沉船修复室，边保护边展示。

拙文对如何认识古沉船本身的文物价值有所议论，对“小白礁Ⅰ号”的考古研究也有所探索，亦望有所助益。

一、古沉船本身是最大型最重要的文物

船舶是水上运载工具，通过它才能实现物质和人员的水上交通，才有水上贸易和人文交流，因此，海上古沉船必定是航海史、海外交通史、海外贸易史、海外人文交流史及造船技术史的重要考古对象，它的研究价值是不可低估、不可取代的。尤其对于造船技术史，它是最重要、最直接的考古文物。古沉船出土（水）时，有的伴随着大量文物的出土（水），这些文物中不乏价值连城的珍品，这已被许多古沉船发掘所证实。不过，光看到这些出土文物是远远不够的，也是片面的，应该认识到古沉船本

身相对船载物而言，它是体型最大的而且往往也是最重要、最珍贵的文物，只有这样认识才会把古沉船本身的考古放在应有的位置，才能避免、减少古沉船在考古中产生不必要的损坏和无意中的失误。

中国古代水上航运发达，造船技术先进，历代航船很多，必然沉船也较多，这些出土（水）的古沉船以及船舶属具等实物与史料记载互为补充，相互印证，生动展示了中国古代先进的造船技术。

中国古沉船考古研究成果充分说明了古沉船的文物研究价值。例如，出土沉船所显示出来的中国平衡舵和升降舵、水密隔舱壁、防摇龙骨等技术发明，牢固地确立了中国古代造船技术在世界造船史上的领先地位。可驶八面风的船帆和可倾倒的眠桅、具有横杆的木石碇和木锚、各种结构的连接和补强等，都显示了中国古代船匠的聪明才智。

近50年来中国古沉船不断出土（水），考古研究硕果累累。1956年山东梁山出土一艘明代河船，1974年福建泉州宋代海船的出土，引发了古沉船考古研究的首次高潮；之后陆续出土的古代古船有浙江宁波和义路宋代海船、福建泉州法石宋代海船、浙江宁波象山明代海船、山东蓬莱明代海船、山东菏泽元代沉船、河南洛阳清代沉船、浙江宁波慈溪潮塘江元代沉船等，极大地丰富了中国古船考古资料；新世纪以来的“南海Ⅰ号”“南澳Ⅰ号”“碗礁Ⅰ号”“华光礁Ⅰ号”和“小白礁Ⅰ号”等古沉船的水下考古更是闻名遐迩，举世瞩目。

二、水下古沉船考古中的海上明珠

水下考古是指对包括了沉船、海港、海洋聚落等人类海洋活动的遗物、遗迹进行全方位考察的过程，它包含了遗址的定位、测量、照相和绘图，水下考古技术要求要比陆上考古高得多。20世纪40年代以来，随着轻潜技术的应用，考古学家沉潜水下进行考古成为可能并得到迅速发展，由此开拓了考古学全新的领域——水下考古。

中国水下考古工作虽然起步较晚，但取得的成果已令世人瞩目，尤其是“南海Ⅰ号”沉船整体打捞的成功，成为世界首创之举；国家文物局水下文化遗产保护中心的组建、“中国考古01”水下考古专用船的下水和国家水下文化遗产保护宁波基地的正式建成投用，进一步提升了我国水下考古与水下文化遗产保护的工作水平。

“南海Ⅰ号”于2007年12月22日在广东省川山群岛的上川岛与下川岛间海面成功出水。“南海Ⅰ号”是在水下装入一个沉箱里的，现连同沉箱一起入驻位于阳江的为它特建的“水晶宫”里，以保护沉船船体和船载文物。根据已有出水文物初步判断：这是一艘南宋远洋贸易船，其体型尺度较大，船体相当完整，船载文物极其丰富，而且不乏精品。

2010年4月开始的在广东汕头市南澳县半潮礁海域发现的明代沉船定名为“南澳Ⅰ

号”，该船很完整，在水下抽泥清理中显露出隔舱板，隔舱板之间大量整齐码放着一摞摞保存完好的青花瓷。

“小白礁Ⅰ号”与“南海Ⅰ号”和“南澳Ⅰ号”一样，都是海洋贸易商船，它们是水下古沉船考古中的三颗海上明珠，是“海上丝绸之路”研究最直接而重要的考古例证，是古代造船史研究不可多得的实物资料。

三、对古沉船考古研究的认识

考古是一项多学科、多专业的综合性学术研究，作为重要文物的古沉船本身的考古是值得各界关注的问题。笔者由古沉船特性出发，提出几点肤浅认识：

其一，由于出土（水）古沉船的真实性和可靠性，使得它的考古发掘成为研究船舶技术史的重要途径。因为中国古代历来轻视技术，古文献中极少有技术方面的记载，在文人所撰史料中对技术不是一字不提，就是一笔带过，即使有所提及，也只是非常笼统的短短几句概括性的记载，所以研究造船技术史光靠文献史料是远远不够的。出土（水）古沉船非常直观生动、直接展现造船技术的真实模样，用它对照文献史料记载加以研究就容易认识古船的历史真实面貌。

其二，古沉船考古涉及的专业学科更为广泛，它涉及造船、航海、水文、气象、地理、天文、测量、生物、材料、贸易、人文历史等，因此它不仅仅是考古专业的，也应是各相关专业的工作，它的研究成果是各学科相互配合、相互融合、相互印证、相互补充、互相支持的结果。出席古沉船考古学术活动的专家学者通常也是来自众多学科领域，不同专业之间的研究关系是一种相互不可取代的紧密合作关系。

其三，作为文物的古沉船，它的出土完整性往往较差。笔者见得较多的出土古沉船通常只残留船底部分，尤其是桅、帆、锚、舵等船体突出部分的船舶属具更易受损，很少随沉船同时出土（水）。这是因为古代木质沉船及其属具除长时间水浸外，还经常受到由多种原因引起的不同程度的损坏，例如，木船遭受不正常外力（如风浪、碰撞、搁浅、火灾、战争等）；海损沉没海底后遭受海流、泥沙、海生物的损害；沉船被水面船舶抛锚无意触及；还有文物偷盗者的人为盗掘破坏等。目前出土最完整的要算梁山明代河船了，它的船体完整到甲板俱在真是难得，不过它的桅、帆、舵也未曾发现。

其四，木质古沉船在发掘和出土（水）过程中往往会受到一定的外力作用，因而极易变形、损坏、残缺，这无疑给出土（水）沉船的考古和复原造成困难。

其五，长期浸泡在水里的沉船，在出土（水）后的保护是一项难度大、技术要求高、非常专业的文物保护工程，这是不言而喻的。

其六，从事古沉船考古的人员掌握一定的古船知识非常必要，从目前现状来看，他们在这方面可能还是比较薄弱的。若古沉船考古人员缺乏必要的古船知识，就难免在考古中会忽略出土古船的一些结构特征、连接方式、接缝的捻缝材料等技术细节，对可能散落在沉船附近的桅、帆、锚、舵等沉船属具没能引起应有的关注，对沉船受损部位的遗存观察记录不详等，这无疑会给古沉船考古带来损失。

其七，沉船复原研究难度较大。沉船不同于碗、盆、碟、缸等陶瓷器具有360度回转轴的对称性，其复原相对沉船容易得多。船舶只具左右对称，而且沉船通常只残留船底部分，还存在因各种原因引起的变形，若沉船首尾残缺较多，其首尾的复原难度相比之下就更大。由于船舶的线型不同，沉船的复原船宽和型深较难得出精确值，各学者各自依据船型特点和船舷板形状延伸趋势得出的复原数值往往不尽相同，这也不足为奇。

其八，对沉船考古的某些结论有不同的认识也是很正常的。由于学者的专业不同、所掌握的出土信息和史料不同、学者的学术水平与经验不同，甚至受到时代认知的影响等原因，对同一考古对象却得出不尽相同甚至相反的结论，这正说明考古的全方位深入研究和多学科学术研讨的重要性。学术界存在不同的学术见解并不可怕，通过学术研讨、学术争论和共同深入探索就能逐步接近认识历史的真实面貌。

四、古沉船考古内容丰富

古沉船考古涉及内容非常丰富。考古工作者通过对古沉船的考古研究必然会试图对几个主要问题作出合理的解释，这是很自然的。例如：①古沉船是何种船型与船种？②古沉船在何地建造以及选用哪些木材？③古沉船从何地来向何处去，即古沉船的航线？④运输的货种？⑤古沉船因何种原因而沉没？⑥古沉船断代有何依据？⑦船主是谁？⑧古沉船反映出哪些技术亮点？⑨古沉船的文物研究价值何在？⑩古沉船的历史地位如何？……

除这些问题外，就古沉船本身而言，同样有许多方面的技术问题需要通过古沉船的考古研究获得解决，例如：

（1）尺度与船型——古沉船残存尺寸和复原主尺度以及排水量与载重量。

（2）总布置概貌——主体的分舱与舱室分布及其大小，上层建筑的形式与布置，帆、桅、绞车及缆索等属具在甲板面上的分布位置等。

（3）整体结构及其特征——包括船底、舷侧、甲板及龙骨、大瓣、舱壁、首端与尾部、舱口等部位的结构。

（4）构件连接方式——构材的端接与边接、舱壁与船壳连接、桅与桅座连接、舱口围板连接等。

（5）构件连接用钉和捻缝材料——各种榫、木钉、铁钉、销钉、锔钉等和捻料的成分比例及制作。

（6）各部位结构构件的尺寸和采用的材料——船壳、龙骨、桅杆、舵杆、木锚等尺寸和用材。

（7）古沉船的推进、操纵、系泊等设施——锚、舵、桅、帆等船舶属具的尺寸、结构、材质和使用。

以上所述再次说明了古沉船考古工作者掌握必要的古船知识的重要性，造船技术史学者应该成为古沉船考古的重要参与者之一，对古沉船本身的考古来说，他们往往能提出比较专业、合理的见解、建议和判断，相信他们定能在考古中发挥更大的作为；同样，船史学者也需要更多地学习考古知识，虚心向考古学者学习，只有这样，才能与考古学者在古沉船考古中默契配合，达到有效工作的目的。

五、对“小白礁Ⅰ号”复原工作的几点建议

“小白礁Ⅰ号”沉船采取在水下逐件分解拆卸残存船体并提取出水的发掘方式，这是一项技术难度很大的水下考古发掘作业。出水船体构件的完整性、形状的原真性、测绘的精确性和修复的可行性程度是日后船体拼装复原的质量基础。目前“小白礁Ⅰ号”已完成构件水下分解和发掘出水，后期工作重点首先是出水构件的保护，随后是对位拼装，这些都是非常细致和非常专业的工作。就保护而言，除出水构件的防腐防损外，还包括尽可能地减小构件的变形。船体构件的对位拼装必须确保每个构件的位置、连接方式以及构件功能作用的正确性，构件的连接铁钉和钉孔、钉眼痕迹必将成为构件拼装的可靠依据。

现就“小白礁Ⅰ号”出水构件的拼装复原提出如下建议：

（1）为保证出水后船体的形状可靠性、构件完整性和修复可行性，在构件拼装时设置定型支撑设施尤为必要。

（2）对拼装复原的作业人员，应提早进行必要的古船基本知识学习培训。

（3）拼装复原工作若有船史专家参与是非常有益的。

（4）特别注意易损部位构件的保护，例如钉连接头部位极易受损，必须格外小心。

（5）在拼装时，对在沉船周围出水的散落物应给予足够的关注，例如船用铁钉、舱料、滑轮、船索、指南针等。

（6）全过程的保护工作更为迫切。

六、对“小白礁Ⅰ号”研究中几个问题的思考

“小白礁Ⅰ号”尚未完成拼装复原，现仅就本人所获悉的点滴信息，对其研究中的几个技术问题略作探讨。

1. “3道舱壁”的作用

水下测绘显示“小白礁Ⅰ号”全船残存20多道肋骨，残留“3道舱壁”。“小白礁Ⅰ号”出现的“3道舱壁”是什么性质的构件？拙见以为，它们是货物分隔板壁，而不是船体的结构舱壁，据沉船测绘信息，分析如下：其一，这残留的“3道舱壁”，设置在靠近船的前部，似乎是使用功能的需要而不是出于强度的考虑；其二，“3道舱壁”基本上设置在肋骨之间，第2道并不居中，还偏向船前，从强度考虑，实在无此必要；其三，肋骨间距500毫米左右，肋骨厚度在160～180毫米，而“3道舱壁”很薄，其厚度（测量值未知）估计不到肋骨厚度的二分之一，显然不是出于船体强度，而是为布置功能的需要而设；其四，在“3道舱壁”处还设置了抵住舱壁的加强板，还有撑横顶住加强板，当然起到了该壁的定位扶强作用；其五，水下测绘显示，“3道舱壁”间的两个空间舱底肋骨上铺满了纵向垫舱板，这两个空间舱的舱长分达2～3个肋骨间距，似乎是特意设置的货物分隔舱。

若此分析合乎情理，那么“小白礁Ⅰ号”的“3道舱壁”就不是结构意义上的舱壁，只是货物分隔板壁而已。“小白礁Ⅰ号”的船首已残缺不全，但从构件分布现状来看，似乎也不会有船首防撞舱壁的设置，那么也就不存在肋骨和舱壁混合结构的说法，也就是说，“小白礁Ⅰ号”是一艘首现的全肋骨框架结构的古沉船，但是此壁周边留有钉眼痕迹，说明它与船壳板钉连，若此壁仅为分隔货物而设似无此必要，如何理解还有待研究。

2. 船体的肋骨结构

不能因为中国古代海船长时期采用舱壁结构，西洋船多见肋骨框架结构，而成为“小白礁Ⅰ号”可能是外国船的一个立据。

首先，清代尤其到了清代后期，中国木帆船采用肋骨框架结构已很普遍，不过大多数还保留有一些舱壁，成为舱壁与肋骨混合结构，只是肋骨数量相对于舱壁的多少有所不同而已。有的以肋骨为主，更甚者出现如“小白礁Ⅰ号”这样的全肋骨结构。广州近期出土的清代木船（彩版二八，1），其中平排在一起的两条所显示的结构形式充分说明了这一点，从那两艘沉船的船体结构上看，稍大的一艘主要是肋骨，也有数量不多的舱壁。而稍小那艘的舱壁数相对来说要多一些。

其次，实际上，中国很早就有采用肋骨框架结构的，例如淮北柳孜运河的六号唐船就是全肋骨的结构（彩版二八，2）。

再次，中国古船横舱壁结构自晋、唐出现之后，鉴于它的结构强度、水密抗沉和船桅设置等技术上的先进性得到了广泛采用，古船尤其是海船在很长一段时期里几乎是全舱壁结构，这已被诸多出土古沉船所证实。舱壁结构为满足船壳局部强度的需要不可能将舱壁间隔设置得较大，否则势必造成舱长过长则于强度不利，但过短的舱长又不利于货物装卸，这是全舱壁结构的最大缺陷。为此，在较长的舱间加设肋骨，称其为“舱间肋骨”，这样既满足了为提供装卸货物方便而增长舱长的需要，又不使两舱壁间船体板架跨度过大而有损强度。舱壁实质上是满实了的肋骨框架结构，它本身的结构强度比肋骨框架有较大的富裕，肋骨框架间距的设置可以比水密舱壁小得多，只要肋骨构件尺度足够大，它的强度是不成为问题的，在舱壁之间多设几道肋骨框架，就产生了舱壁与肋骨混合结构，后来肋骨结构逐渐被广泛采用。

尽管肋骨结构是中国学习西方的，还是中国本身的实践创造现在尚难有定论，但西方帆船多用肋骨结构是无疑的，所以不能排除长期使用舱壁结构的中国古船逐步引用了西方帆船肋骨技术的可能性。笔者以为，中国木帆船广泛采用肋骨框架结构，是引进西洋船肋骨技术的可能为大，“小白礁Ⅰ号”也是中国船引进了西洋船的肋骨结构技术的一例。但是，切忌一见到肋骨结构的船就认定为西洋船，这种逻辑是不成立的。

3. 所见中国古船元素

据从沉船测绘者处所获得的“小白礁Ⅰ号”的考古信息，笔者发现有诸多明显的中国古船元素存在，列举如下：

第一，设有桅座，尽管未见赖以支靠的舱壁，其桅杆可能由甲板等构件固定。

第二，底肋骨下缘开有类同横舱壁的流水孔。广州清代沉船的底肋骨也是如此。

第三，使用了大量与中国古代造船完全相同的人工锻打的船钉。

第四，板缝间的舱料，呈灰白略带红，测绘者分析后认为其成分可能接近中国古船使用的舱料。

第五，重板结构也是中国出土古船有所见的。

第六，设置有中国古船常用的舱底铺板。

第七，从出土底肋骨弯曲形状看，是大圆弧形船底，与浙江、福建的船型有相似之处。

第八，板材的端接有平面同口、滑肩同口、直角同口等几种形式和主龙骨与尾龙骨采用带凹凸榫槽的搭接，都是中国古船所常见的。

第九，尾龙骨与主龙骨用直角企口搭接，在尾龙骨上的方槽内，发现两枚圆形金属垫片，应是中国船民的习俗反映。

第十，随船出水了几件具有浓厚的中国文化气息的船载文物，例如：一只毛笔和砚台盒、一枚阳刻有“源合盛记”的中国图章、一把小巧精致的紫砂壶等。

4. 几个有待探讨的问题

“小白礁Ⅰ号”有几个古船技术问题有待研究和讨论。

（1）关于桅座

“小白礁Ⅰ号”桅座的两个槽的形状和尺寸略有不同，似不是制作的误差，而是有意为之，对此如何解释？

（2）关于龙骨端接

“小白礁Ⅰ号”主龙骨与首柱为直角企口搭接，主龙骨在下，首柱在上， 而主龙骨与尾龙骨采用带凹凸榫槽的较长的搭接，它是主龙骨在上，尾龙骨在下，这与以往所见尾龙骨位于主龙骨之上的端接形式不同，此乃首见。两种尾龙骨端接形式的技术优劣如何?

（3）关于重板

“小白礁Ⅰ号”外板是双重板结构，内层厚外层薄，内层厚度约为外层的3倍。中国出土古沉船采用重板结构并不少见，但“小白礁Ⅰ号”双重外板结构具有夹层材料是以往未曾见过的。据测绘者现场观察，“小白礁Ⅰ号”在外层板与内层板之间夹一道防水层，层厚 3～7毫米，防水层用的是某种树木叶或植物皮纤维，防水纤维上涂抹一种带黏性较透明的略呈红色的材料。具夹层的重板结构为何采用内层厚外层薄的重合？此夹层材料的作用是防水还是粘接或防腐或兼而有之？防水层究竟是什么材料?

七、关于“小白礁Ⅰ号”的几点初步认识

（1）“小白礁Ⅰ号”的“3道舱壁”不是结构意义上的舱壁，而是货物分隔板壁，因此不是肋骨和舱壁的混合结构。

（2）中国清代海船木帆船采用肋骨框架结构已屡见不鲜，这是中国引进了西洋肋骨技术的结果。“小白礁Ⅰ号”就是例证之一。

（3）“小白礁Ⅰ号”上可以见到许多中国古船的元素，这是佐证它是一艘中国木帆船的重要方面。

（4）对“小白礁Ⅰ号”出现的一些首见的古船技术，依目前的沉船信息而言，无法证明它们就是西洋造船技术，以前没有见过的并不能否定它是中国技术的可能。例如，宁波宋船的舭龙骨出现、泉州宋船的重板结构和它的尖底小长宽比船型，在出土的当时也是首次出现。所以说，出土（水）古沉船出现我们首次见到的造船技术，并不等于就是外国技术而不是中国的技术。

（5）经树种鉴定，“小白礁Ⅰ号”造船用材基本产自于东南亚。东南亚盛产木材，不仅品种多而且质优价廉；又据史籍记载，在清代曾有大批中国船匠在东南亚一带用中国运去的铁钉并用当地的木料造船。因此，拙见以为，“小白礁Ⅰ号”乃是中国古代船匠按照中国船的式样、结构、工艺在东南亚建造的一艘中国船，建造中当然也会融入当地的某些造船技艺，这种可能性应该是最大的。

“小白礁Ⅰ号”水下考古数据库建设浅议

史　伟（象山县文物管理委员会办公室）
雷　少（宁波市文物考古研究所）

摘要：本文探讨了“小白礁Ⅰ号”沉船遗址水下考古专用数据库——“‘小白礁Ⅰ号’出水文物数字化管理系统”的建设背景、建设理念、主要内容和功能特点，希望能为其他地区和类型的水下考古与水下文化遗产保护数据库建设提供借鉴。

关键词：小白礁Ⅰ号　沉船遗址　水下考古　数据库建设

“小白礁Ⅰ号”沉船遗址位于浙江省宁波市象山县石浦镇渔山列岛海域的北渔山岛小白礁畔，在2008年度浙江沿海水下文物普查中被发现，2009年实施了重点调查和试掘，2011年进行了遗址表面清理，2012年基本完成船载文物发掘工作，2014年完成船体发掘并将其提取出水进行保护修复[1]。调查与发掘情况表明，“小白礁Ⅰ号”沉船下沉于清代道光年间（1821～1850年），是一艘中等规模、以龙骨和肋骨为主要纵横结构的木质外海商贸运输船。

经过多年的调查与发掘，“小白礁Ⅰ号”沉船遗址中不仅出水了大量遗物，同时还累积了较多的文件、数据、图纸、照片和录像资料。为了系统收集、管理这些珍贵的资料，并为后续研究工作奠定基础，在2014年度发掘过程中，我们与专业机构合作，量身开发了一套“小白礁Ⅰ号”专用的水下考古数据库——“‘小白礁Ⅰ号’出水文物数字化管理系统”。本文将结合该数据库的建设、管理和各项功能，对数据库技术在水下考古和水下文化遗产保护领域的应用提出一些粗浅认识，以期抛砖引玉，就教于方家。

一、建设背景

数据库是指以一定方式储存在一起、能为多个用户共享、具有尽可能小的冗余度、与应用程序彼此独立的数据集合。它广泛应用于交通、金融和情报等行业中，为简便且高效地处理各种复杂数据提供了极大便利。1991年,我国最早从事计算机考古的李科威先生提出了在中国开展计算机考古的几点具体设想。与此同时,由时任中国历史博物馆馆长俞伟超先生领队的中国历史博物馆考古部“班村新石器时代遗址综合发掘和研究”项目开始，在项目的设计中首次打算进行考古资料计算机管理的田野尝试[2]。此后，越来越多的考古学者开始关注考古数据库建设，并围绕建设中的各项问题，提出了许多设想，并进行了广泛的论述。国家和部分省、市考古机构也在田野考古工作中引入了数据库技术，以便对考古发掘工地的人员、进度与资料实现可视化、便利化和系统化管理。除此之外，其他文物保护与研究机构也陆续引入数据库技术，如敦煌研究院建设了敦煌学研究文献数据库、洛阳龙门石窟管委会建立了龙门石窟文物保护数据库。全国性的文物数据库还有第三次全国不可移动文物普查数据库与第一次全国可移动文物普查数据库。这种全国性数据库在文博业界的广泛应用，使得各地的文博机构体验到了数据库技术为相关工作带来的极大便利，也因此在业界很好地普及和推广了数据库技术。

全国文博事业“十二五规划”将数据库建设提升到文博工作的显著位置。近年来开展的“文物调查和数据库建设”项目，总共登记了文物系统博物馆166万件（套）馆藏珍贵文物的基本信息。可以说，随着计算机技术的发展，文博机构建立数据库已是大势所趋，借助这一平台可以促进文物考古信息资源的整合利用和动态管理。正是在此背景下，水下考古的专题性数据库应运而生了。

二、建设理念

在考古工作中，资料的整理、统计、分析以及各类文物的管理是一项繁杂的工作，需要耗费大量的人力、物力，即便这样仍然不能迅速、全面掌握总体的资料情况。如果将数据库技术引入到考古作业中，不仅能大大简便资料整理工作，而且能够把整个考古工地的规划、管理、进度纳入到一个系统事务中，将工作的准备、实行、整理、研究变成一个紧密衔接的流程[3]。

目前，在田野考古领域已陆续引入了数据库技术，初步实现了考古资料管理的规范化和系统化。而在水下考古项目中，对数据库技术的应用还基本处于空白阶段。有鉴于此，在面对与田野考古同样的资料管理困境时，我们意识到必须借鉴田野考古数据库技术，建立一套符合水下考古行业特点的专属数据库。

在此思路指导下，开展2014年度“小白礁Ⅰ号”船体发掘与现场保护项目时，宁波市文物考古研究所与专业机构合作开发了专用的“小白礁Ⅰ号”水下考古数据库——“‘小白礁Ⅰ号'出水文物数字化管理系统”（图一），基本实现了对“小白礁Ⅰ号”水下考古信息资料高效、便捷、规范地保存、管理、应用之目的。该数据库将先进的水下考古信息存储技术与数字成果展示技术应用于出水文物的信息整理、资料管理、研究分析以及成果展示等各项工作中，同时利用文字、图片、视频和三维模型等方式多角度记录“小白礁Ⅰ号”水下考古信息，为“小白礁Ⅰ号”水下考古研究提供了有力的数据支撑。

图一 "'小白礁Ⅰ号'出水文物数字化管理系统"登录界面

三、主要内容

"'小白礁Ⅰ号'出水文物数字化管理系统"主要应用于水下考古发掘、后期资料整理与研究中，通过该数据库建设，实现了"小白礁Ⅰ号"水下考古发掘文字、图纸、照片、视频、三维模型等信息资料的数字化登记录入，也方便了今后的查询、统计、比对、分析与打印、输出等管理工作。我们首先把历年来"小白礁Ⅰ号"沉船遗址考古工作获得的所有出水文物、船板、线图、影像资料及海底环境样品等信息录入数据库中，从而对以往的资料有了系统了解和掌握。在2014年度水下考古发掘过程中，我们每天都会对新出水的文物进行登记、描述、绘图、拍照和录像，并把各种资料及时输入到数据库中以供查询和统计，这样既可以全面了解发掘情况，掌控发掘进度和质量，又及时、准确地做到了对遗址各方面状况进行全面的复原。

如果说各种资料和信息是建立数据库的基础，那么数据库系统建设就是一个强有力的载体。在"'小白礁Ⅰ号'出水文物数字化管理系统"中，我们专门设计了数据管理（图二）、数据查询（图三）、统计分析（图四）、用户管理（图五）和参数配置（图六）五个大的项目，各个大项目下面又细分了若干子项目，内容、条目等设计详细丰富，力争将信息全部录入此系统中（图七）。

四、功能特点

在启动2014年度"小白礁Ⅰ号"船体发掘与现场保护项目之前，宁波市文物考古研究所便计划与在文化遗产保护数字化领域拥有丰富经验的专业机构合作开发"小白礁Ⅰ号"沉船遗址考古数据库。经过充分的沟通和交流，确定了以已有的田野考古数

图二　“小白礁 I 号”数据库出水文物管理界面

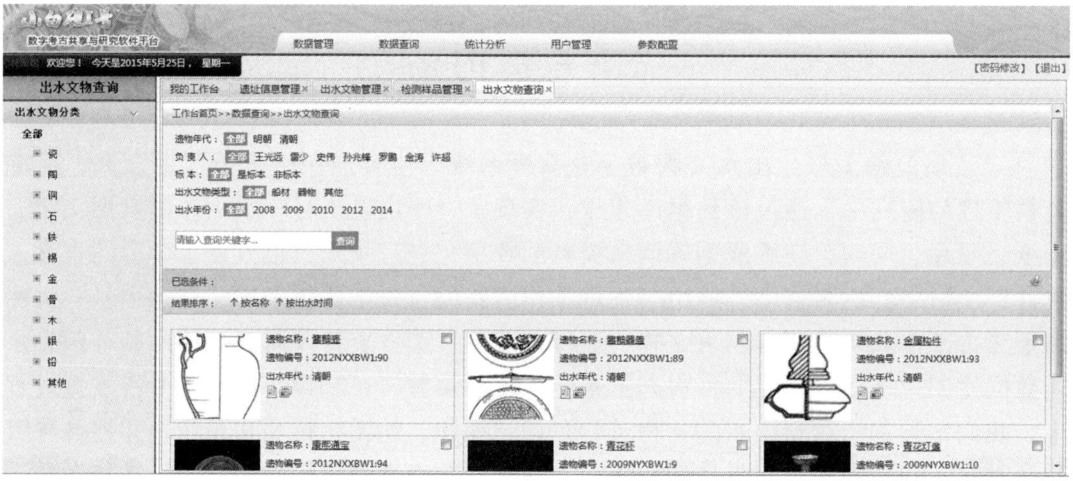

图三　“小白礁 I 号”数据库查询界面

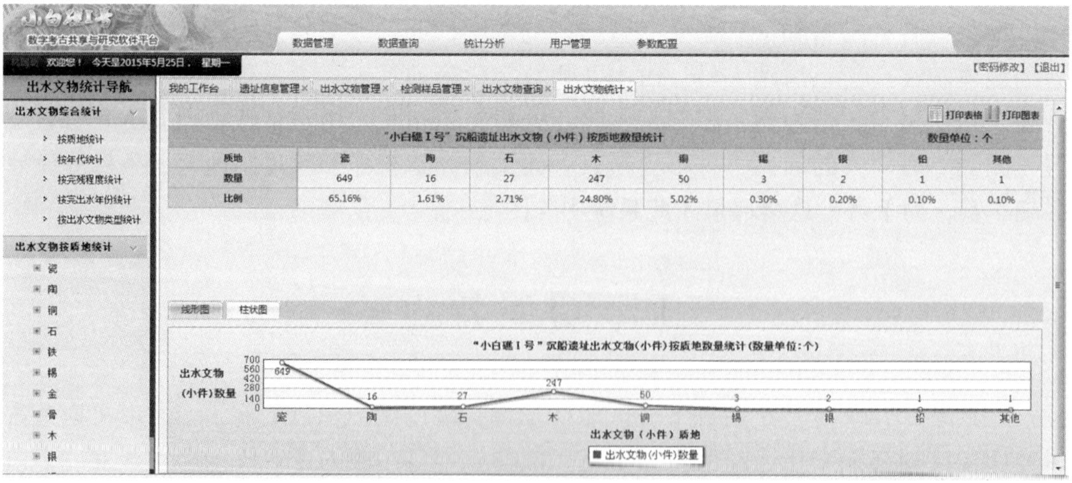

图四　“小白礁 I 号”数据库统计分析界面

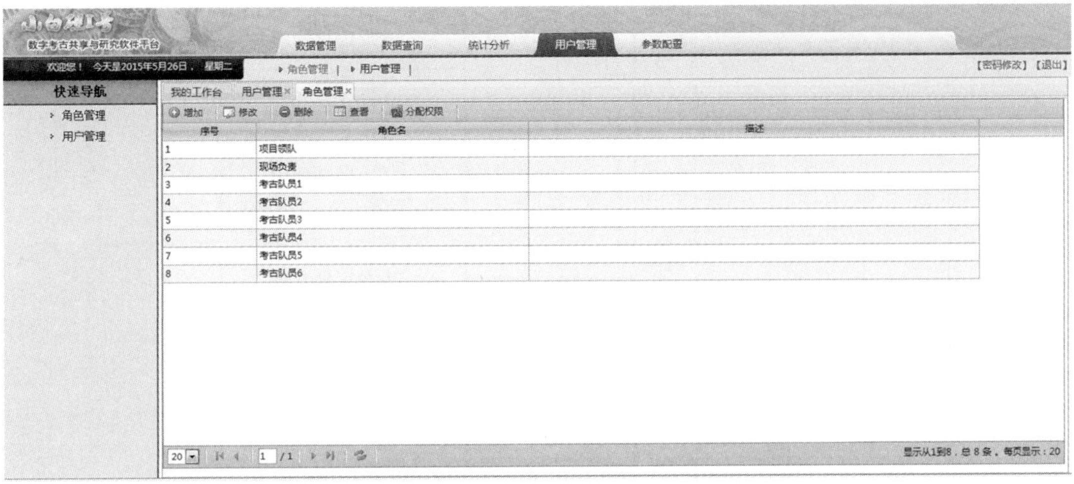

图五 “小白礁Ⅰ号”数据库用户管理界面

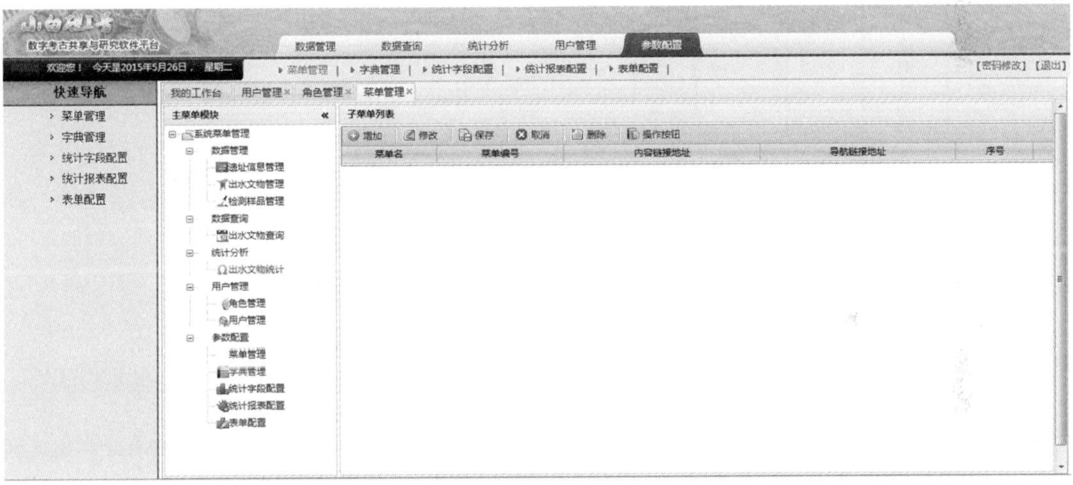

图六 “小白礁Ⅰ号”数据库参数配置界面

据库系统为蓝本，并结合“小白礁Ⅰ号”沉船遗址的实际情况，开发出了一套全称为“‘小白礁Ⅰ号’出水文物数字化管理系统”的数据库软件。

该数据库具有以下功能和特点：

（1）数据库设计充分考虑到“小白礁Ⅰ号”沉船遗址水下考古工作的特殊性，贴近水下考古实际，符合水下考古数据库的应用需求。由于数据库技术在我国水下考古领域的应用尚处于探索阶段，这个新开发的系统初次试用时还是留下了较多田野考古的烙印。经过在水下考古工地的多次数据录入实践和反复协商修改，该数据库逐渐完善，后期又增加了部分与田野考古数据库不同的条目和内容。譬如遗址信息管理条目中，除了常规的名称、位置、时间和坐标等字段外，我们还特意增添了遗址水深和遗址性质（商船或官船）等字段。

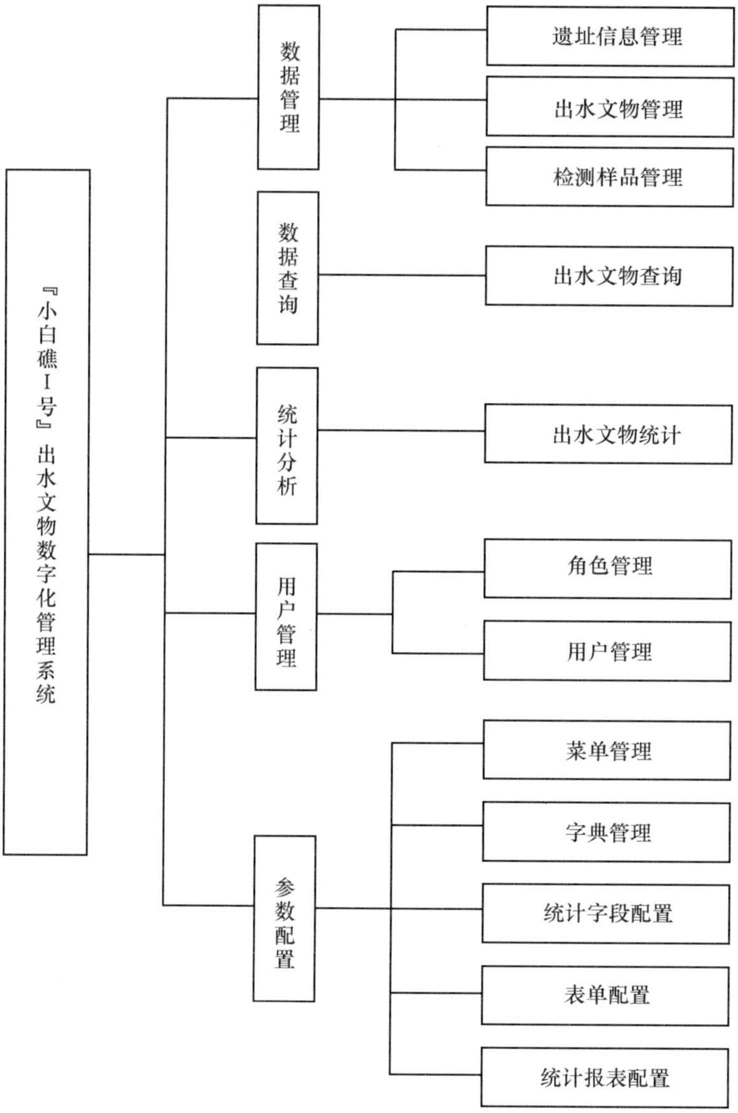

图七　“小白礁Ⅰ号”出水文物数字化管理系统

（2）具有强大的查询功能。考虑到对资料信息的需求和研究的不同需要，我们设计了分别从文物年代、出水时间、文物类型、是否标本、负责人等多方面进行信息查询和提取的模块，并可以对查询到的所需数据进行选择性或者全部导出的功能。单个选项的查询和导出在其他数据库中已经比较常见，“‘小白礁Ⅰ号’出水文物数字化管理系统”则增加了基于多种要素信息进行查询的功能，可以对所需求的信息进行复合型查询，简化了研究和利用的过程。

（3）具有强大的统计功能。该数据库可以从文物年代、出水时间、文物类型、完残程度等多角度进行查询，同样可以基于多种要素信息进行复合型查询，并且自动生成统计表格，对各种文物数量能做到更加形象、直观的掌握，极大地解决了目前文博数据库查询功能受限制的瓶颈，简化了繁琐又极其重要的统计工作。值得一提的还有，该数据库的批量导入功能也极大提高了信息录入工作效率，非常简便。

（4）具有强大的参数配置功能。该数据库分为字典管理、统计字段、统计报表和表单五个配置内容，可根据实际情况在每项配置下对所需要的基础数据信息进行增加、修改和删除，避免了有些数据库建设考虑不全面、不符合实际情况而导致某些重要信息不知道录入到哪里合适的问题。

当然，虽然"'小白礁Ⅰ号'出水文物数字化管理系统"具有一定的优点，但是任何数据库的建立、完善、投入、使用都要经过实践的检验，不可能一蹴而就。譬如，我们认为该数据库还可以增加以下两条内容：

第一，可支持word、excel模板的导出功能。word、excel是应用最为普遍的办公文件处理程序，配置要求相对较低，比较简单、实用。

第二，与第一次全国可移动文物普查工作平台及博物馆馆藏数据库的数据转换，实现不同需求的数据兼容，可减少重复工作。

五、应用展望

通过"'小白礁Ⅰ号'出水文物数字化管理系统"的开发建设与操作运用，我们初步实现了"小白礁Ⅰ号"沉船遗址水下考古出水资料管理的规范化和系统化，同时也为我国水下考古的数字化作出了有益尝试，对其他地区的水下考古数据库建设提供了一些借鉴，在某种程度上可说是开创了我国水下考古数据管理工作的新模式。国内其他水下考古或许可以参考这一系统进行实际运用，并进一步完善水下考古数据库系统建设，进而建立全国性的水下文化遗产数据库系统，以便于更好地对水下文化遗产进行系统的管理、研究。当然，也要考虑到保密性、安全性、共享性等其他问题。但是，我们的目光不能仅满足于此，随着我国水下文化遗产保护工作的深入发展，水下考古的领域也不断得到拓展，除了沉船遗址外，还有埋藏于水下的村落和城址等各个类型的水下文化遗产，由于其属性与沉船有所不同，因此数据库建设的内容也要随之作不断地更新和丰富。

我们相信，随着现代科技的日新月异，数据库技术还会得到不断的提升。只要我们考古工作者与研发人员加强交流合作，一起努力探索、实践数字技术与水下考古深度结合的新思路、新方法、新模式，必将使数字信息技术在文物考古领域的应用更加广泛和深入。

注　　释

［1］　中国国家博物馆水下考古研究中心、宁波市文物考古研究所：《浙江宁波渔山小白礁一号沉船遗址调查与试掘》，《中国国家博物馆馆刊》2011年第11期。宁波市文物考古研究所、国家文物局水下文化遗产保护中心：《我国水下考古的又一创新之作——浙江宁波象山“小白礁Ⅰ号”2014年度发掘》，《中国文物报》2014年8月29日第5版。
［2］　霍立治：《计算机与考古学》，《中国历史博物馆馆刊》1995年第01期
［3］　张鹏程：《关于建立文物考古数据库的几个问题》，《考古与文物》2008年第3期。

“小白礁Ⅰ号”出水船体构件的现场保护

金　涛（宁波市文物考古研究所 中国科学院大学）
梁国庆（国家文物局水下文化遗产保护中心）
赵　鹏（蓬莱市文物管理局）
韩　飞（海南省博物馆）
李泽琛（宁波市文物考古研究所）

摘要：经过长期的水下埋藏，“小白礁Ⅰ号”沉船船体遭受了一定程度的破坏，但和周围环境处于平衡状态。为保证船体出水后不发生进一步的病害，配合考古发掘同步进行了现场保护工作。在遵循准备工作预判性、现场处理及时性、保护措施合理性、发掘保护协调性等原则的基础上开展了资料记录、保存状况评估、样品采集、初步清洗、浸泡防霉、包装装箱等保护处理工作，确保了“小白礁Ⅰ号”船体发掘工作的顺利推进，圆满完成了船体构件的现场保护任务。

关键词：小白礁Ⅰ号　船体构件　现场保护

一、引　　言

“小白礁Ⅰ号”清代沉船遗址位于浙江省宁波市象山县石浦镇北渔山岛海域，因“十一五”浙江沿海水下文物普查于2008年10月首次发现，2009年6月曾进行重点调查和试掘[1]。2011年4月，国家文物局批复同意“小白礁Ⅰ号”发掘立项。2012年6～7月，“小白礁Ⅰ号”船载文物发掘工作实施完成[2]。2013年4月，国家文物局批准同意“小白礁Ⅰ号”船体现场保护与保护修复（Ⅰ）期项目立项。2014年5～7月，完成“小白礁Ⅰ号”船体发掘与现场保护工作[3]，共发掘出水不同类型的船体构件244件。

二、出水船体构件现场保护的重要性

经过将近两百年的水下埋藏，“小白礁Ⅰ号”沉船船体已经与周围环境形成了动态平衡，使得残存船体得以保存。残存船体局部由于暴露在海床之上，在多种破坏因素的直接作用下，导致木质水解、细胞组织破坏严重。宏观表现为质地松软，部分呈海绵状，表面色泽加深，大部分船体构件表面呈浅褐色，部分呈黑色。微观结构表现为木质纤维细胞排列规则性减少，部分纤维分解断裂，纤维素组织间距增大且疏松，木质部的输导管、管胞纤维和薄壁细胞严重降解；木质细胞壁组织分解断裂，木质化程度较高；木质的纤维素、半纤维素劣化，木质细胞间组织成分大量降解流失，导致强度大大降低。

古船船体构件发掘出水后，由于所处环境的剧烈变化，与原埋藏环境之间的平衡体系被打破[4]。环境的骤变不仅使原有劣变进程加速，还会引发许多新的病害。由于“小白礁Ⅰ号”船体构件已经发生较为严重的降解，木质纤维间的支撑力减少，失水干燥后产生的各种应力必然引起严重的变形、收缩和开裂，造成不可逆转的破坏。因此，亟须在现场配合考古发掘同步进行保护工作，进行必要的稳定性处理，尽可能减少环境变化对船体构件的影响，使发掘出水的船体构件在现场及时得到妥善保护[5]。

三、出水船体构件的现场保护

1. 制定保护预案

针对2014年“小白礁Ⅰ号”船体发掘工作目标，在参考以往工作情况以及宁波市文物考古研究所委托中国文化遗产研究院编制的《宁波“小白礁Ⅰ号”清代沉船现场保护与保护修复方案（Ⅰ期）》的基础上，我们制定了发掘现场船体构件保护预案。由于船体构件长期保存于海水中，木质细胞内电解质已经和海水达到充分平衡，发掘后若船体构件中的水分和盐分发生剧烈变化，将引起应力破坏。因此，保证电解质环境相对稳定，减少考古发掘过程水环境中离子浓度变化，保持船体构件饱水状态，可有效防止船体构件发生大规模的收缩和变形。另外，虽然发掘后船体构件脱离了外部海洋大环境，不再受到洋流冲蚀以及减少了海生动植物的影响，但与周围空气接触，且浸泡保存时水体相对静止，保存环境内温湿度均较高，部分有害生物和微生物更加容易滋生。因此，在发掘过程中须着重于船体保湿和防腐防霉的控制。发掘现场船体构件保护流程如下图所示（图一）。

2. 准备工作

（1）配备工作平台

“小白礁Ⅰ号”沉船遗址所处位置远离大陆，离最近的岛屿驻地也有约10分钟船程，客观条件决定了发掘和保护工作只能在遗址海域展开。由于“小白礁Ⅰ号”船体构件数目多、体量大，尤其是龙骨构件，初步估计长10余米，宽约0.4米，对工作空间的要求很高。为充分保障相关工作的开展，特地租用了宁波镇海满洋船务有限公司的2000吨级工程船“满洋2004”作为工作平台。“满洋2004”总长63.5米，总宽15.4米，船体空余甲板面积超过600平方米，具有8级以上抗风能力和4锚定位功能，不仅具备必

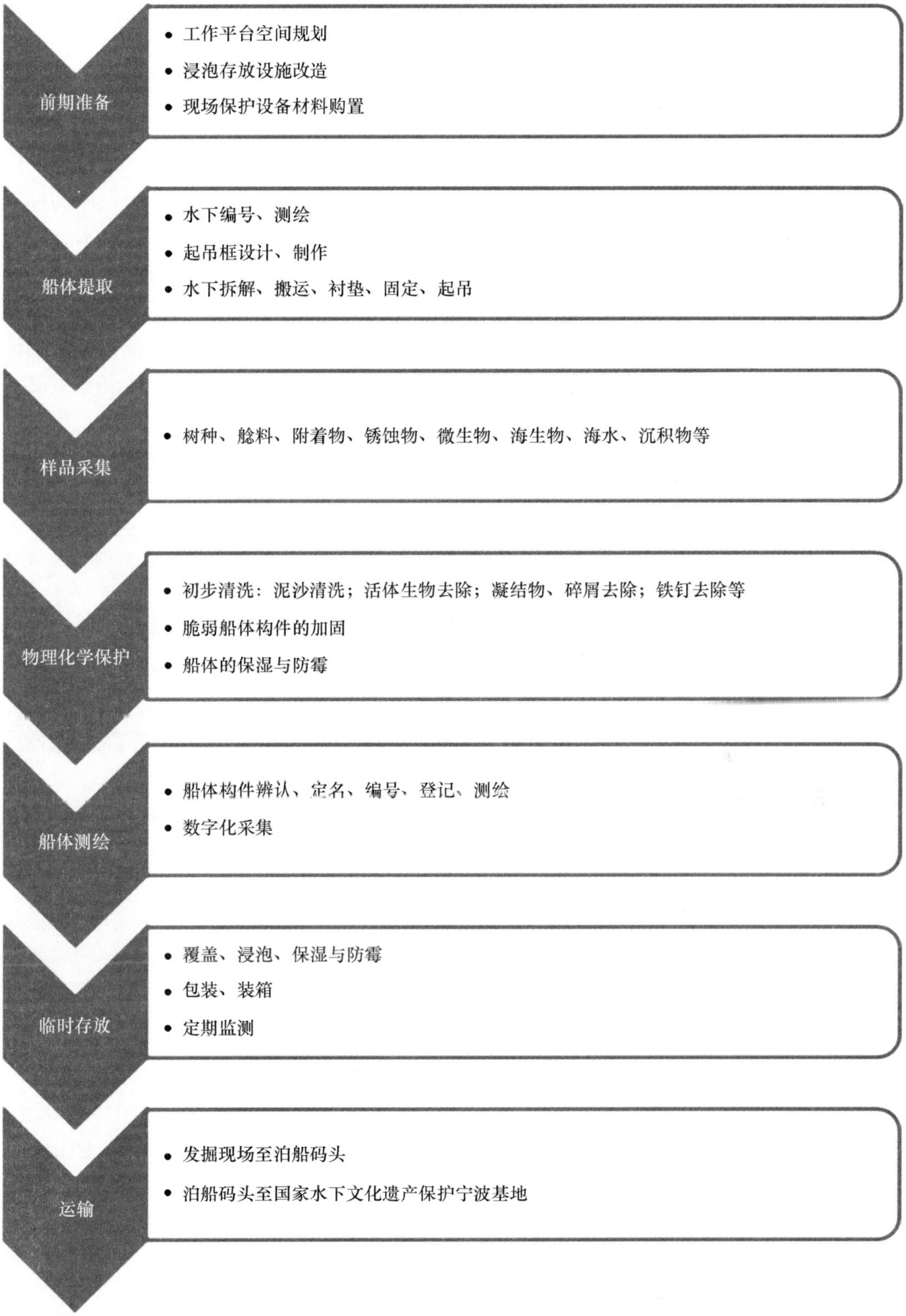

图一 "小白礁Ⅰ号"船体构件现场保护工作流程图

图二　浸泡池钢结构骨架制作

要的稳定性便于相关工作的开展，而且提供了宽裕的工作空间，能有效满足设备摆放、人员活动、工作开展和文物存放的需要。

（2）改造工作空间

根据工作需要，对工作平台可用空间进行了功能区分及设施改造。对于船体构件的现场保护，为避免阳光曝晒、降低水分流失速度，专门搭建了遮阳区；为保证船体构件能够得到妥善存放，在工作平台上专门制作了2个10×2—0.5米（长×宽—高）规格、钢结构骨架、PP板内板的浸泡池，用于船体构件的临时浸泡存放（图二、图三），另外准备了1个12×2.4—2.6米（长×宽—高）的集装箱用于船体构件的装箱存放（图四）。

图三　浸泡区

图四　出水船体构件存放室

（3）配置设备材料

针对船体构件现场保护工作需求，设备材料配置清单（表一）。

表一　船体构件现场保护所需设备材料

种类	名称	用途
化学试剂	ZJFC-1、硼酸、硼酸	防霉防菌
	PEG600、PEG1500	填充加固
	蒸馏水	保湿、脱盐
试验器皿	各种规格的烧杯、量筒、量杯,具塞锥形瓶、试管、滴管等	配制试剂
保湿包装材料	海绵、脱脂棉、中性宣纸、聚乙烯薄膜（透明、黑色）、聚酯泡沫、尼龙网布	包装
取样相关	木材生长锥、手术刀、不锈钢锯等	取样
	样品管、样品瓶、样品袋、具塞刻度试管、带塞比色管等	样品存放
	保鲜盒、冷藏箱等	

续表

种类	名称	用途
清洗工具	软毛刷、手术刀、美工刀、镊子、凿子、组合工具箱、喷雾器、洒水壶、竹签、竹刀等	初步清洗
仪器设备	电子平台	试剂称量
	温湿度计	温湿度监控
	pH计、便携式电导率仪、氯离子浓度计等	浸泡液检测
防护用品	护目镜、口罩、手套、工作服等	安全防护

3. 具体实施

在“小白礁Ⅰ号”船体发掘过程中，从文物保护和将来修复复原的角度出发，配合考古发掘进展，针对各种可能出现的问题，对出水的船体构件进行了现场保护，维持木质文物的原有形态。针对不同的船体构件类别，对糟朽文物增加强度至可单独移动；确保文物不发生收缩和变形；控制微生物的滋生；尽可能保持木质文物的自然纹理及色调，为船体构件的进一步保存和实验室保护处理打下基础。

从2014年6月15日开始，船体构件陆续出水。船体构件出水后，首先进行编号、登记、拍照、录像、保存状况评估（图五）和样品采集等工作，然后对其进行初步清洗，去除表面泥沙、污垢、活体生物等，之后进行测量绘图（图六）、图表记录、文字描述、建档造册等资料采集工作。待上述前期处理工作完成后，再对船体构件进行浸泡、防霉、包装、装箱等后续保护处理。

图五 保存状况评估

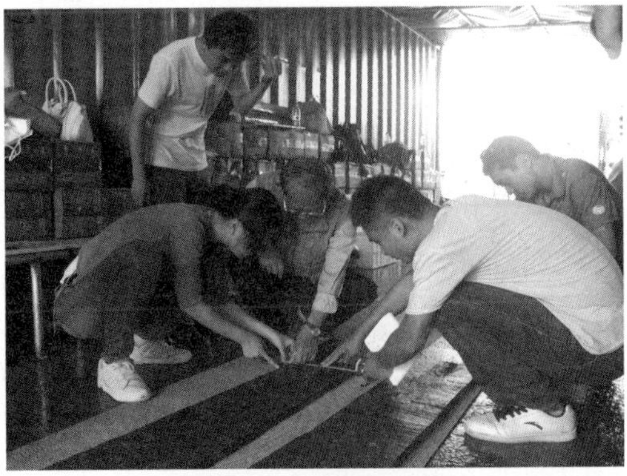

图六 船体构件测绘

（1）样品采集

为全面了解“小白礁Ⅰ号”沉船保存环境和船体构件病害状况，分门别类、有针对性地进行了多类型的样品采集工作。

采集了船体不同部位不同种类的船体构件样品，鉴定其树种、主要用途与产地分布等（彩版二九，1）。

采集了船体不同部位的微生物样品。

采集了船体不同部位的舱料、附着物、锈蚀物、海生物等样品。

采集了遗址表面不同位置和遗址上方不同深度的海水样品，检测其温度、盐度、pH值、氯离子、钙离子、镁离子、硫酸根等理化参数。

采集了遗址地层、周边堆积的沉积物（主要是泥沙和贝类）样品以及船体不同部位上的各类附着物等，检测其藻类和微生物等的主要类群（优势种、特征种等）和丰度，分析其理化参数与腐蚀强度等。

所有样品做好标记后放入冰箱存放，并及时送往实验室进行检测分析。

（2）初步清洗

用海水结合海绵、软毛刷、竹刀、竹签等工具，辅以水流冲刷和抽吸等方法，及时将船体构件表面的沉积物和泥沙等生物和微生物赖以生存的环境去除（彩版二九，2），避免木船构件继续遭受微生物的侵害。同时，去除船体构件上的活体海洋生物、部分凝结物和碎屑等。操作过程中，做好拍照和记录工作，定期喷淋海水保湿以防止船材过度失水，同时注意收集各类检测标本。

（3）脆弱船体构件的处理

对于腐蚀严重、自身强度低、易破碎的船体构件，制作相应规格的木板作为底托，放置两层气泡膜作为衬垫，将脆弱船体构件放置其上并加以固定（彩版二九，3），以防搬运过程中发生断裂、破碎等。

（4）保湿措施

由于工作时间正值夏季，气候炎热，海上风大，空气流通速度快，出水后暴露在空气中10分钟已足以使饱水的船体构件发生不可逆转的破坏。因此，在资料采集阶段，需定时对船体构件进行喷水保湿（图七）。

（5）暂时存放

由于现状评估、初步清洗、测绘、照相、记录等工作环节所需时间较长，另由于船体构件提取出水效率较高，包装、装箱工作跟不上，会导致船体构件在工作平台上的大量堆积。对此，根据实际情况，因地制宜采取了多种暂时存放措施。

对于仍需进行前期处理的船体构件，喷水保湿后用不透明塑料布进行覆盖避光保存（图八），定期检查并喷水保湿。此方式用于数小时至一两天内的短期存放。

对于已经完成资料采集工作、等待包装装箱的船体构件，由于后续工作进度跟不上，则暂时放置在浸泡槽中用海水饱水浸泡（彩版二九，4），并在浸泡槽上铺不透明塑料布以避光、减少空气流通，定期监测、换水。此法适用于一周内的暂时存放。

图七 喷水保湿

图八 覆盖短期存放

（6）包装装箱

由于发掘现场远离大陆，客观条件决定了出水船体构件无法在第一时间运往室内进行处理。为了更好地保护船体构件，一方面缓解因发掘现场存放、浸泡的船体构件数量过多而导致工作空间紧张问题；另一方面也有利于后期搬运和运输，在完成初步清理和资料采集工作后，将船体构件及时包装装箱，并进入装有空调的集装箱中存放，待发掘工作结束后整体运往国家水下文化遗产保护宁波基地。

①保湿包装

用吸水材料包裹船体构件（现场用宣纸包两层，图九），喷洒5%浓度的硼酸：硼砂（7：3）溶液作为防霉剂（彩版三〇，1），再用聚乙烯薄膜（至少两层）密封（彩版三〇，2）。

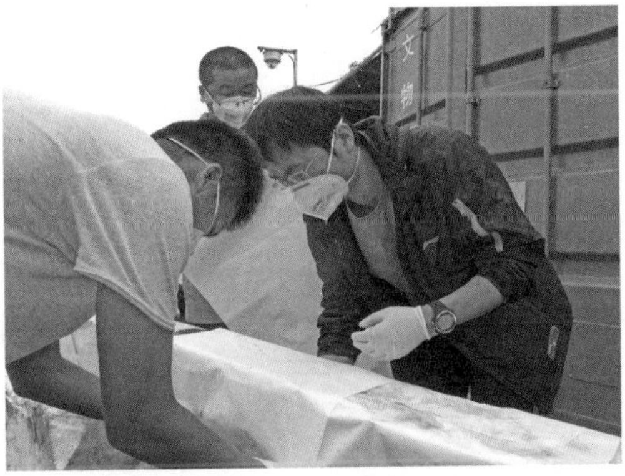

图九 宣纸包裹

②装箱

根据船体构件的尺寸现场制作保护箱。

将包装后的船体构件装入定制的木箱中，用气泡膜填充、衬垫，并用泡沫进行必要的固定、缓冲（图一〇）。

在保护箱的多个表面注明装箱日期、箱内船体构件名称等信息（图一一）。

③现场存放

装箱完成后的船体构件，运入文物存放室存放（图一二）。存放室内配置空调，保持温度在较低水平。定期检测环境温湿度并做好记录。定期检查，保证船体构件潮湿，避免微生物滋生。

图一〇　装箱

图一一　箱体信息标注

图一二　装箱存放

四、结　语

现场保护是考古发掘的重要环节，直接影响到文物保护的最终效果。由于水下考古尤其是沉船发掘的工作条件和对象比较特殊，因此也对现场保护工作提出了更高的要求。在进行现场保护时，需提前决策、综合考虑、妥善实施。

在2014年度“小白礁Ⅰ号”船体发掘期间，从5至7月，共发掘出水不同类型的船体构件244件，同步开展了现场保护工作。经多方共同努力，在保留文物资料完整性和不影响后续保护处理与考古研究两大前提下，确保了出水船体构件的安全。“小白礁Ⅰ号”现已进入国家水下文化遗产保护宁波基地沉船修复室开展室内保护修复。

通过“小白礁Ⅰ号”沉船遗址出水船体构件的现场保护工作，我们认为，要做好水下考古尤其是沉船发掘项目的文物现场保护工作，需注意以下几个方面的问题。

1. 准备工作的预判性

水下考古工作的交通条件往往不如陆上工作时便利。譬如“小白礁Ⅰ号”沉船遗址位于宁波象山石浦北渔山岛海域，距离最近的石浦码头约需3个小时的船程，物资采买较为不易且无法及时运送。另外，工作地点处于海上，条件有限。再者，此次发掘的对象是大体量的沉船船体构件，处理难度远远大于小件或较为稳定的器物。工作条件的艰苦和保护任务的繁重，要求在项目实施前进行周密部署。

水下考古发掘工作受天气、海况、水文等因素影响较大。根据相关气象资料及往年作业情况，此遗址所在海域每年5月中上旬起至7月中上旬台风季节来临之前，受海风、海流、潮汐、水温和船只往来等影响相对较小，海况比较稳定，水下能见度较好，适宜水下作业时间较长，有利于工作的开展。

通过2009年重点调查和2012年船载文物发掘工作，对“小白礁Ⅰ号”沉船遗址情况和船体保存状况有了较为明晰的了解。在此基础上，结合具体工作目标、场地条件、人员力量、资金预算等因素，针对可能发掘出水的船体构件的种类、尺寸、保存状况和病害类型等，经过科学评估，有针对性地制定现场文物保护预案、配备专业保护技术人员、提前预备适当的保护材料，为考古现场的文物保护做好充足的准备。

2. 现场处理的及时性

“及时性”主要是指在文物发掘后的第一时间采取保护措施，控制其因环境骤变而产生的各种形式劣变的发生[6]。如果在考古发掘现场没有对文物进行及时保护，不仅会使文物本身及其蕴含的信息受到较大的损伤，而且还会增加后期保护的难度，使保护工作费时费力。

“小白礁Ⅰ号”沉船长期埋存于海洋环境，部分船体构件暴露在海床表面，受高腐蚀性的海水作用，病害严重，本身理化性质较脆弱。出水后，由于所处环境剧变，腐蚀劣变速度加快；工作期间气候炎热，饱水的船体构件失水后极易发生收缩、开裂、卷曲甚至崩塌解体。因此，需及时采取有效保护措施，一方面确保发掘现场文物安全；另一方面可降低后续实验室保护的工作量，提高保护处理成功率。整个水下发掘和现场保护工作期间，通过前期规划和相关准备，从人员队伍、空间布局、设备设施、技术方法等多方面保障了现场保护的顺利开展。船体构件发掘出水后，资料采集、保护处理等各项工作及时有序开展，最大限度缩短暴露在空气中的时间，使环境变化的影响降到最低，不仅确保了船体构件的安全，还避免了相关历史信息的丢失。

3. 保护措施的合理性

由于场地、人员、设备等因素的制约，现场保护无法实施实验室全面保护修复等相关措施，其保护处理只能以预防性保护为主。

“小白礁Ⅰ号”沉船发掘期间，根据船体构件自身情况，因地制宜，灵活采取了合理的技术保护措施，避免了人力、物力和财力等资源的浪费。具体实施时，以初步清洗、抢救性保护和适当包装储存为主，并遵循以下保护原则。

（1）尊重和保留所有的历史信息。

（2）尊重和保留原有材料和工艺的真实性。

（3）措施的最小干预、可再处理性，任何保护行为都不应该对将来的保护和修复造成障碍。

（4）保护处理的每一个步骤，都要做好详细的记录，包括文字、图纸、照片，留取完整的保护档案资料。

（5）对于现场处理有难度的器物，保持其稳定状态并尽快送至有条件的实验室进行保护。

4. 发掘保护的协调性

“小白礁Ⅰ号”沉船发掘和保护工作是一个多学科介入和多团队合作的项目。工作期间，与多家科研院所合作开展了沉船遗址海底环境样品检测、船体测绘与复原、木材鉴定和损伤评估及保护修复等工作；与交通部广州打捞局合作开展了船体起吊、浸泡、包装、装卸、运输等工作。此外，工作队伍下设发掘、保护、规程、资料、测绘、设备等若干工作小组，各组之间分工协作，取长补短，相互支持，扬长避短。

为做好现场保护工作，必须保持认识上的统一和行动上的协调。认识上，水下考古队员、现场保护人员、合作单位人员等都牢牢树立现场保护意识，正确认识现场保护的重要作用；行动上，在实践工作中加强统筹协调和具体落实，妥善安排考古发掘进程，避免船体构件积压过多导致保护工作压力过大从而可能使其得不到妥善处理。经多方通力合作，确保了“小白礁Ⅰ号”船体发掘工作的顺利推进，并完满完成船体构件的现场保护工作，现已顺利转入室内保护修复阶段。

附记：感谢所有参与“小白礁Ⅰ号”沉船船体发掘与现场保护工作的水下考古队员、现场保护人员和各合作单位及其派驻人员。

注　　释

［1］　中国国家博物馆水下考古研究中心、宁波市文物考古研究所：《浙江宁波渔山小白礁Ⅰ号沉船遗址调查与试掘》，《中国国家博物馆馆刊》2011年第11期。

［2］　国家文物局：《2012中国重要考古发现》，文物出版社，2013年4月，第175～178页。

［3］　宁波市文物考古研究所、国家文物局水下文化遗产保护中心：《我国水下考古的又一创新之作——浙江宁波象山“小白礁Ⅰ号”2014年度发掘》，《中国文物报》2014年8月29日5版。

［4］　〔英〕Nicholas Stanley-Price. *Conservation on archaeological excavations*. ICCROM，1995.

［5］　龚德才：《考古发掘现场保护的理念与实践——泗阳汉墓考古现场保护思考》，《中国文物报》2003年5月30日8版。

［6］　赵西晨、邵安定：《试论“及时性”在考古现场保护中的重要意义——以张家川战国墓地现场保护实践为例》，《文物保护与考古科学》2009年第21卷第4期。

“华光礁Ⅰ号”出水文物保护修复

包春磊

（海南省博物馆）

摘要：本文主要介绍了“华光礁Ⅰ号”出水船体构件、陶瓷器和铁器的保护修复实施情况。

关键词：华光礁Ⅰ号　出水文物　保护　修复

“华光礁Ⅰ号”南宋沉船遗址位于海南省三沙市西沙永乐群岛南部的华光礁环礁内侧。该沉船于1996年被渔民发现；1998年开展过调查与试掘；2007年3～5月，完成船载物发掘和船体全面测绘；2008年11～12月，开展船体发掘，对船体构件逐件编号测绘，拆解提取运回海南省博物馆。共计出水编号船板500余件以及瓷器、陶器、铁器等各类文物逾万件。

“华光礁Ⅰ号”沉船遗址考古发掘结束伊始，保护处理工作就已经有条不紊地开始了。国家文物局对“华光礁Ⅰ号”沉船船体及出水文物保护工作非常重视，将其列为“十二五”国家出水文物保护重点工程，专门委托中国文化遗产研究院编制沉船船体及出水文物保护方案。2011年4月15 日，国家文物局通过了中国文化遗产研究院编制的《“华光礁Ⅰ号”出水木船保护方案》（Ⅰ期）、《“华光礁Ⅰ号”出水陶瓷器脱盐及保护修复方案》和《“华光礁Ⅰ号”出水铁器保护方案》。2012年10月，海南省博物馆和中国文化遗产研究院合作开展“华光礁Ⅰ号”出水船体构件、陶瓷器和铁器保护修复工程，并正式签订了合作协议。现简要介绍保护修复实施情况。

一、船体构件保护

根据《“华光礁Ⅰ号”出水木船保护方案》（Ⅰ期），木船的总体保护计划共分为三个阶段：第一阶段为船体构件的脱盐和脱硫工作，目前船体脱盐工作已经基本完成，正开展船体中的硫铁化合物的脱除工作，约需2年；第二阶段为船体构件的脱水、填充加固、干燥，预计需要5年；第三阶段为船体的拼对复原，预计需要2年。

长期浸泡于海水中的船板含有大量的含氯离子的盐类，这对800余年前的船板是致命的隐患，必须想尽办法去除。由于海南省博物馆场地面积和资金有限，先后三次对船体构件脱盐池进行了改造。

第一次，2008年12月27日，西沙“华光礁Ⅰ号”古沉船保护专家论证会在海南省博物馆召开，国家文物局、中国国家博物馆以及来自全国各地的漆木器保护专家和考古专家出席了会议。根据专家意见，将海南省博物馆内的一个露天景观池先期改造成一个简易的脱盐池，将船体木板用塑料膜包裹后浸泡在池中，定期换水以加速脱盐（彩版三〇，3）。

第二次，由于简易脱盐池的池水不能流动，船板容易产生藻类，且外面包覆的塑料膜不利于保护，2011年6至9月，海南省博物馆邀请中国文化遗产研究院对脱盐池进行改造设计，加装了水循环系统，定制了一批铝合金架子，用于船板摆放（彩版三〇，4）。9月初，将船板转移到改造后的脱盐池中，除去塑料膜，在循环水作用下，脱盐效率提高。此外，由于海南岛地处热带亚热带，温度较高，“华光礁Ⅰ号”船板室外脱盐过程中，藻类微生物严重爆发，因此当时加入硼酸-硼砂以杀菌防腐防藻（彩版三一，2）。后来，为防止藻类微生物产生抗体，又添加了广谱杀菌剂N-351和硼酸-硼砂交替使用，取得良好效果。

第三次，由于当时资金有限，船板运回海南省博物馆后一直放置在室外进行处理。而木船发掘出水后，脱离了海水中氧气浓度较低的环境，浸泡液中溶解的氧会使得已经严重降解的有机质进一步降解。加之海南温度高、紫外线强，会促进露天放置的船体构件的氧化降解。因此，从2012年10月开始，海南省博物馆筹集资金，修建了“华光礁Ⅰ号”南宋沉船保护室（彩版三一，1），内置循环水装置，另购买了两台5吨/时的去离子水机（彩版三一，3），以利于船板脱盐。2013年初，南宋沉船保护室建成，自此船板开始在室内进行保护处理。

2012年10月，我们对“华光礁Ⅰ号”沉船木构件取样检测分析发现，经过4年的可溶盐脱除处理后，“华光礁Ⅰ号”船板构件中大量的可溶性盐类消失，但还存在有相当数量的难溶硫铁化合物。

由于船体可溶盐已经脱除，2013年4月进入船体脱硫处理阶段。采用EDTA二钠盐溶液对难溶性硫铁化合物进行脱除，并每周对脱盐溶液进行取样检测分析，结合现场跟踪监测数据，定期评估难溶性硫铁化合物脱除效果。跟踪评估结果表明，截至2013年年底，在近半年的三个周期浸泡过程中，硫的脱除率约为26.7%，铁的脱除率约为25.2%，但木材中仍有大量铁、硫成分存在，目前继续脱硫中。

二、陶瓷器保护修复

“华光礁Ⅰ号”出水陶瓷器近万件，其中约7000件基本完整的陶瓷器急需去除表面凝结物和脱盐处理；约2400件残破的陶瓷器需要去除表面凝结物、脱盐保护、粘接补全等工作。

1. 去除表面凝结物

陶瓷器的保护首先要清除其表面的凝结物。

“华光礁Ⅰ号”部分陶瓷器表面凝结物通过X 射线荧光（XRF）分析结果显示，凝结物主要成分为铁、钙、硫、硅等。X 射线衍射(XRD)分析结果显示，凝结物主要物相组成为文石、方解石、石膏等，另外含有氧化铁、碳酸盐及氧化锈蚀等（彩版三二，1）。根据国家文物局批复的《“华光礁Ⅰ号”出水陶瓷器脱盐及保护修复方案》要求，我们先把器物放入3%～5%的盐酸溶液中浸泡0.5～1.5 小时，然后使用5%的EDTA-2Na和3%的柠檬酸溶液先对有凝结物的器物进行浸泡，以去除含碳酸盐、硫酸盐的凝结物，再用手术刀、毛刷等工具去除已软化的凝结物。

2. 脱盐保护

出水陶瓷器中的可溶性盐一般采用去离子水浸泡清洗。“华光礁Ⅰ号”出水陶瓷器数量众多，刚运至海南省博物馆时，由于条件简陋，且无经验可借鉴，陶瓷器就放置在塑料框中进行脱盐（图一），每隔一段时间进行换水清洗，劳动强度很大。

图一　初始简陋的脱盐设备

为加快瓷器脱盐效率，2011年年底开始，我馆借鉴韩国新安沉船的文物保护经验，定制了大型恒温水槽和超声波清洗机（彩版三一，4），每周对陶瓷器进行换水，以加速其脱盐，主要采用冷热水交替浸泡和超声波方法以加快脱盐过程。

3. 粘接补全

“华光礁Ⅰ号”出水陶瓷器中约有2400余件残破器物需要粘接补全等工作，任务繁重。根据实际情况，我们对大部分残缺陶瓷器进行考古修复，选取其中纹饰精美、罕见稀少的器型进行展览修复，以备海南省博物馆二期展览使用。

（1）考古修复

考古修复力求还原文物的“真实性”，要求按出水时的残破情况拼接好并修补缺损部位，所修补部位必须与原物有差别，粘接部分和补缺部分不能随色，保持出土文物的真实性，保留修复痕迹，以便清晰辨别哪些是原器物，哪些是修复部分（彩版三二，2）。

（2）展览修复

展览修复旨在使文物在视觉上达到“完美无缺”，通常会采用各种材料对文物进行修复，要求文物表面修复完好，放置在展柜中目视辨别不出修复痕迹。

截至目前，已经完成3650件陶瓷器的脱盐工作，2500余件陶瓷器表面凝结物的清洗去除工作；已拍照整理青釉大碗、篦划团花纹中碗、篦划纹小碗、大小粉盒、青白釉执壶、执壶盖、瓶、酱釉小罐等总计4581件。共修复残缺陶瓷1115件，含碗914件、执壶139件、粉盒46件、瓶16件，其中考古修复1085件、展览修复30件。

三、铁器保护

“华光礁Ⅰ号”船体上覆盖大块铁质凝结物，发掘出水的铁器主要是小单体和小块凝结物，统计有100多件，尺寸长约11～21厘米、宽2.2～4厘米、厚0.3～1.4厘米。这些器物出水时均有不同程度的锈蚀、疏松、脆裂现象，表面覆盖物以白色钙质层和红褐色铁锈层为主，有部分铁条多条凝结在一起（图二）。海南地处热带，天气炎热，空气湿度大，紫外线照射强烈，经常下雨，地理位置四周环海，空气中含有大量海洋盐分，给文物保护增加了难度和不确定因素。

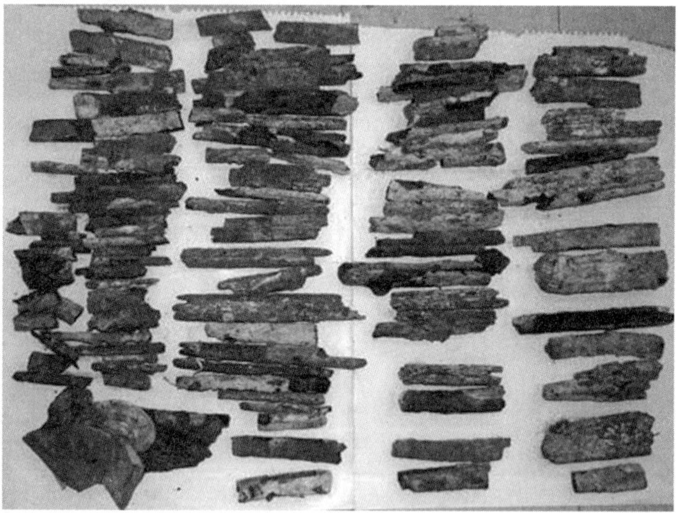

图二　“华光礁Ⅰ号”部分出水铁器

2013年铁器文物保护工作主要是档案登录和脱盐处理。由于铁器尺寸较小，将铁器分别放置在4个槽中进行脱盐,编号为T1、T2、T3和T4。脱盐液早期采用2.5%的氢氧化钠，0.2%的六偏磷酸钠及0.3%的十二烷基苯磺酸混合溶液长期浸泡，后期采用2%NaOH水溶液。开始阶段换药、换水较为频繁,大约一周一次，后期延长换药、换水时间,大约20天一次。每次换药前采集水样，采用氯离子测定仪对水样中的氯离子含量进行检测分析（表一）。

表一　“华光礁1号”出水铁质文物脱盐溶液中氯离子含量（ppm）

采样日期＼样品编号	T1	T2	T3	T4
4月26日	26.0	12.1	49.6	40.6
5月03日	44.4	111.2	53.4	67.0
5月10日	36.4	89.7	32.4	55.2
5月21日	42.2	103.8	51.6	83.6
6月09日	45.6	122.6	8.88	84.2
7月01日	25.4	55.8	28.4	60.0
7月22日	21.2	49.2	18.9	43.2
8月12日	37.8	42.6	30.8	55.0
9月02日	43.0	43.6	32.6	48.6

从氯离子含量测试结果可以看出，经过4个半月的浸泡脱盐后，脱盐溶液中的氯离子浓度稳定在50ppm以下，基本比较稳定。但为了稳妥起见，继续进行脱盐处理，继续监测脱盐溶液中氯离子含量变化。下一步将对这批铁器开展后续保护修复。

四、结　　语

“华光礁Ⅰ号”南宋沉船处于我国古代“海上丝绸之路”要冲，也是我国在远洋海域发掘的第一艘古代沉船，妥善保护、修复好其船体构件与瓷器、陶器、铁器等各类文物，对于保护、修复、研究、展示南海海洋文化遗产具有重要意义。

浅议海洋出水陶瓷文物的病害特征及其保护处理

罗　鹏

（宁波市文物考古研究所）

摘要：近年来，我国海域经水下考古发掘出水了大量的陶瓷文物，其保护已成为亟待解决的问题。海洋出水陶瓷文物的病害主要有残缺，析盐，开裂、崩落、剥落，脱釉，釉彩脱落、变色或褪色，釉层变色或褪色，铁质凝结物粘连，生物损害等。针对这些病害，需要制定现场、临时库房、实验室三个阶段的保护方案，尽量选择环保、可逆性的保护材料，采取科学、规范、经得起长期检验的保护措施来予以有效保护，尽可能使之恢复原有的艺术风貌和历史价值。

关键词：海洋出水陶瓷文物　病害　脱盐　清洗　加固封护　补全

一、引　　言

近年来，我国相继调查、发掘了福建平潭“碗礁Ⅰ号”、海南西沙“华光礁Ⅰ号”、广东阳江“南海Ⅰ号”、广东汕头“南澳Ⅰ号”、浙江宁波“小白礁Ⅰ号”等不同历史时期的沉船。其中，“碗礁Ⅰ号”出水17000余件景德镇瓷器；“华光礁Ⅰ号”出水近万件文物，绝大部分为福建和江西景德镇生产的陶器和瓷器，包括青白釉、青釉、褐釉和黑釉等生活用品和工艺品；“南海Ⅰ号”船舱内文物可能将近6万件，其中最多的是瓷器，包括龙泉青瓷、德化窑、景德镇等窑口的瓷器（据翟璐：《南宋古沉船“南海一号”现海量文物》，中国新闻网2015年2月15日）；“南澳Ⅰ号”出水文物26000余件，大多为青花瓷器，主要来源于福建平和窑，少数来自景德镇观音阁瓷窑；“小白礁Ⅰ号”出水文物1000余件，绝大部分为清代嘉庆、道光年间的青花瓷器，也有少量五彩瓷、陶器、紫砂等遗物。这些出水陶瓷器物经过海底长时间的埋藏，或多或少都产生了一些病害现象，出水后该如何保护已成为一个亟待解决的问题。

二、陶瓷器的区别

顾名思义，陶瓷器并非单纯的一类器物，而是包括了陶器和瓷器两大类，二者在烧制材料（土质）、烧制火候（烧成温度）、施釉、烧造工艺等方面有着明显的差异。

陶器主要采用黏土制作，黏土中含有大量的杂质，因此陶质比较疏松，陶胎孔隙率大；烧制瓷器的瓷土主要为矿物质瓷石-氧化铝含量较高的瓷土，即高岭土。瓷土经过淘洗、练泥等步骤，胎土更加细腻，瓷胎孔隙率较小。

陶器烧制温度一般在1000度以下，烧成温度比较低，胎体基本烧结，不再遇水分解，但气孔率和吸水率较高。在显微镜下观察陶器胎体，极少存在玻璃相莫来石结晶体，换句话说就是没有瓷化，敲击之声较沉闷；瓷器烧制温度一般在1200度以上，烧成温度较高，胎质基本瓷化，气孔率和吸水率较低，显微镜观察有大量莫来石结晶体存在，敲击之声清脆。

陶器与瓷器的区别不在于有没有釉。陶器可以有釉，如汉代琉璃釉器（汉绿釉）、唐代五彩琉璃器（唐三彩）等；瓷器也可以无釉，如白瓷素胎器，由于质地洁白细腻，没有人会把它看成是陶器。其实，商周至战国时期我国南方地区采用瓷石生产的所谓硬质陶器，其胎质已经达到瓷化程度，敲击之声清脆悦耳，也应当属原始瓷范畴。当然，多数情况下陶器表面是不施釉的，因此容易沾染污渍；瓷器表面多数是施釉的，其表面经过高温烧制后会形成一层玻璃相的釉层，显得整洁光亮，并可对瓷胎进行保护。

陶器烧造采用手制或轮制，表面会有大量的泥条盘筑痕迹或轮制痕迹，露天烧或在土窑烧造，烧成温度不高，产品相对较粗；瓷器烧造多采用轮制，瓷胎表面相对光滑，进入密闭的窑炉烧造，窑炉内温度比较高，器物大量地采用叠烧、垫烧、匣钵烧等方式，因而烧造出来的产品数量更大，质量也更精。

三、出水陶瓷文物病害及其成因

出水陶瓷文物，特别是海洋中出水的陶瓷文物，其病害现象主要有：残缺，析盐，开裂、崩落、剥落，脱釉，釉彩脱落、变色或褪色，釉层变色或褪色，铁质凝结物粘连，生物损害等。由于陶瓷器质地、特性不同，经过长时间的海水浸泡，其出水后的病害情况也存在差异。

1. 残缺

残损、缺失、套件分离是出水陶瓷器常见的病害现象之一。如“小白礁Ⅰ号”出水的瓷碗不少皆口沿残缺，出水的瓷罐也有身、盖散离现象。究其原因，有可能是陶瓷器在沉船撞击海底过程中，船货散落，互相碰撞，造成瓷器残损、开裂；也可能船体在海底解体过程中，由于水流冲刷、人为拖网、盗捞等造成船货的分散和成套器物的分离。

2. 析盐

表现在出水陶瓷器表面会有一层白色盐的结晶体或者表面潮湿，也就是盐的结晶和潮解。原因是陶瓷在海水里长期浸泡，大量的盐分会渗入器物内部。尤其是陶器，胎质较粗，孔隙率较大，易吸水，易酥粉、开裂，易被污染，因此会有大量的盐分渗入，一旦出水，表面就会析出大量的盐分。瓷器由于外表有釉层覆盖，瓷胎细密，不易吸水，不易酥粉、开裂，不易被污染，盐分渗入相对较少。尤其是像“南海Ⅰ号”出水的宋代龙泉青瓷、景德镇青白瓷、德化白瓷、明清青花瓷等满釉烧制、烧制火候较高且釉层较厚的瓷器，相对来说盐分渗入较少，一般都是瓷器残损后从胎体的断面或者裂缝渗入。不过，因为各地区、各窑口使用的原料不同，烧制工艺不同，其孔隙率差别也较大。如“南澳Ⅰ号”出水的陶瓷器几乎都为东南沿海地区的民窑产品，胎体的孔隙率相对较大，尤其是带釉陶器，胎内含有的盐分比一般陶瓷器高出很多。典型事例如2002年湖北文物商店收购的一批西沙出水陶瓷器，可溶性盐的析出和结晶膨胀对于低温釉陶和胎质疏松的瓷器釉面及胎质都构成了极大威胁，部分瓷器釉面出现剥蚀现象[1]。

3. 开裂、崩落、剥落

出水陶瓷器表面有裂纹、裂隙等现象。三方面原因产生：一是陶瓷器在烧制过程中冷却阶段产生的缺陷。冷却是瓷器烧制的重要阶段，需缓慢进行，防止对物品产生机械损坏。在烧结完成后，窑室不能立即打开，而是慢慢冷却，然后再打开。冷却过程中，在素坯胎体和釉层之间可能产生张力，由于胎体和釉的热膨胀系数不同，胎釉冷却收缩过程中会产生裂纹。二是后期的沉船过程中船货的互相碰撞造成器表的开裂。三是陶瓷器出水后由于表面和缝隙中吸附的大量的盐析出，在表面潮解和结晶，在潮湿环境中会逐渐吸收空气中的水分，使其表面潮解；反之，结晶形成晶体或含结晶水合物。潮解或结晶过程中，陶瓷表面结构发生物理涨缩效应，改变了结构之间的应力作用，导致其表面釉层或胎体产生崩裂、裂隙或断裂、剥落、酥粉等现象。

4. 脱釉

表现在胎体上釉层全部或者局部脱落下来。原因是烧制过程中釉渗入胎体不足，胎釉粘结程度不高，在互相碰撞后釉层脱落或者出水后器表析出盐，在盐潮解、结晶的过程中发生应力变化导致釉层崩裂脱落。

5. 釉彩脱落、变色或褪色

这里的釉彩主要是指釉上彩。元代以前的瓷器釉色相对单一，绝大多数为釉下彩，例如“南海Ⅰ号”出水的龙泉青瓷、德化白瓷、景德镇青白瓷、青花瓷等，这些瓷器由于绘制的染料在釉层下，釉层为玻璃相，与胎体结合紧密，因此这些窑口出土的瓷器基本不存在釉彩脱落的现象。釉上彩主要指五彩、粉彩、珐琅彩等明清晚期的瓷器，这些瓷器在一次上釉烧制后再在釉上绘彩进行二次烧造。彩料烧成的火候不高，加上海底长时间的浸泡，会导致大量的盐分渗入，加上海底微生物的侵蚀，釉上彩容易变色或者脱落。此外，釉彩里的氧化物暴露在空气中与氧气发生氧化作用也容易产生褪色现象。

6. 釉层变色或褪色

表现在瓷器的釉层颜色变淡或者发乌。原因是瓷器表面的釉层是玻璃相的物质，含有氧化钛、二氧化硅等。氧化钛是一种遇高温后会变色的氧化物，且变化过程不可逆，其中掺杂的离子被氧化从而产生色变。这与普通玻璃时间久了，透明度也会下降，颜色也会变得偏黄的原理其实是一样的。

7. 铁质凝结物粘连

表现在出水瓷器与船货中的铁质凝结物粘连在一起。原因是瓷器表面沉积物主要为石英和硅酸钙，在部分瓷器表面发现碳酸铁，可能是由于长期与铁器接触所致。船货中的铁器在水里与水溶性氧发生氧化还原反应，形成铁锈，铁离子、钙质凝结物与瓷器表面的泥沙等沉积物互相作用渗透粘结形成瓷铁凝结物。

8. 生物损害

主要表现在出水的陶瓷器表面上会附着大量的贝壳或者贝壳的分泌物，陶器表面还会有海蛆等海洋微生物的腐蚀污染等现象。原因一是活着的贝类可以分泌一些黏性很强的物质，使自己牢牢粘附在附着物上。如一些藤壶、贻贝之类会分泌黏性物质像强力胶一样把自己粘附在礁石或其他海洋生物上，从而可以从海浪中滤取食物，当这些贝类死亡后，贝壳依然保留在附着物上。同理，海水中的陶瓷器也面临这些贝类海洋生物的侵蚀，出水后表面会附着有大量的乳白色贝壳或贝壳分泌物。二是由于陶器胎体成分是黏土，孔隙率较大，大量的海洋微生物或霉菌等会侵入陶胎内部，使得陶器胎体表面发黑发灰。三是海泥中往往含有大量的有机物和细菌的混合体（类似于活性污泥），这些细菌会不断地分解有机物，并将自己的同类和食物（有机物）粘连在一起，附着在陶瓷器表面或者渗入胎体内部的裂缝、端口上结成生物膜，这种膜在陶瓷表面会产生霉变。

四、出水陶瓷文物的保护处理

出水陶瓷文物保护工作应注重现场即时保护，尽量减少出水文物提取过程中造成的二次损害，并使用多种保护材料和措施确保文物在提取、包装和运输中的安全，再根据文物保存情况进行相应的室内处理。其保护流程大体可分为：出水阶段现场保护、临时库房初步保护、实验室保护三个阶段。

1. 出水阶段保护

（1）记录：出水陶瓷器在不同埋藏环境中保存程度的差异很大，在海底长期处于相对稳定的封闭状态，出水时突然从水下转入水上，环境骤变会引起器物的急剧变化，造成劣化变质，因此获得出水环境的原始数据及背景资料非常重要。陶瓷器出水上船后首先要做好器物卡片，给予编号，记录其在船体的所处位置、保存情况、主要尺寸（口径、底径、高等）、病害现象（残缺、开裂、附着物等）、温湿度等基本情况，既要文字记录，也要有影像记录，记录要全面细致。

（2）清洗：这是对刚出水的陶瓷文物通常采取的第一步干预措施。出水文物原来保存在海底环境中，海水对于它们来说是一种相对稳定的介质，应选择使用海水冲洗出水陶瓷表面的泥沙。瓷器清洗时要格外注意操作力度和处理程度，如釉下彩瓷器可用水直接清洗，釉上彩瓷器清洗时要缓慢细致，避免将釉上的颜料清洗掉，造成二次伤害。有些保存完好的陶瓷盖罐等器物，如果密闭完好，其容器的内部可暂不清洗，因其里面可能含有与原来盛储的残留物相关的物质，通过鉴定可以弄清相关物质，因此应连同器内的淤泥等一起收集，提取或清洗时，要注意保留，避免洗掉文物自身及其携带的重要信息。

（3）脱盐：简单清淤之后，要将文物放入盛有去离子水的聚乙烯容器中浸泡脱盐。原因是陶瓷器在海水中长期的浸泡会有大量的盐分渗入，且胎体呈饱水状态，出水后由于环境的变化，温度和湿度都会改变，水分会蒸发，盐分会析出，尤其是烧制温度过低的陶器，脱水后会出现粉化或断裂现象，因此需要进行现场初步脱盐和稳定处理。

（4）对于一些脆弱陶瓷文物，应予以特别保护处理。如五彩瓷碗表面颜料非常脆弱，稍有触碰，颜料即会脱落，这类瓷器初步清洗后，要采用独立容器存放，保持潮湿、避光、避风环境[2]。

2. 临时库房初步保护

这一阶段的保护处理主要是对已经出水离船但还未搬到实验室内的陶瓷器上的附着物进行清除和脱盐。

（1）清除表面附着物：对贝壳类分泌物的清除一般采用机械方法和化学方法两种方法进行处理，其中的机械方法主要是指用手术刀刮陶瓷表面的附着物，这种方法清除陶瓷器上的一般附着物切实可行，但仍有部分需要借助各种化学试剂进行清洗。特别要注意有些试剂可能会腐蚀器物的表面，所以应少用酸性物质作为清洗剂，清洗的时候不能改变成分，不能改变原状。

（2）脱盐：海水中的可溶性盐类积聚于文物表面和空隙中，当文物发掘出水后，其保存环境发生改变，盐分可能通过物理或化学作用对文物造成损害。和现场保护阶段一样，在临时库房中对出水文物进行脱盐处理也是十分必要的。浸泡法是一种安全有效的脱盐方法，其原理是利用溶液浓度梯度，离子自发地向浓度梯度低的区域移动，通过定期更换浸泡液，可逐渐将文物中的可溶性盐替换出来。

3. 实验室保护

首先弄清出水陶瓷文物的保存现状。器物最基本的信息包括器物形态、质地、色泽、残破情况等。可通过肉眼直接观察出水陶瓷文物的病害种类、病害分布等。进一步可利用仪器分析方法得出定量检测分析、微观分析报告、无损探伤及测量数据、量化参数、实验条件、实验现象观察记录等详细资料。通过这些检测分析，可以了解文物的物质成分、制作工艺、历史年代、腐蚀产物等信息，为准确掌握器物信息提供科学依据[3]。弄清保存现状后对要修复的陶瓷器还要建立文物修复档案，档案主要包括器物的基本信息如器物的历史资料、文物价值、照片、保存状态描述、CAD或手绘病害图等。

其次是对出水陶瓷文物进行保护修复，修复过程主要包含以下五个步骤：

（1）清洗：清洗的目的是清除出水陶瓷器物表面的泥沙垢及附着杂物、钙盐、霉斑等，使文物的艺术价值、历史价值和科学价值体现出来。陶瓷器出水前长期埋藏在海底，受海水中各种物质如硅质矿物、有机物、海洋生物等的粘附和沉积作用影响，表面形成了各种颜色和形式的附着物。这些附着物不仅粘附在釉层表面，还沉积在胎、釉的裂缝、孔隙之间，尤其可溶盐分会深入疏松的结构中沉积，并可能会对釉、彩造成破坏。出水陶瓷器在随后的修复过程中通常要进行清洗。陶瓷表面的难溶盐沉积物通常被划分为石灰质、石膏质和硅质三类，这些难溶盐沉积物在陶瓷表面通常附着得非常紧密，难以去除，硅质沉积物尤其如此。

清洗方法：机械方法和化学方法相结合。针对器物的具体部位，选用不同的清洗方法。具体做法是先清洗出试验块，经评估比较后确定标准面，同时确定上述方法对拟清洗的文物不会造成新的伤害，再进行全面清洗。

机械清洗法：首先用去离子水或去离子水加乙醇（1∶1）疏松附着物，再在附着物半湿润状况下用竹签或手术刀逐层清洗。比较坚硬的凝结物可使用凿子、振动仪器、压缩空气驱动笔、牙科工具和钻头等工具对包裹物作进一步处理。

化学清洗法：使用化学溶剂时，正确选择清洗剂和清洗方法极为重要。陶瓷器在清洗时常会用到一些化学清洗材料，如盐酸、草酸、EDTA二钠盐、过氧化氢、84消毒液等。化学材料利用与污垢发生的化学反应，可使沉积的污垢从陶瓷表面解离并溶解分散到水中。其反应迅速，清洗效果明显，容易将附着紧密的沉积物清除[4]。陶瓷清洗现在常用交换树脂（比如意大利产的阳离子交换树脂）作为清洗产品，使用时将这种阳离子交换树脂用水调成糊状，涂抹在有钙镁沉积物的器物表面，并不停地搅动，可以除去陶器表面的钙、镁盐[5]。2002年西沙一批出水瓷器保护过程的去除沉积物及锈色的实验是：以柠檬酸加EDTA混合溶液浸泡的效果最佳。因该复合液$C_6H_8O_7 \cdot H_2O$+EDTA作为络合剂与陶瓷器上的附着物反应，使其中部分钙镁盐形成可溶性的络合物溶解，从而软化沉积物使其易于脱落，同时，使附着在器表的红锈色、铁锈生成螯合物溶解，达到除色目的[6]。

对于陶瓷器表面凝结物的清洗处理，目前多集中在地下埋藏过程中所形成的钙质、土锈质及有机质沉积去除，对于钙质等无机类沉积多用稀酸类清洗剂（如草酸、醋酸、柠檬酸、稀盐酸等）去除，其中对于石灰质沉积多用10%的盐酸或者硝酸去除，石膏质凝结物多用浓硝酸去除，硅质凝结物用1%的氢氟酸去除。也有学者用5%的六偏磷酸纳溶液去除钙质沉积。近年来比较盛行用EDTA二钠盐去除钙质沉积。对于各类油污等有机质污迹多用丙酮、酒精、汽油及过氧化氢等试剂去除[7]。

（2）脱盐：出水陶瓷文物的脱盐问题是水下考古文物保护工作中一个不可回避和首要解决的问题[8]，贯穿于保护过程的始终。进入实验室后，首先是对陶瓷器内的含盐量等数据检测分析之后，再对陶瓷器进行脱盐处理。现在国内外主要的脱盐方法是通过浸泡，定期更换新鲜水以脱去陶瓷中的盐分。浸泡包括五种方法：静态去离子水浸泡法、加热加速法、超声波加速脱盐法、流动水冲洗脱盐法、电渗加速法。陶瓷文物脱盐的常用做法是将其置于去离子水中浸泡，超声波适当加热，每1～2天更换一次水，定期检测浸泡液的电导率，通过对电导率的检测判断脱盐效果，直到溶液电导率不再发生明显改变即表明陶瓷器脱盐基本成功。需要注意的是，瓷器表面剥蚀严重的情况下不可使用超声波[9]。最新研究认为电导率不再发生明显改变即表明陶瓷器脱盐基本成功这个观点尚有待商榷，还应采用离子色谱、等离子光谱（ICP）等其他方式来测定其含盐量，以判定它的脱盐效果[10]。

在实践中，如果遇到表面疏松脆弱的、泡进水里可能会有危险的出水陶瓷文物，可以采取制浆包裹法脱盐：将吸水性好的纸制成纸浆，敷在器物上经常更新，检测更新下来的纸浆的离子含量，直到离子含量相对稳定时即脱盐成功[11]。具体做法是：把滤纸或吸墨纸撕成碎块，放入盛蒸馏水的烧杯中，加热搅拌使其成为纸浆，把此纸浆敷一层在待除盐器物上。纸浆包裹法是利用毛细作用，使盐类从器物内部转移到器物表面，并且在敷纸上结晶。这样涂敷一次纸浆，就排出一部分可溶性盐，反复操作若干次后，即可除去可溶性盐[12]。脱盐处理结束后，出水文物暂时脱离危险状态，但仍有大量的后续保护工作要做。

（3）加固封护：海洋出水陶瓷文物，尤其是低温釉陶或釉面烧结温度较低的瓷器，长期的海盐侵蚀、海底泥沙的磨损、海洋生物沉积的附着等因素使其釉面及胎体遭受了极大损害。针对这种情况，在给陶瓷器脱盐后需要给已剥蚀的釉面进行加固，防止继续破损。一般情况下，加固是在清洗之后进行，除非在特殊情况下，先选择加固。同样，加固剂也要根据制成品的材料来进行选择，使用方法可以用刷子刷在表面，也可以用喷的办法进行加固封护。

加固方法：可以用不同比例的B72丙酮溶液渗透加固，10分钟一次，共3遍，以无液体流痕、无药膜光泽、干燥后釉面硬度加强为标准来选择最佳浓度的加固剂。脆弱陶器文物可以利用鱼鳔胶加固，浓度为3%，在配好的鱼鳔胶内加入霉敌，目的是防止鱼鳔胶霉变。在喷鱼鳔胶加固剂前，先在器物表面喷一遍酒精，以增加加固剂的渗透深度，提高加固剂的加固效果。

（4）粘接：对于出水的已经断裂但尚能拼接完整的陶瓷器物要进行粘接。粘接前首先得将破碎陶瓷器拼对，然后清除粘接面上的附着物及污垢，接口部分最好用水刷干净。粘接的顺序是从底部或者口沿开始。瓷器的粘接剂，要选择无色透明、粘接强度高、耐老化力强、凝结速度快的，粘接合缝后，难辨茬口缝隙。传统上用漆片(虫胶)的酒精溶液作为粘合剂，此材料易脆且颜色深暗，后来有用硝基纤维素作粘合剂，但此材料也易老化。目前较多用于陶器粘接的材料有如下几种：环氧树脂粘合剂（JC311粘合剂、914粘合剂、DC-2胶等）、三甲树脂、虫胶、502、J39室温快速固化粘合剂、J59快干胶、C-2胶、107粘合剂、乳胶、热熔胶等[13]。由于有机硅胶粘剂的优异性能，且其老化产物为二氧化硅，不需清除，这种类型粘接剂已成为陶质文物粘接的新品种。在粘结过程中，要使胶粘剂均匀地涂抹在界面上，使胶料完全浴入断面，胶粘剂必须呈液态，这样可使缝隙处完全粘合，达到理想的强度。

（5）补全：残缺补全是出于历史、美学的需要。包括出水陶瓷器在内的每件艺术品都有自身的历史和艺术价值，无论其器型还是装饰图案，都是一定历史时期，一定区域范围内，古代先民按照当时、当地的生产水平、工艺手段和审美观点制造出来的，都富有时代文化内涵和艺术美感。其次是科学研究的需要。残缺补全过程是对过去制作工艺的一种补充，通过这个过程帮助我们认识了解古代的选料、造型、刻绘、施釉以及烧制等一系列工艺，为科学研究提供大量的信息与资料。残缺补全的原则是：保持历史真实性和艺术美感相结合，最小干预，可辨识性，可再处理性，兼容性，安全耐久性。

为了与文物整体色彩协调一致，尽可能显现文物原来的面貌特征，因此需要对新补配处进行补色作旧处理。要采用附着力、遮盖效果好、不易褪色变色的颜料进行作旧。补全和做旧时要有充分的依据，要对拟修复的出水陶瓷器时代和工艺特征有比较详细的了解。补全可以分为考古研究上需要的普通石膏补全、博物馆的可辨识修复补全及艺术品市场的修旧如旧补全三种，这里不再详述。

五、结　　语

海洋出水陶瓷文物的保护和一般出土、传世陶瓷器物的保护存在很大不同：其一，由于出水于海洋内，现场保护面临着诸多条件的限制；其二，埋藏环境的不同决定了海洋出水陶瓷文物保护处理的最大问题就是脱盐。脱盐是一个长期的过程，经过脱盐处理后的陶瓷文物才可以作进一步的脱水、修复、保护。这些工作一般都历时较长，尤其是短期内面对数量巨大的出水文物，保护工作更是十分艰巨。现在保护修复所采用的一些化学材料在稳定性、可逆性等方面或多或少还存在一定问题，需要经过长期的检验，因此应该尽量选择环保、可逆性的材料进行保护。面对种种困难，我们要做的是，首先应该保持出水陶瓷文物的整体稳定，力求其不因发掘出水而经受大的损坏；进而通过分析研究和实验，选择更为积极有效的保护修复措施，务使出水的陶瓷文物恢复其原有的科学、艺术风貌和历史价值。

附记：本文系在笔者2012年全国出水文物保护修复培训班学习时所作《海洋出水陶瓷文物病害现象、成因及初步处理方法初探》一文基础上修改而成。文中借鉴了很多前辈的经验，部分已在文中注释列明，在此再表谢忱。本文在写作过程中，还得到了中国文化遗产研究院詹长法、马菁毓、李乃胜、张治国、田兴玲诸位老师和谢梦、任继国、叶道阳诸位同仁的支持、鼓励、帮助，这里一并予以感谢。文中不足之处，祈望方家指正。

注　　释

[1] 马燕如：《一批特殊的西沙出水陶瓷器脱盐保护方法概述》，《文物保护与修复纪实——第八届全国考古与文物保护（化学）学术会议论文集》，岭南美术出版社，2004年，第9页。

[2] 张欢：《“南澳Ⅰ号”文物保护工作回顾》，《中国社会科学报》第218期。

[3] 田兴玲、周霄、高峰：《无损检测及分析技术在文物保护领域中的应用》，《无损检测》2008年第03期。

[4] 胡东波、张红燕：《常用清洗材料对瓷器的影响研究》，《文物保护与考古科学》2010年第01期。

[5] 兰德省：《古陶瓷修复》，2012年度全国出水文物保护修复培训班讲义。本文在出水陶瓷保护修复方法的清洗、粘接、补全、做旧等方面的论述很多都参考引用了兰德省先生的讲义，特此说明。

[6] 马燕如：《一批特殊的西沙出水陶瓷器脱盐保护方法概述》，《文物保护与修复纪实——第八届全国考古与文物保护（化学）学术会议论文集》，岭南美术出版社，2004年，第13页。

[7] 李乃胜：《海洋出水陶瓷文物保护》，2012年度全国出水文物保护修复培训班讲义。

［8］ 马燕如：《我国水下考古发掘陶瓷器的脱盐保护初探》，《博物馆研究》2007年第01期。
［9］ 马燕如：《一批特殊的西沙出水陶瓷器脱盐保护方法概述》，《文物保护与修复纪实——第八届全国考古与文物保护（化学）学术会议论文集》，岭南美术出版社，2004年，第14～15页。
［10］ 同［7］。
［11］ 习阿磊、王亚丽：《出水文物如何保护》，《中国之韵》2001年10月。
［12］ 易涛：《陶质古玩病害及去除方法有哪些》，陶艺百科网，2011年3月17日。
［13］ 毛晓沪：《古陶瓷修复》，文物出版社，1993年11月，第25～31页。

考古视野下的海坛海峡

——兼谈水下考古的区域调查法

丁见祥

（国家文物局水下文化遗产保护中心）

摘要：本文结合文献记载与既有考古成果，以“海坛海峡”这一相对独立的海域单元为例探讨其历史地位（用海频率及路线）、地形地貌（航海风险与分布）、沉船事故（古今参照）的相关性，并由此提出水下考古“区域调查法”。本文认为，水下考古“区域调查法”的成熟与推广不但是提升水下考古调查主动性、系统性，加强水下考古学学科建设的必然选择；对促进水下文物保护（尤其是原址保护）来说，也具有强烈的现实意义。按照水下考古“区域调查法”的逻辑，复杂背景下水下文物的探测、解译、判别是目前亟须解决的技术难题，这也正是今后水下文物探测所应重点着力的方向。

关键词：海坛海峡　水下考古　区域调查法

自20世纪80年代水下考古在中国滥觞以来，水下考古主要是以渔业生产“线索”为线索开展调查、发掘工作。20多年来，可谓筚路蓝缕、成就斐然。但是，水下文物资源的不清晰依然是制约我国水下考古、水下文物保护和水下文物资源管理的一个瓶颈。这一方面与水下考古探测设备的历史局限性有关，另一方面也与我们多年来疏于对水下考古区域调查思路和技术方法进行探讨有重要关系。本文拟以海坛海峡为例，对其地理和水文特征、交通概况、历史地位及已有的成果加以整理、分析，对水下考古的区域调查方法进行讨论，以期引起学界就此进行深入思考。

一、海坛海峡的地理特征

以福建省平潭县为例，该县由海坛岛为主的126个岛屿组成，为福建第一大岛、中国第五大岛，也是中国大陆距台湾最近的岛屿和著名的渔业生产基地（图一）[1]。所谓海坛海峡即由海坛岛、大小练岛、屿头岛、草屿、塘屿及福清县的海岸滩涂所组成，并有若干水门、水道贯穿其中的重要水上通道。北有大、小练岛和屿头岛，南有

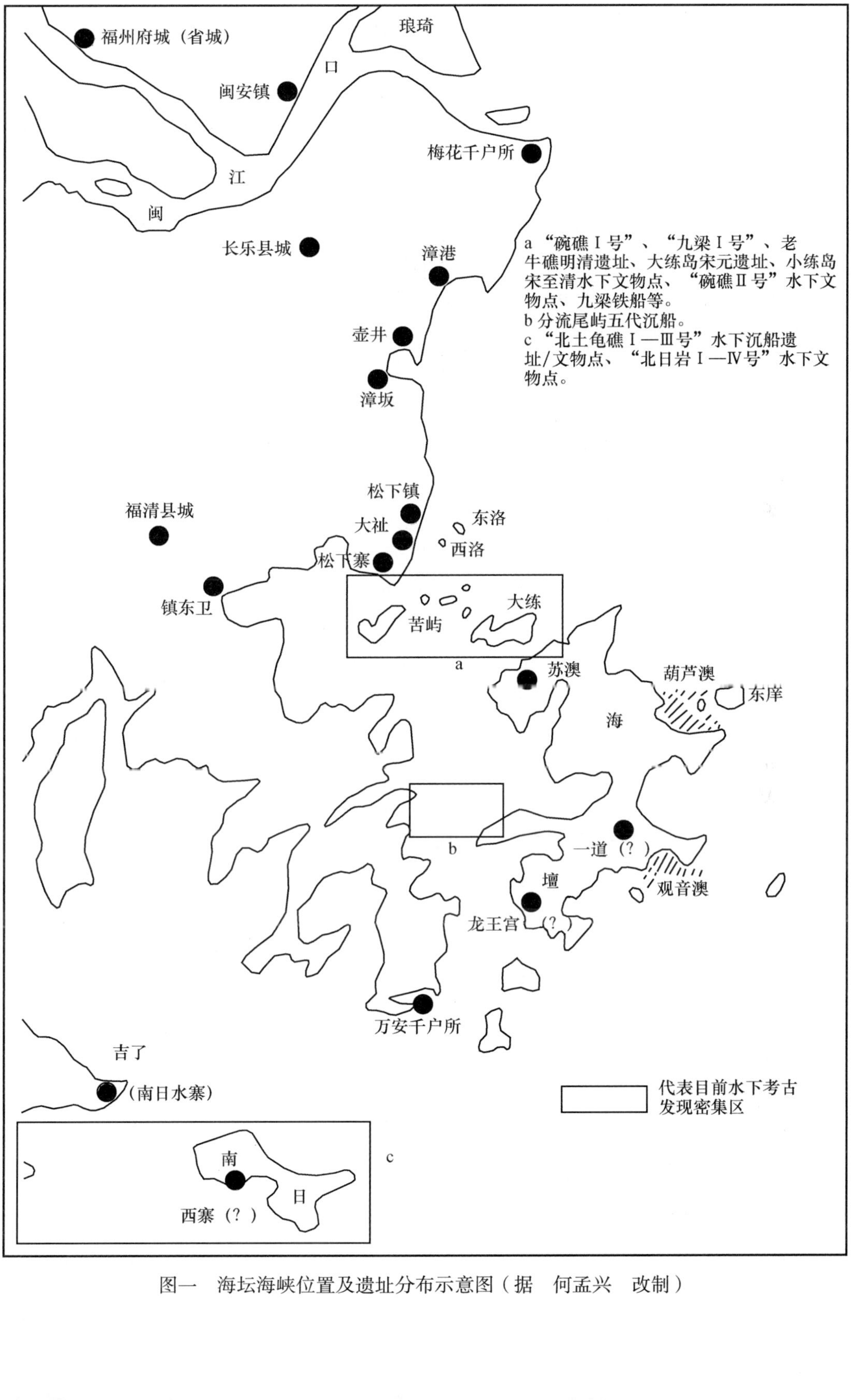

图一　海坛海峡位置及遗址分布示意图（据　何孟兴　改制）

草屿，具有典型的峡道特征。该海峡的东南口及东北口与台湾海峡相连，南口与兴化水道相连，西北口接福清湾；南北长约40千米，东西长3.3～10千米，总体呈南北两头宽、中间窄的喇叭口状。海峡内浅滩、暗礁密布，在潮流和波浪作用下，发育出较复杂的地形地貌。具体讲，受现代海流冲刷，海底主要发育有浅滩、潮流脊系和潮流三角洲三种地貌单元。其中，潮流脊系又由潮汐通道、冲刷槽（潭）、潮流沙脊等次级地貌单元构成。水下浅滩分布于海峡东西两侧，由0米等深线延伸至5米等深线附近，滩面总体较狭窄，不同位置变化较大；潮流脊系在海坛海峡内规模最大，呈N—S走向，延伸近29千米，沟通了兴化湾和福清湾两个潮流脊系，海峡内潮流脊系以潮汐通道为主体，在海峡南北四大出口及赤表尾—猴屿一线、南至可门岛—吉钓岛海峡中部收窄处，海底冲刷槽甚为发育[2]。

现代航路风险研究显示，海坛海峡岛屿、礁石、浅滩密布，水流复杂，过往渔船较多，是福建沿海较为复杂的海区之一。其浅滩及狭窄航段主要分布于[3]：①鼓屿门水道（为海坛海峡北口的主要航门），其间有两处浅水区，一处在乌猪岛西北向，最小水深3.5米；一处在鼓屿东北向，水深3～5米。由于水下地形复杂，故有"地狱门""鬼门关"之称。②自小练岛南约2海里的老牛礁附近起，南至笼箩屿南方的浅滩，最小水深不及2米，部分干出；笼箩屿以西1.8千米处还有南北向延伸、水深不及2米的浅滩。③笼箩水道（上述两滩之间，为主航道），该水道北侧须通过一段水深3.9米的浅滩。④大屿以东、金鲟礁两侧均可通航，金鲟礁周围150米内，水深不及2米。据福州海事局近5年来海坛海峡29起船舶海损事故统计资料，航行事故发生地段与事故特点基本与上述浅滩及狭窄航段分布契合（表一）[4]。在某种程度上，沉船事故的发生总是与海事风险的分布相伴而行[5]。这也是本文选择海坛海峡作为此类探索的试点或目标区域的基本原因。

表一　海坛海峡各航段事故情况比较表（据 陈宏）

事故地点	事故种类	2004～2008年事故数的百分比例
海坛海峡北口鼓屿门水道	船舶触礁、搁浅、碰撞定置网，商船与渔民之间纠纷、冲突，造成伤亡	48%
分流尾屿至大屿岛、金鲟礁附近	船舶碰撞、搁浅、触礁	12%
七姐妹礁附近至塔岩段	船舶碰撞、触礁	14%
笼箩水道	船舶碰撞、触礁	10%
海坛海峡1＃、2＃浮标间	船舶搁浅	14%
海坛海峡南口附近	船舶搁浅、触礁	2%
合计		100%

二、海坛海峡区域交通——《平潭县志》分析

以海坛海峡为中心的海域分布有众多澳口、码头，其间既是寻澳避风、泊船寄碇、取水补给的场所，也是人员和物资往来转运乃至海防巡视的重要区域和区域性的航路交通网络。以下我们将以《平潭县志》的相关记载为基础，对此加以简要分析[6]。

《平潭县志》共收录160余澳口（个别称坪、仔或底），其中的重要者如表二所示。此外还有20余处民渡、港口、码头（表三）。这些重要的澳口多为过往船只寄碇挽缆之处。其中，娘宫澳、观音澳、苏澳、棋杆尾澳、东澳、岑兜澳及潭港、松下、草屿、屿头、大港等渡口是极为重要之处，在一定程度上扮演了区域航路节点的角色。结合表二、表三，可基本梳理出如下三类航道：

第一类：海坛海峡作为一个整体，由海峡北口的鼓屿门水道（鼓屿与长屿之间）、大小练水门（大练岛与小练岛之间）、东北口水道（大练岛与海坛岛之间），海峡南口（福清与草屿之间）及东南口水道（草屿与海坛岛之间）连接的航道，它们与海坛岛外侧的台湾海峡平行，自古即为我国南北沿岸航道的重要组成部分。以今日眼光视之，海坛海峡外侧是台湾海峡的牛山岛海区，每年冬季盛行东北风，风力达7～8级，风大浪急，北上的中小型船舶因顶风、颠簸、摇摆，导致正常航速10～11节的船舶仅达2～4节，故许多北上的中小型船舶取道海坛海峡[7]。其实，明永乐年间郑和船队南下未取道海坛海峡，而是途经台湾海峡的历史史实说明，即便是南下航程也还会有因船只/船队大小而来的不同选择[8]。有研究者从沉船及船载文物角度曾指出这一问题[9]。虽不能以今例古，而且现代船舶的性能也异于古代帆船，但港澳深藏、礁石林立的海坛海峡暗藏的航海风险却是历史的实际。

第二类：海坛海峡及所属岛屿在经贸、交通等方面是内陆腹地的桥梁纽带和重要区域。其中，有若干渡口、澳口或码头作为重要节点，如松下、海口、白鹤、赤表（小东山渡口）、吉钓岛合沙渡、屿头岛、大练岛（东澳）、苏澳、娘宫澳、草屿、潭港等，其间形成多条区域内骨干航道，承担着人员往来、物资转运（木材、粮食、生鲜等）的重要任务。举其要者，至少可复原出A、B、C、D、E、F六组。其中，F组为海坛海峡岛屿之间较重要的一条线路，其他则为岛屿节点与内陆腹地的线路（图二）。

第三类：如计入与平潭毗邻之福州、福清、莆田的海岛，海坛海峡及周边海岛的数量多达455个。其中，有人居住的岛屿近30个，人口总计约10万[10]。查阅相关的方志文献，至少从唐宋以来，特别是明清时期，这种格局并无质的区别。岛屿之间的往来对渡是此区域航道网络的重要组成部分，数量很多。除上述第二类中的某些航段外，还有南江渡至大富澳、草屿至塘屿等。而且远不止于此，在主要航道之外，岛屿间的联系沟通肯定还有规模更小、往来无定的线路，虽无明确的文献依据，但不能因此而有忽略。

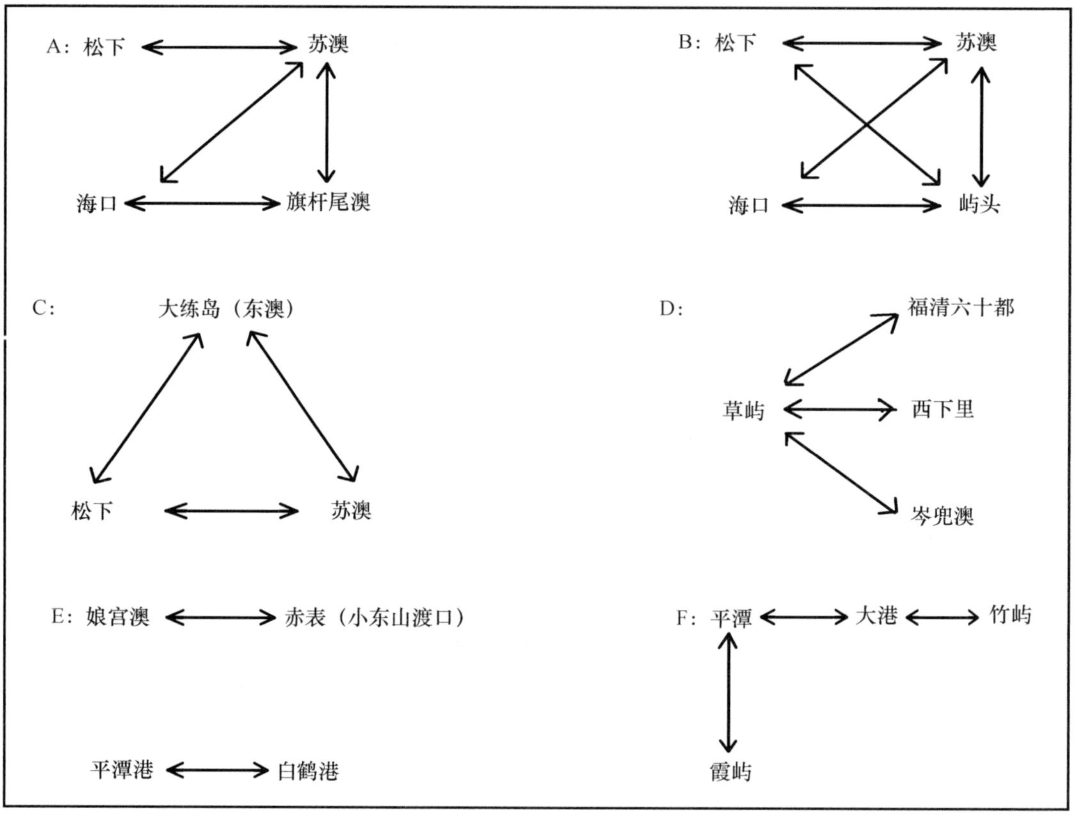

图二　海坛海峡区域内部航路复原举例

表二　《平潭县志》重要澳口一览表

序号	名称	位置	内涵及功能
1	娘宫澳	鳌纲区西	往来轮船多寄泊于此
2	澳仔	南澳区大区东	草屿渡埠头在此
3	观音澳（澳前澳）	高平区	港汊深藏，每遇飓风，西艘云集，中外轮船亦多寄碇于此
4	衕口底澳	大扁岛东利村东	船舶避风多寄泊于此
5	船鸣澳	大扁岛北楼村	船舶多泊于此
6	毛蟹澳	大扁岛南楼村	常多寄泊
7	底澳	大扁岛南楼村	多泊船只
8	中楼澳	塘屿中楼村	多泊船只
9	江下澳	塘屿北楼村	多泊船只
10	岑兜澳	草屿岑兜村	草屿渡埠头
11	莲澳	草屿莲澳村	常多船泊
12	普菴澳	草屿普菴下村前	塘屿东往船只由此上埠
13	霞屿澳	大墩区东	埠港

续表

序号	名称	位置	内涵及功能
14	荷包澳	坑北区文岐山南	中可泊舟避飓，每年清明节前后四方渔船皆集于此，多至数百艘，端午节后始散
15	青峰澳	樸秀区清风村前	有石埠可泊船
16	甲澳	樸秀区清风村西	有石埠可泊船
17	仙埕澳	桃秀区仙埕村前	可泊船避飓
18	苏澳	斗门区苏澳街西	内设税渡二，一往海口，一往松下，南北商航往来多寄泊于此
19	棋杆尾澳	在棋杆尾乡	设有税渡
20	东澳	大练岛东澳村	有渡船二，一往苏澳，一往松下
21	葫芦澳	东庠岛东北	口小腹大，《读史方舆纪要》谓“葫芦澳多鱼”即此。可泊船避风
22	南江澳	东庠岛南	可泊轮船，大富澳相对东庠渡船由此往来

表三 《平潭县志》重要渡口一览表

渡口名称	位置	航向	周期	备注
潭港渡	平潭街	海口	按日往来	
苏澳渡	苏澳	海口；松下；旗杆尾渡	分日往来	
旗杆尾渡	斗门区旗杆尾澳	苏澳；海口	递日，与苏澳渡轮流往来海口	
大练岛	大练岛	苏澳	日一往来	
松下渡	长乐松下	苏澳	日一往来	
玉屿澳渡	斗门区玉屿澳	海口	按日，一出一入	9月至第二年3月，只运鱼鲔
盐埕澳渡	朴秀区盐埕澳	海口	一出一入	春夏两季，运载鱼货
南江渡	东庠南	大富澳	隔日，一往一来	东庠渡船由此往来
嘉福渡	南澳区平礁村	福清平北下里	—	今废
草屿渡	南澳区平礁村前澳仔	南向：福清六十都 西向：西下里 东南：岑兜澳	—	
合沙渡	敖网区合沙港	吉钓岛	—	
白鹤渡	福清	平潭港	隔日，一往一来	
旅宫渡	—	平潭街	行期无定	
娘宫澳	娘宫澳	福清小东山渡口	—	即现在娘宫港位置
霞屿港	霞屿	一向：平潭港； 二向：一埠港	日一往一来	霞屿——埠港为海盐运道
屿头渡	屿头过山村	海口	隔日，一往一来	

续表

渡口名称	位置	航向	周期	备注
竹屿港	大墩区竹屿山，与庄上区照镜山南北对峙	竹屿—大港—平潭	—	为潭港航路要口
东澳渡	大练岛东澳村	苏澳；松下	—	
普菴澳	草屿普菴下村	塘屿	—	
海秋壑港	—	—	—	
大港	北属大墩区，东属候均区，南属庄上区	—	—	由竹屿入平潭必经此地

三、海坛海峡历史地位——以文献记载为中心

就本文所涉范围看，北自长乐县松下码头，南至湄洲湾兴化水道，基本与“海坛下接南日，上接东、西洛，其地亦有渔船、乡兵可用”的海防文献记载相一致（图一）[11]。唐代以前，关于“海坛”一带的信息多隐而不彰。“……东汉建安八年，三国吴始立南部都尉府于建安。晋置典船校尉，又有温麻船屯舟兵……”等相关记载，大致提供了此区域的模糊影像[12]。明清文献追述显示，唐时海坛为“牧马地，后渐有寺宇……”；“由宋以来，生齿日繁。淳熙后，科第不乏”；“故元时民户尝满四万，多以鱼（渔）为业”[13]。明清乃至民国，文献记载渐趋丰富，海坛海峡在交通、贸易、海防上的重要性得到更充分的体现。现将相关文献逐条罗列如下（表四）。

表四　海坛海峡及其周边区域文献简表

时期	文献内容
明正德	1. “海坛山”条：海坛山在海上里，隔绝大海。中望之若坛，舟行须二潮始至。南北长，东西狭，周遭七百里。居民村落，南曰：黄崎、紫兰、□上岩头、小鳌网、大鳌网、□头、大场、小场、浒头、铁藏。西曰：水马山、霸前、金崎头，山石如黄金。北曰：苏澳、钟门、沙溪。东曰：浚门濑、步军山、流水、广州埕。洪武间备倭，官以其险阻，难于控制，奏徙其民附县居之，而虚其地。 2. “小练山”条：小练山在永宾里，界于大练、松江间，周围一十余里。昔有光州人卢、林二氏入闽，以海钓为活。见其地多杉椤巨木，山水可嘉，乃筑室居焉。由宋以来，生齿日繁。淳熙后，科第不乏。然当南北要冲，商舶往来，贸易寖广，号小扬州。洪武间，亦为防倭事，并移于连山，而虚其地。[14]
明嘉靖	3. 臣访得番徒、海寇往来行动，须乘风候。……在闽，则走马溪、古雷、大担、旧浯屿、海门、浯州、金门、崇武、湄洲、旧南日、海坛、慈澳、官塘、白犬、北茭、三沙、吕磕、嵛山、官澳；……皆贼巢也。[15]

续表

时期	文献内容
明万历	4. ……海中之山远县者以十数，海坛为大，周七百里（有居民，国初徙入县，虚其地）……海坛之支为水马山，有石马，如舟帆状，曰石帆。又有钟门屿，山形若钟，海环之，山水独清，而□有石井通海，深不可则……小练山旁有大练门、小练门，昔海贸互市处也（后徙入县）。[16] 5. 北茭（巡检司）、定海（守御千户所）联，而连（江）、长（乐）一带固矣；海坛（游兵）、万安（守御千户所）互相襟带，而福清高枕矣。[17] 6. 本山（海坛山）对峙福清，延袤至七百里而遥，俨然一门户藩篱也。嘉靖三十七年以前，岛夷窥伺，常为倭奴入寇必居之地。嘉靖三十八年以后，海波宁谧，渐为吾民生息、开垦之乡，至于今，生息者日至繁衍，开垦者颇见沃饶。[18] 7. 臣（许孚远）查得海坛与福清相对四十里而近，为福州门户；南日界于莆田、福清之间，为兴化之上游，素称险害。而此二山者，开垦多以成熟，可因为疆理保障之图……据该县丈量田地八万三千八百有奇，数尚未尽，岂得荒弃而不耕！……城郭既完、营房又建，海坛遊兵一枝，就可常川屯聚其中。有田可耕、有兵可守，虽有寇至，可以无虞。海坛屹然，足为雄镇。则福州门户扃固，寇无越海坛而直抵福城之理！外御盗贼，内护省会，下保兵民，此一方千百年长久之利也……及查彭湖属晋江地面，遥峙海中，为东西二洋暹罗、吕宋、琉球、日本必经之地。其山周遭五六百里，中多平原旷野，膏腴之田，度可十万。若于此设将屯兵、筑城置营、且耕且守，据海洋之要害，断诸夷之往来，则尤为长驾远驭之策。但彭湖去内地稍远，见无民居，未易轻议，须待海坛经理已有成效，然后次第查议而行之。[19] 8. 海坛亘绝海中，福清外障也，有苏澳、观音澳可泊船。嘉靖年，倭陷福清，故议设遊总于此。后以绝地，不敢居也，往往退居镇东，遊为虚设矣。[20] 9. 海坛遊，舍观音澳而徙入镇东，不当贼冲，则此遊为空设矣……海坛下接南日，上接东、西洛，其地亦有渔船、乡兵可用。该遊（即海坛遊兵）若出镇观音澳，则上下声息相接；澳中可泊船数百艘，用力把截，贼亦不能径上（指袭击福州省城）。若但靠松（指松下镇）兵扼东、西洛而海坛遊总任其内居（镇东卫），吉了人心不行固结，亦非万全之道。[21] 10. 海坛遊，原驻海坛观音门……今船少将懦，入居镇东，则海坛为空设，非复其旧不可！[22]
明崇祯	11. 自梅花至松下澳（即松下镇），中历后山、门口、黄崎、仙崎、漳港、壶井、洽屿、漳坂、大祉、小祉共十一澳，皆东沿大海波涛冲激，傍岸水浅，寇船难近；又有烟墩二十二，棋布星罗，防守颇密。独松下渐南与福清接壤，古称为长乐咽喉，为南广北浙客船停泊之区。海坛包其（即松下）东南，亦有观音澳、苏澳可暂憩。嘉靖戊午，倭陷福清县城，故设遊总于此。后以港门星散，兵多失机，遂移居镇东，而遊为虚设矣。崇祯丁丑，董司空请城松下，欲移海坛遊之居镇东者出镇于此，以镇东堂室也、松下门户也、海坛藩篱也，镇东既有军卫兵营，又加海坛遊总，积之无用，而松下不守，孰若移镇东以守松下，而长福俱固乎？且松下勇悍善水战，素为南贼所惮，移后渐汰冗兵，补以土著，收其豪杰为用，编户为兵，有粮以养其妻子，有赏格以酬其雄心，使家自为守，人自为援，不惟可以消内地之贼，且得其力以当外贼之冲，西可以障镇东及福清县，东北亦可障省城闽安镇之南口，防海之策，莫善于此。[23]

续表

时期	文献内容
清康乾	12. 海坛山，县东南七十里海中。周七百里。其山如坛，南北长而东西狭。上多云气，亦名东岚山。唐牧马地，后渐有寺宇。宋初置牧监，寻以骛驔罢。皇佑中许民耕垦，淳熙中有三千余户……取水者集焉，亦船舶之都会也……《海防略》：“海坛山盘踞耸峙，迴出海上，故元时民户尝满四万，多以鱼为业。中有西湖，相传尝产龙驹。湖之东群山环互，不可胜纪。外隔小琉球三昼夜，内通海口，至县仅一潮。中间以村名者百有余处，陂湖潭澳，不一而足。其著者曰葫芦澳，多鱼。碧沙洋产人参。其百花砦、钟门、三镇，街衢？，风物繁多，真海表名区也。明初遣江夏侯视海防倭，寻以卫弁李彝欺妄，诏虚其地，惟以小埕水砦官兵汛守。隆庆初始添设海坛游兵，万历中复命增设水砦，与兴化府、南日砦相形援。后复废弛。”小练山，在县东海中。旁有大练、小练二门，五代以后居民环集，商贾辐至，号“小扬州”。洪武二十年与海坛同徙。志云：小练山周十里，旧多乔林。其大、小练二门相去仅十里许，无风踰月不能渡云。[24] 13. 万安所：入门中央有沉水礁，潮退无水，外是打石湾、草屿、北宫仔、前沙、鸣墓口、后营等处。 14. 海陈山（即海坛岛）：观音澳、葫芦澳抛北风，湾安海口，好逃台。橹匙头有沉水礁可防，东去是邦田，上去是苏湾（当即苏澳），寄南风，西风不便，水退无水。石牌洋有恶礁名叫金钱礁。龙凤宫前有金盏银台，夜间不可行船，北是天连水浅。 15. 若屿门（即鼓屿门）：门内有草鞋礁，西去是镇东海口，有恶礁名叫鸡屎礁。若屿门外有屿名叫横蒜，有蒜仔礁，沉水。东去即乌龟洋，有恶礁甚多。 16. 南日：共有三澳，东户澳抛北风，西寨抛南风。去是燕山外多鱼，山屿零碎，屿小礁甚多，名十八门。小南日仔可寄船，门外去有礁名碗礁，当仔细。[25] 17. 闽之海，内自沙埕、南镇、烽火、三沙、斗米、北茭、定海、五虎，而至闽安；外自南关、大嵛、小嵛、闾山、芙蓉、北竿塘、南竿塘、东永，而至白犬，为福宁、福州外护左翼之藩篱；南自长乐之梅花镇、东万安为右臂；外自磁澳而至草屿，中隔石牌洋，外环海坛大岛。闽安虽为闽省水口咽喉，海坛实为闽省右翼之扼要也。由福清至万安，南视平海，内虚海套，是为兴化；外有南日、湄洲；再外乌坵、海坛。所当留意者，东北有东永，东南有乌坵，犹浙之南屺、北屺、积谷、吊邦、韭山、东霍、衢山，江之马迹、尽山是也。泉州北崇武、獭窟，南祥芝、永宁，左右拱抱，内藏郡治，下接金、厦二岛，以达漳州。金为泉州之下臂，厦为漳郡之咽喉。漳自太武而南，镇海、六鳌、古雷、铜山、悬钟，在在可以寄泊。而至少南澳，以分闽粤。泉、漳之东，外有澎湖，岛三十有六，而要在妈宫、西屿、头北港，八罩四澳，北风可以泊舟，若南风不但有山有屿可以寄泊，而平风静浪，黑沟白洋，皆可暂寄，以俟潮流。……[26] 18. 海坛在县东大海中，广袤七百里，又名东岚，去县海道百二十里…屹然海上藩篱也……[27] 19. ……闽在海中……海定而闽无不定矣……圣朝（清朝）光被四表，昔之岐海，今称陆海岛夷，浮舶巨贾扬（舟宗）□风一日踔数十里，鱼舠蟹艒随波上下，烟锁雾敛，水天一色，海外三山与郡中三山缥缈相望矣。[28]

续表

时期	文献内容
民国时期	20. 闽在岐海之中，海定闽无不定……闽之门户又以平潭为要区，内海襟带浙粤，外而控制台澎。平潭定，东南半壁之海无不定矣。清初，特移银东卫于此，民国改驻水警，编制虽有不同，二因地设防求所以定之者，初无二道也。[29] 21. 平潭岛邑也，四面阻海，非舟不通。北抵五虎门约四百里，南往厦门、东至台湾皆在六七百里之间，西距福清县海口计一百二十里。邮传行旅多出此途，顺风趁潮，移时即达。[30]
备注	本表所谓“时期”具体指文献资料之成文时间；“文献内容”为保持文献的完整性，单条文献尽量全文录出。

受古代航海技术和地理知识的局限，沿岸（或近岸）航行一直是古代航海活动的重要特征，即使在“牵星过洋”天文航海的时代，具有显著地理坐标性质的岛屿、礁石依然具有“望山”的重要作用。明时，海坛岛与“泉州外的澎湖岛，闽、粤二省交界的南澳岛并称福建‘海上三山’”[31]，对安全航行具有重要作用。此“望山”地位的确立，与历史时期、尤其是明清以来的行船航道具有重要关联。文献记载与研究显示，“海上三山”在中国东南沿海地区呈三角格局，在相当的历史时期内是海路交通的关键枢纽[32]。以海坛山（即平潭岛）为界，该区域的航道基本可分为内外两条，即所谓“外自磁澳而至草屿，中隔石牌洋，外环海坛大岛。闽安虽为闽省水口咽喉，海坛实为闽省右翼之扼要也”（表四，17）。其中，“石牌洋”大致相当于“海坛海峡”位置。

具体而言，海坛海峡在交通贸易、边疆海防，乃至寻澳避风、淡水补给等方面具有明显的区位优势。在交通贸易方面，文献屡次提及“邮传行旅多出此途，顺风趁潮，移时即达”“南北要冲，商舶往来，贸易寖广”“居民环集、商贾辐至”，号称“小扬州”等，并具体指出“小练山旁有大练门、小练门，昔海贸互市处也”（表四，1、4、6、12、21）。边疆海防方面的文献记载更为丰富，在倭寇肆虐时代，此区“岛夷窥伺，常为倭奴入寇必居之地”，即为“贼巢”，是倭寇对东南沿海进行劫掠的前进补给基地，也是事发败退后的隐居藏匿之所（表四，3、6）。文献记载显示，政府对此并无特别有效之法，基本上采取“徙民虚地”的被动防御策略（表四，1、2）。同时，也采取设城筑寨、布置遊兵等措施加以抵御，但效果甚微[33]（表四，5、7～12）。总体上，海坛海峡在东南海防构架中具有重要地位，海坛屹然，足为雄镇，其“对峙福清”，为“福清外障”“福州门户”“闽省右翼之扼要”“海上藩篱”（表四，6～8、17、18）。民国时期的《平潭县志》记载：“闽在岐海之中，海定闽无不定……闽之门户又以平潭为要区，内海襟带浙粤，外而控制台澎。平潭定，东南半壁之海无不定矣。”此记载可谓通俗、扼要。以上足以说明，海坛海峡处在东南沿海航道纵横交错之节点，既是航海贸易的桥头堡，也是海疆防御的前沿，有着重要的历史地位。

四、海坛海峡水下考古发现

十余年来，在海坛海峡已开展了大量的水下考古调查工作，所知沉船的年代涉及五代、宋元、明清和近现代。海坛海峡北口发现有大练岛宋代水下文物点、大练岛元代沉船遗址、大练岛老牛礁明代沉船遗址、"九梁Ⅰ号"明代沉船遗址、小练岛宋至清代水下文物点、大练岛老牛礁清代沉船遗址、"碗礁Ⅰ号"清代沉船遗址、"碗礁Ⅱ号"清代水下文物点，以及平潭九梁近现代铁船遗址等；海坛海峡中段笼箩水道有分流尾屿五代沉船遗址；海坛海峡南口及兴化水道海域有"北土龟礁Ⅰ～Ⅲ号"水下沉船遗址/文物点、"北日岩Ⅰ～Ⅳ号"水下文物点等（表五）。

表五　海坛海峡水下考古发现简表

发现	时代	遗址/遗存内涵
1. 分流尾屿沉船[34]	五代	平潭海坛岛西南面约1500米，东南距娘宫码头约2000米，平潭大桥从其南面经过。该遗址呈东北—西南走向，水深8米左右（低潮位），其高处低平潮出露不足1米，高平潮时则成暗礁。遗物散布范围约500～600平方米，未见船体，遗物均为五代越窑青瓷器，器形以碗、碟、盏托为主。
2. 大练岛西南屿沉船[35]	宋代	大练岛北部西南屿西南，低平潮时水深35米左右，多为礁石底，局部低洼处为淤泥底质，主要遗物为龙泉窑青瓷。
3. 小练岛东礁沉船[36]	宋至元初	平潭小练岛东礁村东。低平潮水深约19～21米，遗址东北局部为泥底，其余多为礁石底。遗物分布范围约1000平方米。发现五块碇石，其他遗物以陶罐、瓶为多，见青白釉碟、碗、盘、黑釉盏等。
4. 大练岛沉船[37]	元代晚期	平潭大练岛西部海域，水深高平潮时19～20米，多为砂质底，遗址的西南面约300米处有一礁石，高平潮时没入水中，低平潮时露出海面。船体西北—东南走向，艏艉均残，残长约7米、残宽约5.5米。主要器物有青釉盘、洗、罐、碗等。
5. 大练岛老牛礁文物点[38]	明代中期	平潭大练岛南面老牛礁西。泥底，低平潮水深约13米。遗物主要有青花碗、盘、杯等。
6. "九梁Ⅰ号"沉船[39]	明代晚期	平潭县屿头岛东航道的东坡。高平潮时水深约18米，礁石底，遗址东高西低呈。船体保存较好，可见六道隔舱板。遗物分布范围约500～600平方米。
7. "碗礁Ⅰ号"沉船[40]	清康熙	平潭屿头岛东碗礁东南。遗址高平潮时水深16米，遗址北部为沙底，南部则为泥底。船艏艉均残，残长13.5米，残宽近3米，残存16舱。舱内瓷器大部分为青花瓷，还有部分青花釉里红、单色釉器、五彩器等。器形有碗、杯、盘、碟、盖罐、筒瓶、高足杯等。

续表

发现	时代	遗址/遗存内涵
8. “碗礁Ⅱ号”水下文物点[41]	清代	北距“碗礁Ⅰ号”沉船遗址约1000米。低平潮水深6～8米，遗址东、南部为礁石底，西、北部为沙底。遗物散布面积约2000平方米，未见船体残骸。从采集的遗物来看，既有“碗礁Ⅰ号”同类器物，也见清代晚期德化的青花盘、碗等。
9. “北土龟礁Ⅰ号”沉船[42]	南宋早期	位于南日岛之小日岛东北面，遗址东北为五虎群礁，北为兴化水道，西有暗礁。低平潮时水深约18米，泥沙底。船体保存较差，发现2块碇石，遗物分布范围约5000平方米，在海床表面采集到龙泉窑瓷器和铜钱。
10. “北土龟礁Ⅱ号”沉船[43]	元代	南距“北龟礁Ⅰ号”遗址约1600米，低平潮时水深约27米，大部分为沙底，部分礁石突出海床面。沉船遗址保存较好，船体朽坏严重，可见成摞瓷器整齐码放在舱内。遗物分布较集中，南北长约10余米，东西宽约5米。采集的沉船遗物均为青白釉器，器类以碗、碟为主。
11. “北土龟礁Ⅲ号”文物点[44]	明代	北土龟礁西面约1千米，Ⅰ号沉船遗址西南。其西有暗礁（丸头礁）。高平潮时水深约5米，西为礁石底，东为泥底，见有碗、盒等青花瓷器。
12. “北日岩Ⅰ～Ⅳ号”文物点[45]	宋、元、清	北日岩位于小日岛西北面约2千米处，其西北为小蛇岛，东北为兴化水道，其东及东北有几处暗礁。Ⅰ号礁石底，高平潮时水深约16米，青白釉执壶、盘、碗以及陶罐，宋代；Ⅱ号位于海床礁石的东坡，高平潮时水深约21米，见青花碗和陶器残片，清代晚期；Ⅲ号礁石底，低平潮时水深约25米，采集铜钱数十枚，清代晚期；Ⅳ号多为泥底，有礁石，高平潮时水深约20米，遗物分布面积较大，见有大量瓷碗，元代。

注：以上诸项为历年来围绕海坛海峡的主要水下考古发现，鉴于本文主题和篇幅，不再列举具体器物照片，可参考注释文献。

以上一、二、三节的资料及分析显示，海坛海峡在地形地貌（航海风险）、航道交通（用海频率及线路）、文献记载（历史地位）等方面均有相当的敏感性和特殊的重要性，具备了水下考古资源富集的先天条件。表一、表五、图一及相关文献显示，已知水下考古发现的位置与海坛海峡航海风险区、现代航海沉船事故多发区、古代航海线路（或网络）具有高度相关性。海坛海峡的水下考古发现显示出三个文物分布密集区（北口、篓篓水道、南口及兴化水道），它们完全与航行风险区相对应，如结合上文对贸易、交通、海防的分析，还可为这种区块化的分布增添历史证据（图一）[46]。由此观之，在主动开展水下考古资源调查路线时，若能提前考虑诸种因素并给出合理安排，以保证水下考古调查的系统性和效率，可较大幅度地提高调查质量，提高水下考古研究的深度和水平。

五、水下考古调查方法的初步分析

（一）水下考古区域调查法的提出

在海坛海峡的水下考古调查中，我们之所以提出水下考古“区域调查法”的概念，主要是基于如下考虑：

（1）在田野考古中，随着区域系统调查方法（Systematic Regional Survey）的推广及应用，调查已经超越了单纯以“发现遗址”为目的的阶段，而成为一种重要的方法，极大促进了以聚落形态为主要内容的古代社会研究，并发展出不同层次的考古学分析、解释理论[47]；从考古发掘看，由于考古工作者意识到考古遗存的局限性，开展了遗存（遗址）形成过程的研究，采取各种技术手段以最大限度地克服其局限性，更好地对考古现象和相关问题加以解释[48]。水下考古作为田野考古向水下的延伸，也应逐渐形成基于自身的探测技术、作业方法和分析手段的整体调查思路，尽早摆脱以往过度单纯依赖渔民提供线索、且无法满足水下文物保护和研究需要的弊端[49]，进一步强化水下考古的学科建设和发展。

（2）随着二十世纪中叶法国著名历史学家布罗代尔（F.Braudel）提出的“海域世界”（Maritime World）概念的使用[50]，单纯的海洋“事件”研究已发展到海洋“区域史”的研究，成为海洋史学研究的新趋势[51]。水下考古作为与海洋史研究关涉甚大的重要领域，亦应建立区域观念，获取区域资料，开展区域研究。只有这样，水下考古与相关领域的交流、借鉴才会因为有了共同的时空尺度而变得更为直接、有效。

（3）中国水下考古逐渐“由单一的水下考古向全方位的水下文化遗产保护过渡”[52]，鉴于《水下文化遗产保护公约》（2001）对于“原址保护”的进一步强调[53]，如何更有效地保护水下文物资源已成为一个迫切的问题。水下环境（尤其是海洋环境）的文物保护不同于陆地，单个孤立的遗址（如沉船）的保护无论是成本代价还是与其他涉海部门的协调都还存在诸多困难，遗址群落与特定区域的结合则要自然、合理、有效得多。水下考古研究需要为水下文物保护提供区域资料，由此推广水下考古的区域调查具有强烈的现实意义[54]。

（4）福建沿海作为我国东南沿海的核心区域之一，地处我国南北海上交流的要冲，自古以来就在南北海运、中外交流、海防建设上占有重要的地位[55]。就本文涉及的海坛海峡而言，不但在海防建设上具有重要地位，其地理位置在南北沟通、闽台对渡及整个东南海域都处在核心的位置。如再将平潭海域的地貌单元、海岸滩涂、码头渡口、明岛暗礁等因素综合进来，海坛海峡作为东南海域一微型独立的历史地理单元的重要性便得以进一步彰显，在水下考古区域调查上也有着较高的代表性。

（二）水下考古区域调查法的思路

“福建平潭海域（以海坛海峡为中心）水下考古区域调查”项目设立之初的计划是，利用海洋探测设备在既定目标区域探讨“区域系统调查法”在水下考古调查中的应用及相关问题。经过实践，我们逐渐认识到，田野考古的“区域系统调查法”并不完全适用于水下考古调查，在水下考古领域并不能简单地讨论“水下考古区域系统调查”方法及相关问题[56]。究其原因，利用海洋探测设备开展的水下考古调查仍属于广义的遥感调查范畴，由此而来的相应线路设计、影像判读、记录系统、分析方法等都会由于“水深”这一距离的存在而有别于陆地田野考古的“区域系统调查法”。然而，为提高水下考古调查的主动性、系统性，借鉴“区域系统调查法”对相对独立地理单元的强调，以相对独立的海域单元为目标的“区域调查法”则十分重要。其基本思路可概括如下：

（1）根据文献和既往工作，在沿海划分重点海域，做出规划，分步实施。如选取某片重点海域作为目标区，在此范围内：①收集历史文献档案（如港口、贸易路线、沉船档案、海战海难事件等）；②文物考古资料（如已知的水下考古调查资料、陆地发现与沉船事件等相关资料）；③地图资料（如海图、卫星影像、水下障碍物测绘与文字资料）；④渔民访谈线索（根据可信度分类分级）；⑤水域地形资料（如水深、暗礁等）；⑥水域环境（如洋流、沉积、地质）；⑦对上述资料进行整合分析，选取合适的海图为底图，在地理信息系统（GIS）框架内进行叠加分析，形成水下考古调查优先策略支持系统；⑧选取信息重合度最高区块作为后续调查与研究区域[57]。

（2）在目标区内事先规划测线，利用海洋探测设备（如旁侧声呐、多波束声呐、浅地层剖面仪、磁力仪等）实现目标区域全覆盖探测，记录可疑点并进行调查确认（有潜水员、水下机器人、航潜器等不同调查确认手段）[58]。该步骤的关键在于疑点目标获取与潜水点位确认间须经过综合解译研究和有效链接，结合疑点形态、水下地形地物、海洋动力等对疑点目标的可靠性分类分级，并与调查确认结果进行比对分析。这是目前水下考古区域调查作业的技术难点（复杂背景下的水下文物探测尤其如此），也是今后海洋探测技术与设备应用于水下考古调查作业时需重点着力的方向[59]。

（3）在既定区域GIS框架内对疑点目标的确认结果登录、分析，建立水下文物资源数据库，开展水下遗址空间分布及其航海风险、历史航道的相关研究，也可实施符合要求的图件制作与输出，更好地为水下考古研究、保护、管理服务。

目前，水下考古“区域调查法”还处于探索阶段，支撑该调查法的探测技术难题还需要进一步解决。即便如此，以上分析与评估显示：水下考古“区域调查法”是提高水下考古调查主动性、系统性的必然选择，随着实践经验和个案研究的不断深入，相信最终将会建立设计更精细、目标更清晰、结果更有效的水下考古调查方法，进一步促进水下考古研究及水下文物保护事业的发展。

附记：本文是国家文物局“福建平潭海域（以海坛海峡为中心）水下考古区域调查”项目、国家海洋局海洋公益科研专项“水下文物探测、保护技术体系研究与示范”（项目编号201305038）的阶段性成果。成文过程中，北京大学李水城教授对文稿予以重要建议与细致删改，谨致谢忱。

注释

[1] 2009年平潭正式建立“福州平潭综合试验区”，2010年更名为“福建省平潭综合试验区”，成为大陆对台贸易与交流的桥头堡和海西经济区的重要组成部分。

[2] 卢惠泉、蔡锋、孙全：《福建海坛海峡峡道动力地貌研究》，《台湾海峡》第28卷第3期，2009年8月，第417、420页。

[3] 张诗永：《海坛海峡船舶交通事故分析与研究》，《2009年苏浙闽沪航海学术研讨论文集》，第320页。

[4] 陈宏：《海坛海峡航行综合安全评估》，《中国航海》2007年第1期，第87页，表一。

[5] Dr.Ruth Plets, et al.Using Multibeam Echo-Sounder Data to Identify Shipwreck Sites: archaeological assessment of the Joint Irish Bathymetric Survey data. *The International Journal of Nautical Archaeology,* 2011, 40(1): 87–98. 丁见祥、范伊然：《关于水下考古学的几个问题》，《中国文物科学研究》2013年第2期，第3页。

[6] （民国）黄履思：《平潭县志 · 武备志》（民国十二年铅印本），收入中国方志丛书第七十九号，成文出版社，1967年。

[7] 航海保证部：《中国航路指南 · 东海海区》，中国航海图书出版社，2002年。

[8] 向达：《郑和航海图》，中华书局，2000年。海军海洋测绘研究所、大连海运学院航海史研究室：《新编郑和航海图集》，人民交通出版社，1988年。

[9] 周春水：《福建平潭屿头岛的古代沉船》，《海洋遗产与考古》，科学出版社，2012年。

[10] 福建省海岛资源综合调查编委会：《福建省海岛资源综合调查研究报告》，海洋出版社，1996年，第7页。

[11] （明）董应举：《崇相集选录》，《与海道徐公书》，台湾银行经济研究室，1967年，第72页。

[12] （明）《万历福州府志 · 官政志二》（日本藏中国罕见地方志丛刊），书目文献出版社，1990年，第77页。虽然如此，并不能忽视唐代以前该海域作为区域交流重要通道的重要性，其中海坛岛壳丘头新石器时代遗址的发现及其在解决闽台史前交流、南岛语族扩散等问题时的作用便是最好的注脚。

[13] 以上诸条文献出自表一，此处不再出注。

[14] （明）叶溥、张孟敬：《正德福州府志 · 地理志》（上）卷之二，海风出版社，2001年，第37页。

[15] （明）王忬（巡视浙江兼福建海道都御史）：《条处海防事宜仰祈速赐施行疏》（嘉靖三十二年，1553年），《明经世文编选录》，台湾银行，1971年，第64页。

[16] （明）《万历福州府志·舆地志二》（日本藏中国罕见地方志丛刊），书目文献出版社，1990年，第24页。
[17] （明）谢杰：《虔台倭纂》下卷（刊刻于万历二十三年），书目文献出版社，1993年，第47页。
[18] （明）许孚远：《敬和堂集》，《议处海坛疏》，齐鲁书社，1997年。
[19] （明）许孚远：《敬和堂集》，《议处海坛疏》，齐鲁书社，1997年。
[20] （明）董应举：《崇相集选录》，《福海图说》，台湾银行经济研究室，1967年，第61页。
[21] （明）董应举：《崇相集选录》，《福海图说》，台湾银行经济研究室，1967年，第72页。
[22] （明）董应举：《崇相集选录》，《福海图说》，台湾银行经济研究室，1967年，第54页。
[23] （明）夏允彝：《长乐县志·经略志·海防》（崇祯十四年）卷之二，长乐县地方志办公室，1994年，第24页。
[24] （清）顾祖禹：《读史方舆纪要·福建二·海坛山》（第96卷），中华书局，2005年，第4397页。
[25] 向达：《两种海道针经·指南正法》，中华书局，2000年，第143～144页。
[26] （清）陈伦炯撰，李长傅校注：《海国闻见录校注》，中州古籍出版社，1984年，第22页。
[27] （清）《乾隆福清县志》（中国地方志集成本）之“海坛总图考”，上海书店出版社，2000年，第33页。
[28] （清）徐景熹、鲁曾煜：《福州府志·海防》（乾隆十九年刊本），收入中国方志丛书第七十二号，台湾成文出版社，1967年，第310页。
[29] （民国）黄履思：《平潭县志·武备志》（民国十二年铅印本），收入中国方志丛书第七十九号，成文出版社，1967年，第160页。
[30] （民国）黄履思：《平潭县志·武备志》（民国十二年铅印本），收入中国方志丛书第七十九号，台湾成文出版社，1967年，第175页。
[31] 何孟兴：《海坛游兵：一个明代闽海水师基地迁徙的观察》，《兴大历史学报》2007年第19期，第282页。
[32] 丁见祥：《乾隆〈福州府志·海防·针经〉篇初步研究》，待刊。
[33] 何孟兴：《海坛游兵：一个明代闽海水师基地迁徙的观察》，《兴大历史学报》2007年第19期，第279～307页。
[34] 中国国家博物馆水下考古研究中心等：《福建平潭分流尾屿五代沉船遗址调查》，《中国国家博物馆馆刊》2011年第11期，第18～25页。羊泽林：《福建平潭分流尾屿五代沉船的港口、航线与性质》，《海洋遗产与考古》，科学出版社，2012年，第112～119页。
[35] 周春水：《福建平潭屿头岛的古代沉船》，《海洋遗产与考古》，科学出版社，2012年，第100～111页。
[36] 栗建安：《福建地区水下考古20年》，《福建文博》2009年增刊，第36～42页。
[37] 平潭大练岛元代沉船遗址水下考古队：《平潭大练岛Ⅰ号沉船遗址水下考古发掘收获》，《福建文博》2008年第1期，第21～25页。

［38］ 栗建安：《闽海钩沉——福建水下考古发现与研究二十年》，《水下考古学研究》（第1卷），科学出版社，2012年，第57～92页。

［39］ 福建沿海水下考古调查队：《福建平潭九梁Ⅰ号沉船遗址水下考古调查简报》，《福建文博》2010年第1期，第13～18页。

［40］ 赵嘉斌：《碗礁I号沉船打捞纪实》，《中国文化遗产》2005年第6期，第62～72页。东海平潭碗礁Ⅰ号水下考古队：《“东海平潭碗礁Ⅰ号”沉船水下考古的发现与收获》，《福建文博》2006年第1期，第3～10页。碗礁Ⅰ号水下考古队：《东海平潭碗礁一号出水瓷器》，科学出版社，2006年。

［41］ 同［35］。

［42］ 福建沿海水下考古调查队：《2008年莆田沿海水下考古调查简报》，《福建文博》2009年第2期，第1～7页。栗建安：《闽海钩沉——福建水下考古发现与研究二十年》，《水下考古学研究》（第1卷），科学出版社，2012年，第57～92页。

［43］ 同［42］。

［44］ 同［42］。

［45］ 同［42］。

［46］ 需要指出的是，这三处文物分布密集区并不能代表整个海坛海峡的整体状况，例如北口外东西洛岛、南口草屿一带、东庠岛海域都属比较富有潜力的目标区域，只是系统工作目前尚未开展。

［47］ 关涉此点的成果极多，具体请参考《凌家滩遗址及其周边环境调查新收获》之“区域调查方法的回顾”部分，中国文化遗产研究院：《社会科学专辑Ⅰ——考古调查与文献研究》，文物出版社，2013年。

［48］ 尤玉柱在《史前考古埋藏学概论》（文物出版社，1989年）中做了专题探讨，国家文物局在新版《田野考古工作规程》（文物出版社，2009年）更是对相关考古信息的采集做出了具体详细的规定。

［49］ 实际上，多年来最富价值、最为明显的渔民所提供线索已经被高效、高频使用，从线索确认的难度及潜力上讲，已出现相当程度的减少，并且这类线索多与盗掘盗捞相关联。从这个意义上讲，也需要增强水下考古资源调查的主动性和系统性。

［50］ 〔法〕布罗代尔著，唐家龙等译：《菲利普二世时代的地中海和地中海世界》，商务印书馆，1996年。

［51］ 〔德〕普塔克（Roderich Ptak）：《北部湾：小地中海？》，《海洋史研究》（第五辑），社会科学文献出版社，2013年。

［52］ 单霁翔：《从水下考古到水下文化遗产保护——在水下文化遗产保护展示与利用国际学术研讨会上的发言》，《2010年水下文化遗产保护展示与利用国际学术研讨会论文集》，文物出版社，2011年。

［53］ 〔丹麦〕蒂斯 · 马尔拉维尔德等，国家文物局水下文化遗产保护中心译：《水下文化遗产行动手册：联合国教科文组织2001年〈保护水下文化遗产公约〉附件之指南》，文物出版社，

2013年。

[54] 丁见祥、范伊然：《关于水下考古学的几个问题》，《中国文物科学研究》2013年第2期，第3页。

[55] 此区域形势可概括为以一纵（沿海南北航线以及与此基本平行的沿陆上驿道）数横（如长江运道、浙东运河、闽江水道等）为主干的水陆交通网络，联通岭南、两湖及赣蜀、江浙等主要经济区及京畿行政区。

[56] 有的研究在尚未分析方法适用性，甚至不够明确“区域系统调查”准确含义的情况下探讨该方法在水下考古领域的应用，结果导致“系列调查工作”与“系统调查方法”混淆、“陆地调查方法”与“系统调查方法”不分。区域调查的关键在统一标准下的记录系统和分析系统，田野考古已习见，但水下考古迄今未见成熟案例。

[57] 臧振华：《澎湖水域水下文化资产调查工作》，《2008水下考古国际研讨会成果报告书》，2008年12月。在中文文献范畴内，此文对拓展水下考古调查的思路具有奠基意义。

[58] 实际上，文中多种探测设备的优化组合及先后顺序十分重要，基本循着面、线、点逐渐缩小逐渐明确的思路进行。

[59] Dr. Ruth Plets, et al. Using Multibeam Echo-Sounder Data to Identify Shipwreck Sites: archaeological assessment of the Joint Irish Bathymetric Survey data. *The International Journal of Nautical Archaeology*, 2011, 40(1) : 87–98.

近代沉舰遗址的调查与保护

——以“丹东Ⅰ号”沉船为例

周春水

（国家文物局水下文化遗产保护中心）

摘要： 近年来，近代沉舰遗址已纳入水下文化遗产保护范畴，由于其体量巨大，埋藏原因复杂，给水下考古调查工作提出新的挑战。本文以“丹东Ⅰ号”沉船水下考古调查工作为切入点，综合其他几例近代沉舰遗址，拟从技术角度出发，探寻近代沉舰遗址水下考古调查的技术方法，并呼吁更多地关注与保护近代沉舰遗址。

关键词： 近代沉舰　调查保护　技术方法　丹东Ⅰ号　甲午沉舰

水下失踪的战舰可简称为沉舰，是海战遗址的重要组成内容，近几年来已被迅速纳入水下文化遗产保护视线。但因近代沉舰年代较晚，以往并未引起世人足够的重视，其保护形势堪忧，时常被民间抓斗船抓毁，钢材被当做废品卖掉，这在中国沿海并非孤例。因此，如何保护好近代沉舰遗址，已成为文物部门必须面对的问题。

相对于古代木船的保护工作而言，我国近代沉舰遗址的调查保护工作开展不多。笔者在全国沿海多次水下考古调查活动中，曾陆续接触到几处近代沉舰遗址。本文拟在梳理这些珍贵的沉舰资料的基础上，主要从技术角度出发，综合考虑水下埋藏环境，探寻水下考古调查的技术方法，以便将来更好地研究、保护好沉舰遗址。

一、概　　况

1. 保护对象

战舰，以作战为目标之所有军用船只的统称，隶属于某个国家或割据势力。具有军事意义的战舰历史悠久，西方早在公元前2000年，传说中的克里特国王迈诺斯即建立了第一批海军[1]；我国的春秋战国时期，江南诸国已盛行以舟船作战，战船有大翼、小翼、突冒、楼船等多种型制[2]，均属于多浆狭长船型。随着明中后期大航海时代的到来，各大洋到处游弋的是以火炮为主要攻击武器的大型风帆战舰。

关于“海军”一词，中国始见于清同治十三年（1874年）总理各国事务衙门就日本侵台事件所提意见里，其后广泛见诸大臣奏章之中。同治初洋务运动时，我国各地开始兴办船政，以后十余年间，通过购置、自建舰船，修筑船坞、炮台，聘请洋员，选派人员出国学习等等方式，大约到清光绪十年（1884年）已建立起北洋海军，南洋、福建、广东三支海军也粗具规模[3]。此时的海军建制完全不同于明代以来的水师营，基本参照西方国家组建。

本文探讨对象为近代沉没于中国水域内的本国及外国战舰，年代为晚清至民国年间，亦即清代海军出现之后，部分因战争原因被击沉或自沉的战舰，也有意外遭遇海难失事而沉灭的战舰。此类战舰不同于我国传统的木质帆船、西方风帆战舰，完全用钢铁材质构建舰体，其形体修长，体量巨大，装备有大口径火炮，内部以蒸汽轮机为动力，以煤炭为燃料。早期装备内燃机的铁肋木壳战船也属此类。

就外形而言，近代战舰类似于现代货轮，二者的水下多波束测深仪、旁侧声呐物探影像很难区分，常给水下勘探判读工作带来困扰。

2. 保护形势

绝大多数近代沉舰遗址处于自然保护状态，常面临破坏风险。其原因众多，除沉灭时的损伤外，还包括海水对钢材的长期锈蚀、渔船拖网作业、涉海工程基建、港口清淤、航道疏浚以及人为盗捞等破坏。

当前，最大的破坏来自于民间工程抓斗船的抓毁，这些抓斗船以抓取铁质沉船为目标，抓上来的钢材按废品贩卖。不同于仅仅盗捞古沉船中的陶瓷器，这种破坏方式直接损伤了船体，危害性更大。

按照联合国教科文组织对水下文化遗产的定义，许多近代沉舰虽然具备文化、历史和考古价值，但在年限上未达到100年的历史，因而不纳入水下文化遗产保护公约的保护范畴。同样，也正是由于年代晚，加上人员、资金、设备等方面的考虑，以往我国的水下考古工作重点往往也是放在传统的古代木船上，对于沉舰遗址较少开展实质性的调查保护工作。因此，当前近代沉舰遗址保护形势可谓十分严峻，其保护力度远低于传统的古代木质沉船。

我国文物部门对沉舰的保护工作，较早可追溯到二十世纪八九十年代对济远舰、中山舰的打捞工作。当时，现场工作由专业打捞人员主导，文保人员只是协助或参与部分工作，如打捞中山舰时，水下考古队员主要参与的是科学记录工作。

早期水下考古调查，未将沉舰遗址列入工作重点。我国水下考古发展至今近三十年，在以往的沿海水下考古调查活动中，通过旁侧声呐、多波束测深仪等物探设备，经常会发现酷似沉舰的水下可疑物，其体型超过一般的木质古船，但鉴于诸多客观原因，一般只做位置记录，甚少开展进一步的工作。

近年来，关于沉舰的文保工作已发生变化，沉舰遗址日益受到关注。首先，沿海地区配合基建的涉海工程增多，开始将有些沉舰列入水下考古调查目标，如自2011年以来，已陆续在大连、盘锦、漳州、丹东等地开展过涉海基建水下调查工作，2014年初“丹东Ⅰ号”沉船的发现即缘于此，并于当年夏季再度开展了重点调查工作，取得了重要成果。与此同时，有关沉舰的主动性调查工作也取得了突破，2012年开展的青岛胶州湾水下调查[4]，用物探手段获得几艘沉舰的声呐影像及位置，其中一艘推测为1914年日德交战时自沉以阻塞港口的奥地利巡洋舰“伊丽莎白皇后”号（彩版三三，1）。

总之，不管是否出于涉海基建需要，还是出于保护压力、主动性调查等要求，水下沉舰遗址实际上已被纳入水下文化遗产保护领域，并进入实质保护范畴，需要同时也已获得了更多的关注，由以前被动、局部的介入，逐步发展为现阶段主动、系统地开展保护工作。

二、沉舰调查发现经验

调查发现沉舰是开始保护的首要任务。近代沉舰虽然沉没时间较晚，但准确找到已知沉舰，并确认其性质，在实际调查工作中仍旧困难重重。相对木质古沉船而言，近代沉舰的文史资料比较丰富，口碑线索众多，沉舰海域基本可以锁定，但多数只是一个粗略位置，达不到水下调查精准定位（不超过10米）的要求，还需要借助物探、潜水等多种办法进行确认。此外，资料线索太多，往往会引起更多混淆，也需要仔细甄别。

沉舰所处的海底埋藏环境复杂，有直接触礁坐沉于礁石上，有部分沉埋于沙层中，也有全埋于泥沙之下。下面介绍水下考古调查工作中的两个不同埋藏案例，探讨如何寻找已知沉舰。

1. 寻找“丹东Ⅰ号”沉船

“丹东Ⅰ号”沉船全埋于沙下，其发现与确认工作非常不易。

2013年11月，为配合丹东港海洋红港区的涉海基建项目，由丹东港集团有限公司出资，国家文物局水下文化遗产保护中心与辽宁省文物考古研究所联合组队开展水下考古调查工作。由于调查海域为中日甲午海战的发生地，自然将寻找甲午沉舰列入工作内容。时逢冬季，风浪较大，调查工作一度暂停。此后，倾注于收集多方资料，但无论是大鹿岛村民提供的口碑线索，还是中方史料和学者的研究，多侧重于对事件的叙述，事发地笼统指向黄海北部、海洋岛北部、大东沟南面、大鹿岛西南等海域[5]，各沉舰的准确位置仍不明了。在陈悦、萨苏等学者的帮助下，调查队获得了来自日本方面的资料，取诸于明治《廿七八年海战史》《极秘征清海战史》标注的各沉舰经纬度坐标（沉舰坐标与实际位置差距甚大），调查队参考海战时的线路，排除掉明显不对的点位，最后在海图上标注出拟调查的点位，并设计好调查区域，共计11处，面积超过30平方千米。

2014年4月，天气转好，调查队重启调查项目，运用多波束、旁侧声呐、浅地层、磁力仪等多种物探手段对上述区域进行勘探。多波束、旁侧声呐、浅地层均无实质性发现，最终借助磁力仪发现一处磁力信号异常点，估算出泥中铁质物体达1600吨以上，埋深3米左右。随后，调查队对该点进行人工潜水探摸，发现遗址已埋于泥下，海床面基本平坦，多方搜寻后，也只采集到少量的铁板、木板、煤炭等遗物。后续对铁板进行金相分析，可确认为炒钢锻打工艺，符合清末战舰钢材的加工特征。综合磁力物探、潜水探摸、文史资料以及铁板金相分析等结果，可推断该处很可能为北洋水师的某一艘甲午沉舰，暂命名为“丹东Ⅰ号”沉船。2014年8月，再度开展水下考古重点调查，所获成果证实了我们的推断。

2. 寻找经远舰

经远舰（图一）半埋于沙中，海床面尚有舰体出露，其发现与确认工作相对容易。

图一 经远舰

在出海调查开始前，调查队对经远舰资料进行了细致的分析，其位置共有三处线索来源，可信度均较高：一处为日军方面的经纬坐标，位置已接近海洋红港陆地上；一处按大鹿岛村民的口碑线索与中方史料，位于大鹿岛西南海域；一处可能位于庄河附近海域。

关于庄河海域的依据，也有多方材料印证：一是按《庄河县志》记载，在老人石东八里；二是1997年打捞甲午沉舰时，曾用钢缆拖拉海床，据悉在庄河附近挂住过沉船类物体；三是几年前民间抓斗船在庄河附近抓损过沉船，并有部分钢材流入当地村民手中。

初步分析，按照1894年甲午海战时的经历，整个战场逐次西移，经远舰最后沉没，其位置在大鹿岛西南或庄河海域更为可信。但这个范围仍旧太大，还需要尽可能缩小搜寻范围。

工作中，我们注意到一张日军所拍摄经远舰沉没时的照片[6]，该照片可用于沉舰位置定位。水下考古常用水面照片进行水底沉船遗址的定位，选择两个不同方位拍摄远处景象，即可用于水面遗址的交叉定位。经远舰沉没照片能满足遗址定位的要求，照片显示为一大片海域，正前方为正下沉的舰船，左前方远景隐约可看见山体，光线为逆光拍摄（图二）。按史料记载，经远舰沉没时间大致为1894年9月17日下午五点半钟左右[7]，已是夕阳时分。众所周知，9月23日前后为太阳直射赤道的秋分日，9月17日与之临近不远，即是说夕阳时分，太阳正好在西方。相对于远方山体，拍摄点与沉舰之间数百米的距离可以忽略不计，因而从拍摄点与沉舰处看见的远景应该是一致

图二　日军所拍经远舰沉没瞬间

的，相对位置为：经远舰沉没于山体的东面，其北面也为大面积的海域。按照片距离的估算，沉舰距山体至少3千米以上，山体长度也不小于3千米，沉舰北面的海域至少也宽达10多千米。山体可以是近岸的山脉，也可以是宽度超过10千米的岛屿。省视黄海北部，周边符合条件的地貌只有凹进去的青堆子湾或大鹿岛北部，考虑到主战场一路西移，可排除在大鹿岛东部的可能，更不可能在大鹿岛几千米范围内（"丹东Ⅰ号"沉船相距大鹿岛20多千米，经远舰与大鹿岛之间至少要超出这个距离）。因此，通过对该照片的分析，我们完全可以锁定经远舰沉没于庄河东面海域。

基于上述分析，2014年8月29日，在"丹东Ⅰ号"沉船调查工作稳定后，调查队召集部分队员赴庄河东面海域开展磁力仪物探，当日在预定海域内发现磁力异常信号点，估算出水底铁质物体达1400吨以上（该船被抓损过）。随即安排人员潜水探摸，顺利找到舰体残骸。沉舰尚出露海床1～2米高，残长40多米，水下仅见船壳钢板，舱内已被泥沙淤平。舰体装甲板（含凝结层）厚20～40厘米，符合经远舰为装甲巡洋舰的特征（彩版三三，2）；同时，采集到一德文铭牌，与经远舰为德国建造的史实吻合；此外，现场所摄的山体背景照片（彩版三三，3）能与日军照片吻合，这也是经远舰位置的又一明证。

当然，照片的真实性，也证实日军是近距离所摄，经远舰自沉的说法难以成立。

3. 经验总结

由上述水下考古调查案例可知，整个工作过程仍旧是先期资料收集、物探扫测、潜水证实。

以经远舰为代表的半沉于沙中的沉舰而言，其发现与确认相对容易。如果不存在人为破坏，在十几年内，水下船体情况几乎不会发生大的改变，这在现实工作中已经证实。以沉灭于福建省平潭县九梁的一处铁壳货轮为例，该船在福建沿海水下考古调查时无意间发现，通过多波束声呐影像，从2006～2014年，近十年时间内看不出具体的变化（彩版三三，4；彩版三四，1）。2014年夏，国家文物局水下文化遗产保护中心与国家海洋局第三研究所（厦门）合作开展区域调查，其物探成果能清楚显示出该船在海底的沉态：倾斜于海底，艏部高起处为礁石，艉楼结构保存完整（彩版三四，2）。因而，未被淹没的沉舰，包括前面所提的青岛胶州湾沉舰，通过史料分析及物探勘测，较容易寻找并确认沉舰的位置及水下埋藏情况。同时，通过现有的物探手段，完全能将水下沉船的具体沉态表现出来，方便于性质确认。

以"丹东Ⅰ号"沉船为代表的完全掩埋于泥中的沉舰而言，其发现与确认过程比较艰难。多波束、旁侧声呐无法反应泥下的沉舰，浅地层声呐也无法穿透海底致密的淤泥层，最终依靠磁力仪与潜水探摸才做到位置初步确认，至于泥中的保存情况还需要进一步抽沙揭露。

因此，在做沉舰调查工作时，要充分考虑现有物探设备的局限性，应根据水下不同的埋藏环境，合理采取不同的调查技术手段。多波束声呐在面对地势平坦、已全埋于泥下的遗迹几乎无用；浅地层在面对致密淤泥时也无法有效反应；按沉舰的钢质结构，磁力仪具备更高的可信度。当然，最后的潜水取证对于遗址确认尤为重要。

三、“丹东Ⅰ号”沉船水下考古重点调查经验

为进一步确认“丹东Ⅰ号”沉船性质，2014年8～10月，再次开展水下考古重点调查工作，以抽沙方式揭露泥中舰体，确认其为北洋水师的一艘沉舰。

1. 工作重点

“丹东Ⅰ号”沉船体量巨大。按文史资料，丹东海域所沉的四艘甲午沉舰，至少长达60多米，宽10米以上，高达3～6米，又几乎全埋于泥下，调查工作量数十倍于一般木质古船。因而，要在短短的一个多月时间里，做好确认工作，任务十分艰巨。调查队经过综合考虑，将抽沙工作重点放在揭露沉船两侧的边界，并进行相关性质认证。

2. 确认沉船轮廓

“丹东Ⅰ号”沉船所在的海床表面遗迹极少，短期抽沙也只揭露出零乱的木板、铁板。由于沉舰体量太大，平潮时段水下作业时间有限，不可能将舰体表面全部抽沙揭露，必须尽快确认沉舰的走向。水下考古调查工作步骤如下：

首先划定主要遗迹分布区。为尽快确认沉舰走向，规避散乱遗迹的干扰，调查队先进行大范围搜寻，结合局部抽沙情况，将已出露的遗迹绘成草图，划定出遗迹的主要分布区域。此后，推定重要遗迹的初始位置，其中竖直状的柱状物，推测为残断的桅杆（或甲板立柱），其位置推断在舱中。

其次参考最大磁力点位。将物探的磁力异常点位标注出来，该点可推断在舱中，很可能为锅炉的位置。

再次推测沉舰走向。通过桅杆（或甲板立柱）、磁力异常点的相对关系，以此观察周边遗迹情况，可确认部分倒覆的铁板为沉舰的舷边。其倒覆原由是因为铆钉长期受海水锈蚀脱落，导致舷侧铁板平摊于沙下。如此，即很快确定沉舰的走向及舷边位置。

最后快速抽沙揭露。沿已出露的舷侧铁板抽沙揭露，不断有新的舷边出露，在

有断损的地方，跨越过去进行抽沙。随着工作的快速推进，最终发现弧形的艉部。至此，沉舰的外侧轮廓已基本揭露出来。

3. 确认沉船性质

按遗物、装甲及船型可确认“丹东Ⅰ号”沉船为清北洋水师的一艘甲午战舰。

调查工作中，先后发现的武器有钢炮残件、机关炮、11毫米子弹、不同口径炮弹及弹壳（彩版三四，3）。其中，机关炮为11毫米10管格林机关炮，全长116厘米，炮管外径18厘米，炮口可见10个枪管。机关炮下带旋转托架，整体保存完整（彩版三四，4）。此外，还发现一些欧州硬瓷类的水盆碎片，印有英文字母（彩版三五，1、2）。

水下发现的装甲（彩版三五，3），对比济远舰舷侧铁甲片（现存威海刘公岛中国甲午战争博物馆），结构与造型完全一致，铁甲周边带有多排圆形孔眼，通过铆钉与周边甲板进行连接。

其船型，按目前的调查工作，沉船已探明长度超过50米（艏部仍未到头），宽9～10米，从长宽比分析也符合战舰瘦长的体型。

根据水下调查资料及甲午海战史实，可知“丹东Ⅰ号”沉船为甲午海战时北洋水师的一艘沉舰。由于经远舰的位置已确认、扬威舰冲滩搁浅，“丹东Ⅰ号”沉船锁定为超勇舰或致远舰。由于2014年度水下调查时间有限，判断其准确身份有待以后更进一步的工作。

4. “丹东Ⅰ号”沉船概述

通过重点调查工作，已陆续确认“丹东Ⅰ号”沉船桅杆（或甲板立柱）、两侧舷边、船艉等重要部位，并清理出长达50余米长的两侧船舷边。调查时先后发现钢炮、子弹、炮弹、10管格林机关炮等武器，伴出有大量铁甲板、木质船材、英文字母瓷片等遗物。

据调查发现，“丹东Ⅰ号”船体已埋于沙下，基本上保持正沉状态。目前探明长度从桅杆（或甲板立柱）至艉部长达50米，宽9～10米。船体残存外壳为铁板构建，以铆钉相互连接，两侧舷边多因崩塌而平摊于沙层中。整个船体外轮廓形态保存尚可，但舱中、艏部损伤较大，受战火及其他因素影响，周边夹杂较多碎木板、铁板、机器零件等物品，并发现多处大面积过火痕迹，与火烧的史实吻合（彩版三五，4）。

四、沉舰后续保护构想

沉舰后续保护工作复杂，此处仅抛砖引玉，提出一些构想，探讨近代沉舰的保护方法。

1. 保护方法

笔者建议的保护思路是安全、妥善、可控。根据我国沉舰水下保存情况及现实保护条件，可采取以下三种方法：

一是若沉舰保存较差，水下清理风险大，可设立沉舰遗址保护区，纳入拟建设的监控体系中，包括开展定期或不定期的海上执法活动。

二是若沉舰保存一般，可进行水下清理，提取出重要遗物，再原址掩没，在海面或水底建立纪念碑或标志物。

三是若沉舰保存较好，刚性结构强，可将沉舰整体打捞出水，在岸上对舱内进行清理。清理完毕后，再将沉舰放入近岸的清澈海水中，也可构建水下廊道，供人参观和瞻仰。

2. 方式比较

第一、二种方式依赖于整个社会更高的群体保护意识，考虑到国内水下文化遗产严峻的保护形势，笔者个人更倾向于以第三种方式，类似于白鹤梁水下博物馆、大型水族馆的展陈方式，向公众开放。

陆上保存大型铁质文物非常困难，费用昂贵。由于暴露于空气中，尤其是海洋中出水的铁质文物，天长日久会逐渐锈蚀，如果重修并涂以防漆层，又会抹去历史的伤痕，改变文物原貌。而低氧的水下环境更有利于铁质沉舰的保护，深水环境下铁质文物能保存很久，原因即在于其静态、低氧的水下环境。因而，舱体清理完毕后，加上腐蚀块，再放入水下环境中，是比较适当的方式，还可省去大笔保护经费。当然，具体的保护措施有待沉舰保护工作有序推进过程中逐步完善。

总之，近代沉舰的保护已成为不可回避的事实。至今，我国近代沉舰的调查工作开展不多，加之沉舰体量巨大，水下埋藏情况复杂，中国近海水下能见度不佳，都给沉舰水下调查工作带来诸多困难。本文初步总结了“丹东Ⅰ号”沉船、经远舰、青岛胶州湾沉舰等调查技术方法，期望能为今后的水下沉舰调查工作提供些许借鉴。

近代沉舰，距今历史并不久远，但其价值并不低于传统的远洋木质帆船。中国近代，国弱民穷，拥有过的战舰为数不多，每艘战舰的购置与建造均竭力而为，并承载众多有识之士富国强军的梦想。因而，每一艘战舰的史料价值均弥足珍贵，值得重视。目前，已知的水下沉舰寥寥可数，且面临着被抓损的风险。希望，借此机会，呼吁社会各界的重视，让我国境内的近代沉舰得到应有的保护。

附记：本文部分旧照片由威海定远舰博物馆陈悦先生提供，在此表示感谢。

注　释

［1］〔加〕詹姆斯·P·德尔加多著，李艳霞、丁连普译：《沉舰——3000年海战史的考古之旅》，北京图书馆出版社，2004年，第2页。

［2］席龙飞、宋颖：《船文化》，人民交通出版社，2008年8月，第15页。

［3］赵生瑞：《中国清代营房史料选辑》，军事科学出版社，2006年，第143～145页。张侠、杨志本、罗澎伟等：《清末海军史料》，海军出版社，2001年，第一章“建置沿革”至第八章“经费收支”。

［4］尹锋超、丁见祥、魏超：《山东青岛胶州湾海域2012年水下考古调查》，《2012年中国重要考古发现》，文物出版社，2013年，第179～181页。

［5］张侠、杨志本、罗澎伟等：《清末海军史料》，海军出版社，2001年，第四章“海战纪略·甲午战事纪”。宗泽：《清日战争》，北京联合出版公司，2014年，“清日大海战”及“黄海海战图记”。

［6］陈悦：《北洋海军舰船志》，山东画报出版社，2009年6月，第175页。

［7］姜鸣：《龙旗飘扬的舰队——中国近氏海军兴衰史》，三联书店，2002年，第373页。

水下考古记录方法初探

王光远

（宁波市文物考古研究所）

摘要：本文拟通过对我国以往水下考古工作中一些记录方法的初步总结和分析，为今后水下考古发掘过程的更加科学、规范和资料收集的更加准确、真实等方面提供参考与借鉴。

关键词：水下考古　探方　记录方法

无论田野考古还是水下考古，信息的收集与资料的记录都是不可或缺的一个重要组成部分。资料记录的准确与否直接决定了考古项目的成败与否，而记录方法的科学与否又直接决定了资料记录的准确与否。这可以说是考古的基础常识和我们的基本认知。

众所周知，在田野考古中，采用探方来进行发掘和记录已成为一种基本的手段。但在水下考古中，因受遗存埋藏环境等诸多因素的影响，布设类似于田野考古那样的探方无疑是很困难的，往往需要根据水下遗存所处环境的不同，因地制宜地采取不同的方式方法来进行发掘和记录，以期达到更加准确、真实地获取遗存信息之目的。

一

将发掘区域划分为若干相等的正方格，以方格为单位，分工发掘，这些方格就叫探方，这种发掘方法就是探方发掘法。一般情况下，探方由主体、隔梁、关键柱三部分组成。隔梁的主要作用是为探方的主体部分和后来自身的发掘提供控制剖面；关键柱的作用是观察相邻四个探方之间地层和遗迹的相互对应关系[1]。诚然，依照这种探方法发掘可以有效控制发掘进度，使发掘主体能够根据土质土色以平剖面结合的方式确定遗迹的早晚关系和遗物的所属关系。但是这种保留隔梁、关键柱的探方发掘法也存在一定的局限性，一些国外的考古学家就曾指出,未经发掘的纵横交错的隔梁掩盖了部分遗迹的组成部分及层位关系，成为掩盖考古真实性的一个藏身之所；而且因为隔梁的存在，考古发掘区内总面积的36%延迟发掘或不发掘（以5×5米、隔梁1米的探方计算）。一言以蔽之，隔梁使我们对考古对象的释读产生了偏差[2]。正是考虑到这些问题，现在一些其他国家在进行考古发掘时采用全面揭露的发掘方法代替保留隔梁、关键柱的探方发掘法。其实，我们也可以将整个发掘区看做是一个“大探方”，将这种全面揭露的发掘方法看做是一种更为广义上的“探方发掘法”。

在水下考古工作中，由于受环境所限，尤其是沙质海底，海流冲刷和沙的流动性较大，保留隔梁、关键柱的探方发掘法在多数水下遗存的发掘中是无法实现的。因此，我们可以根据水下遗存所处的环境，因地制宜地采取不同的方式方法来替代探方这个参照物，也可以理解为布设更为广义上的探方；同时，引用一些科技手段，采用一些较为特殊的记录和测绘方法来代替隔梁和关键柱在探方中所起的作用。

二

由于水文海况、水下文物保护以及水下考古项目工作经费等诸多条件的限制，决定了无论是水下调查还是水下发掘都必须在相对较短的时间内进行，尤其是水下的记录与测绘必须在时间短、准确率高的条件下完成[3]。在这些条件的制约下，以往我们的水下考古工作，通常使用下述几种记录方法来控制发掘进度和提取、记录资料。

1. 圆周记录法

以入水点为基点，向外拉一条搜索绳，在发现遗迹现象时先测量记录好遗迹、遗物的本身尺寸，然后将搜索绳调整水平，并牵引至遗迹现象的正上方，然后测量并记录遗迹现象到搜索绳的高度、到基点的距离和相对角度，这样便可以记录遗迹现象和基点的相对位置。当记录完成搜索绳范围内的所有遗迹现象后，也就得出了整个搜索区域内所有遗迹和遗物的相对位置，然后将其带入基点的坐标后，也就得出了整个搜索区域内所有遗迹和遗物的绝对位置，这样我们就可以根据这些数据来绘制这个遗址的平面、剖面图。在使用这种方法进行测量记录时，也可以结合水下拍摄的正投影照片进行绘图，照片要求为遗迹、遗物的正摄影像，并且每张正摄影像的方向同为正南北方向。

优点：简单易操作，时间短，效率高；缺点：误差相对较大，尤其在使用水下罗盘测量角度的时候易受周围磁力干扰产生误差。适用于项目时间较短的水下考古调查项目，一般在遗迹、遗物较分散，水下地势较平坦且遗存面积较大的水下遗址中使用效果较好。

2. 软参考线记录法

考虑到水下受能见度、水流、海况等诸多因素的影响，为尽可能地减少误差，一般选择遗存中部的南端或北端一点为基点，在基点处打一尽可能固定的钢钎，从基点钢钎起拉一条贯穿遗存中部的绳索作为主基线。将主基线分为几段，每段长度可根据遗存所在地形高差而定，在每一段主基线的正上方拉一条水平线，在水平线上固定上皮尺，然后可根据遗存的具体情况（包括遗存类型、水下能见度等）将主基线按水平距离划分为几段，每段的端点向左右两端拉一条与主基线垂直且水平的基线，并在基线上固定上皮尺。这样便将整个遗存划分为几个区域，然后以主基线上端的水平线和基线为参照，对整体遗存进行调查、发掘、测绘、记录等工作。

优点：基线的布设相对简单、灵活、效率高，可以结合小型硬参考线降低误差。缺点：由于受水流影响，相对于硬参考线记录法误差较大。适用于工作时间相对较短的重点水下考古调查、发掘项目。

3. 硬参考线记录法

水下硬参考线一般由参考框和支柱组成，参考框（一般为2×2米的正四边形方框）、支柱可以使用不锈钢钢管制成。首先将不锈钢钢管切割成2米长一段探方框，并使用钢卷尺在探方框上标记长度；再按照参考框的数量，切割数个不锈钢钢管作为支柱，每个参考框四个支柱，支柱长度视水下遗址的高差而定；然后将参考框和支柱使用六通接头连接，水平四通接头连接参考框的四边，上下两通接头连接支柱，将整个遗存覆盖，利用调节每个支柱的高度使每个参考框的边都处于水平状态。这样便将整个遗存分割为若干正四边形方框，然后以每个参考框为参照对整个遗存进行调查、发掘、测绘、记录等工作[4]。

优点：误差相对较小。缺点：水下布设难度较大、时间较长。适用于工作时间较长的水下考古重点调查、发掘项目。

4. 相对基点记录法

在一个永久固定物较多的遗存中选取多个基点，测量出每个基点到遗存永久基点的相对位置，然后以这些基点为参照物，使用软探方、硬探方等多种手段，将遗存划分为若干独立区域进行调查、发掘、测绘、记录等工作。

优点：简单、易操作，使用灵活。缺点，累计误差较大。适用于水下沉船、水下建筑等永久固定物较多的遗存调查和发掘工作。

5. 分区记录法

类似于陆地发掘中的二分、四分法。首先在遗址中部选取永久基点或贯穿遗存中心拉一条永久基线，再将整个水下遗存以永久基点或永久基线为中心划分为几个区域，然后使用以上多种记录方法对每个区域单独进行调查、发掘、测绘、记录等工作。

优点：可将整个遗存的调查、发掘工作化繁为简，可控性较强。缺点：工作不连贯，累计误差相对较大。适用于遗存面积较大，无法在连续时间内完成的水下考古调查和发掘工作。

6. 探测设备记录法

随着海洋探测技术的不断进步，一些新的探测设备也被引入到水下考古当中，如水下多波束三维探测仪器、短基线水下定位系统等。其中，水下多波束三维探测仪器的工作原理是：在遗存中心选取几个探测点，分别以这些探测点为中心对整个遗存进行声学三维扫描成像，然后使用计算机将每个探测点探测出的三维模型进行校正拼接，从而得出整个遗存的三维模型；短基线水下定位系统的工作原理是：使用声波对短基线水下应答器进行定位，通过移动短基线水下应答器勾勒出遗址、遗迹和遗物的位置及形状。

探测设备记录法的优势是显而易见的。近些年来，我国水下考古也一直在尝试将水下多波束三维探测、短基线水下定位系统等高科技的海洋探测技术引入到水下考古领域，但由于受经费、海况等多方面因素的制约，目前还没有做到在每个水下考古项目中使用。

三

在我国水下考古的工作实际中，圆周记录法、软参考线记录法、硬参考线记录法、相对基点记录法、分区记录法和探测设备记录法这几种记录方法并不是孤立的和单一的，多数情况下会结合遗存类型、工作时间、项目经费、地形地貌等多方面因素综合考虑，具体采用哪种或哪几种记录方法，需要根据具体情况来具体对待。

本文之所以没有将上述几种方法称为探方法，是因为上述方法均不具备构成田野考古探方的几个主要组成部分，即没有隔梁和关键柱。但究其根本，探方的作用其实就是为更加准确地记录地层、遗迹、遗物的绝对位置和其之间的相对位置提供参照物，而上述方法在实际操作当中，可以全部或部分起到隔梁和关键柱的作用。

注　释

[1] 冯恩学：《田野考古学》，吉林大学出版社，1993年。

[2] Philippe Jockey. *L'Archeologie*. Belin. 1999.

[3] 〔日〕小江庆雄著，王军译：《水下考古学》，文物出版社，1996年。

[4] 吴春明：《海洋考古学》，科学出版社，2007年。

古代水下沉船埋藏环境初探

许　超

（宁波市文物考古研究所）

摘要：我国古代水下沉船的埋藏环境可分为掩埋型和出露型两类。海底环境与船载文物是形成水下沉船遗址不同埋藏环境的两大重要因素。针对不同的埋藏环境，对水下沉船遗址的发掘、保护也会产生不同的要求。

关键词：水下沉船　埋藏环境　发掘保护

中国水下考古经历了近三十年的发展，调查、发掘了一批重要的水下古沉船遗址[1]。本文拟通过对这些沉船遗址埋藏环境的对比分析，讨论不同埋藏环境下对沉船遗址的保存状况以及调查发掘方法、保护手段等方面的影响，以期抛砖引玉，不当之处敬请方家指正。

一

目前国内经水下考古调查、发掘确认的典型水下沉船遗址主要有以下几处：辽宁绥中三道岗元代沉船遗址；浙江宁波象山“小白礁Ⅰ号”清代沉船遗址；福建连江定海湾“白礁Ⅰ号”宋元沉船遗址；福建平潭“碗礁Ⅰ号”清代沉船遗址、“大练岛Ⅰ号”元代沉船遗址、“九梁Ⅰ号”明代沉船遗址；广东汕头“南澳Ⅰ号”明代沉船遗址；广东阳江“南海Ⅰ号”南宋沉船遗址；海南西沙“华光礁Ⅰ号”南宋沉船遗址等。

三道岗元代沉船遗址位于辽宁省葫芦岛市绥中县塔屯镇大南铺村南面约5.5千米的海域，遗址所在海域有三道沙脊（岗），“三道岗”由此得名。沙脊原为古六股河河口三角洲经潮流冲刷改造而成。沙脊顶部沙砾纯净，沙脊之间的底部为沙质淤泥。三道岗沉船就位于三道沙脊靠岸方向的第一道与海岸浅滩之间的沟底。沉船遗址主体堆积方向20度，南北长约18.6米，东西宽约8.4米，大致呈平行而又互相连接的长方块状，主体为包含有成摞瓷器、铁器、小块船板碎片的凝结物。遗址地层堆积分为四层：第1层为含有少量瓷器（片）的海泥层；第2层为含有丰富瓷器的泥沙层；第3层为大型沉积物块，即船体堆积；第4层为纯净的海底泥沙层[2]。

“小白礁Ⅰ号”清代沉船遗址位于浙江省宁波市象山县石铺镇渔山列岛海域小白礁畔。遗址所在海域低平潮时水深约18～22米，高平潮时水深约20～24米，所处海床南临小白礁岩体，南高北低。遗址依海床地势南北走向，近似椭圆形，南北长约23米，东西宽约11.2米，分布面积约215平方米。遗址主体堆积为一艘木质沉船残骸和瓷器、石板等船载遗物，遗址中心偏南有五列南北向互相倾斜叠靠的石板裸露在海床表面，石板下即为船体，船体断裂为东、西两个部分。试掘情况表明，遗址地层堆积可分三层：第1层为牡蛎壳夹沙堆积，船体即位于该层下；第2层为灰色海泥堆积，为回淤层；第3层为夹少量贝壳碎片的夹粗砂层，为沉船以下地层[3]。

“白礁Ⅰ号”宋元时期沉船遗址位于福建省福州市连江县定海湾白礁南侧。白礁是连江县定海半岛东北部距岸边约600米的一个荒芜岛礁，东西长约100米，南北宽约50米，由较大的西段明礁和东段暗礁组成，高潮时东段暗礁没入水中。遗址所在海域起自暗礁礁体，从北向南大致呈缓坡状下降，多散布大小不等、形状不规则的石块。遗址中心范围呈长条状，东西长约16米，南北宽约6米，大致与暗礁呈30度夹角。中心堆积区见有平行排列的大型凝结物，凝结物前后见有整齐排列的成摞瓷器。从具有代表性的探方剖面可知，堆积主体的地层可分五层：第1层为表层，散布石块和黑釉瓷器、青白瓷器等文化遗物，以及现代渔民所用的陶罐残片及废弃物等；第2层为海泥、碎贝壳、松散的文化遗物层；第3层为海泥层，夹杂相对集中、局部成摞的瓷器、凝结物；第4层为木结构船体残骸层；第5层为海底自然沉积层。推测船体全长19～20米，宽5～6米，是具有9个或11个隔舱的中型海船。从大型金属凝结物的位置推定船艏位于东北一侧，撞击了白礁东段暗礁的礁盘后迅速下沉[4]。

“碗礁Ⅰ号”清代沉船遗址位于福建省福州市平潭县屿头岛海域五州群礁的碗礁附近。遗址所在海域水深在13～16米，海底为含沙淤泥土质，能见度约0.5～2米。沉船方向基本为东西向，船头向东，沉态倾斜，南高北低。船体首尾部皆残，残长13.5米，残存16舱，残宽3米。船体中部在发现之初即惨遭盗掘，但船体东部和西部未被破坏的船舱尚掩埋在淤泥之下，淤泥平均厚度约0.5米。船舱内满载瓷器，发掘出水1.7万余件[5]。

“大练岛Ⅰ号”元代沉船遗址位于福建省福州市平潭县大练岛西部。遗址所在海域水深低平潮时14～15米，高平潮时19～20米。海床底大部分为沙质，厚度不均，东、南部较薄，西、北部较厚。遗址的西南面约300米有一礁石，高平潮时没入水中，低平潮时露出海面。船体方向为300度，残长约7米，残宽约5.5米。沉船船体破损严重，首、尾均残，仅存部分船体的底部，南侧部分船板露出海床，其余部分皆埋藏于沙层里，西、北部埋藏较深，最深处达1米。船体西南部残存两道隔舱板和一道隔舱板痕迹。调查、发掘共采集、出水瓷器标本300余件、铁锅1件[6]。

“九梁Ⅰ号”明代晚期沉船遗址位于福建省福州市平潭县屿头岛海域碗礁附近，西北距“碗礁Ⅰ号”沉船遗址1600余米，东距“大练岛Ⅰ号”元代沉船遗址5400余米。遗址东北部有一块高度在2米左右的巨大礁石，沉船遗址紧邻该礁石。遗址所在海域海底地势东高西低，中部因为沉船遗物的堆积而呈现部分隆起，表面分布较多块石。沉船遗址南部的遗物分布区略低于船体，西南部为一高坡，表面为沙底间或有大块礁石。船体基本呈东—西走向，发现暴露于海床表面的隔舱板6块。高平潮时，沉船东端底板位置水深16.8米，中部隔仓板位置水深17.2米，西部文物密集区水深19.2米。该遗址被多次盗捞，遗物分布面积约800平方米。推测船体长度约20米，宽度约5～6米。调查采集的主要遗物标本为瓷器[7]。

“南澳Ⅰ号”明代沉船遗址位于广东省汕头市南澳岛东南三点金海域乌屿和半潮礁之间。沉船海域水深约27米，海底为泥沙底，含泥量相对较少。沉船处于正沉状态，船体纵向长度约27米，最宽的隔舱长7.5米，船体纵轴方向为10度。推测沉船沉没后只有部分船体沉降到海床下，露出海床的船体部分经过一段时间后被海生物侵蚀殆尽，造成该部分船体完全解体。船载文物以瓷器为主。遗址堆积比较单纯，并未发现其他古代文化遗存，但是海底依然存在区别比较明显的海底沙砾层、疏松泥沙层、致密海泥层[8]。

“南海Ⅰ号”南宋沉船遗址位于广东省阳江市上下川岛附近海域。沉船所在海域水深约24米，海底地质表层为淤泥，下层为淤泥质土。推测沉船长约30.4米，宽约9.8米，高约4.2米，沉态正沉，两舷没入泥面约1米，艏艉凝结物露出泥面约1～2米[9]。2007年，“南海Ⅰ号”沉船被整体打捞出水，迁移至广东海上丝绸之路博物馆发掘、保护、展示；2009、2011年，广东省文物考古研究所先后对沉船进行了两次小规模考古试掘[10]；2013年11月28日，再次启动“南海Ⅰ号”保护发掘项目，至今还在大规模地边发掘边保护边展示。

“华光礁Ⅰ号”南宋沉船遗址位于海南省西沙群岛中南部华光礁礁盘内的西北边沿。华光礁为暗礁类型，环礁沉积相带分为礁前相、礁坪相、潟湖相、点礁带和礁内礁。沉船遗址表面水深约0.5～1.4米，于1997年遭到非法盗掘。1998～1999年度曾对该遗址进行试掘，试掘显示遗址表层为被盗挖而破碎的陶瓷片，其下为厚0.2～0.3米的较为松散的碎珊瑚板结块，其下为一层厚约1米的松散、易坍塌的珊瑚碎块和生物沙，其下为遗物和船体堆积。其中珊瑚碎块和生物沙堆积层，由于受水流影响极易坍塌，因此随着发掘深度的加深不得不缩小发掘面积，至发掘结束，原发掘探方已呈斗型[11]。2007年完成了船载文物发掘，2008年完成船体发掘。沉船船体水平残长18.4、残宽9米，舷深约3～4米，船艏方向320度，整个船体向西倾斜，残存10道隔舱板。沉船出水遗物近万件，以瓷器为大宗。

二

上述水下沉船遗址按埋藏状态来分，大体可归为掩埋型和出露型两类。淤泥、泥沙质海底易于形成掩埋型水下沉船遗址，如整体打捞出水前的“南海Ⅰ号”水下沉船遗址。“华光礁Ⅰ号”水下沉船遗址由于受礁体周围生物的生长和生物沙的堆积作用，也形成了掩埋型堆积。在不考虑人为盗捞破坏的因素下，掩埋型水下沉船遗址由于形成了一个相对封闭的埋藏环境，避免了海流的冲刷以及海生物侵蚀，更有利于沉船遗址的保护。近海礁石附近的海底地貌通常不利于沉船船体的沉降，沉船往往出露于海床之上，形成出露型水下沉船遗址。该类遗址除了遭受海流的冲刷、海生物侵蚀外，还可能受到渔民拖网作业的破坏，更面临着极大的被盗捞的风险。国内发现的水下沉船遗址大多属出露型遗址。

除了海底地貌的影响，船载文物也是影响沉船保存状态的重要因素。绥中三道岗元代沉船虽然埋藏于沙质淤泥底中，但由于船货中包含了大量铁器，在海水的侵蚀作用下，船体已经同船货一起形成了巨大的凝结物块。相反，宁波“小白礁Ⅰ号”沉船遗址所处的海底地貌虽然不利于船体沉降，但船载的五列石板使得船体残骸得以抵御海流冲击，避免了更进一步的损坏。

水下考古学是“田野考古学在水域中的延伸”[12]，国内对水下沉船遗址的调查、发掘也遵循着田野考古学的基本理论方法，比较重视对沉船遗址地层堆积的辨析和发掘。但针对水下沉船特殊的埋藏环境和保存状态，也会采用不同的发掘手段。传统的水下沉船遗址的清理发掘通常采用软硬探方结合、抽取泥沙的作业方式进行，但在对“碗礁Ⅰ号”沉船遗址进行抢救性发掘时，面对严峻的盗捞形势，不得不分区分段、逐舱清理发掘[13]；“南澳Ⅰ号”沉船遗址在2012年度的发掘工作中，采取了安放水下大型框架的方法，显著提高了工作效率[14]；针对“华光礁Ⅰ号”松散易坍塌的埋藏环境，则只能采取斗型探方进行试掘。发掘中面对不同的堆积类型，更是要运用不同的技术手段，如针对三道岗沉船遗址形成的大体量凝结物块，不得不采用水下液压钻进行肢解。随着“南海Ⅰ号”的整体打捞出水转入新的环境，发掘者在2011年的试掘中形成了“水中探方发掘法”的概念，除了发掘方法、技术手段的创新，发掘者还对“南海Ⅰ号”沉船的淤泥堆积给予了更多的关注[15]，体现了水下考古发掘追求科学性、精细化的发展方向。而2014年度“小白礁Ⅰ号”沉船遗址的发掘，尤其注重现代科技手段的综合运用和融合创新，如针对沉船遗址在海底保存现状的三维复原、出水文物数字化管理系统的开发运用、立体监控指挥系统的构建等创新手段，大大推进了水下考古发掘与现代科技手段结合的广度与深度，可以说是开创了我国水下考古工作的新模式[16]。

三

发掘现场是文物保护的第一现场，当发掘工作展开，水下沉船遗址相对稳定的保存环境被打破后，保护手段就应当迅速介入。当前国内对沉船遗址的发掘也都比较重视现场保护工作。沉船船体的保护与发掘方式密切相关，发掘工作结束后针对船体的保护模式主要有三种：宁波“小白礁Ⅰ号”沉船船体发掘采用的是将船体逐件编号拆解出水的方法，再转入国家水下文化遗产保护宁波基地沉船修复展示室开展科技保护与修复[17]；“南澳Ⅰ号”沉船遗址在完成抢救性发掘后，针对船体、凝结物等遗存面临的拖网、船锚拖底等形式的破坏风险，采取以重约50吨的大型水下框架全覆盖的原址保护方式；“南海Ⅰ号”则采取了整体打捞、异地保护的手段。

水下沉船遗址的保护，尤其是船体的保护是一个长期的系统的过程，比如17世纪的木质战船瓦萨号（“Vasa”）在斯德哥尔摩海港的恢复工作几乎持续了40年，而对其横木的保护工作仍在进行。“南海Ⅰ号”沉船在转入新的人工水体环境后，发掘者对水体和沉箱现状都进行了分析，并坦承存在的问题，研究解决方案[18]。即便是原址保护的“南澳Ⅰ号”沉船，考古工作者也充分考虑到覆盖其上的大型水下框架可能面临的沉降、锈蚀等问题，提出了通过物探调查和潜水调查来进行长期监测的应对方案[19]。应该说，以上三种保护模式的优劣都还有待于长期的观察。

注 释

[1] 目前国内学界判断水下文化遗存是否为沉船遗址，主要依据两个特征：一是在遗址上发现船体残骸，二是在遗址上发现大量的同类遗物或者是与航海有关的遗物。详见中国国家博物馆水下考古研究中心、福建博物院文物考古研究所：《福建平潭分流尾屿五代沉船遗址调查》，《中国国家博物馆馆刊》2011年第11期。本文所讨论的水下沉船遗址，特指发现有一定规模船体残骸的遗址。

[2] 张威主编：《绥中三道岗元代沉船》，科学出版社，2001年。

[3] 中国国家博物馆水下考古研究中心、宁波市文物考古研究所：《浙江宁波渔山小白礁一号沉船遗址调查与试掘》，《中国国家博物馆馆刊》2011年第11期。

[4] 赵嘉斌、吴春明主编：《福建连江定海湾沉船考古》，科学出版社，2011年。

[5] “东海平潭碗礁Ⅰ号”沉船遗址水下考古队：《“东海平潭碗礁Ⅰ号”沉船水下考古的发现与收获》，《福建文博》2006年第1期。赵嘉斌：《“碗礁Ⅰ号”沉船打捞纪实》，《中国文化遗产》2005年第6期。

[6] 平潭大练岛元代沉船遗址水下考古队：《平潭大练岛Ⅰ号沉船遗址水下考古发掘收获》，《福建文博》2008年第1期。

[7] 福建沿海水下考古调查队：《福建平潭九梁Ⅰ号沉船遗址水下考古调查简报》，《福建文博》2010年第1期。

[8] 广东省文物考古研究所、国家水下文化遗产保护中心、广东省博物馆：《广东汕头市“南澳Ⅰ号”明代沉船》，《考古》2011年第7期。广东省文物考古研究所：《“南澳Ⅰ号”明代沉船2007年调查与试掘》，《文物》2011年第5期。

[9] 张威：《南海沉船的发现与预备调查》，《福建文博》1997年第2期。吴建成，张永强：《“南海Ⅰ号”古沉船的整体打捞》，《中国航海》2008年第31卷第4期。

[10] 广东省文物考古研究所：《2011年“南海Ⅰ号”的考古试掘》，科学出版社，2011年。

[11] 中国国家博物馆水下考古研究中心、海南省文物保护管理办公室：《西沙水下考古（1998~1999）》，科学出版社，2006年。赵嘉斌：《水下考古学在中国的发展与成果》，《水下考古学研究》第1卷，科学出版社，2012年。

[12] 中国大百科全书《考古学》编辑委员会：《中国大百科全书 · 考古学》，中国大百科全书出版社，1986年，第17页。

[13] 赵嘉斌：《“碗礁Ⅰ号”沉船打捞纪实》，《中国文化遗产》2005年第6期。

[14] 崔勇先生2014年10月16日在首届“水下考古 · 宁波论坛”上所作《“南澳Ⅰ号”发掘及原址保护技术——大型框架在发掘与保护中的运用》之报告。

[15] 广东省文物考古研究所：《2011年“南海Ⅰ号”的考古试掘》，科学出版社，2011年。

[16] 宁波市文物考古研究所、国家文物局水下文化遗产保护中心：《我国水下考古的又一创新之作——浙江宁波象山“小白礁Ⅰ号”2014年度发掘》，《中国文物报》2014年8月29日第5版。

[17] 同[16]。

[18] 林唐欧：《水晶宫环境的现状》，《2011年“南海Ⅰ号”的考古试掘》，科学出版社，2011年。

[19] 同[14]。

对洞穴水下考古调查工作的一些认识

韦　军

（桂林甑皮岩遗址博物馆）

摘要：洞穴水下考古和地表水域水下考古相比较具有一定的特殊性。本文通过人员组成、遗址形成原理、地下河水文信息、遗址价值与环境价值考量、应急预案等方面，探讨该特殊性所在及其意义和解决建议。

关键词：洞穴　水下考古　调查　认识

洞穴水下考古是水下考古的一个分支，在我国刚刚兴起不久。比之于地表水域的海洋、湖泊水下考古调查，洞穴水下考古调查有其一定的独特性，如地形条件限制、洞穴环境恶劣、地下河水文复杂等。2014年中国国家博物馆、广西文物保护与考古研究所、桂林甑皮岩遗址博物馆等单位针对桂林甑皮岩洞穴遗址水洞区域开展了我国第一次洞穴水下考古调查活动，本人作为队员之一全程参与了本次洞穴水下考古调查前前后后的各项工作，在该过程中对洞穴水下考古形成了一些认识，故拟文于此，不当之处，请各位指正。

一、洞穴水下考古调查人员应该是具有丰富水下考古经验且有洞潜资格的人员

由于洞穴环境封闭，安全度较低，比之于开放水域的水下考古调查，其对队员的要求也更高。甑皮岩洞穴水下考古调查的队员组成和开放水域考古调查队员组成相比，更强调队员的能力与经验，其下水队员基本全部参加过洞潜培训，具有丰富的潜水经验和自我心理调节能力，能应对相对复杂的潜水环境。因此，出于安全考虑，洞穴水下考古调查人员应该具有洞潜资格并具有丰富的潜水经验。此外，在条件许可的情况下，能邀请到具有丰富洞潜经验的专业潜水团队参与洞潜水下考古设计与指导，也不失为加强调查队伍力量的方式之一。

二、正确认识洞穴水下遗址的形成原因及地层关系对于洞穴水下考古调查具有积极意义

和海上一次性（瞬间）形成的沉船遗址相比较，洞穴水下遗址的形成稍显复杂。其形成原因或许为水面抛洒下沉形成，或许为水流作用二次搬运后异地沉积形成，或许为地壳运动致使原陆地遗址沉入水中或地下水上涨淹没原陆地遗址而形成。相对应以上三种形成原因，洞穴水下遗址的文化地层也可表现为以下几种形态：

（1）水面抛洒形成自然有序的文化地层。这是一种比较理想的地层形成状态，但不同时间段同一地点多次抛洒，因不同质量物质下沉力度、深度不同也会形成有打破关系的甚至无序的文化地层。如在洞穴中进行某种仪式，向水中抛洒物件而形成遗址。

（2）水流作用二次搬运后形成的异地沉积。由于水流速度不同、遗物质量不同，容易形成杂乱的地层关系，难以依据地层学原理进行考古发掘。这体现为上游有抛洒，或上游遗址被水流冲垮搬运，或地下河在明流阶段因人类的生产活动产生的遗物随水流搬运，都可形成这样的异地沉积。

（3）地下水上涨淹没的原陆地遗址。其地层形成与陆地遗址无异，该类水下遗址在水库中也常可遇上，其调查或发掘应与陆地考古无异。如甑皮岩遗址的水下部分，其应是在遗址形成后地下水上涨导致遗址遭到部分淹没而形成水下遗址，对其的调查和发掘方案就应与陆地遗址无异。

认识到洞穴水下遗址形成原理及地层关系，则在制定洞穴水下考古调查计划时更有利于有的放矢，准确判断遗址形成原因，并科学制定调查方案。

三、高度重视洞穴内地下河的水文信息是洞穴水下考古调查能安全完成的重要前提

洞穴内水下考古调查，其水文信息比之于成熟的海潮信息、河流湖泊信息更显复杂，需要引起水下考古人员的高度重视。其主要原因在于地下河（水）的隐蔽性强，使水文信息难以采集，且地下溶洞管道发育的复杂化使其水文信息更加紊乱，不同溶洞管道通过的水流很可能在流速、能见度、温度、流向上都不一致，其交汇处易形成乱流，这无疑使潜水安全更加不易掌控，增加了洞潜考古调查的难度与成本，因此需要引起水下考古人员的高度重视。

此外，由于内陆地下河水量多与季节有关联，同一条地下河在不同季节或许会呈现不同的水文信息，因此制定洞潜考古调查计划就需充分考虑实施计划的季节与洞内地下河水文的关系。如甑皮岩遗址，其水洞内水文随桂林雨季的变化而变化，冬季枯

水期水位较低，而5、6月份丰水期期间若遇上暴雨则整个水洞都会被地下水充满，年最低水位与最高水位间正常相差可达2米以上，我们选择调查的时间节点上就放在少雨的枯水期进行。类似的水文信息，在制定洞穴水下考古调查方案时皆应有充分认识和细密考虑。

另一方面，由于地下溶洞管道往往不是很宽大，地下网管四通八达且部分管道较长，这无疑增加了地下水的不可控性。如地下水管道坍塌导致水位变化，洞穴地下水与地表水联系紧密导致洞穴遗址周边暴雨产生地下水上涨或可导致能见度变差等，此类情形与地表上的堰塞或山洪暴发无异，皆具有不可控性。如甑皮岩洞穴遗址水下考古调查，在观察其水文年过程中，就发现有桂林市区无降雨记录而地下水水位突然上涨的案例[1]。因此，在进行洞潜水下考古时，即使潜点上空艳阳高照，也要时刻关注该地周边区域降水情况，并尽可能避免在暴雨季节进行水下考古工作。若该洞穴遗址所处山体是在一个山脉边缘，则更应注意到上游山脉地区暴雨对地下河的直接影响。建议在掌握水文情况方面，最好能有一个水文年以上的该地下河的水文资料；同时应多咨询当地人，通过他们了解该地下河的基本情况，并增加遗址所处山体与周边地形的关联认识。

只有高度认识到地下河的水文复杂情况对洞穴水下考古调查有极大影响，并在资料收集上充分采集地下河的相关信息，充分掌握地下河的流速、能见度、温度、流向、季节变化、关联性等一系列的数据、指标，在制定潜水计划时才更具有合理性、安全性，从而保障整个洞穴水下考古工作的安全和效率。

四、关于遗址价值与环境价值的考量

若仅以考古而论，现在对地表水下遗址调查或发掘自有一套成熟的操作程序，无需担心遗址价值得不到高度重视。但于洞穴水下考古而言，其洞穴环境自有一套封闭而脆弱的生态系统，在其生态系统中或许会有比遗址价值更高、更值得关注的水下动物或植物，如广西都安县洞内发现有世界级濒危动物、中国一级保护动物桃花水母存在，一些地方地下河内还有珍稀盲鱼等。因此，在做洞穴水下考古调查特别是水下考古发掘前，需要充分评估遗址价值与环境价值，围绕环境破坏最小原则来制定更成熟更详细的调查或发掘方案，若对环境破坏严重甚至可以建议停止水下考古活动。因之在我们的洞穴水下考古活动中，邀请有关洞穴环境、地下河水体动植物方面的专家加入我们的团队，或许能使考古队伍构成更具合理性。

五、开展洞穴水下考古需要有一套内容更丰富的应急预案

由于洞穴所处的地理位置往往远离机动车道且多为山坡地形，加上洞穴自身动

植物环境复杂、洞穴地质情况不稳定、空气不流通等因素，使得洞穴水下考古应急预案的制定比之于海上、内河湖水应急预案需要更为细致、周到和丰富。地表水体的水下考古工作，大抵都有适合人员、物资上下船体的码头，而洞潜水下考古则没有如此方便的通道，洞穴内基本没有码头，路况多是或崎岖不平或湿滑易摔的羊肠小道甚至无现成道路，部分水下洞穴遗址点的洞口还会远离机动车道路，这种状态下的物资运输、人员进出都极为困难，若发生意外情况则难以想象。针对这种情形，应急方案就不能仅仅局限于潜水板块，还需要仔细考虑到水面操作、道路交通、自然伤害等方面。预案制定时在交通（洞内交通、洞口到机动车道交通、机动车道交通）、危险源（潜水危险、洞内运输危险、洞顶落石危险、洞内动植物伤害危险、洞内气体危险）、地方救助能力（内陆城市往往高压氧舱仅为两个大气压）等方面都需要作特别的考虑。

总之，我国的洞穴水下考古工作还刚刚开始，众多的洞穴水下遗址还需要我们一点点地去发现、去保护。相信通过今后水下考古工作的逐步开展，以及工作经验的逐步积累和相关认识的不断深化，我国的洞穴水下考古工作会做得更好，走得更远。

注　释

［1］ 覃政教等：《桂林甑皮岩遗址岩溶地下水水害成因及防治对策》，《地球学报》2011年第32卷第1期。

航海史与水下考古的关系及相互作用

孙光圻

（大连海事大学）

摘要：本文探讨了航海史研究与水下考古的学科内涵及其相互关系与其作用，指出两者互为依存，和谐协同，可以相辅相成，相得益彰，具有1+1＞2的重要学术价值。

关键词：航海史研究　水下考古　相互关系　相互作用

航海史与水下考古的关系及其相互作用，是研究航海史与水下考古这两门边缘学科的重要命题之一。科学界定并妥善协同两者之关系与作用，可以事半功倍地共同推进其内涵拓掘与真谛阐论。本文对此略作探析，以求匡正。

一、航海史与水下考古的相互关系

（一）航海史与水下考古同属历史学科

培根在《读书论》中说："读史使人明智。"了解历史就是了解过去，了解过去才能更好地把握现在和瞻望未来。航海史是以编年体形式研究人类航海活动发展过程，主要是经济技术史的一个分支学科；而水下考古以人类水下文化遗产为研究对象，是田野考古向水域的延伸，是考古学的一个分支学科。因此，从广义上来说，二者都是历史学科的边缘学科或分支学科。

（二）航海史与水下考古是相互交叉的边缘学科

水下考古是对淹没于江河湖海的古代遗迹和遗物进行调查、勘测和发掘。占地球百分之七十一的水域下面是一片尚未开垦的处女地，蕴藏着许多古代人类生活的遗址、遗迹和遗物，诚如法国潜海考古先驱者费尔南·伯努瓦所说："世界上最大的博物馆是在海底。"在这个海底博物馆中，许多是与人类航海活动有关的文化遗存。据考，自古以来仅沉睡海底的沉船即多达100万艘。从这一角度考察，似可以把水下考古视为航海史的一门交叉边缘学科。

同样，人类自古以来丰富多彩的航海活动与光辉业绩，也为水下考古提供了范围极为广阔的调查、发掘和研究的基础性学术背景。从这一角度考察，似也可以把航海史视为水下考古的一门交叉边缘学科。

（三）航海史与水下考古互为依存，和谐协同，相辅相成，相得益彰

从航海史角度出发，可以在更广泛的视野下，全面深刻研究水下考古成果的历史内涵与学术价值。反之，水下考古也可为航海史研究提供大量宝贵的实物资料和研究数据。因此可以说，航海史与水下考古是互为依存，和谐协同，可以相辅相成，相得益彰，具有1+1＞2的重要学术价值。

二、航海史与水下考古的主要内涵

（一）航海史的主要内涵

航海史，顾名思义，是人类航海的历史，是阐述和研究人类的航海活动以时代为变量的发展过程及其内在规律的一门专业史学科。

众所周知，航海是人类应用一定的水上运载工具，从海洋此岸到达海洋彼岸的运动过程。航海史一方面与航海学科有着密切的关系，因为它研究的是航海活动的发展历史；另一方面又与历史学科有着密切的关系，因为它研究的是历史发展中的航海活动；而这两个方面，又始终与这个时代的政治经济因素紧密地交织在一起，所以，航海史是一门多层次、多系列、多学科相互渗透和相互交融的综合性学科，其研究范围非常广泛博大，似可包括各历史时期的如下主要内涵：

（1）航海的时代背景

（2）航海政策的制订、演变及其对航海活动的影响

（3）主要的航海活动与事件

（4）主要的海上航线及其变化

（5）主要的航海人物生平与业绩

（6）航海工具的制造和演变

（7）航海技术的应用和发展

（8）航海机构及其活动和变迁

（9）主要海港及其航海地位

（10）海洋探险、考察与开发

（11）海上捕鱼与救捞

（12）主要海上军事活动与冲突

（13）海上事故与海上法规

（14）海洋地质、地理、天文、地文、水文对航海活动的影响

（15）航海饮食、医药及其变迁和发展

（16）航海教育训练与人才素养

（17）中外海上交通及其相互影响

（18）航海的历史、考古资料及其有关整理与研究成果[1]

当然，上述十八个方面的内容，将是一个庞大的体系，但对于航海史学科来说，它将侧重并围绕着主要的航海事件来阐述并研究它们的背景、人物、航线、航技、港口等重点因素。从研究资料看，主要有如下三大方面：

书面资料：包括各历史时代与航海有关的史籍、文献、档案、典章、笔记、方志、族谱、游记、传记、考证、记录等。

实物资料：包括各历史时代与航海有关的考古发现和文物遗存，如陶瓷、石器、甲骨、金玉器皿、墓葬、遗址、古船、碑石、雕塑、壁画、石刻、工艺品、照片、画图等。

口碑资料：包括记忆并流传在当代社会各民族人民中间的与各历史时代航海活动有关的传说、民俗、经验、工艺、技术等口头调查资料，特别是某些边远地区至今尚在沿袭和仿效历史上航海活动与航海技艺的情况。

网络资料：随着20世纪90年代以来计算机互联网络技术的迅速发展，很多书面或实物资料可以通过互联网的网站和链接进行检索和辑录，很多口碑资料也可以通过互联网的视听系统进行咨询和交流。

（二）水下考古的主要内涵

水下考古学的定义与研究对象，至今在国际上尚未形成统一的观点，这主要是各国面临的历史文化背景与实际操作情况不一所致。但从字面上探析，水下考古学的英文是Underwater Archaeology，即传统的田野考古学派生出来的一个名词，其含义是对一切水域遗留下来的古代人类文化遗存进行调查、发掘和研究的考古学分支学科。

享有日本“水下考古学之父”声誉的小江庆雄对水下考古学的解释是：“以水底的资料为研究对象，运用考古学所特有观点和研究方法作为认识问题的手段并使其发挥应有的作用。”小江庆雄将水下考古的内容扩大到“除了古代的沉船、沉没的货物、贸易、航线之外，沉没的城市、建筑及港湾设施，甚至被人们作为圣地的水域中的祭品都是水下考古学调查研究的对象。”[2]这虽然在运动时空上赋予了水下考古学更加广泛的意义，但其重点依然是他在“除了”后面所示的“古代的沉船、沉没的货物、贸易、航线”，亦即航海史研究的主要内涵。

水下考古遵循陆地考古的一般原则，然因主要以水下遗存为对象，有与陆地考古大相径庭的作业环境，且使用某些专门技术与多学科（如潜水工程技术、海洋勘探技术等）交叉相结合的方法，故而无论是知识领域还是理论方法，都大大拓展并延伸了考古学的研究领域。

19世纪中叶以后，西方考古学家开始关注人类在陆地以外的活动空间所遗留的文化遗产，特别是海洋沉船的调查，不过由于天然局限和历史原因，鲜有成功的例子。直到20世纪60、70年代，随着科学技术的进步和各国对文化遗产认识的提高，人们开始重视水下考古发现，人类水下文化遗产的发掘与保护工作亦由之较大进展。

我国水下考古肇始于20世纪80年代。1986年7月，我国首次水下考古工作座谈会在京召开，讨论了制定水下文物保护法规与建立水下考古机构问题。1987年，由国家文物局牵头成立了“国家水下考古协调小组”，随后在原中国历史博物馆建立了我国第一个水下考古专业机构。此后二十多年间，国家和地方不断强化投入与支持力度，极大地推动了水下考古在中国的发展。特别是2009年国家文物局水下文化遗产保护中心组建以来，我国的水下考古逐步向水下文化遗产保护方向转变，工作领域亦逐步从近海扩展到远海和内陆水域，“国家主导，部门协作，地方参与”的水下文化遗产保护格局开始逐步形成[3]。

三、航海史研究对水下考古的作用

（一）策划导向作用

由于水下考古成果是航海史研究的重要实证，因此反而言之，航海史研究对于水下考古的谋局具有重要的策划与导向作用。如以我国历史上航海重镇——江苏省昆山市古代的太仓刘家港为例，明初它是郑和下西洋的重要基地，庞大的郑和船队不仅在刘家港开洋，而且在此完成装卸货物、修造船舶、补充给养、招募水手、祭祀海神等诸多准备工作，其中单就修造船舶一项，据《明成祖实录》等文献的记载就有4例[4]。这无疑提示了一个重要信息：郑和船队下西洋28年间,不仅应该在太仓古港留下了许多文献记载和地面遗迹,而且必定会留下更多湮没于地下和水下的遗存，其中当然包括沉船和装载物件等，这或恐值得我们参此作出相应的水下考古规划。

（二）搜索估位作用

水下考古是一项难度极高的考古技术活动，其最大的难处在于大海茫茫，辽阔无边，要在水下准确寻找并发现人类航海活动遗留在水下的实物，确如“大海捞针”，不知从何下手。不过，因为水下遗存一般均为人类航海活动、特别是密集航海活动的产物，因此，在这方面航海史研究可以发挥不可替代的搜索与估位作用，指示水下考古遗存最有可能出现的区域范围，从而避免水下考古的盲目性与随意性。

以被海外学者誉为亚洲“小地中海”的环北部湾海域为例，这片从中国的粤西、海南，到东南亚中南半岛的海域，历史上一直是中外“海上丝绸之路”频繁交往的水域。粤西雷州半岛上的徐闻早在汉代已是中国对东南亚海上交通的重要港口，被誉为

“海上丝绸之路”始发港之一。因而对这片海域相关古航线作全面和深入的研究，必将有利于廓清雷州半岛海外交往的历史遗存，从而为追寻雷州半岛航海文化形成的轨迹，提供重要的水下考古基础。

（三）成果鉴定作用

水下考古成果被发掘出来后，对其的文物鉴定是至关重要的，在这方面，航海史研究可以发挥重要的作用。在此以西沙群岛水域发现的“华光礁Ⅰ号”沉船遗址为例而证之：

该沉船残长约20米，残宽约6米，舷深约3～4米，残存隔舱11个，且具有五至六层船壳板，出水各类陶瓷器物近万件。水下考古工作者对之判认是南宋古船遗存。

何以得出这一鉴定结论呢？主要有两方面的原因：一是古船上陶瓷物品多为南宋闽南一带民间窑厂的产品；二是航海史（含造船史）研究提供的支持，因为从船体结构而论，具有11个（含以上）水密隔舱结构的海船多为宋元海船。从航海史文献看，《马可波罗行纪》中已有明文记载：“若干最大船舶有最多舱位十三所，从厚板隔之，其用在防海险”；又说：“船用好铁钉结合，有二重板述加于上”。一般而论，宋代下水的远洋新船有二层船壳板，而“华光礁Ⅰ号”已有五至六层船壳板，说明这是一艘出海经营有年的老旧船舶，每加一层船壳板，即是一次船体“大修”周期。证之以南宋时期的航海政策，如鼓励多装快跑、提高船舶周转率的“饶税”政策，则也非常符合对这艘水下沉船的鉴定结论。

（四）研究判值作用

一件水下文物被发现以后，对其内涵的研究和价值的判断，是水下考古学的重要课题。考古界一般在文物本身的制作年代、质地、器形等方面长于考订，这当然是极其重要的研究基础，但是让这件文物更具广泛学术价值者，则需要与其他学科的协同研究，而在这方面，航海史可算得上是水下考古界主要的天然盟友。这不仅是因为水下考古成果多为某一历史时代的航海活动遗存，而且航海史作为一门涉及政治、经济、技术、人文等诸因素的综合性学科，可以全面而深刻地揭示水下考古文物的价值。

以广东省汕头市南澳岛水下发现的“南澳Ⅰ号”为例，便可印证航海史对文物研究和判值之作用。首先在“南澳Ⅰ号”的命名上，郑和下西洋研究即提供了重要的参考。2007年该沉船发掘之初曾被命名为“南海Ⅱ号”，位列1987年广东省台山县川山群岛附近海域发现的古代沉船“南海Ⅰ号”之后。然到2009年9月国家文物局正式定名时却更名为“南澳Ⅰ号”。因何如此，恐怕与航海史不无关系，因为从宋到明万历年间，南澳都是中外航海贸易的“自由岛”，来自各地的货物在这里集散，船舶的后勤供应在这里补给。而从郑和下西洋的历史记载看，郑和船队曾有五次经过南澳岛，这说明该岛是明代远洋航行网络中的一个重要节点，故而以“南澳Ⅰ号”命名更可彰显其独特和重要的航海文化与学术价值。其次，从沉船结构看，其长27米，宽7.8米，有25个舱位，为迄今为止发现的明代沉船中舱位最多者。而深入研究明代《东西洋考》《顺风相送》《指南正法》等航海文献，对于拓掘这艘明代大型海船的航海路线、造船水平、贸易态势等学术价值，都具有重要的推助作用。

四、水下考古对航海史研究的作用

中国古代航海历史源远流长，灿烂辉煌，自公元前3世纪至15世纪中叶曾长期居于世界领先地位。在辟自西汉、盛于宋元的“海上丝绸之路”上，中国拥有当时世界上最庞大的商船队，因而也必然留下众多水下遗存。据推测，在中国沿海至少有2000艘以上的沉船，这无疑是一个巨大的古代航海文明宝库，蕴涵着极其丰富的人类海洋活动内涵。因此，水下考古所发现的每件遗物，对于航海史研究都具有如下重要的作用。概言如次：

（一）证史作用

水下考古可以为航海史研究提供实物佐证，作为无言的“证人”，它具有最直接、最明确、最权威的证明历史的学术价值。

例如，元代的庆元（又名明州，今浙江省宁波市）曾是中国当时声名远播的主要海港，也是当时四大名船（沙、浙、福、广）之一浙船的制造与应用基地。虽然历史文献中多有此类记载，但从考古实物看，多为沙、福、广船的例证，而浙船遗存相对缺乏。但是2014年6月，在宁波慈溪市潮塘江排涝工程施工中发现的一艘水下古沉船，却为元代宁波的航海与造船地位提供了有力证据。经考古鉴定，这艘沉船就是我国古代四大名船之一的“浙船”。这艘沉船的发掘，证明了元代庆元确是史书所载的“南则闽广，东则倭人，北则高句丽，商船往来，物货丰衍”[5]的港城。而这艘残长23.135米，保留了龙骨、尾座、隔仓壁等相对完好的古船，也是我国目前保存最好的木船遗物之一，对证实我国古代辉煌的造船历史，可谓弥足珍贵。

（二）补史作用

一般而论，纸质的历史文献是航海史研究的主要资料，但其往往有如下不足：一是“执事者多秘其说，凿空者又不得其详。”[6]因此，令人难窥古代航海实践活动与技术物质的全貌；二是历史上多有兵祸劫掠及水火侵患，一些相关文牒档案或史料记载，往往难免散失毁损，令人仰天叹息。故此，水下考古中发现的相关文物遗存，往往具有弥补历史记载缺少的重要作用。

例如，元代的海外贸易相当兴盛，“东西南数千万里，皆得梯航以达其道路”，“虽天际穷发不毛之地，无不可通之理。”[7]检诸史乘，江大渊的《岛夷志略》，周观达的《真腊风土记》，乃至西方旅行家的《马可波罗游记》及《伊本·巴图塔游记》之类，虽存世者可谓不寡，但涉及中国北方沿海及其海外航海贸易者却记载甚寡。然而，被列为1993年全国十大考古新发现之一的辽宁省绥中三道岗元代沉船水下考古成果，却有效地弥补了历史文献之不足。在该次水下考古中，发现了1艘700多年前满载元代瓷器和铁器的商船。经考古鉴定，这批瓷器文物属元代河北省磁县的磁州窑系产品。这批文物的发现，填补了北方地区，特别是河北、辽宁地区航海史、造船史、海外贸易史记载之不足，具有重要的补史作用。

（三）研史作用

航海史研究涉及众多方面，也存在不少难点，其最关键的是要拥有能真实反映当时航海活动本来面目的史料。俗话说“巧妇难为无米之炊”，因为历史研究不是戏说之类的杜撰与八卦，它必须仰仗于真实可信的资料，而在这方面，水下考古成果具有独特和重要的作用。

比如，广东水下考古发现的“南海Ⅰ号”与“南澳Ⅰ号”沉船便很能说明问题。1987年，交通部广州救捞局和英国一家海洋探测打捞公司在广东阳江附近水域调查沉船时，意外发现了一艘距今约800年的中国沉船，以及镀金腰带、锡壶和南宋时期的仿龙泉刻花碗等金银铜铁瓷类文物4000余件，该船被命名为“南海Ⅰ号”；2007年5月，南澳渔民又在南澳岛东南三点金海域发现另一艘明代沉船，船上及四周散落瓷器约有上万件，器型花色以青花为主，多为明嘉靖、万历间粤东地窑所出，部分产自江西景德镇，该船被命名为“南澳Ⅰ号”。

这两艘沉船的相继发现，其意义不仅是找到了数以万计的稀世珍瓷，更重要的是其中蕴藏着宝贵的学术价值，为今人研究古代“海上丝绸之路”的航海历史，包括海上航区与航道、航海工具与技术、航海贸易与物品等，都提供了难得的实物标本，对复原古代中外海上交通与贸易史具有重大的研究价值。特别是发现热兵器“铳炮”的“南澳Ⅰ号”沉船，其沉没之处为明代海盗出没与走私频繁、并被荷兰人称为“好望角”的海上交通要冲，这就为研究明代海外武装走私贸易史提供了重要的学术信息。

行文至此，特别期待的是，以整体出水技术打捞和保存的“南海Ⅰ号”能加快其发掘、保护和展示的工作进程，这对于考察宋代的中国航海史、造船史具有重大的证史、补史和研史的综合作用。

注　释

［1］孙光圻：《中国古代航海史》，海洋出版社，2005年。

［2］〔日〕小江庆雄著，王军译：《水下考古学入门》，文物出版社，1996年。

［3］引自国家水下文化遗产保护宁波基地“水下考古在中国”专题陈列“前言”。

［4］“永乐元年（1403年）八月癸亥，命京卫及浙江、湖广、苏州等府造海运船二百艘”；“永

乐四年（1406年）十月己未，命浙江、江西、湖广及直隶、徽州、安庆、太平、镇江、苏州等府卫造海船八十八艘”；“永乐六年（1408年）十一月庚戌，命江西、浙江、湖广及直隶、苏州等府造船五十八艘”；“永乐七年（1409年）十月壬戌，命江西、湖广、浙江及苏州府卫造海船三十五艘。”

[5]　（南宋）张津：《乾道四明图经》卷一《分野》。

[6]　（元）吴鉴：《岛夷志 · 序》。

[7]　同 [6]。

福建水下考古发现的龙泉窑青瓷

羊泽林

（福建博物院）

摘要：福建自开展水下考古工作以来，在一些古代沉船遗址里发现了数量不少的龙泉窑青瓷，这些瓷器或单独出水，或与福建本省窑址的产品一起出水，年代多在宋元之间。本文对这些出水的龙泉窑青瓷以及沉船遗址作了介绍，并进一步探讨了福建出水众多龙泉窑青瓷的原因以及龙泉窑青瓷的外销年代问题。

关键词：水下考古　龙泉窑　青瓷

一、福建出水龙泉窑青瓷的水下文化遗存概况

自2006年以来，福建博物院文物考古研究所与中国国家博物馆水下考古研究中心合作组织福建沿海水下考古调查时，先后在平潭、莆田与漳州海域发现一些水下文化遗存，出水一批龙泉窑青瓷器。

1. 平潭大练岛西南屿宋代沉船遗址

该沉船遗址位于平潭大练岛北部西南屿西南面约500米，低平潮时水深35～40米。海床大部分为礁石底，最高突出海床表面2～3米，礁石间低洼处为软质淤泥，其西、南面有一道沙坡，最浅处约33米。

2009年10月至2010年5月，福建沿海水下考古调查队对该沉船遗址进行了多次物探调查和水下探摸，调查范围约2000平方米，并采集部分标本。出水遗物均为龙泉窑青瓷，器形以碗为主，也有少量盘等；器物大多内壁刻划花卉、外壁刻划折扇纹等纹样，少量素面。

碗　均为圆唇，敞口或口微撇，斜弧腹，内、外底较平，矮圈足，足端两侧斜削。灰胎，胎体较厚，青绿釉，略泛灰或褐色，釉面多开片，内满釉，外施至足壁或足端，足内无釉。口径15.9～19.1、足径5.7～6.8、高6.5～8.3厘米。由于是从海床表面采集，其表面大多粘有海生物痕迹（彩版三六，1）。

盘　有大小二种。一种器形较小，折腹，底内凹。内底刻划一叶纹，外壁素面。口径13.7、底径4.5、高3.7厘米（彩版三六，2）；一种器形较大，斜弧腹，圈足。内

壁、底刻划荷叶水波纹，外壁刻划折扇纹。口径18.5、足径6.3、高5厘米（彩版三六，3）。

西南屿沉船遗址出水青瓷器以双面刻划花为主，亦有部分单面刻划花，内壁纹饰繁缛而略显拘谨，主题不够突出；釉色以青绿为主，有一定的光泽感；胎色普遍较灰，质地不甚致密。与浙江龙泉东区的大白岸、山头窑、源口三个窑区发掘材料比较，在器形和装饰风格上均具有第一期向第二期过渡的特征，而第一期的年代，报告编写者认为应在北宋晚至北宋末期[1]。因此，西南屿沉船的年代应该在北宋末期至南宋早期。

2. 平潭大练岛元代沉船

2006年9月上旬，大练岛元代沉船遗址因遭不法分子盗捞而被福建沿海水下考古调查队发现。经国家文物局批复，2007年10月下旬至12月上旬，由中国国家博物馆水下考古研究中心、福建博物院文物考古研究所、福州市文物考古工作队等单位联合组队，对其进行抢救性考古发掘，发现一艘沉船残骸，并出水一批龙泉窑青瓷。

青瓷器形主要有碗、盘、洗、罐等；大部分的碗、盘、洗等均有不同程度的变形，生烧者亦不少。青瓷器施釉普遍较厚，大部分釉面有冰裂纹；釉色以青绿为主，此外还有青黄、青褐、青灰等釉色，深浅不一。出水器物的装饰方法主要有刻划、模印、贴花等。纹饰主要有水波、卷草、花卉（荷花、牡丹、菊瓣等）、双鱼、龙纹、松鹤以及仕女等。

碗　胎体较厚重，灰胎，一般内施满釉，圈足外底有一涩圈，个别足内未施釉。部分内底还模印有折枝花卉，印痕较浅。口径20.2～21.3、足径7.2～8、高7.5～8.5厘米（彩版三六，4）。

盘　器形较大，均有不同程度的变形。口沿形态有宽折沿、菱花口、敛口（彩版三六，5）、敞口等几种，斜弧腹，宽圈足，足断面呈倒三角形。胎体厚重，釉色呈青绿、青灰、青黄、青褐等深浅不一的颜色。花纹种类较多。大部分内壁刻菊瓣纹、水波纹，内底刻划荷花或模印折枝花卉、龙纹、仕女等图案。还有少量在盘口沿或内底贴花叶、龙纹等。口径32～35.5、足径10.6～12.7、高7.2～8.6厘米。

洗　均为圆唇，撇口，宽折沿，斜弧腹，平底，圈足较矮。灰胎，内外均施釉，足端刮釉，由于烧成气氛关系，釉色呈青绿、青灰、青褐等，深浅不一。部分洗内底模印双鱼纹，大部分纹饰印痕较浅，较模糊。口径19～22、足径7.3～8.5、高3.8～6厘米（彩版三六，6）。

罐　均为直口、矮直颈，圆肩（或弧肩），鼓腹（或斜弧腹），饼足（或足面稍凹）。有双系（彩版三七，2）和无系之分。灰胎；青釉，釉多呈青绿、青灰色，部分小罐釉色不匀、局部釉面呈青褐、黄褐色等；多数釉面有冰裂纹，少数见生烧；一般里外施釉，里满釉，外釉至腹底部、局部流釉至足壁，釉层边缘大多呈深褐色或酱褐色；饼足稍内凹，皆无釉露胎，表面多呈褐色、红褐色；足底面有的不甚平整、印有模具内底的痕迹或胎体的皱裂纹，有的还有明显的垫具（垫饼或垫圈）痕。罐身均为上、下部分别模制，大多在腹中部的胎接处可见一道宽窄不同的弦纹。少数罐为素面；大多数罐在肩部、腹下部模印纹饰，纹样有缠枝莲、菊花、葵花、龙、凤、卷草、水波等，由于多数罐器表釉层较厚，纹样多模糊不清。个别见有贴花装饰。口径3.6～4.6、足径4.7～5.7、高7.5～9厘米。

这批出水器物从胎质、釉色、纹饰以及工艺特点等方面分析、比较，其中大多数碗、盘、洗等器物可能是大窑窑区的产品，也有少数与龙泉窑东区窑址的出土标本比较相似，因此这部分亦有可能是产自龙泉窑东区窑址。出水瓷罐的基本特征则与龙泉市查田镇溪口窑址出土的同类器物相同或相似，因此应是出自溪口窑址。

根据出水遗物与龙泉窑发掘资料以及海外沉船资料比较，推测大练岛沉船遗址的年代为元代中、晚期。

3. 平潭小练岛宋元水下遗存

小练岛位于平潭县海坛岛西北面，东面为大练岛，遗址位于小练岛东礁村东南面的一个小湾内，中心区距岸边约100米，遗物分布范围约2500平方米（彩版三七，1）。文物点所处海床往东、南为泥底，表面有一些大小不等的石块，西部（即岸边）为沙底，东北部为礁石底，基岩露出海床。低平潮时水深19～21米，潮差约3米。由于文物点处于湾内，地形较复杂，无论涨退潮，水流均为朝北，流向固定，除大潮期间外，其余时间流速变化较小，一般在每秒5～40厘米。

2008年8月至2009年8月底，福建沿海水下考古调查队对该遗址先后进行二次水下调查，并将其作为第五期全国水下考古专业人员培训班实习地点，对该水下文化遗存进行详细的调查和试掘，采集部分标本，其中有一批为龙泉窑青瓷，器形主要有碗、洗、钵三类。

碗　分敞口和敛口二种。敞口碗内底较尖，圈足较小。灰胎，青绿釉，内外均施釉，足端无釉。外壁刻划莲瓣纹，瓣脊突起。口径17、足径4.5、高7.2厘米；敛口碗，圆唇，敛口，斜弧腹，内底微弧，圈足较矮。灰胎，青绿釉，釉层厚，通体开片，内满釉，外施至足外壁。外壁刻划莲瓣纹，瓣脊突起，腹部有粘连痕迹。口径10.6、足径4.2、高5.2厘米（彩版三七，3）。

洗　均为圆唇，撇口，折沿，斜弧腹，圈足较大，制作规整。内外均施釉，足端无釉。一件青褐釉，外壁模印莲瓣纹，瓣脊突起，内底贴双鱼纹。口径21.2、足径9.2、高4.8厘米（彩版三七，4）；另一件青黄釉，通体冰裂纹，内底贴双鱼纹。口径17.4、足径8、高5厘米（彩版三八，1）。

钵　圆唇，敛口，斜弧腹，内底微弧，圈足较矮。灰胎，青绿釉，釉层厚，通体开片，内满釉，外施至足外壁。外壁刻划莲瓣纹，瓣脊突起，腹部有粘连痕迹。口径10.6、足径4.2、高5.2厘米（彩版三八，2）。

从小练岛水下遗存出水器物来看，这些青瓷年代为南宋晚期至元代中晚期。

4. 莆田“北土龟礁Ⅰ号”宋代沉船

北土龟礁位于兴化湾南侧南日岛海域小日岛的东面约1400米，其南面500米为南土龟礁，东北面约3千米即为兴化水道主航道。北土龟礁高平潮时仅礁尖露出海面2～3米，西面靠近小日岛有几处暗礁。“北土龟礁Ⅰ号”沉船遗址位于北土龟礁北面约300米处。海床表面为泥底，较平坦，遗物散落范围较大。

2008年4月下旬至6月上旬，福建沿海水下考古调查队对该遗址进行了数次调查，发现一艘沉船残骸和两块碇石，并出水一批龙泉窑青瓷。出水的青瓷器中，除一件青白釉碟外，其他均为青釉碗。

碗　大部分内壁刻划花纹和篦点纹，纹饰布局疏密有致，部分外壁亦有成组篦划纹或折扇纹。器形制作较规整，变形者少，腹部旋坯痕不甚明显。胎呈灰色或灰白色，质较坚硬。釉面大多数比较莹润，呈青绿色，有光泽，亦有少量未烧透，呈灰色、灰白或灰褐色，大部分釉面均有冰裂纹。碗按大小可分二类：第一类，器形较小，口径14.7～15.4、足径4.3～4.8、高6.2～6.5厘米；第二类，器形较大，口径16.9～19.7、足径4.8～5.8、高6.7～7.9厘米（彩版三八，3）。

碟　圆唇，敞口，圆折腹，小平底微内凹。灰胎。青绿釉泛褐。内满釉，外施至腹底部。口径10.6、底径3.5、高2.6厘米（彩版三八，4）。

从这些青瓷风格来看，应属北宋晚期或者南宋早期。而我们此次调查采集的铜钱，除少量“开元通宝”外，大部分为北宋中晚期的年号，如“大观通宝”“祥符通宝”“熙宁通宝”等，其中年号最晚的为南宋“绍兴通宝”。因此，我们初步判断“北土龟礁Ⅰ号”沉船遗址的年代为南宋早期。

5. 漳浦菜屿列岛沉船

菜屿列岛位于漳浦古雷半岛东面，由沙洲岛、红屿、菜屿、清草屿、圣杯屿、井安屿等23个无居民小岛组成。其中沙洲岛与杏仔村之间的菜屿航道为古代“海上丝绸之路”南北交通要冲，在航道附近散布众多礁石，海况比较复杂，在这片海域曾发现多处水下文化遗存线索。

2011年7月下旬，不法分子在漳浦古雷半岛杏仔村海域对一处沉船进行盗捞。漳州市文保所、漳州市文化执法综合支队配合市公安边防支队当场查扣一批出水文物，并将其移交漳浦县博物馆收藏。这批出水文物以龙泉窑青瓷器为主，此外还有少量陶器。

青瓷器形主要有碗、盘、洗、盏、碟、炉、高足杯等。部分碗、盘、洗等有不同程度的变形，生烧者亦不少。青瓷器的施釉普遍较厚，大部分釉面有冰裂纹。釉色以青绿为主，此外还有青黄、青褐、青灰等釉色，深浅不一。装饰方法主要有刻划、模印等。纹饰有水波、卷草、缠枝花卉（荷花、牡丹、菊瓣等）、双鱼等。

碗　均为撇口，斜弧腹，腹部旋坯痕明显，圈足足端外缘斜削，大部分足内可见挖足痕。灰胎，青绿釉，内满釉，大部分外施釉至足端，部分流至足内。按器形大小可分三类：第一类，器形较小，有花口和圆口二种。内壁模印一圈缠枝荷花，外壁上部刻划三道弦纹。口径12.2～13.2、足径5～5.2、高4.8～5.1厘米（彩版三八，5）。第二类，器形中等，部分内壁上、下部刻划一道细弦纹，中间刻划一圈水波纹，内底模印一折枝花卉。外壁上部刻划四道弦纹和十一组短斜线，下部刻划五瓣或七瓣花卉。口径16.2～17.2、足径5.8～6.1、高6.3～6.7厘米（彩版三八，6）。第三类，器形较大，内壁刻划一朵盛开的荷花，内底模印折枝花卉；外壁上部刻划五道弦纹和十组短斜线，下部刻划六瓣花卉。口径18～18.6、足径6.9～7.2、高7.7～8厘米（彩版三九，1）。

盘　可分二类。第一类，器形较大。内底有一环状涩圈，外施釉至足外墙，局部流至足端，露胎处呈红褐色。内壁刻划一圈草叶纹。口径19.4、足径6.2、高4.3厘米（彩版三九，2）。第二类，器形较小，有圆口、花口二种。内壁上部刻划一道细弦纹，内底模印折枝花卉。外壁上部刻划四道细弦纹。口径15.9～16.8、足径5.6～9.2、高3.9～4.4厘米（彩版三九，3）。

盏　均为敞口，斜弧腹，内底弧，小圈足，足墙外直内斜，足端平，足内下凸。灰胎，青釉，内满釉，外施至足外墙。大部分素面，少数外壁刻划花瓣。口径9.7～9.8、足径2.7～3、高3.9～4.4厘米（彩版三九，4）。

炉　敞口，竹节形腹略斜，内底较平，中心微上凸，外底为圈足，制作草率，足墙厚薄不匀，腹底部附三足。灰胎，青绿釉，内施釉至腹中部，外施至腹底部，局部流至足外墙。外壁刻划三道细弦纹。口径9.6、足径3.6、高4.5厘米（彩版三九，5）。

高足杯　均为圆唇，口微撇，弧腹，喇叭形高圈足，灰胎，内外均施釉，足端刮釉。内壁上、下部各刻划一圈细弦纹，内底模印一图案，模糊不清。外壁上部刻划四道弦纹和五级短斜线，下部用三齿篦梳刻划五瓣花卉。口径12.1～12.6、足径3.5～3.8、高8.7～9厘米（彩版三九，6）。

碟　可分二类。第一类，敞口微敛，斜弧腹，内底微隆，矮圈足，近足墙处旋削成一斜面，中部上凸。青绿釉泛褐，大部分开片，内满釉，外施釉至足外墙，部分流至足端。内底模印一折枝花卉。外素面。口径11.6～12.1、足径5.5～6.2、高2.3～2.9厘米（彩版四〇，1）。第二类，敞口微敛，斜弧腹，内底较平，卧足，足内较平，中心有扇形割坯痕。青绿釉，内满釉，外施釉至腹底部。内底模印一折枝花卉。外素面。口径12.8～13.2、足径6.4～6.6、高3.9～4.2厘米（彩版四〇，2）。

洗　可分二类。第一类，器形较小。撇口，宽折沿，斜弧腹，内底较平，外底微下凹，中心有扇形割坯痕。青绿釉，通体冰裂纹，内底中心无釉，外施釉至足端外缘。内底模印折枝花卉，大部分图案被刮釉时刮掉。口径12.4、足径5.1、高3.3厘米（彩版四〇，3）。第二类，器形较大。撇口，宽折沿，斜弧腹，内、外底微上隆，近足墙处旋削成一斜面。青黄釉泛褐，通体冰裂纹，内满釉，外施釉至足端，大部分流至足内。内底模印双鱼纹，图案模糊。外壁刻划莲瓣纹，瓣脊突起。口径19.4～20、足径7～7.4、高3.9～5.2厘米（彩版四〇，4）。

菜屿列岛沉船出水瓷器与龙泉东区窑址群的同类器物相比，均属于其“三期七段”的产品。根据发掘者研究，龙泉东区窑址群第三期中的第七段年代为元代晚期至末期，因此，我们大致可以推断菜屿列岛沉船遗址的年代为元代晚期至末期[2]。

二、福建出水龙泉窑青瓷的两个问题

第一，龙泉窑青瓷在福建海域大量发现，是由福建独特的地理位置、地质环境和气候条件决定的。福建北临浙江，龙泉窑址的核心地区与福建北部接壤，其产品可从闽北的南浦溪、松溪，经建溪入闽江，从闽江下游的福州港出口；也可以经浙江云和，入瓯江，从温州港出海。无论从哪个港口出发，凡是往东南亚一带的海上航线，均要经过福建海域，而福建沿海海域岛礁星罗棋布，航道附近暗礁众多，海况复杂，春、秋、冬季时东北季风盛行，风力经常在七、八级以上，一不小心船只就会触礁和搁浅。福建发现的沉船遗址附近基本上都有暗礁分布，也证明了暗礁是沉船遗址形成的重要原因。

第二，福建海域是我国大陆沿海地区出水龙泉窑青瓷年代序列比较完整的海域。关于龙泉窑的始烧年代，有三国两晋说[3]、南朝说[4]，目前，五代说得到大部分学者赞同[5]。北宋时期，龙泉窑得到初步发展，南宋至元末明初，为龙泉窑的鼎盛期，明中晚期以后，龙泉窑衰落下去。

龙泉窑的产品不仅在国内遗址出土较多，而且有庞大的外销市场。关于龙泉窑的外销编年，许多中外学者均进行过研究，项坤鹏先生对东南亚地区的一些陆地遗址以及相关海域的沉船遗址出土（水）的龙泉青瓷进行研究后，认为龙泉青瓷销往东南亚的年代为南宋早期至明代中期，其中外销的鼎盛期是元代，器形以碗、盘、罐为主[6]。日本亚洲文化学院索菲亚大学青柳洋子在《东南亚发掘的中国外销瓷器》一文中，也对东南亚出土瓷器的时代、地点进行了研究，将遗迹中出土的中国外销瓷分为五个时期，认为在第四阶段，十三世纪晚期至十四世纪，即元代至明初，龙泉窑瓷器才在东南亚发现较多。因此，我们可以得知，龙泉窑产品南宋早期已出现在东南亚市场，这一时期广东与福建、景德镇窑生产的产品在东南亚占绝对主导地位。到了元代，龙泉窑的产品大量输出至东南亚市场，所占的比重大大增加。

这一点也可以从我国水下考古发现中得到证实。近二十年来，我国在西沙群岛开展了大量的水下考古调查与发掘工作，出水一批文物标本，其中就有不少宋元时期龙泉窑的产品。如“华光礁Ⅰ号”宋代沉船中就发现有一批比较精致的青瓷器，从其产品胎、釉以及制作工艺来看，应该是闽北松溪回场窑或龙泉窑的产品。此外，在广东阳江“南海Ⅰ号”宋代沉船中亦发现了大量的宋代龙泉窑瓷器。因此，我们认为龙泉窑瓷器在南宋时就已销往东南亚，甚至更远是毫无疑问的。但即便如此，在“华光礁

Ⅰ号”与“南海Ⅰ号”沉船上，龙泉窑的产品也未占到主要部分，更大量的仍是福建窑址的产品。另外，从西沙群岛以及福建省出水大量元代龙泉青瓷来看，也证实龙泉青瓷外销的鼎盛期应该出现在元代中晚期。

注　释

[1] 浙江省文物考古研究所：《龙泉东区窑址发掘报告》，文物出版社，2005年，第407页。

[2] 同[1]。

[3] 叶英挺：《龙泉青瓷的三次辉煌期》，《收藏界》2006年第8期。

[4] 王佐才：《亦论越窑的衰落和龙泉窑的兴起》，《东南文化》1992年第6期。

[5] 石晓：《龙泉窑的辉煌与复兴》，《收藏界》2006年第6期。

[6] 项坤鹏：《浅析东南亚地区出土（水）的龙泉青瓷——遗址概况、分期及相关问题分析》，《东南文化》2012年第2期。

宋元泉州海洋性聚落体系

王新天

（厦门大学）

摘要：宋元时期，随着海外贸易的繁荣，泉州形成了以市舶司为中心的完善的港口、桥梁和道路体系。中心港市一步步由外围港口向府城中心靠近。在城市的建设上也主要围绕着海外贸易而展开，“逐利护商”成为其城市规划的核心。“化外之民不得城居”的戒律被打破，泉州城呈现出多元文化并存的格局。

关键词：泉州　海洋性聚落

晚唐五代以来，边陲之地的泉州成为北方避难官员与平民移民拓殖的“乐土”。迅速增长的人口与有限的土地物产之间矛盾日益激化，迫使泉州人（北方汉人、当地人及其通婚后裔）在经济上进行重新选择，吸收当地人优良的航海术、陶瓷业、航海贸易等海洋性的适应生活方式。利用泉州处于中华帝国与海外“岛夷”之间独特的地理空间交接地带的优势，发展对外商业贸易，对于人口压力的解决和泉州城市的进一步发展，显然具有关键性的意义[1]。晚唐五代以来，在王延彬、留从效、陈洪进等地方政府官员的倡导下，泉州海外贸易迅速崛起。北宋元祐二年（1087年）宋政府在泉州正式设立市舶司，这既体现了官方对泉州海外贸易的重视和认可，也促成了泉州海洋聚落特征的快速形成。

一、泉州海洋聚落景观与生态环境

泉州位于福建东南部，气候温热而少冬雪，雨量充沛，自古以来即是人们理想的聚居地。其西倚戴云山脉，东临东海，沿海港湾众多，海岸线曲折并呈东北—西南走向。由北而南依次分布有湄洲湾、泉州湾、深沪湾、围头湾等深水港湾，港湾两侧多有半岛或岬角环抱，形成良好的港口条件。境内主要河流是晋江和洛阳江。晋江发源于戴云山的东南麓，干流长182千米，分东溪和西溪。西溪，亦名兰溪，为晋江正源，发源于安溪县感德桃舟斜屿山，长139千米；东溪，亦名桃溪，发源于永春县云路村雪峰山下，长110千米。两大支溪在南安县双溪口汇合，穿过泉州平原，注入泉州湾，全长302千米，双溪口以下江面宽阔，流域面积达5629平方千米。洛阳江源于郡城东北部群山，流经罗溪、马甲、河市至惠安县洛阳注入泉州湾，全长40多千米，流域230多平方千米。泉州平原位于晋江下游，是一个东北侧以清源山断裂为界，西南侧以亭店断裂为界，开口箕状的平原区，属于海积—冲积平原，大部海拔在10米以下，面积约345平方千米，为福建省内第四大平原。泉州平原北面以清源山为主山，其往东蜿蜒，依次是其余脉赐恩山、云山、鹦鹉山和桃花山，其往西北延伸，依次是其余脉葵山、狮子山和九日山。泉州平原西南依次还有清濛山和罗裳山。南北屏列的山脉将泉州平原围成一个相对独立的区域发展空间。宋元时期，清源山南麓有湖面阔达四十余顷的东湖，汇聚了清源山南侧的溪水，是泉州平原上重要的淡水资源。

泉州城位于晋江北侧的泉州平原之上，其地势北高南低，北面为清源山余脉赐恩山和云山，西面为晋江和古丰州，南面为晋江支段——笋江，东面为东湖。泉州城北的清源山西北侧依次有大阳山、小阳山、朋山岭屏列，在北宋洛阳桥修建之前，由泉州往福州的道路必须穿越于这些崇山峻岭之间，交通甚为不便。城北屏列的诸山峰在阻碍泉州与兴化、福州等地的陆路交通的同时，也保持了泉州文化的相对独立性。北宋嘉祐四年（1059年）洛阳桥建成后，使得泉州与福州之间的行程大为缩短，出郡城仁风门，取道洛阳桥，经惠安锦田驿、仙游枫亭驿，进入兴化府，北上福州。城西为晋江和古丰州，通过南安汰口和永春桃源等古驿道相连，可以通往南安、永春、安溪、德化甚至剑州等广袤的经济腹地。城南临江筑城，南关港即位于城外，是樯橹云集、蕃商杂处之地，通过海路可与后渚、深沪、围头等三湾十二港相连。出南门，取道顺济桥，可赴同安、漳州等地。城东人口稀少，主要为手工业区，东门外有专门烧瓷的碗窑村，从后渚港至泉州城南晋江下游沿岸，是造船场和修船集中的地方。

二、以市舶司为中心的港口与道路体系

宋元时期，随着海外贸易的繁荣，泉州贸易港口的数量迅速增加，形成了以泉州城为中心的泉州湾港群和以石井镇为中心的安海港群。这些港群以市舶司为中心，形成了完善的港口、桥梁和道路体系。许多大型石桥从布局即可看出其与海外交通的紧密关系，有的建筑在陆路交通的干线或江河的渡口处；有的近海、靠海；有的与隔海市集相通，或直接建在海舶停靠的附近，联系着港区、码头、经济腹地和市舶司所处的府城。

唐开元以前，泉州港主港位于围头湾的安海（图一[2]）。此时晋江之上尚未有桥梁，自郡城赴安海须先于晋江摆渡，甚为不便。因此安海港与郡城之间的交通主要依靠海路。北宋时，泉州主港由安海迁至后渚，安海仍然是泉州海外交通重要南港。

安海，古称“湾海”，又称安平港，在泉州城南二十余千米濒海处，其扼晋江、南安两县的水陆要冲，港口有白沙、石井两澳对峙成海门，从围头湾入海门以后，海面开阔，水深、浪小、岸弯、流平，是个天然良港。《安海志》云：“安海港距县东

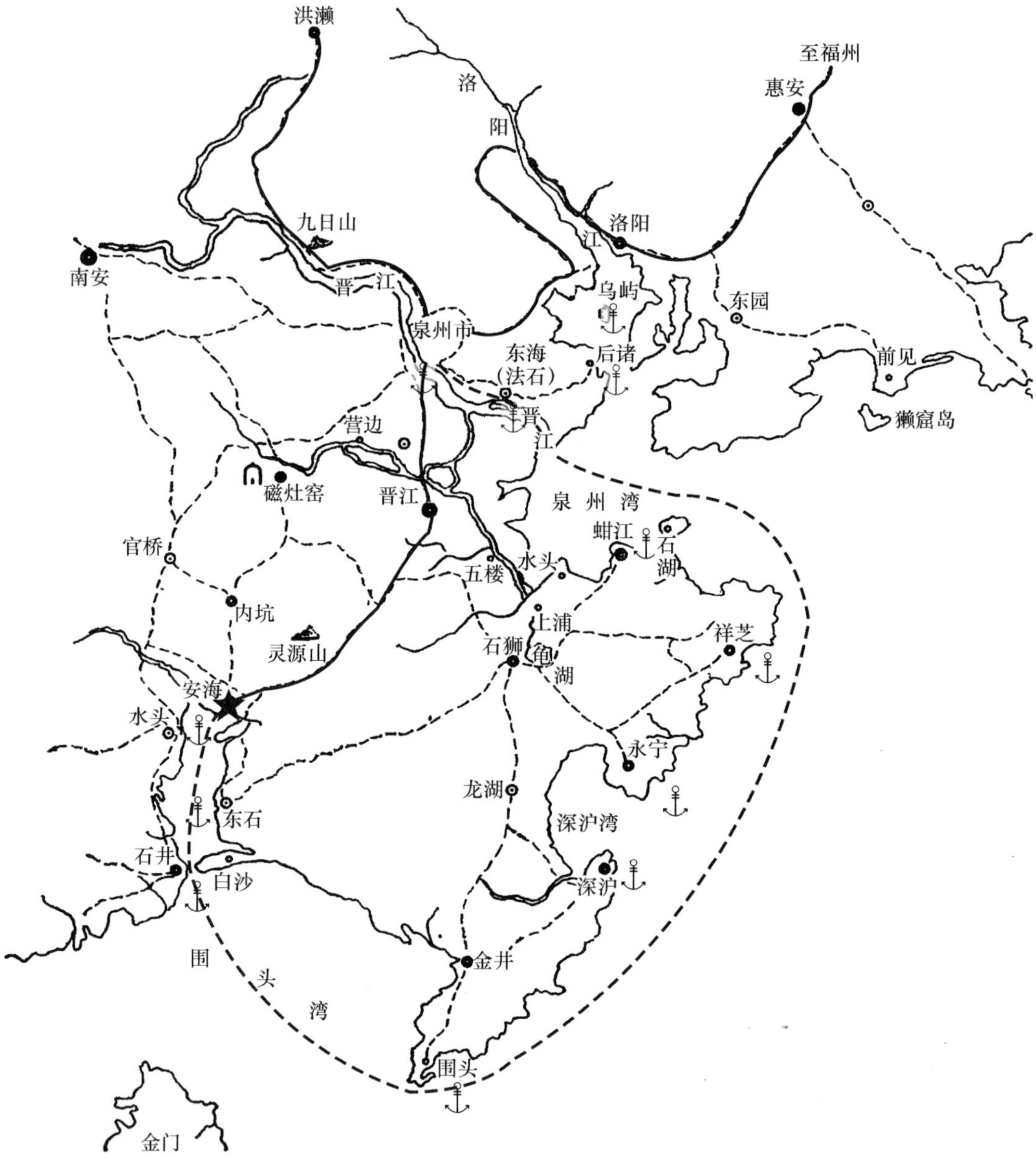

图一　唐五代泉州港市与道路体系

南六十里，阻山襟海，为东南巨镇。”“安海港居围头湾内。入港处有白沙、石井两澳东西对峙，是为海门。舟入海门，海面豁然开阔，港岸湾深，随处有避风良坞。”安海港湾深阔，又易于避风，来泉州贸易的海船多来此驻泊。“客舟自海到者，州遣吏榷税于此。”[3]“有安海城，在八都濒海，南宋建炎四年（1130年）创石井津，州榷税于此。”[4]安海港、东石港和石井港地理位置十分靠近，实际上是属于同一个港口，即安海港群。安海港群在宋元时期获得了极大的发展，由草市而跃为市镇，城市建设也已经初具规模。安海原本没有城郭，随着这一港市的日渐富庶，海寇时常前来劫掠，因此，修筑城郭来进行防御成为十分重要的举措。“绍兴间，有镇官方姓者，纠民循东边筑土城，垒石为门五以备之：南为石泉门，在西桥头塔前，内有超然亭；北门在拱北亭外，后豪家盖店废之；东门在后庙口，今尚呼为东门内；西门旧在城上宫直下龚家，故有西门内龚家之称；又有一门在古东岳西，今尚在。”[5]安海港市的兴起对道路体系提出了更高的要求。南宋绍兴八年（1138年）始建安平桥，历时14年才完工。桥东起晋江安海，西至南安水头，全长约5里，又称“五里桥”，桥宽约3.3米，号称“天下无桥长此桥”。安平桥的建成使中外商舶可直接停泊在桥边码头装卸货物，漳州的物资不必绕路即可顺畅地经此桥送达港口，极大地方便了泉州海外贸易的货物运输。“绍兴间，造跨海五里之安平桥及西塔。第二年又造三里长之东洋桥及东塔，两桥集于一镇，工程之浩大，若非港市之富庶，奚能举此宏伟之功业。”[6]跨越石井与东石之间湾面的东洋桥使得石井镇与围头湾北侧沿海并成一线，大大便利了围头半岛、深沪湾一带物资的集中和运输。“元，泉州港进入极盛之时。安海港镇，贾胡互市，车马辐辏。自镇至郡城，商旅络绎。沿途馆舍驿铺竞立，专为客商往来驻夜、息足而设，如内市、古陵、五店市、新店等地均是。近郊则有马坪、吕林专营驴马贩运之村庄。”[7]安海港地理位置优越，位于围头湾腹部，南北分别依托漳州、晋江两大平原，有着较为广阔的经济腹地。南安、同安的蔗糖，汀溪窑的瓷器，多由此港口转运贸易。

北宋元祐二年，市舶司设立之初位于镇南门外，因当时宋廷规定“化外人，法不当城居。”[8]市舶司、来远驿、清净寺、左翼军驻扎护港的宝林寨等都分布在镇南门以南沿海一带。刘克庄诗《泉州南郭》“惟有桐城南郭外”“海贾归来富不赀”是其真实写照。北宋中晚期，泉州主要港口由安海迁往后渚（图二）。

后渚港位于洛阳江西南、泉州湾西岸，背倚清源山余脉桃花山，与惠安百崎隔海相望，这里港道深邃，便于大型海船停泊和起航，是个很好的避风港。由于后渚港远离泉州城，海外商船到达后渚港之后，主要分陆路和水路将货物运抵泉州城。

陆路共分三条。第一条：从后渚乡的“大路口”向西北登山坡石阶而上，进入桃花山的石道，经过镌刻有修路岩刻的乌石盘，向西北过洋店、崎岭、梅岭关、驴驮巷，经后园、刘墩乡、项石井、象坑乡、东钱乡，最后入仁风街过吊桥，达泉州东门；第二条：先从后渚到拜石埔，转向西南经赤岭村到大埔乡，经过云麓乡、院前乡东北、东尾村东北的妙云亭，经津头埔过迎春门，进入泉州城的涂门；第三条：从后渚村西南经过虎窟头，翻越山坡入许塘乡，经坑乡村到顶东坑乡，下坡道下东乡，再向西南到后坑乡，过一座三板古石桥入下路乡，经该乡的店仔头，到美山坊脚。沿法石到坂头。转向西北，经白塔洋到院前，再沿第二条路的后段到达涂门。这三条陆路通道中，第一条位置最北，由东门进入城内，形成于宋代以前；第二条形成于宋代，开始由南部的涂门进入城内；第三条形成于宋代以后，也是由涂门进入。水路则沿泉州湾西岸南下，至蟳埔处折入晋江河道，穿过中云洲，于法石港美山码头卸货，转陆路运抵泉州市区，或直抵泉州南关（图三）。

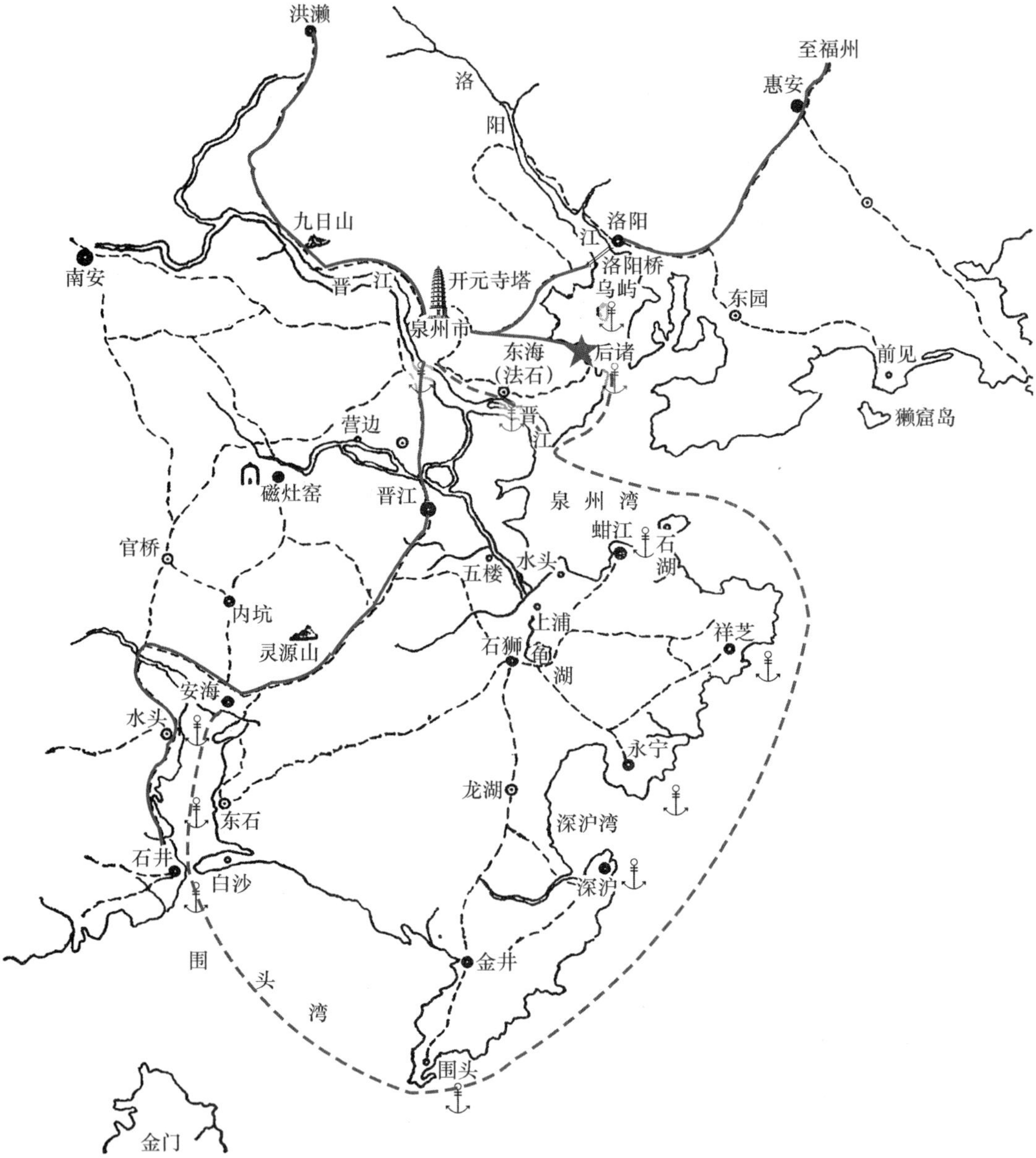

图二　北宋泉州港市与道路体系

南宋至元，泉州港的海外贸易进入全盛时期。此时，位于镇南门外的南关港因其是海商聚集之区，具有城下传输的便利条件，成为泉州的主港口。“胡贾航海踵至，富者赀累巨万，列居郡城南。”[9]《蒲寿庚考》记载：“有宋一代，阿拉伯人来华互市者，多侨居各港埠，或于城内与华人杂居。或居有定处谓之藩坊。泉州藩坊在州城之南，即泉南。是泉南地临晋江，便于出海，故置藩坊于此。”[10]南宋绍定三年（1230年），知州游九功考虑到泉州江岸港区人烟稠密，于是沿着坚实的江岸，砌筑石头翼城四百三十八丈，从而使得南关港直接附城。这就不但有力地给予城外商业街

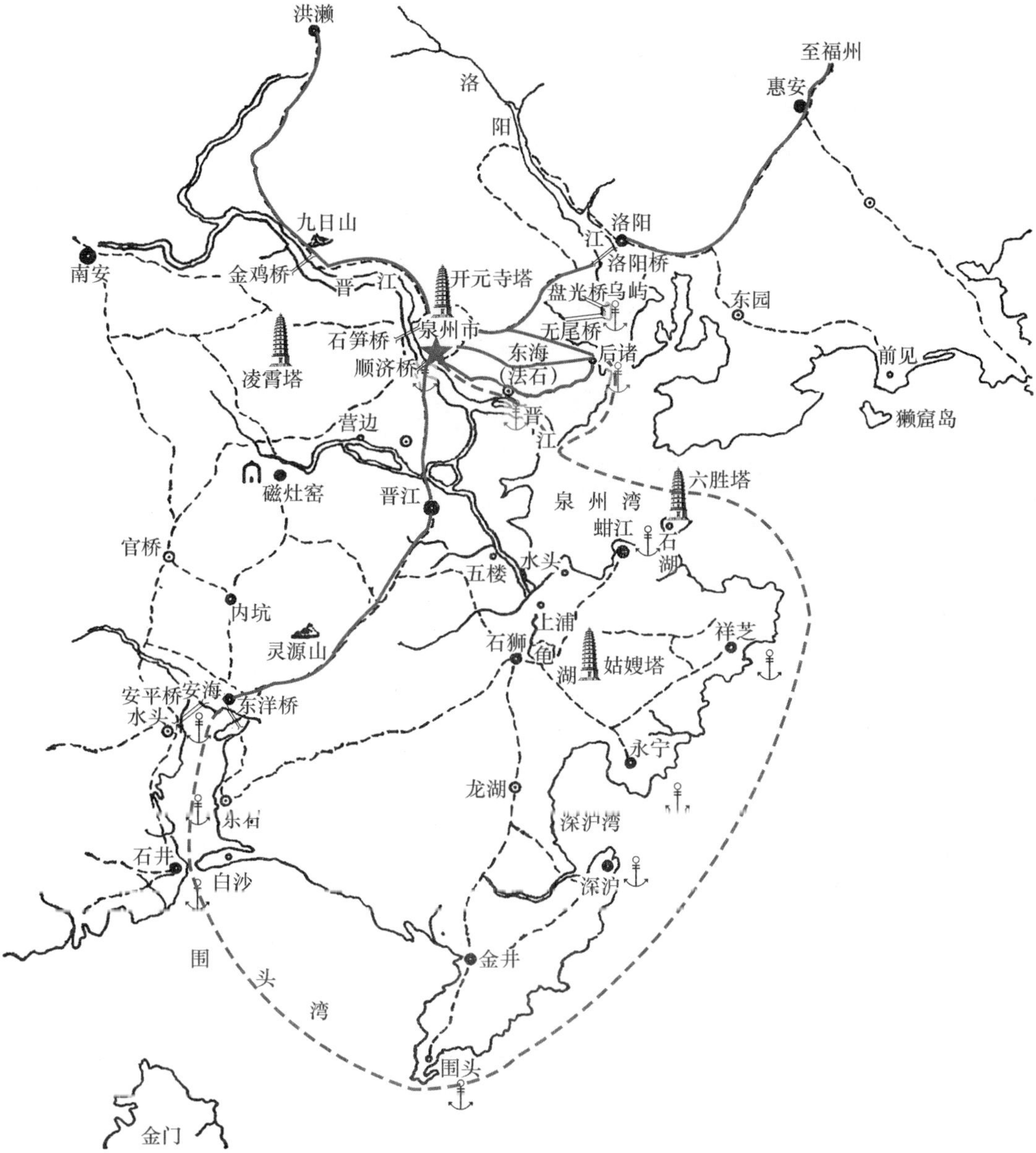

图三　南宋泉州港市与道路体系

区、海商住宅区以屏障，而且给蕃舶物资装卸与复杂的香药港运装发以方便。元成宗大德六年（1302年），庄弥邵作《罗城外壕记》，说：“一城要地，莫盛于南关，四海舶商，诸番琛贡，皆于是乎集。旧有镇南门，门之外有河，跨河为桥。流东西贯直南，并受潮汐。”镇南门外，潮汐上下，云帆鳞集，因此直到元初，南关港仍然为泉州港的主港口[11]（图四）。

宋元时期，市舶司是对外贸易的主导者。泉州主港由安海迁至后渚，由后渚迁至南关，一步步由外围港口向府城中心靠近，体现了对外贸易在泉州地区经济中逐步占

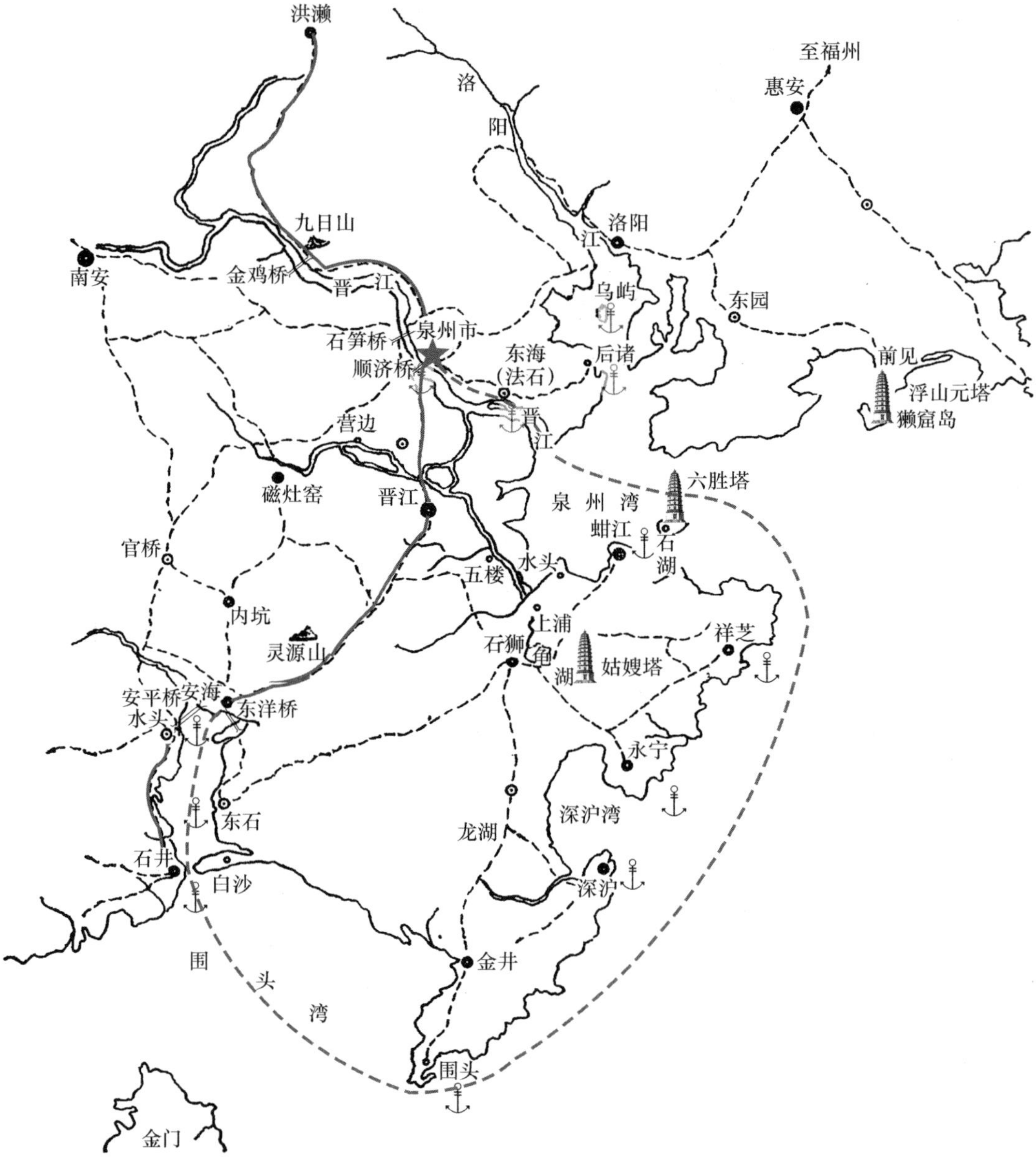

图四　元代泉州港市与道路体系

据主导地位，地方政府对其倚重有加，对“化外”蕃商的戒备之心也不得不暂时搁置一旁。“化外之民不得城居”的戒律被打破，泉州城呈现出多元文化并存的格局。

三、多元并存的文化格局

海洋文化是开放的、多元的。宋元以来，频繁的中外海上交通与贸易使得各种民族的人群汇聚在一起，带来了不同地域、不同信仰的宗教与文化。王铭铭在《逝去的繁荣》一书中对此有精辟的描述："只有在那个时代，伊斯兰文化、基督教文化、犹太文化、印度文化、摩尼教文化、中国文化，这些历来被视为不可在同一时空里兼容的文化模式，才有可能形成多元并存的格局。"[12]

宋元时期，泉州城市的建设早已摆脱了中原王朝城市规划中"中轴对称""面朝后市""建中立极"等思想的束缚，而主要围绕着海外贸易而展开，"逐利护商"成为其城市规划的核心。宋元时期，泉州城北部城墙较少变化，随着晋江河道的不断淤积，泉州城不断南扩，商业中心也逐步南移。北宋时，泉州城南部仍以新门、南门、涂门为界，北宋市舶司设在界外，以便利外商。南宋开始从新门、涂门街一线南扩，一直扩到今下十字街。南宋宝庆元年（1225年），知州游九功"砌瓮门，复即南罗城外筑翼城，东自浯浦，西抵甘棠桥，沿江为蔽， 以石成之，四百三十八丈，高盈丈，基阔八尺。"[13]元至正十二年（1352年）监郡契玉立，"拓南罗城地合翼城为一周三十里，高二丈一尺，东西北基广二丈四尺，外甃以石，南基广二丈，内外皆石。改镇南门曰德济，废通津门，复于临漳、德济间建门曰南熏。原镇南桥壕遂成为城内壕，东西相抵者悉砌以石。自通淮门南绕德济门过南熏门之半浚新壕。"[14]至此，正式将泉南蕃坊繁盛之地纳入城中加以保护。

宋元泉州城内中华文化、伊斯兰文化、印度文化、基督教文化、犹太文化、摩尼教文化等多元文化并存，但又呈现出大杂居、小聚居，融而不合的独特景观（图五）。宋元府衙分布于郡城中北部，集中于唐子城范围之内，只有少数与海外贸易相关的机构如市舶司、来远驿、都税务等分布于泉南水仙宫、天妃宫、聚宝街一带。士绅阶层的府邸也大多位于泉州城中北部。商人和普通市民则在泉州中十字街以南，与各种族群混居在一起。时人郑侠笔下的泉州"土疆差广，齿籍至繁。民业不丰，里俗喜讼。廛肆杂四方之俗，航海皆异国之商"[15]"驿道四通，海商辐辏。夷夏杂处，权豪比居。"[16]本土宗教分为两类，被官府奉为正朔的神祇庙宇如城隍庙、关帝庙大多分布于城内，而与航海相关的神祇庙宇如妈祖宫、天妃宫、顺济宫、真武庙等大多分布于城南和城外。

宋元时期，居住于泉州城内的阿拉伯人、印度人、波斯人、犹太人等带来了各自的信仰与宗教，在泉州城内外留下了大量标志着不同文明的寺院遗址、宗教石刻、墓葬遗迹等[17]。

阿拉伯人主要居住于泉州城东门至东南方向通淮门附近，部分居住于东门外法石乡一带。南宋、元期间，泉州海外贸易愈加兴旺，来自各行各业的阿拉伯穆斯林定居于泉州，作为宗教生活必不可少的礼拜寺建造数量达到高峰。有关泉州清净寺最多的记录见于元至正十年吴鉴的《清净寺记》："今泉造礼拜寺，增为六七。"[18]据考证，分别为北宋通淮街圣友寺（1009年）、南宋南门外清净寺（1131年）、涂门外津头埔也门教寺（12世纪）、南门元代穆罕默德寺、东门外东头乡元纳希德重修的寺（1322年）、无名大寺[19]。由于年代已久，城市变迁，目前泉州城内只剩下通淮街的

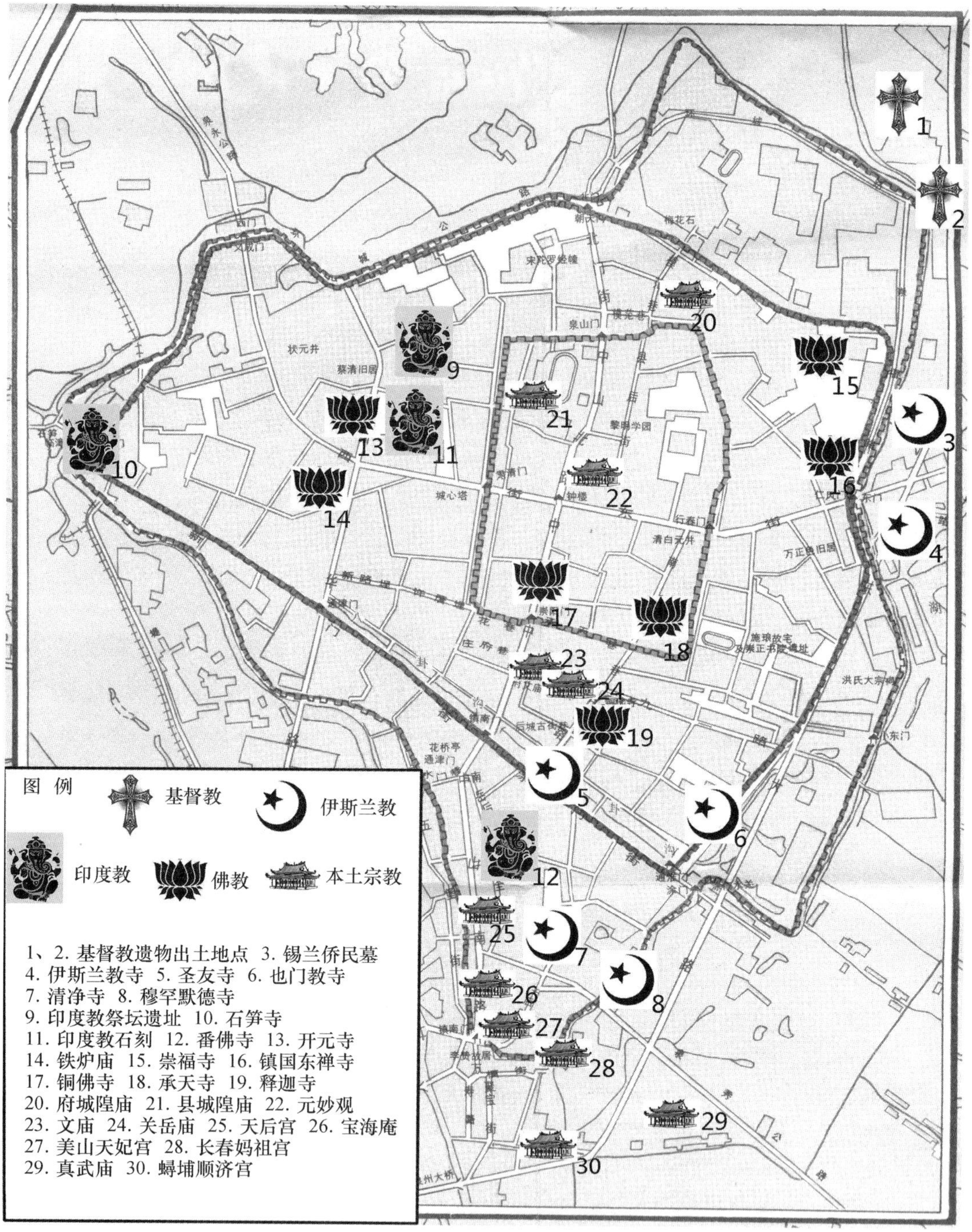

图五　泉州多元文化分布图

"圣友寺"，其余的寺或只见遗址，或只留下石刻。除了无名大寺仅有门楣石刻放在圣友寺外，其他的地点已经明确。这些伊斯兰教寺庙，主要分布在北宋子城之外的东门、东南隅、泉南、法石等地。这也说明了伊斯兰教大量传入泉州是在宋元之间。

基督教分布于东门、东北隅，有教堂两座。泉州所见多为景教遗物，刻十字架莲花、飞天，十字架叶片末端和叶片交叉处刻有圆珠。文字为叙利亚文、回鹘文、八思巴文等。仅见两方墓石雕刻拉丁文字，属方济各会派教徒墓碑。

泉州港的印度宗教史迹在中国是很稀有的历史文物。该宗教石刻既多且美，独具一格，是我国宗教石刻的艺术瑰宝。目前，保留下来的婆罗门教（印度教）遗迹分布于城西南和西北。新门外石笋寺遗址、子城西门外印度教祭坛、开元寺石柱上的印度石刻多位于城内，说明其可能兴建于唐泉州城迁建以前。庄为玑教授推测印度教传入泉州至少应该在8世纪的唐代，甚至可推测在唐以前的六朝[20]。公元14世纪末的元朝有教徒在南门建立了"蕃佛寺"，这说明印度教的布局由城西向城南扩展，并与伊斯兰教寺庙混处。

佛教传入中国的时间可以追溯到六朝，泉州六朝墓葬中已经出现了域外僧人形象。作为本土化的佛教，佛教相对于其他外来宗教在泉州的传播有一定的优势，从布局上看，佛教寺庙多分布于城内。

总之，自晚唐五代以来，地处中华帝国与海外"岛夷"交接地带的泉州，不得不从当地人海洋性的适应生活方式中吸取养分，发展对外商业贸易，以缓解日益增加的人口与物产贫乏之间的矛盾。海外贸易的繁荣，促使泉州形成完善的港口、桥梁和道路体系，"重商思想"在城市规划之中也得以体现，蕃人东来突破了"化外之民不得城居"的戒律，导致了泉州多元文化并存格局的最终形成。

注　释

[1] 王铭铭：《逝去的繁荣——一座老城的历史人类学考察》，浙江人民出版社，1999年，第54～56页。

[2] 本文所使用唐五代至元代泉州港市与道路体系图，均系在"南宋时期泉州地区石梁桥分布图"基础上绘制而成。原图引自潘洪萱：《南宋时期泉州地区的石梁桥》，《泉州文化与海上丝绸之路》，社会科学文献出版社，2007年，第287页。

[3] （明）何乔远：《闽书》卷三三"建置志"，福建人民出版社，1994年点校本，第829页。

[4] （清）周学曾:《晋江县志》卷九"城池志"，福建人民出版社，1990年7月，第196页。

[5] 《安海志》修编小组：《安海志》，晋江县印刷厂印制，1983年，第27页。

[6] 《安海志》修编小组：《安海志》，晋江县印刷厂印制，1983年，第122页。

[7] 同[6]。

[8] （宋）朱熹：《朱熹集》卷九八，四川教育出版社，第5012页。

[9] （清）怀荫布：《乾隆泉州府志》，上海书店，2000年，第39页。

[10] 〔日〕桑原隲藏:《蒲寿庚考》，中华书局，1954年，第47页。

[11] 傅宗文：《刺桐港史初探》，《海交史研究》1991年第1期，第101页。

[12] 王铭铭:《逝去的繁荣——一座老城的历史人类学考察》，浙江人民出版社，2000年，第76~77页。

[13] （清）周学曾：《晋江县志》卷九“城池志”，福建人民出版社，1990年，第183页。

[14] （清）怀荫布：《乾隆泉州府志》，上海书店，2000年，第216页。

[15] （宋）郑侠:《西塘集》卷七“代太守谢泉州到任”，载《景印文渊阁四库全书》，台湾商务印书馆，1986年，第89页。

[16] （宋）郑侠：《西塘集》卷八“代谢仆射相公”，载《景印文渊阁四库全书》，台湾商务印书馆，1986年，第103页。

[17] 庄为玑：《泉州历代城址的探索》，《泉州文史》第2、3期合刊，第376页。

[18] 庄为玑、陈达生：《泉州伊斯兰教寺址的新研究》附录“重立清净寺碑”，《泉州文史》第4期，第1页。

[19] 庄为玑、陈达生：《泉州伊斯兰教寺址的新研究》，《泉州文史》第4期，第2页。

[20] 庄为玑：《泉州印度教史迹及其宗教艺术》，《世界宗教研究》1982年第2期，第80页。

明代“海上丝绸之路”北线

——山东半岛海上航路述略

薛广平

（青岛市文物保护考古研究所）

摘要：“海上丝绸之路”是我国古代对外交往的重要通道。山东半岛的海上航路是“海上丝绸之路”的有机组成部分，作为“海上丝绸之路”北线，这段航路在东亚和东北亚地区的对外交流中起到了重要作用。明代山东半岛的海上航路在海上交往中所发挥的作用尤其明显，迁都北京前后的朝贡贸易，迁都后的海运漕粮，以及抗倭援朝战争的海上运输补给都与山东半岛海上航路息息相关。

关键词：海上丝绸之路　山东半岛　海上航路　登州海道　登州港

“丝绸之路”一词是史学界对于我国古代对外交往的总结和凝练，“海上丝绸之路”则是其延伸和扩展。“海上丝绸之路”的概念由法国汉学家沙畹（Edouard Chavannes，1865～1918年）于1913年在《西突厥史料》一书中首次提及：“中国之丝绢贸易昔为亚洲之一重要商业，其商道有二：其一最古，为出康居（Sogdiane）之一道；其一为通印度诸港之海道。”[1]

“海上丝绸之路”的历史较为久远，甚至早于陆上“丝绸之路”。学术界普遍认为其源于商周时期，形成在秦汉之时，隋唐之际得到大发展，并在进入宋元时代后达到鼎盛时期。按区域的不同，“海上丝绸之路”大致可分为以广州、北海、泉州、漳州、福州等港口为中心的南线，以宁波、扬州、南京等为中心的东线，和以蓬莱等港口为中心的北线。其中，“海上丝绸之路”北线是我国与朝鲜、日本往来的主要航线，这条海上航道自山东半岛沿海经过辽东半岛，沿着朝鲜半岛西海岸往南，横渡过对马海峡到达日本，是连接山东半岛、辽东半岛、朝鲜半岛和日本群岛，往来于黄渤海的海上交通线。

一

“海上丝绸之路”北线萌芽于先秦时期，早在西周时就有“越裳献白雉，倭人贡罾草”[2]一说。它的出现，与我国北方地区开发历史较早、早期经济基础较南方殷实等有很大关系，同时也得益于黄渤海沿海特殊的地理状况和陆海环境。

春秋时期，齐国因“兴鱼盐之利，通舟楫之便”而富甲一方，称霸诸侯国。到战国时期，黄渤海沿岸已经有了几个大的港口，如：琅琊（今山东青岛西海岸）、碣石（今河北秦皇岛）、徐乡（今山东龙口一带）等。这些早期港口的位置都位于天然的海湾处，能够避风、停船，并与内陆腹地交通联系比较便利，地理环境对古代的航海活动有很大影响。黄渤海海区由山东半岛、辽东半岛和朝鲜半岛环绕组成了半封闭的环境，其中渤海为一个近似封闭的内海，位于北纬37° 07′ ~41° 、东经117° 35′ ~121° 10′ 的区域，东西宽约346千米，南北长约550千米，海域面积约7.7万多平方千米，平均水深约为18米。渤海海峡为其最窄处，从辽宁大连的老铁山至山东烟台的蓬莱阁约为106千米；黄海东西宽约550千米，南北长约870千米，海域总面积约为40万平方千米，平均水深约为44米。位于山东半岛最东端的成山头与朝鲜半岛长山串之间的连线为黄海的最窄处，约有192千米。黄渤海海域的这种半封闭的地理环境使该海域与南海、东海等海域相比潮汐和风浪较小，加之沿海港湾和岛屿众多，可供船只进出、避风浪和装卸货物，能够形成天然港口（图一）。

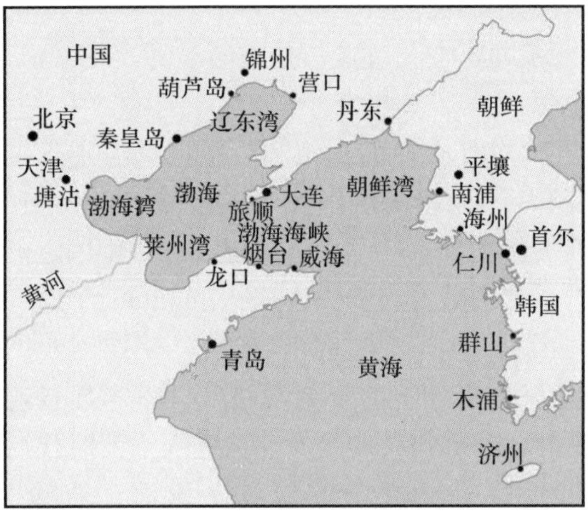

图一　当代黄渤海地图

随着历史的发展和海洋开发的深入，黄渤海沿海港口和内陆腹地之间的经济联系不断加强，造船技术和航海技术也在不断优化和创新。例如：风帆的出现，橹的创制，锚的发明，罗盘的应用，海图的绘制，季风的利用等都促进了航海活动的发展。

山东半岛是我国古代先民从事海上活动较早的地区。有学者认为：在夏代，胶东的夷人在海上的交往已远至长江口以南的沿海地带。考古资料证明，在岳石文化时期，东夷人就掌握了比较发达的航海技术[3]。琅琊港是春秋至秦汉时期北方的著名港口。隋唐时期，登州港（今山东蓬莱附近）成为我国与朝鲜半岛及日本往来的重要港口。新罗名将张保皋长期活跃于山东半岛与朝鲜半岛之间，促进了海上的经济和文化交流。北宋时期的密州板桥镇（今青岛胶州市）是当时北方第一大港，也是宋代北方唯一设有市舶司的港口。宋代流传下来的《宣和奉使高丽图经》成为研究“海上丝绸之路”和海外交往的重要史料。到了元代，海运也极为发达，闻名于世的韩国新安沉船更是成为元代海外贸易的直接见证者。同时，山东半岛沿海也成为往来我国南北的必经海区，并且为了缩短航行的距离和提高行船的安全性，花费巨力开凿了纵贯山东半岛、沟通渤海和黄海的胶莱运河。

二

明朝自1368年建立，至1644年灭亡，共存续了276年。在这段时间里，明代的海上活动经历了几个时期，海上交往和航路在不同时期也有所不同。与宋元时期大规模持续发展的海上贸易活动相比，明代的海上贸易活动延续性不强，主要是与明廷为防御倭寇骚扰实行海禁政策有莫大关系。明朝共经历过16代帝王，不同帝王时期的沿海形势和海禁政策也略有区别。笔者探讨的海上航路主要涉及朝贡贸易和海运漕粮这两个方面的内容。

明代的“海上丝绸之路”北线航路大致可分为四个时期，主要海上航路围绕山东沿海展开。第一个时期为从洪武年间到永乐迁都北京前，这一时期，朝鲜往来朝贡的使节大多渡海而来，从山东半岛登陆，然后转陆路到达南京。1421年，明成祖朱棣迁都北京后进入第二个时期，朝鲜与明廷的朝贡往来大都转为陆路，经辽东、山海关直接往来北京。在此阶段，山东沿海对外航路的重要程度大为降低。由于迁都北京后，京师需要大量的物力供应，而此时的大运河还没有彻底疏浚，往来的物资大多都通过沿海运输，因此促进了海运漕粮的发展，大多数船只从南方沿海港口经山东半岛沿岸绕行最东段的成山头，过渤海转运京师。这一时期最突出的表现是胶莱运河的疏浚以及马濠运河段的凿通，在缩短航程的同时，也提高了行船的安全性，保证了海运漕粮的顺利进行。之后由于倭寇不断地骚扰沿海地区，山东地区也未能幸免，加之大运河的疏通，海运漕粮规模逐渐减少。16世纪后期，丰臣秀吉形式上统一了日本，结束了日本战国混战局面，并随后发动了入侵朝鲜，企图最终灭亡明朝的战争，前后两次历时七年。为了尽宗主国的义务，大量的明军驰援朝鲜战场，离朝鲜半岛较近的山东地区成为军事支援和物资的中转地，许多战略物资从山东半岛经海上直接到达朝鲜，保障了战争的最终胜利。尽管抗倭援朝战争取得了最终胜利，但是也损耗了明朝大量的人力、物力和财力[4]，这是第三个时期。此后不久，女真族崛起于东北，势力范围遍及辽东地区，传统的中朝间的陆路往来朝贡道路受阻，转而重启海上航路，至此，进入第四个时期，山东半岛的海上航路再度繁忙起来。

1368年，朱元璋建立明朝，定都南京，并最终完成统一。建国之初，朱元璋注重与周边国家的友好往来，其中朝鲜与明廷的朝贡往来尤为积极。“洪武三年（1370年）五月丁巳……高丽称藩，航海来庭。”[5]朝鲜与明朝确立了封贡关系后，作为属国与宗主国的往来更加密切。“每岁圣节、正旦、皇太子千秋节，皆遣使奉表朝贺，其余庆慰谢恩无常朝。”[6]由于当时的首都在南京，距离朝鲜较远，同时海道的路途也较为险峻，洪武七年（1374年）三月癸巳，诏中书礼部曰：“古者中国，诸侯于天子，比年一小聘，三年一大聘。九州之外，番邦远国则每世一朝……高丽稍近中国，颇有文物礼乐与他番异，是以命依三年一聘之礼。”[7]朝鲜的朝贡往来线路主要是从

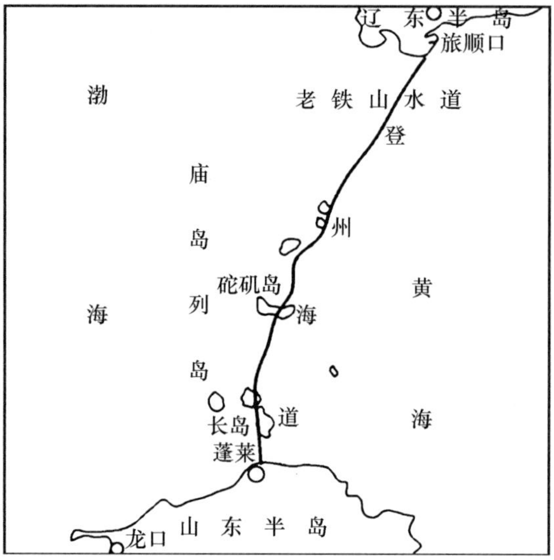

图二　登州海道示意图

朝鲜出发，经庙岛群岛渡海而来，从登州港登岸，再从陆路到达南京。洪武九年（1376年），“改登州为府，置蓬莱县，时上以登、莱二州皆濒大海，为高丽、日本往来要道……”[8]

明朝初期北方的海上航线直接穿越渤海海峡，这段航线被称为“登州海道”，是连接辽东半岛，往来朝鲜半岛、日本诸岛的古代航路，自唐代开始已成为“海上丝绸之路”北线的著名航线（图二）。海道中间的庙岛群岛由32个岛屿组成，遍布渤海海峡中南部海域，历年来在其附近海域曾多次打捞出水陶瓷器、铜钱、锚等中外文物，其中就有朝鲜和日本的瓷器。

永乐时期迁都北京后，中朝之间的海上朝贡航路利用率大为降低，元朝时自山海关入京师的陆路重新恢复。与此同时，迁都北京又促进了海运漕粮的兴起，南方的粮食等物资源源不断地从海路而来，为京师提供保障。《明史》记载：“明成祖肇建北京，转漕东南，水陆兼挽，仍元人之旧，参用海运。”[9]永乐年间的海运规模还是比较大的，根据《春明梦余录》记载：“永乐六年（1408年），海运粮六十五万一千二百二十石于北京。”[10]这一时期主要是从南方沿海港口出发，绕行山东半岛抵达天津，之后运往北京。史料记载：“海道南自淮安至胶州，北自天津至海仓，岛人、商贾所出入……淮安至天津三千三百里，风便，两旬可达。”[11]

元代时曾利用这条沿海附近的航道往来南北之间，但是这条航道要绕行整个山东半岛，路线比较长，海况较为复杂。嘉靖时期，为促进海运便捷，重新疏浚了贯通山东半岛的海洋运河——胶莱运河，并凿通了胶州湾口处的马濠运河（图三），大大缩短了航程，提高了行船的安全性，保障了运输的畅通。后来，由于大运河的疏通以及沿海倭寇的骚扰日益严重，海上往来转为内河运输。

万历时期，日本发动了侵略朝鲜的战争，明朝出兵援助，战争前后历时七年，《明史》载：“朝鲜用兵，首尾八年，费帑金七百余万。”[13]山东半岛成为战略物资转运的大后方，大批物资从山东沿海出发运往朝鲜，保障了战争的胜利。万历二十一年（1593年）二月，明神宗在上谕中提到：“已令所司亟发银十五万两，赍赴军前，从宜犒赏优恤。仍一面行山东等处召商籴粟，方舟而下，一面行浙江等处征兵选，将分道而前。”同时敕谕户部和工部：“所有合用粮草，户部一面发银或从山东海道召商高价籴买，或就近输远，务使东征四、五万人可够半年之用。”[14]随后，万历二十五年再次从大后方转运军粮至朝鲜：“二十五年，倭寇作，自登州运粮给朝鲜军。”[15]

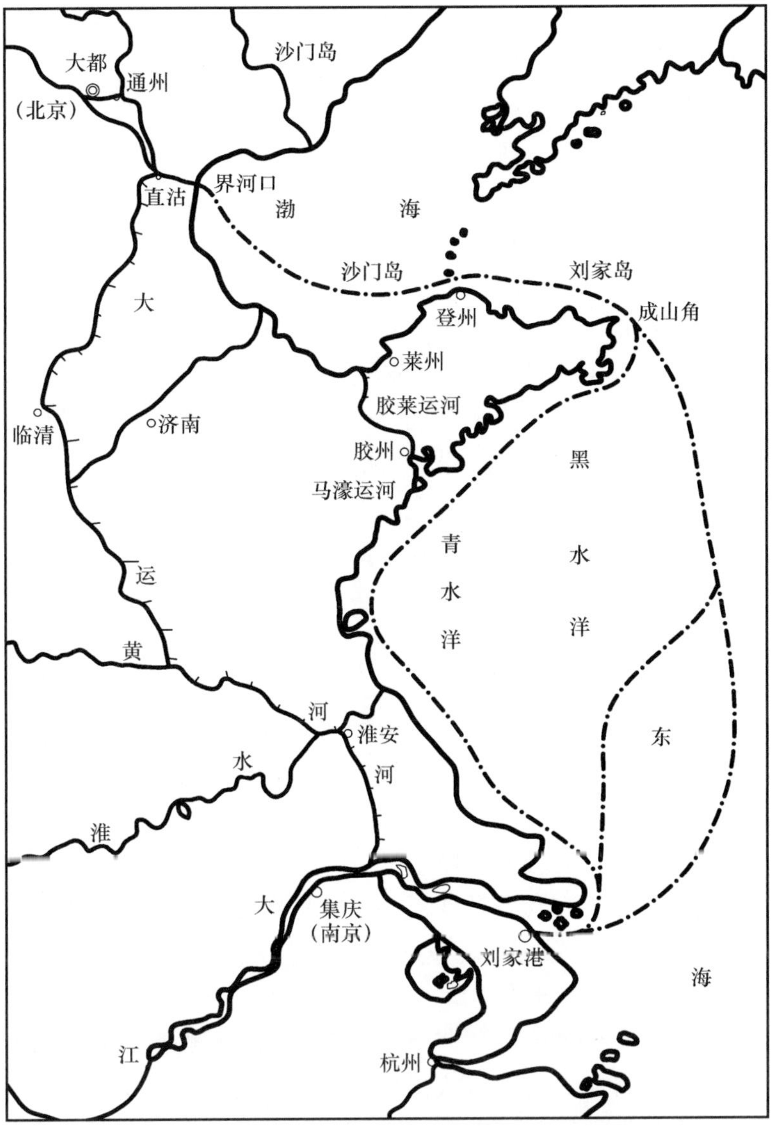

图三 元明时期主航道海运示意图[12]

这一时期的海运特点较为鲜明。首先是目的地非常明确，就是支援朝鲜战场；其次是运输量较大；再次，山东半岛沿海港口，尤其是登州港成为物资集中的中转站，一时间吞吐量急剧增加；第四，雇佣民间商船进行海运，既保障了足够的军饷数量，又节省了官府调运的时间。有力的物资支援和前线将士的英勇奋战，最终于1598年取得了援朝战争的胜利。之后，海运往来仍然十分频繁。战后，邢玠在《条陈东征善后事宜》中提到：“定本色合用米豆分派辽东、天津、山东等处每年十三万石。”[16]

万历后期，以努尔哈赤为首领的女真族逐渐崛起，并于1616年建立后金政权，辽东地区成为其势力范围，朝鲜与明朝往来的陆上通道受阻，转而取道海上。“天启元年（1621年）六月丙子，翰林院编修刘鸿训、礼科都给事中杨道寅赍诏往朝鲜，归途阻绝，航海至登州，朝鲜以闻。”[17]《明史》记载：天启元年八月“改朝鲜贡道，自海至登州，直达京师。”[18]

天启年间，朝鲜使者全湜出使明朝，作《槎行录》一书，详细记载了入明朝贡的路线：天启五年八月五日松都→八月十二日平壤→八月二十四日宣沙浦→九月一日启航→九月四日蛇浦→九月十二日薪岛→九月十五日长山岛→九月二十一日广鹿岛→九月二十三日皇城岛→九月二十九日庙岛→九月三十日登州→十月十日黄县→十月十三日莱州→十月十八日青州→十月二十三日济南→十月二十六日德州→十月二十八日河间→十一月三日抵达北京玉河馆→天启六年三月九日玉河馆出发→三月十二日大王村→三月二十四日登州→四月一日出发→四月三日皇城岛→四月四日平岛→四月五日广鹿岛→四月九日宣沙浦[19]。这次路线由松都（今开城）出发向北，后沿辽东半岛南线进入长山岛，横渡渤海海湾，自登州登陆抵达北京，自八月五日至十一月三日共历时约三个月。同时期的另一位朝鲜使者郑斗源在其《朝天记地图》中记载了出使的里程：“自京城至石多山陆路七百二里，自石多山至登州为海陆三千八百里，自登州至北京陆路一千八百里。都合水陆路六千三百八十二里。”[20]

这一时期朝鲜朝贡的路线再次转到海上，重走明朝初期入京朝贡的海上航道，自朝鲜半岛沿海，经辽东半岛沿海，过登州海道而来，于山东半岛登陆，转陆路进北京。虽然当时的天津也是北方海运的重要港口，但是作为往来朝鲜的海上通道与登州相比还是不占什么优势的。天启年间，户部左侍郎毕自严曾在上书中比较了天津与登州往来朝鲜的海运：“朝鲜运务必由津海抵登，而后入鲜，在登较近一千五百里，是远近不敌也；由津抵登，中多礁石及铁板，以触舟立碎，即如今秋运，甫至沾化计损船十余只、粮料千石，若由登运，此祸可免，是险夷不敌也；由津入鲜以登州为半途，天津登运每石脚价四钱，若改登州，便可减半给发，是省费不敌也。”[21]

明代登州港是“海上丝绸之路”北线中的重要港口，也是山东半岛海上航路繁荣时期最为直接的见证。自20世纪80年代至今在登州古港内（今蓬莱水城）先后发现古沉船四艘，经过考古发掘证实其中两艘为明代朝鲜王朝时期的古船，另两艘分别为我国元明时期的战船。由此可见，作为明代山东半岛主要港口的登州港在当时的海上航运中的地位之明显，在与朝鲜、日本等国对外交流中的作用之重要。

明代“海上丝绸之路”北线主要是在黄渤海海域的范围内，大致围绕山东半岛、辽东半岛和朝鲜半岛三大半岛，这条航海路线通过我国东部和北部沿海联通朝鲜和日本。航线上有几个关键的节点，成为船只往来和航线汇聚的中转地，例如：胶州湾附近海域（古称淮子口），山东半岛最东端的成山角，庙岛群岛南段的登州港，辽东半岛南段的旅顺口等。从我国南部和东部沿海出发，往北行驶到达山东半岛南部沿海，在今灵山岛附近海域航线分成两段：一段经过胶州湾口或者唐岛湾处的马濠运河北上，通过胶莱运河出莱州湾，过渤海到达天津，最终将船货转运北京。另一段仍然沿山东半岛沿海绕行最东端的成山角，在此处分成国外和国内两条线路，其中一条横渡黄海直达朝鲜半岛西部沿海；另一条绕过成山角继续沿半岛往西到达登州近海。登州港往北经过庙岛群岛横渡渤海海峡可到达辽东半岛南部旅顺口附近；登州港往西继续沿山东半岛沿岸过渤海到达天津，然后从天津沿海北上经秦皇岛附近海域以及辽东湾，顺辽东半岛西侧海岸抵达旅顺口；从旅顺口开始沿辽东半岛东侧海岸线一路向东航行可到达朝鲜半岛西部沿海港口，继续向南经过朝鲜半岛最南端，越过对马海峡到达日本。这条北方的“海上丝绸之路”连接了朝鲜和日本，成为明代北方对外交流的重要航道（图四）。

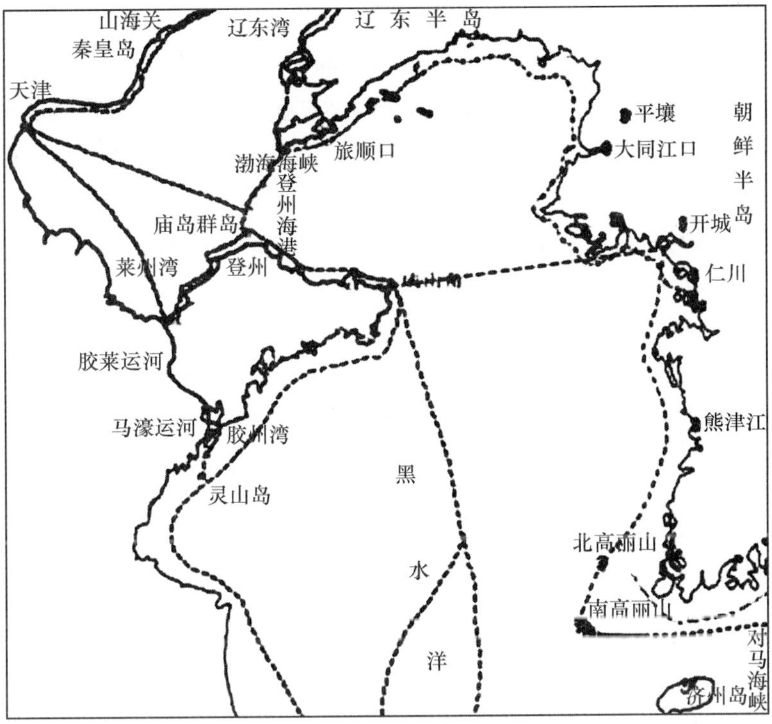

图四　明代海上丝绸之路北线[22]

三

因为地理位置等因素，山东半岛在“海上丝绸之路”北线中占据着关键地位。这里既是我国南北海运的必经地区，又是与朝鲜和日本交流的中转站，尤其是对于当时的朝鲜来讲，山东半岛的海上航道地位十分重要。由于行船条件和航行技术的限制，当时的航线大多是近海航线，靠近海岸行驶安全系数较高。横渡渤海海峡和对马海峡的航路虽然不是近海航路，但是中途有可以停靠的庙岛群岛和济州岛、对马岛等诸多海岛，能够避风歇息，提高行船的安全性。

明代“海上丝绸之路”由于受到国家政策和周边形势的影响，在郑和下西洋之后，海上贸易迅速萎缩，此后在规模和繁荣程度上都不及前代。但山东半岛的海上航路作为明代前期和后期对外交往的重要海上通道和明代中叶南北漕粮海运的必经航道，仍在明代“海上丝绸之路”中发挥了关键作用。

注 释

[1] 〔法〕沙畹著，冯承钧译：《西突厥史料》，中华书局，2004年，第208页。
[2] （东汉）王充：《论衡·儒增》。
[3] 杨强：《北洋之利——古代渤黄海区域的海洋经济》，江西高校出版社，2005年，第245页。
[4] 明万历二十年（1592年）六月至二十六年（1598年）十二月，明军两次援助朝鲜抗击日本入侵，史称万历朝鲜战争，又称朝鲜壬辰卫国战争。抗倭援朝战争与平定杨应龙叛乱、平定宁夏哱拜叛乱都发生在万历年间，合称“万历三大征”。这三次大规模的军事行动都取得了胜利，却大大消耗了国力。
[5] 《明太祖实录》卷五二，台北中研院史语所，1962年，第1030页。
[6] 《明会典》卷一百〇五《朝贡》，文渊阁四库全书本。
[7] 《明太祖实录》卷八八，台北中研院史语所，1962年，第1565页。
[8] 《明太祖实录》卷一〇六，台北中研院史语所，1962年，第1768页。
[9] （清）张廷玉等：《明史·河渠志三·运河上》，文渊阁四库全书本。
[10] （清）孙承泽：《春明梦余录》卷三十七，文渊阁四库全书本。
[11] （清）张廷玉等：《明史·河渠志四·海运》，文渊阁四库全书本。
[12] 章巽：《元“海运”航线考》，《地理学报》1957年01期。
[13] （清）张廷玉等：《明史·列传第一百九十三》，文渊阁四库全书本。
[14] 《明神宗实录》卷二五七，台北中研院史语所，1962年，第4786～4787页。
[15] 同[11]。
[16] （清）张廷玉等：《明史·列传第二百八·外国一·朝鲜》，文渊阁四库全书本。
[17] 《明熹宗实录》卷一一，台北中研院史语所，1962年，第550页。
[18] （清）张廷玉等：《明史·外国列传一·朝鲜列传》，文渊阁四库全书本。
[19] 中国·复旦大学文史研究院、韩国·成均馆大学东亚学术院大东文化研究院：《韩国汉文燕行文献选编》，复旦大学出版社，2011年，第7册，第4页。
[20] 中国·复旦大学文史研究院、韩国·成均馆大学东亚学术院大东文化研究院：《韩国汉文燕行文献选编》，复旦大学出版社，2011年，第7册，第207页。
[21] 《明熹宗实录》卷三〇，台北中研院史语所，1962年，第1521～1522页。
[22] 根据丁一《耶鲁藏清代航海图北洋部分考释及其航线研究》（《历史地理》2011年第25辑）2011年绘制。

浅谈我国水下文化遗产的保护机制

阮永好

（漳州市文物保护管理所）

摘要：如何完善现有的水下文化遗产保护机制已经成为了当前我国水下文化遗产保护工作所面临的重要课题。本文在分析我国水下文化遗产保护相关机制的现状基础上，从立法、应急、科技保护、联动奖惩等四方面提出了自己的初步见解。

关键词：水下文化遗产　保护机制

我国拥有近300万平方千米的管辖海域，3万多千米的海岸线和岛屿岸线，以及丰富的内陆水域，这其中蕴涵着种类多样、数量巨大的水下文化遗产。我国从1987年3月经国务院批准正式开始组织水下考古工作，经过20多年的发展，尤其是"十一五"以后，我国水下文化遗产保护已从单纯的水下考古调查、发掘发展到全方位的水下文化遗产保护，工作的广度和深度不断拓展。为适应新形势下水下文化遗产保护工作的需要，2014年6月4日，中央机构编制委员会批复设立了独立建制的国家文物局水下文化遗产保护中心。

国际方面，为了避免日益频繁的商业开发和对水下文化遗产的破坏，联合国教科文组织于2001年11月在第31届大会上正式通过了《水下文化遗产保护公约》(Convention on the Protection of Underwater Cultural)，明确规定不得对水下文化遗产进行商业开发。2003年11月18日，时任中国国家文物局副局长张柏在香港表示，中国政府同意并支持《水下文化遗产保护公约》（2001）的各项原则和规定，并正在积极准备，争取尽早成为该公约的缔约国。

面对国内外的新形势，我国水下文化遗产保护面临着新的挑战和机遇，如何完善我国现有的水下文化遗产保护机制已经成为了当前水下文化遗产保护工作的重要课题。下面笔者从立法、应急、科技保护、联动奖惩四方面入手来分析我国水下文化遗产保护相关机制的现状，并提出一些肤浅的见解，以此来抛砖引玉，就教于方家。

一、完善水下文化遗产保护立法机制

为了加强水下文物工作的管理，我国早在1989年10月20日就颁布实施了《中华人民共和国水下文物保护管理条例》，对水下文物的认定、所有权、日常管理及违法处罚等方面都有较为明确的规定。《中华人民共和国刑法》及《刑法修正案》等法律也明确规定了对破坏包括水下文物在内的珍贵文物的量刑依据。

近些年来，受水下文物暴利的驱使及轻潜装备的普及，我国的水下文化遗产面临着严峻的保护压力，但在涉及水下文化遗产盗捞案件中，我们却不难发现一些比较尴尬的问题，那就是如何对盗捞水下文化遗产的不法分子进行恰当的量刑定罪？如何才能真正做到“有法可依，有法必依、执法必严、违法必究”？

以福建漳州为例：

2008年6月，龙海市边防大队破获一起水下文化遗产盗捞案件，经福建省文物管理委员会文物鉴定组司法鉴定，其中二级文物1件、三级文物164件、一般文物3673件，缴获的3838件水下文物涉及福建沿海八条沉船。

2011年7月25日凌晨，福建省漳州市边防支队、市文化综合执法支队、市文保所联合行动破获一起重大水下文化遗产盗捞案件，缴获出水文物722件，经福建省文物管理委员会文物鉴定组司法鉴定，其中三级文物112件、一般文物610件。

上述两起案件，相关案犯最后的判决都在有期徒刑三年左右，造成这一判决结果的主要原因是因为缺乏两个关键的量刑依据：一是沉船是不是古遗址？因为无论是在《刑法》《文物保护法》或是相关的法律、法规里都没有明确的司法界定，所以虽然知道盗捞分子破坏的是水下沉船遗址，却无法按照《中华人民共和国刑法修正案（八）》第四十五条的相关量刑依据来判决；另一个因素就是由于水下考古的特殊性，加上经费短缺，地方上水下考古队员和设备缺乏，无法及时配合警方对偷盗分子破坏的古沉船进行定位和定性，所以无法为司法机关提供更为有力的量刑依据。

因此，笔者认为，只有尽快完善我国的水下立法机制，才能震慑受暴利驱使、日益猖獗的水下违法盗捞行为。我国应考虑按照《刑法》等相关法律条文的规定及时修改《中华人民共和国水下文物保护条例》，将古代沉船及其他重要水下文化遗存纳入水下古遗址范畴；各级地方人民政府应根据当年新发现水下文化遗产的保存状况和文物价值，及时将其公布为相应级别的水下文物保护单位或将相关海域划定为相应级别的水下文物保护区。只有将当地重要的水下文化遗产纳入法律保护的范畴，才能做到有法可依、有法必依。

对涉及水下文化遗产盗捞的案件，建议上级文物行政主管部门应会同司法机关共同督办。对涉及重要水下文化遗产盗捞的案件，文物部门应及时、准确地向司法部门提供水下文化遗产定性的司法鉴定材料，以便司法部门依法严惩不法盗捞团伙的首要分子，提高不法分子的违法成本。通过树立典型案例，扩大宣传，做到执法必严、违法必究，从而更好地保护我国的水下文化遗产资源。

二、设立水下文化遗产保护应急机制

由于国内外文物热、收藏热、投资热的不断升温，为了高额利润，沿海地区盗捞和走私水下文物的违法活动日益猖獗，水下违法盗掘活动已呈现信息化、集团化、一条龙化的趋势。有的盗捞集团为保证各方收益，结成暂时性的“股份公司”（典型的情况是：文物贩子的资金+潜水员的技术设备+当地渔民的沉船线索），按股分红。为逃避打击，水下文物盗捞团伙通常选择夜间出动，他们将水下文物打捞出来后，立即采取专船运送方式，人货分离，异地上岸，文物基本上由买家直接运走，整个过程中间环节少、时间短、效率高。

鉴于水下文化遗产的发现有其偶然性、突发性和不可预见性，为确保我国水下文化遗产的安全，加强对水下盗捞行为的打击惩处力度，我国应考虑尽快建立水下文化遗产保护的应急机制，成立国家水下考古调查应急小分队，并设立专项应急调查资金。各地区文物部门应加强与公安、边防、海警等相关执法部门的联系与沟通，对属地内发生的涉及水下文化遗产的盗捞案件，要在48小时内紧急报送国家文物行政主管部门，并积极配合国家水下考古调查应急小分队开展水下考古实地调查工作。应急小分队应及时摸清被破坏遗存的保存现状及价值，以便当地政府根据实际情况制定切实可行的保护方案，同时也利于当地公安、检察院及法院依法追究盗捞分子相应的法律责任，从而在根本上确保我国水下文化遗产的安全。

三、强化水下文化遗产科技保护机制

我国现行的是“保护为主，抢救第一，合理利用，加强管理”的文物工作方针。对于水下文化遗产的保护和管理，虽然我国已在水下文化遗产本体保护方面积累了一定的经验，如中山舰、“南海Ⅰ号”的整体打捞，水下文化遗产安全监控——“漳州试点”的顺利验收及“南澳Ⅰ号”水下保护框架的成功启用等，但随着全国水域范围内水下遗产的不断发现及日益猖獗的水下盗捞，保护的力度就显得捉襟见肘了。针对不同类型遗址采取合适的管理方案，并制定长期、有效的管理战略，成为了我国今后水下文化遗产保护工作的重中之重。

笔者以为，为了更好地保护我国丰富的水下文化遗产资源，国家文物行政主管部门应组织国内权威专家每年对全国各地的水下考古项目从项目设计、执行、出水文物保护、本体保护、技术创新、主要成果等方面进行综合评审，结合公众参与评出当年全国水下考古优秀项目及最佳技术创新奖。通过项目的评审，可以有效推动我国水下文化遗产保护事业向规范化的方向发展，同时也可以让更多的民众和社会团体参与到我国的水下文化遗产保护事业中来。

在高新科技应用方面，应引入市场竞争机制，协调各高校和相关科研院所等社会力量，开展科技攻关，研发经济、耐用的水下文化遗产本体保护、监测和监控设备，提高水下遗址本体的自保和监测、监控能力，增加不法分子水下盗捞的难度，以实现我国水下文化遗产全方位的保护。

四、建立水下文化遗产保护联动奖惩机制

在水下文化遗产的保护工作中，各级地方人民政府是保护工作的主体，而各级文物部门是水下文化遗产保护的捍卫者和组织者，但仅仅依靠文物部门的力量是远远不够的。只有在各级地方人民政府的主导下，文物行政部门、公安、边防、海警、驻军、渔业等单位充分发挥各自的力量和优势，形成积极、长效的联动机制；通过构建人防与技防相结合的安全防范模式，建立国家—地方一整套完整的监控、防范体系，才能确保我国水下文化遗产的安全。

对于我国广阔的海洋和内陆水域，当地渔民是水下文化遗产保护工作中不可或缺的重要力量。由于长期的水上做业，使得他们对当地水域的水下文化遗产分布有着较为清楚的认识，因此文物部门应深入渔村，进一步向当地民众普及水下文化遗产保护的相关知识，加大宣传和法制教育力度，同时联合边防、渔业等相关部门加强监管，落实奖惩机制，通过多种渠道吸纳社会力量，及时掌握当地海域的海上动态，真正实现水下文化遗产人人保护、保护成果人人共享的新局面。

以上为笔者这些年来参与水下考古工作过程中对我国水下文化遗产保护所作的几点初步思考，不妥之处切望各位前辈、同仁雅正。

新技术·新方法·新思路：首届“水下考古·宁波论坛”纪要

林国聪　王结华　姜　波

摘要：2014年10月16～18日，首届“水下考古·宁波论坛”在国家水下文化遗产保护宁波基地举办。到会的100余位嘉宾围绕水下考古的新技术、新方法、新思路展开讨论，14位专家从水下考古的回顾思考与态势展望、项目管理与技术创新、最新收获与研究成果等方面做了专题发言。

关键词：水下考古　宁波论坛　小白礁Ⅰ号　南澳Ⅰ号　海上丝绸之路　“中国考古01”号水下考古专用船

2014年10月16～18日，时值国家水下文化遗产保护宁波基地落成开放之际，宁波市文物考古研究所、国家文物局水下文化遗产保护中心、宁波中国港口博物馆联合举办了首届“水下考古·宁波论坛”。国家文物局副局长顾玉才，联合国教科文组织（UNESCO）《水下文化遗产保护公约》（2001）（*Convention on the Protection of Underwater Cultural*）（以下简称《水下公约》）秘书处秘书长乌瑞克·盖伦（Ulrike Guérin），国家文物局水下文化遗产保护中心主任柴晓明、党支部书记张威，浙江省文物局副局长吴志强，宁波市政协副主席范谊，宁波市文广局局长陈佳强，宁波市北仑区副区长陆亚芬等领导以及来自中国、法国、英国、韩国、越南和我国台湾地区的100余位专家学者出席了论坛活动。

顾玉才副局长在开幕式致辞中回顾了我国水下考古事业从滩涂考古到近海发掘再到远海作业的历史进程，指出中国水下考古已经从单纯的沉船调查、发掘扩展到对诸多类型水下遗存的调查、发掘与研究，其工作对象包括了沉船、城址、桥梁、码头、水闸、水文石刻乃至近现代沉没军舰等。他呼吁水下考古工作者要加强课题意识，将研究贯穿于整个水下考古调查、发掘、整理和报告编写、出版的全过程，努力使中国水下考古学在国际学术界拥有一席之地。

围绕本次论坛主题——水下考古的新技术、新方法、新思路，与会专家学者展开了热烈讨论与深入交流，14位来自不同国家和地区的专家学者做了精彩的主题发言，内容涉及水下考古的回顾思考与态势展望、项目管理与技术创新、最新收获与研究成果等诸多方面。纪要如下：

一、水下考古的回顾展望与发展态势

国家文物局水下文化遗产保护中心主任柴晓明研究员指出，自20世纪80年代以来，中国水下考古经历了从无到有、曲折发展的过程，水下考古项目逐年增加，工作对象日渐丰富，工作区域已经覆盖近海、远海和内水水域，但同时也存在工作布局不均衡、考古资料刊布滞后、学术研究与学科建设亟待加强等问题。他认为，今后我国水下考古工作应坚持优良传统，加强机构、队伍和装备建设；加强基础工作，系统开展水下文化遗产调查，摸清家底；加强国家水下文化遗产数据库建设，尽快完成水下文化遗产分布图；加强水下文化遗产政策、法规和国际公约方面的研究，真正做到与国际接轨；建立水下文化遗产监测机制，抓紧开展出水文物保护技术的研发和利用；深入调研，科学规划，为我国水下文化遗产保护事业的发展描绘宏伟蓝图。

《水下公约》秘书处秘书长乌瑞克 · 盖伦博士介绍说，《水下公约》是当前国际上有关水下文化遗产保护最重要的国际公约，公约不涉及领土和主权，强调水下文化遗产的保护与国际合作，反对以商业利益为目的的打捞探险活动。她指出，蓬勃发展的中国水下考古取得了举世瞩目的成就，国际上许多组织都衷心希望加强与中国的合作，热切期盼作为水下文化遗产大国的中国能够早日加入该保护公约。

法国国家海洋与水下考古研究中心主任米歇尔 · 卢赫（Michel L’HOUR）教授介绍了法国水下考古的发展历程，并着重介绍了走向深海的法国水下考古工作。1980年之前的法国水下考古工作深度均不超过60米；1980年以来开始向更深海域探索，并首次在土伦港（Toulon）附近发现了328米深处的4艘沉船。1993年发现的“月亮号”古沉船（Lune Shipwreck），成为法国深海水下考古新方法、新技术的试验场，发掘工作除了使用微型潜水艇和机器人以外，还利用3D成像技术建立了沉船模型。

台北“中央研究院”臧振华院士认为，台湾附近海域潜藏有丰富的水下文化资源，系统开展水下考古工作很有必要，也很有学术前景。台湾地区的水下考古工作萌芽于1995年“将军Ⅰ号”的调查，2006年正式启动开展。目前，台湾已经起草了《水下文化资产保存草案》，并在文化资产管理部门新增了水下文化资产科，以加强水下文化资产保护工作。他说，拥有庞大的潜水志愿者团队是台湾开展水下考古的优势，但同时也面临着缺乏专门的学术机构、学术团队以及人才流失等问题。

二、水下考古的项目管理与技术创新

广东省文物考古研究所水下考古中心主任崔勇研究员介绍了“南澳Ⅰ号”的原址保护技术——大型框架在水下考古发掘与保护中的运用。具体做法是，在“南澳Ⅰ号”沉船遗址上方精确安放一个通长32、通宽12、通高2.81米，总重约50吨的大型水下框架，该框架集探方、灯阵、保护功能于一体，大幅度地改善了工作环境，提高了工作效率与测量精度，有效消除了人员安全和文物安全的诸多隐患，是一种有益的探索。

宁波市文物考古研究所副所长林国聪副研究员介绍了“小白礁Ⅰ号”清代沉船遗址水下考古的项目管理与创新。2008～2014年，“小白礁Ⅰ号”历经普查发现、重点调查、考古发掘、保护展示等一系列完整有序的科考过程，并因其在项目运作、技术方法、科技应用、保护理念、安全保障等方面的诸多创新做法为业界所称道，被誉为“我国水下考古的又一创新之作”和“我国水下考古走向水下文化遗产保护的又一重要标识”。

国家文物局水下文化遗产保护中心技术与装备部主任宋建忠研究员专题介绍了我国首艘水下考古专用船——“中国考古01”号的诞生经过。他指出，“中国考古01”号水下考古专用船的投入使用是中国水下文化遗产保护事业创新技术装备的一个重要举措，也是探索我国水下文化遗产保护新方法的一个重要平台，必将开启我国水下文化遗产保护事业的新时代。

英国诺丁汉大学（The University of Nottingham）约恩·亨德森（Jon C. Henderson）副教授重点介绍了扇形声呐扫描技术和三维立体成像测绘技术在水下考古中的运用。这种输出便捷、操作简便的技术将为水下考古带来跨越式的技术革新，能够为水下考古遗址的调查、监控提供便捷、精确的扫测结果，高效获取形象逼真、尺度精确的立体影像与实体模型，从而帮助考古学家科学记录和管理水下考古遗存，帮助社会公众体验甚至调查真实的水下遗址。

二、水下考古的最新收获与研究成果

国家文物局水下文化遗产保护中心技术总监孙键研究员介绍了湖北丹江口库区均州古城水下考古调查的收获。均州古称“均陵”，地处汉江中上游、是“接雍豫，通巴蜀”的咽喉所在，现存城池为明代永乐年间（1403～1424年）始建，经不断修补增建而成。20世纪50～60年代间，因修建丹江口水库，许多珍贵的历史文物和古代文化遗址被淹没于水下。此次水下考古调查基本查清了均州古城的保存状况，为今后进一步开展工作奠定了基础。

越南考古研究院院长宋忠信教授介绍了越南15世纪沉船“占婆号”（Cu Lao Cham）。该船由柚木制作，残长30、宽约6米；沉船出水的大量器物，主要为15世纪晚期产自海阳窑（Hải Du o ng Kiln）和升龙窑（Thăng Long Kiln）的越南瓷器，以青花瓷为大宗，也有绿釉瓷、各类彩瓷等，部分器物为来自中国、泰国的陶瓷产品。

国家文物局水下文化遗产保护中心水下考古所所长姜波博士认为，水下考古成果是研究“海上丝绸之路”的重要资源之一。他通过福建漳州月港和泉州港的考古调查，揭示了适合海洋贸易的海港城市形态；通过剖析龙泉窑荷叶盖罐的外销路线，探究了元明时期龙泉窑瓷器的生产、运输和销售等情况；通过解读斯里兰卡发现的“郑和布施锡兰山碑”和泉州发现的锡兰国后裔墓碑，分析了“海上丝绸之路”上的族群、语言与宗教等。

韩国首尔市立大学申熙权教授介绍了自新安沉船发现以来韩国水下考古的主要成果，尤其是近年来韩国水下考古的新亮点——泰安海域多艘沉船的发掘，其中根据考古实物资料与相关造船史文献的对比研究成果复原的“马岛Ⅰ号”沉船，为韩国造船史研究提供了难得的实验范例。

中国国家博物馆综合考古部副主任赵嘉斌副研究员介绍了2012～2013年中肯合作实施肯尼亚拉穆群岛（Lamu Islands）水下考古项目的调查与发掘情况，并重点介绍了谢拉（Shela）水下遗址和奥美尼（Ngomeni）沉船遗址的发掘成果。这些新的发现，为探讨肯尼亚古代的海外贸易与对外交流提供了珍贵的考古资料。

武汉理工大学顿贺教授介绍了“小白礁Ⅰ号”古船的初步研究成果。他认为，“小白礁Ⅰ号”沉船既具有典型的中国古代造船工艺特征，也具有一些国外的造船技艺特点，是中外造船技术相互交流融合的难得的实物例证，也是古代“海上丝绸之路”的有力见证，有着十分重要的历史、科学和研究价值。

首届“水下考古 · 宁波论坛”的举办，为不断提升我国水下考古的工作水平，进一步加强与国际水下考古界的合作交流，共同做好水下文化遗产的调查、发掘、保护、研究和利用搭建了良好的平台，创造了有利的条件。

编者注：本文原载《东南文化》2014年第6期，此处略有修改。

新技术·新方法·新思路：首届“水下考古·宁波论坛”综述

宁波市文物考古研究所
国家文物局水下文化遗产保护中心
宁波中国港口博物馆

2014年10月16至18日，宁波市文物考古研究所、国家文物局水下文化遗产保护中心、宁波中国港口博物馆在刚刚落成开放的国家水下文化遗产保护宁波基地联合召开了首届“水下考古·宁波论坛”。国家文物局副局长顾玉才，联合国教科文组织《水下文化遗产保护公约》（2001）（以下简称《水下公约》）秘书处秘书长Ulrike Guérin，国家文物局水下文化遗产保护中心主任柴晓明、党支部书记张威，浙江省文物局副局长吴志强，宁波市政协副主席范谊，宁波市文化广电新闻出版局局长陈佳强，宁波市北仑区副区长陆亚芬等领导，以及来自中国、法国、英国、韩国、越南和我国台湾地区的100余位学者出席论坛活动。

顾玉才副局长回顾了中国水下考古事业从滩涂发掘到近海打捞再到远海作业的历史进程，指出中国水下考古已经从单纯的沉船打捞扩展到对诸多水下遗存的调查、发掘与研究，其工作对象包括沉船、城市、桥梁、码头、水闸、水文石刻乃至近现代沉没军舰等。他呼吁水下考古工作者要加强课题意识，把研究贯穿在整个水下考古调查、发掘、整理和报告编写、出版的全过程，努力使中国水下考古学在国际学术界拥有自己的一席之地。

本次论坛是国家文物局水下文化遗产保护中心独立建制以来召开的一次重要学术会议，为国内外水下考古学者的深入交流提供了重要平台。围绕大会主题——“水下考古的新技术、新方法与新思路”，与会学者展开了热烈的讨论与交流。本次论坛共邀请了14位国内外学者作大会发言，这里摘要发表如下（依发言顺序）。

中国水下考古的回顾与展望

柴晓明（国家文物局水下文化遗产保护中心主任）：自20世纪80年代末期以来，在俞伟超等老一辈考古学家的指导和推动下，中国水下考古经历了从无到有、曲折发展的过程。我们可以从学术史的角度对中国水下考古的发展进行数据统计和定量分析，在此基础上对中国水下考古的发展进行回顾与反思。可以看出，中国水下考古项目逐年增加，工作对象日渐丰富，水下考古工作区域也已经覆盖近海、远海和内水水域。但中国水下考古的发展也存在一定的问题，比如工作布局不够均衡；水下考古资料刊布滞后；水下考古学术研究及学科建设亟待加强等。水下考古项目是水下文化遗产保护工作的基础，也是水下考古学学科建设与发展的基础。水下文化遗产保护工作需要通过法规政策和适当的技术手段来实现，也需要通过公众考古等手段去引导社会公众参与和分享水下文化遗产。当前水下考古工作者应该勇于探索、丰富和发展水下考古学诸多重大理论和实践问题，要从路径、目标和理念等层面明确水下考古学的内涵和外延。在今后的工作中，我们应该坚持优良传统，加强机构、队伍和装备建设；加强基础工作，开展系统的水下文化遗产调查，摸清家底；加强国家水下文化遗产数据库建设，尽快完成中国水下文化遗产分布图；在文化遗产保护方面，我们应该建立水下文化遗产监测机制，同时抓紧开展出水文物保护技术的研发和利用；要深入调研，科学规划，为我国水下文化遗产保护事业的发展描绘蓝图。同时，我们也应该加强水下文化遗产政策、法规和国际公约方面的研究，跟踪国际水下考古前沿成果，在学术研究和遗产保护方面真正做到与国际接轨。

“2001水下公约”与水下考古的国际视角

乌瑞克 · 盖伦（Ulrike Guérin）（联合国教科文组织《水下公约》秘书处秘书长）：联合国教科文组织《水下公约》是当前国际上有关水下文化遗产保护最重要的国际公约，也是全世界水下文化遗产保护普遍遵循的准则。《水下公约》不仅对水下文化遗址提供了强有力的保护，而且确立了遗产保护的道德和科学原则。目前，全世界已有49个国家签署或批准加入联合国教科文组织《水下公约》，包括法国、意大利、西班牙、葡萄牙等水下文化遗产大国；同时，还有美国、英国、德国等多个国家的11个水下文化遗产协会组织获得公约秘书处的认证。《水下公约》及其附件所确立的各项科学原则，已经被世界各国的专业组织普遍接受，由此《水下公约》已然成为国际水下考古学界公认的核心文件。加入公约可以提升各国水下文化遗产保护和水下考古学研究的水准。《水下公约》的首要原则是原址保护，同时强调公众教育与公众参与和可持续发展。中国白鹤梁遗址博物馆和“南海Ⅰ号”发掘现场对公众开放，堪称原址保护和公众参与的典范之作。《水下公约》与《国际海洋法》的原则和精神是一致的，它不涉及领土和主权，强调的是水下文化遗产的保护，尤其反对以商业利益为目的的打捞探险活动。同时，特别强调开展国际合作，并在多个国家开展水下考古培训教程。目前亚洲国家只有柬埔寨和伊朗加入了《水下公约》组织，我本人和公约秘书处都热切希望作为水下文化遗产大国的中国尽早加入《水下公约》组织，我们也愿意为中国方面的加入提供咨询与帮助。

“月亮号”沉船：走向深海的法国水下考古

米歇尔·卢赫（Michel L’HOUR）（法国国家海洋与水下考古研究中心主任）：水下考古起源于欧洲。1907～1913年，法国考古学家Alfred Merlin在突尼斯海岸对Mahdia沉船（约公元前80～前70年）进行水下考古发掘，Alfred Merlin先生聘用了一批希腊潜水员对Mahdia沉船进行系列调查与发掘，按年度出版考古报告。该沉船因为出土精美的建筑构件和大理石雕像、青铜雕像而引起轰动，由此才有了1928年法国学者Salomon Reinach称“海洋是世界上最大的博物馆”的说法。1943年，法国人Jacques-Yves Cousteau和Émile Gagnan发明“水肺”，1952～1957年马赛湾Grand-Congloué沉船遗址的发掘成为真正意义上的第一次水下考古发掘。此项发掘由考古学家Fernand Benoit主持，由于Fernand Benoit本人并未受过专业潜水的训练，所以他聘用了Jacques-Yves Cousteau团队的潜水员来开展水下考古工作。这次水下考古工作也催生了考古队员学习潜水亲自实施水下发掘的想法。

1966年，在时任法国文化部部长、著名作家André Malraux先生的推动下，法国国家海洋与水下考古研究中心成立了（简称DRASSM），这是世界上第一个国家级的水下考古专门机构，法国考古由此迎来了快速发展的机遇。1967年，法国国家海洋与水下考古研究中心建成第一条考古船“海洋考古号”（Archéonaute）。2012年，法国第二条考古船“Andre Malraux”号投入使用。1966～1980年，法国水下考古工作者调查了1500艘地中海沉船，其深度不超过60米。1980年以来，法国水下考古开始向更深海域开展探索，并首次在土伦港附近发现了328米深处的4艘沉船。1993年，著名的“月亮号”沉船（Lune Shipwreck）被偶然发现，该船于1664年沉没于土伦港附近海域。2012年开始对“月亮号”沉船进行深水发掘工作，发掘工作除了使用微型潜水艇和机器人以外，还利用3D成像技术建立沉船模型。“月亮号”沉船现已成为法国深海水下考古新方法和新技术的试验场。

台湾地区的水下考古：资源、启动、现况与挑战

臧振华（台北“中央研究院”院士）：从自然环境、地理位置，以及人文历史等方面来看，台湾附近海域，特别是台湾海峡一带，潜藏了丰富的水下文化资源，包括更新世晚期的大型哺乳类化石、史前时代人类的聚落与活动遗存，以及各时代的沉船。它们不但是珍贵的文化遗产，而且也是重要的学术资源。因此，台湾海域开展系统的水下考古工作是很有必要也很有学术前景的。

台湾地区的水下考古工作萌芽于1995年“将军Ⅰ号”的调查，而在2006年正式启动开展。目前，我们已经起草《水下文化资产保存法草案》计七章，共四十六

条，来加强水下文化资产的保护工作（台北方面称“水下文化遗产”为“水下文化资产”——整理者注）。同时，“文化资产局”在古物遗址组下，新增“水下文化资产科”，专门负责有关水下文化资产的事宜。在过去7年多，由台北“中央研究院”组织的水下考古团队，在台湾周边海域，包括东沙环礁，持续进行水下文化资产的调查工作，收获相当丰富。我们开展水下考古的优势之一在于拥有庞大的潜水志愿者团队，可以借助社会力量开展水下考古工作，同时也向公众推广了水下文化资产。不过在过程中也面临一些有待克服与改善的问题，比如，没有建立专门的学术机构和专门的学术团队，使得水下考古工作不能有序开展；同时由于潜水员没有固定的职位，造成一定程度上的人才流失。

湖北丹江口库区均州古城水下考古调查

孙键（国家文物局水下文化遗产保护中心技术总监）：均州城水下考古项目是我国第一次在内水水域开展城市遗址类的水下工作。2013年以来，我们对丹江口水库均州古城进行了水下考古调查，对均州古城进行了测量、绘图，根据丹江口库区泥沙淤积状况，绘制了均州城及城内净乐宫、碑亭、城墙、门楼等遗迹的剖面图。现存均州城的格局比较完整，城址东西边长798米，南北边长1030米。城墙为夯土包砖，残存高度达6米。经过水下实地调查，城墙内、外两侧已淤积厚厚的泥土，现墙顶高出淤泥面不足1米。从四周的城墙保留状况来看，整体轮廓清晰，东城墙因靠近丹江，冲刷较为严重，部分有坍塌；两个水门均被破坏，形成长达30～40米的断裂缺口；东、西（未使用）、南、北各门及条石砌筑的门拱、门洞及边墙仍保存于水下。北门有瓮城；南门外存有石制步道、码头遗迹。城内单体建筑、城门楼及城墙上的奎星楼等均已不存，城内淤积现象严重，最厚处超过两米。此外，考古队还对汉水河道下的沧浪亭、历代水下题刻进行了调查工作，精确定位并建立了遗址坐标系统。

均州古称“均陵”，地处汉江中上游、是“接雍豫，通巴蜀”的咽喉所在，现存城池为明代永乐年间始建，经不断修补增建。明成化十二年（1476年）设置郧阳府，城市格局大致确定下来。20世纪50至60年代间，因为丹江口水库的修建而被没于水下。丹江口水库淹没区的搬迁工作从1958年就陆续开始，古均州城亦于1958年开始搬迁，均州城内有近3万居民迁出。大坝建成后，许多珍贵的历史文物和古代文化遗址被淹没于水下（据统计有 157处古建筑遗址），其中包括著名的静乐宫、沧浪亭等。淹没前除搬迁了净乐宫大殿、赑屃（碑）等文物外，基本未做其他方面的文物保护工作。

“南澳Ⅰ号”发掘及原址保护技术

崔勇（广东省文物考古研究所研究员）：“南澳Ⅰ号”发现于2007年5月；2007年6～7月，广东省文物考古研究所对其进行了调查和试掘；2010～2012年，广东省文物考古研究所、国家水下文化遗产保护中心（现国家文物局水下文化遗产保护中心）、广东省博物馆联合对“南澳Ⅰ号”进行水下考古发掘，取得了丰硕的成果。2011年“南澳Ⅰ号”发掘项目入选“2010年度社科院考古论坛六大发现”和国家文物局“2010年度全国十大考古新发现”。

2011年12月，由国家水下文化遗产保护中心和广东省文物考古研究所联合主办的“南澳I号”工作总结会在广州召开。会议确定了“南澳Ⅰ号”的项目性质、工作目标、工作方式；具体内容就是“南澳Ⅰ号”从短期项目变成长期项目；从单纯打捞向综合研究转变——集发掘、保护、研究和展示“四位一体”；“南澳Ⅰ号”的转变也是全国水下工作开始做布局的转变。会议对2012年的发掘工作提出了三个目标：第一是基本完成船货的清理工作；第二是全面摸清船体状况，包括船体的长度、宽度、高度及保存状况等；第三是对船体的处理给出具体意见。水下探方框架采用800毫米和299毫米的钢管作为基本材料进行建造，通长32米，通宽12米，通高2.81米，沉降后内部尽空高1.5米，由16个吸力锚作为桩脚支点，总重约50吨。水下框架取代前两年水下拉基线绳的方法，大大提高了测量的精确度，大幅度改善了工作环境，提高了工作效率，有效地消除了人员安全和文物安全的诸多隐患。大型框架成功安放以后，对“南澳Ⅰ号”沉船无论从发掘到保护都起到了无可替代的作用；2013～2014年度“南澳Ⅰ号”的调查不仅是该项工作的延续，而且是对这类遗址进行原址保护的有益的探索，今后还将在复查时机、工作方法和程序上继续总结，争取摸索出一套适合该类型水下文化遗产的保护经验与方法。

越南15世纪沉船“Cu Lao Cham”号

宋忠信（越南考古研究院院长）：越南中部海域发现的15世纪沉船“Cu Lao Cham”是越南水下考古的一次重要发现。沉船地点位于越南中部古代著名港口惠安港以东约60千米的海域。1997～1999年由越南国家博物馆、越南考古研究院、英国牛津大学水下考古中心等机构合作进行发掘打捞。发掘显示该船为一艘用柚木制作的古船，残长30米，宽约6米。该船出水了数量巨大的海外贸易瓷，主要为15世纪晚期的越南瓷器，产自海阳窑（HáiDúóngKiln）和升龙窑（Thăng Long Kiln），也包括来自中国和泰国的各类陶瓷产品。从陶瓷品类上看，出水瓷器以青花瓷为大宗，也包括绿釉瓷、各类彩瓷等。

“小白礁Ⅰ号”水下考古项目管理与创新

林国聪（宁波市文物考古研究所副所长）：位于浙江宁波象山石浦渔山海域水下24米的“小白礁Ⅰ号”，是一艘下沉于清代道光年间的木质商船。2008～2014年，“小白礁Ⅰ号”历经普查发现、重点调查、考古发掘、保护展示等一系列完整有序的科考过程，并因其在项目运作、技术方法、科技应用、保护理念、安全保障等方面诸多的创新做法为业界所称道。

在项目运作上，我们引入市场机制，博采众家之长，积极推动多学科的介入和多团队的合作。项目汇集了国内外的水下考古队员和10多家科研院所的技术人员共同参与，改变了以往主要依靠文博系统自身力量开展水下考古的传统做法，减轻了核心队员的工作压力，获得了更多的学科支持和专业服务，也更好地保障了工作质量。在技术方法上，我们参照田野考古，结合水下特色，循序渐进推动项目进展。2008年，通过陆地调查与探测探摸发现沉船；2009年，通过探沟解剖与局部试掘开展重点调查；2012年，经国家文物局批准完成船载文物发掘；2014年，实施完成船体发掘与现场保护工作，并在发掘过程中检验试行《水下考古工作规程》，为国家文物局即将颁布的《水下考古工作规程》提供了实践经验。在科技运用上，我们借力高新设备，勇于尝试创新，探索开展水下考古的立体化与数字化。我们成功构建了沉船海底三维模型、三维虚拟复原图像、水下考古现场三维展示系统、出水文物数字化管理系统、水上—水下监测指挥系统等，部分做法为国内首创。在保护理念上，我们强调发掘与保护并重，保护与展示同步。沉船现已运至国家水下文化遗产保护宁波基地边保护边展示，其出水文物与发掘场景也在基地同时展出，让公众共享水下文化遗产保护成果。在安全保障上，我们制定了切实可行的应急预案与安全制度，努力构建多元立体的安全体系，有效保障了人员、文物和设备的安全。

考古学视野下的“海上丝绸之路”

姜波（国家文物局水下文化遗产保护中心水下考古所所长）：水下考古成果是研究“海上丝绸之路”的重要资源。我们希望以港口、沉船和贸易品为切入点，以考古实物资料结合相关文献来勾勒出“海上丝绸之路”的历史面貌，并进而探讨“海上丝绸之路”上的贸易、族群与宗教。通过漳州月港和泉州港的考古调查，我们揭示出适合海洋贸易的海港城市形态，这种城市模式为适应海洋贸易的需要，形成了有别于内陆城市的城市格局和城市设施，城市水系发达，沿河而建，城市设施包括市舶司、港市、码头、航标塔、宗教设施、海防设施等。

“海上丝绸之路”上的贸易，我们选定一种特定的陶瓷产品——龙泉窑荷叶盖罐为例来进行剖析，由此可以看出荷叶盖罐在龙泉窑生产，在宁波港集散，并通过内陆水系和海洋贸易航线抵达国内外市场的情形，其销售甚至远及于日本、韩国、琉球、东南亚、波斯湾、肯尼亚等欧亚非市场，由此我们可以管窥元明时期龙泉窑瓷器的生产、运输和销售的情况。与此同时，我们也可以通过分析北京明代定陵和湖北钟祥梁庄王墓出土的海外宝石，探究明代海上贸易品输入中国的情况。关于“海上丝绸之路”上的族群、语言与宗教，我们可以通过解读斯里兰卡发现的“郑和布施锡兰山碑”和泉州发现的锡兰国后裔墓碑来作分析。前者用汉文、波斯文、泰米尔文三种文字分别记述了郑和代表大明皇帝向佛教、伊斯兰教、印度教主神贡献布施的史实；后者则揭示了锡兰国后裔寓居东方大港泉州的一段珍贵历史。二者相得益彰，生动展示了不同族群、语言和宗教的人群在“海上丝绸之路”上活动的史实。

“中国考古01号”的诞生

宋建忠（国家文物局水下文化遗产保护中心技术与装备部主任）：2014年9月4日，“中国考古01”船开启首航之旅，这标志着中国第一艘考古工作船正式投入使用。“中国考古01”船的投入使用无疑是我国水下文化遗产保护事业在新技术装备方面的一个重要举措，也是探索我国水下文化遗产保护新方法的一个重要平台，它必将开启中国水下文化遗产保护事业的新时代。

“中国考古01”船采用全电力推进动力方式，总长57.91米，型宽10.8米，型深4.8米，满载吃水2.883米，满载排水量980吨，航速12节，续航力1000海里，自持力30天，定员30人，主要工作海域为我国沿海与西沙海域，可以满足20人左右的考古队生活起居与工作，可承担水下文化遗存的调查、发掘、出水文物现场保护、展示宣传等工作。针对水下考古作业特点，本船主甲板设置了两舷对称的可收放式考古潜水悬梯、A型门架、液压折臂吊、四人减压舱、工作艇、救生艇及收放装置、考古发掘用空压机、淤泥泵、潜水工作室、考古仪器设备间、文物保护实验室，并配备有海洋磁力仪、多波束测深仪，船舷安装有浅地层剖面声呐、多普勒流速剖面仪、高精度测扫声呐等专业物探设备。

中国水下考古工作开始于20世纪80年代后期，工作用船长期依赖租用渔政、渔船等非专业船只，很大程度上影响了工作的正常开展。2011年5月，我们完成了《国家文物局500吨级考古工作船项目可行性研究报告》；2012年4月，国家文物局与中国船舶重工集团公司第701研究所签订了《国家文物局500吨级考古研究船设计合同》；2012年10月24日，国家文物局与重庆长航东风船舶工业公司签署了《国家文物局考古工作船建造合同》；2013年4月11日，“中国考古01”船在重庆正式开工建造，2014年8月6日在青岛交付使用，9月4日首航出发。

扇形扫描声呐和光学立体测量仪在水下考古的应用

约恩 · 亨德森（Jon C. Henderson）（英国诺丁汉大学副教授）：我们通过定点声呐扫描技术和激光三维成像技术来探讨大陆架和深海海域的水下考古技术。目前海洋工程常常使用Kongsberg MS-1000 设备来开展水下声呐扫测，对水下的桥梁、大坝、码头、港口等设施进行商业性的探测和调查。这些设备和技术经过改进以后，可以为水下考古遗址的调查和监控提供高效、便捷、精确的扫测结果，在这方面扇形声呐扫描技术可谓潜力巨大。与此同时，三维立体成像测绘技术在水下考古领域也大有可为，这种技术可以为考古学界和社会公众提供形象逼真、尺度精确的立体影像并进而建立实体模型。这种输出便捷又操作简便的技术将为水下考古带来跨越式的技术革新，它不仅可以帮助考古学家科学记录和管理水下考古遗存，其三维成像立体模型还可帮助没有潜水能力的社会公众体验甚至调查真实的水下考古遗址，由此帮助他们更深地感受水下文化遗产的价值和意义。

韩国水下考古学最新成果与“马岛Ⅰ号”沉船的复原

申熙权（韩国首尔市立大学教授）：韩国自新安沉船发现以来，开始系统开展水下考古调查与发掘工作。目前，韩国水下考古学者在朝鲜半岛西海岸调查了12处水下遗址区。调查、发掘的古代沉船包括高丽古船、统一新罗时代古船和东亚诸国的古代海运沉船。其中包括著名的新安沉船（元代“至治三年”）、珍岛沉船（14世纪）、莞岛沉船（11～14世纪）、达里岛沉船（13～14世纪）、十二东波岛沉船（11世纪后半期）、安佐岛沉船（14世纪）、大阜岛沉船（12～13世纪）等。

朝鲜半岛西海岸航线有四处易于发生海难的地点，即长渊、江华、泰安、珍岛，这也是古代沉船密集的区域。韩国学者近年来在泰安海域发现多艘沉船，包括泰安沉船、“马岛Ⅰ号”沉船、“马岛Ⅱ号”沉船和“马岛Ⅲ号”沉船，这些沉船的发掘成为韩国水下考古新的亮点。需要特别提及的是“马岛Ⅰ号”沉船的复原。2009～2010年完成“马岛Ⅰ号”沉船的发掘，2012～2013年完成该船复原的设计方案，2014年完成了该船的复原建造。我们的复原，是将考古实物资料与相关造船史文献进行对比研究，在此基础上确定复原方案，其复原为韩国造船史的研究提供了殊为难得的实验范例。

2010～2013年度肯尼亚水下考古调查与发掘

赵嘉斌（中国国家博物馆副研究员）：中肯合作实施肯尼亚拉穆群岛水下考古项目由中国国家博物馆和肯尼亚国立博物馆联合开展，于2010～2013年间先后三次对肯尼亚沿海海域展开了较大规模的水下考古调查。其中，在拉穆群岛海域发现了7处水下文物线索，在马林迪海域发现了2处水下遗存线索，在蒙巴萨耶稣堡海域发现了2处沉船线索，并对谢拉（Shela）水下遗址和奥美尼（Ngomeni）沉船遗址做了局部发掘，取得了丰硕成果。这些成果为探讨肯尼亚古代的海外贸易与对外交流提供了珍贵的资料。

谢拉水下遗址位于拉穆岛谢拉东侧海域，海床以沙为主，陶罐等遗物为泥沙覆盖，埋藏较浅，堆积较薄，其下即为礁石和沙底。出水遗物主要是陶器、釉陶器、瓷器，经初步分析，陶罐可能是出自该区域的沉船遗址，零星瓷片应为生活废弃物，其性质尚待进一步研究。奥美尼沉船遗址位于马林迪滨海小镇奥美尼东北方向，沉船遗址呈东北-西南长条状走向，总面积约500平方米。已完成遗址A区船体以上堆积和纵横两条探沟的发掘，揭露面积150平方米。考古资料显示：该船为木质，残存船体底部；船体残长约36、残宽约10米；近底部的船壳外板、肋骨、舱底垫板、隔板等主要构件保存较好；船材外包铅皮、中缝填塞铅条，造船工艺独特。出水文物标本约600件，有象牙、铜锭、水银、绿釉陶器、木桶、石球、圆形穿孔石器、船钉以及大量带钉孔的铅条、铅带等，类型多样，特色鲜明。经初步研究，该沉船应是一艘16～17世纪的葡萄牙商贸运输船。

“小白礁Ⅰ号”古船研究

顿贺（武汉理工大学教授）：“小白礁Ⅰ号”出水船体构件共244件，包括龙骨、肋骨、肋骨补强材、肋骨连接板、隔舱板、隔舱板补强材、舱底垫板、桅座、船壳板等，造船所用木材主要产自东南亚一带。从这些“重见天日”的船体结构上看，“小白礁Ⅰ号”沉船残长约20.35米，残宽约7.85米;残存船底中后部呈“U”型，中部至艏部呈勺型，艏部呈“U”“V”过渡型；肋骨残存30余道，密集分布且间距均为50～65厘米，而隔舱板仅残存3道，明显兼具西方肋骨法和中国舱壁法造船传统；龙骨由主龙骨、艏龙骨和艉龙骨三段木组成，主龙骨与艏龙骨直角企口搭接，而与艉龙骨搭接较长，搭接部位有凹凸定位榫口，还用三根方形大木榫从上方楔入定位，同时钉有较大的铁钉，但未见铁包箍，也未见补强材，结构独特；仅见1个桅座，应是主桅座，桅座上开有两个榫槽，槽内有二个圆形小木桩孔槽用以定位，槽形特殊，与中国传统的海船不同；板缝之间使用了中国造船传统的捻缝技术；造船使用的铁钉为中国传统造船常用的铲钉，但铲钉所钉的方向并无规律，而且船壳外板、龙骨与肋骨除了采用铁钉连接外，还使用了定位小圆木榫，这点不是中国古船造法；双层结构的船壳板内夹植物纤维状防水层，这在国内尚属首次发现。

总的来看，“小白礁Ⅰ号”沉船既具有水密隔舱、艌料捻缝、铁钉连接船板等典型的中国古代造船工艺特征，也保留了一些国外的造船传统，如以密集肋骨为横向支撑、普遍采用木榫定位、双层结构的船壳板内夹植物纤维状防水层、无规律的铁钉钉向等，可以说是中外造船技术相互交流融合的难得实物例证，也是古代“海上丝绸之路”的有力见证，具有十分重要的历史、科学和研究价值。

（执笔整理：姜波、林国聪、王结华）

编者注：本文原载《中国文物报》2014年11月7日第7版，此处略有修改。

后　　记

2010年7月29日，国家水下文化遗产保护宁波基地暨宁波中国港口博物馆在风景秀丽的北仑春晓滨海新城之洋沙山边、明月湖畔挂牌成立并奠基建设。其后不久，宁波方面提出了举办“水下考古·宁波论坛”的倡议，得到了国家水下文化遗产保护中心（现国家文物局水下文化遗产保护中心）的认可与支持。2014年10月16日至18日，宁波基地与港口博物馆按时建成投用，全面反映我国水下考古近三十年发展历程和主要成就的“水下考古在中国”专题陈列同步对外开放，由宁波市文物考古研究所（国家水下文化遗产保护宁波基地）、国家文物局水下文化遗产保护中心和宁波中国港口博物馆联合举办的首届“水下考古·宁波论坛”也如期隆重举办，来自联合国、中国、法国、英国、韩国、越南和我国台湾地区的100余位领导和学者出席论坛活动，成为当年度我国乃至国际水下考古界的一件盛事。

围绕本次论坛主题——水下考古的新技术·新方法·新思路，与会代表展开了热烈的讨论和深入的交流，14位来自不同国家和地区的专家学者做了精彩的主题发言，内容涉及水下考古的回顾思考与态势展望、项目管理与技术创新、最新收获与研究成果等诸多方面。在某种程度上，我们或许可以说，本次论坛的成功举办，不仅为提升我国水下考古的工作水平，不断加强与国际水下考古界的合作交流，共同做好水下文化遗产保护事业搭建了良好平台，创造了有利条件；同时，与会代表研讨发言的踊跃、思想火花的碰撞和提交论文的质量，也可以说代表了当时我国甚至国际水下考古的最高水平。

本书既是首届“水下考古·宁波论坛”的论文选编，也是继《宁波与海上丝绸之路》（2006年）、《宁波文物考古研究文集》（2008年）和《宁波文物考古研究文集（二）》（2012年）之后，“宁波文物考古研究丛书”系列推出的又一本论文汇集。书中刊载的30篇论文，系从论坛收到的35篇文章中选编而成，因为体裁编辑的需要，将之分为了上下两篇：上篇收录的是在论坛期间作主题发言的14位国内外学者的文章或其纲要；下篇收录的是其他专家提交的16篇文章。

本书的编著得到了许多领导和同仁的关注与关心。国家文物局顾玉才副局长不仅亲临论坛并在开幕式上致辞，还亲自撰稿并欣然同意在本书发表；中国文化遗产研究院刘曙光院长，国家文物局水下文化遗产保护中心柴晓明主任、张威书记，宁波市文化广电新闻出版局赵惠峰局长、孟建耀副局长、舒月明副局长、徐建成处长，中共北仑区委常委、区委宣传部杨劲部长，北仑区人民政府陆亚芬副区长，北仑区委宣传部楼宏斌副部长，北仑区文化广电新闻出版局陈胜蛟局长、乐静毅副局长等领导对本书的编著给予了大力的支持；科学出版社责任编辑王琳玮等人更是不辞苦累，为本书的及时出版付出了辛勤的劳动。值此书稿付梓之际，我们谨向上述单位和个人致以衷心的谢忱。

由于编者水平有限，本书编辑过程中出现的疏漏与错误在所难免，尚祈各位读者见谅。

编　者

2015年6月

1. 投放于水中的康斯堡MS1000扇形扫描声呐（设备在安置于海床之上三脚架的保护下极为稳固。仔细观察三脚架的支架末端，那里附有大面积圆型垫片保护了海床，使其不会在投放仪器时被穿插或破坏。摄影：Andy Torbet）

2. 投放扇形扫描声呐（在希腊南拉科尼亚的青铜时代帕夫洛彼特里古城的考古发掘中，操作人员正把扇形扫描声呐从小船上投放到水中。摄影：Jon Henderson）

康斯堡MS1000扇形扫描声呐的运用

彩版二

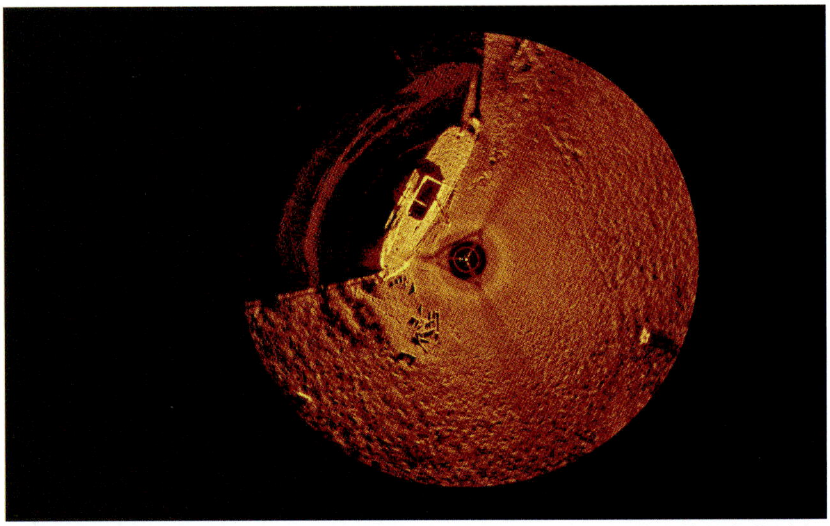

1.“流浪者号”拖船的30米半径扫描图（位于美国密歇根湖的大特拉维斯湾）

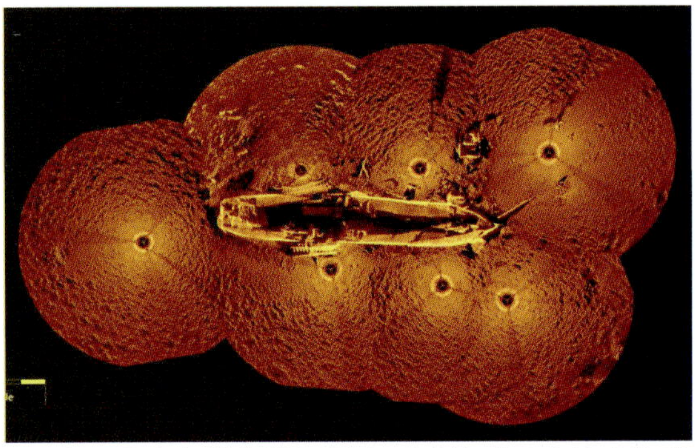

2. 6个10米半径的扫描图拼合而成的“SS米拉吉”渡轮扫描图（位于美国密歇根湖）

3. 帕夫洛彼特里古城中一座建筑内的一个房间（潜水员在房间大门的门槛石上方游动）

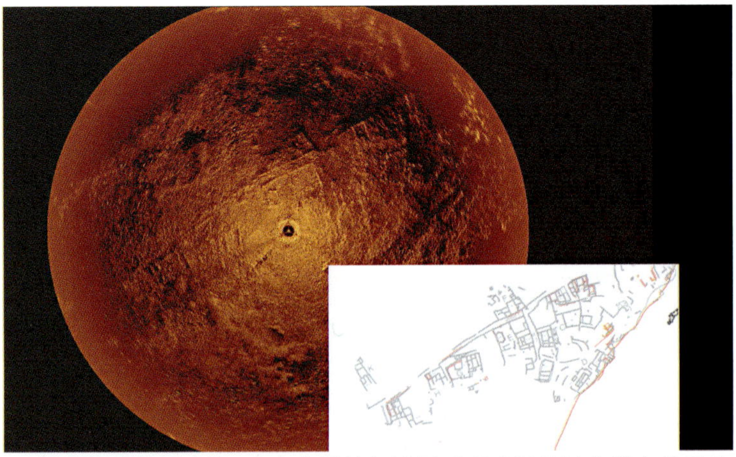

4. 帕夫洛彼特里古城100米半径的扫描图（声呐探头被安置在位于C区4号建筑物南边10米处。另附古城平面图，与扫描图作比较）

康斯堡MS1000扇形扫描声呐的运用

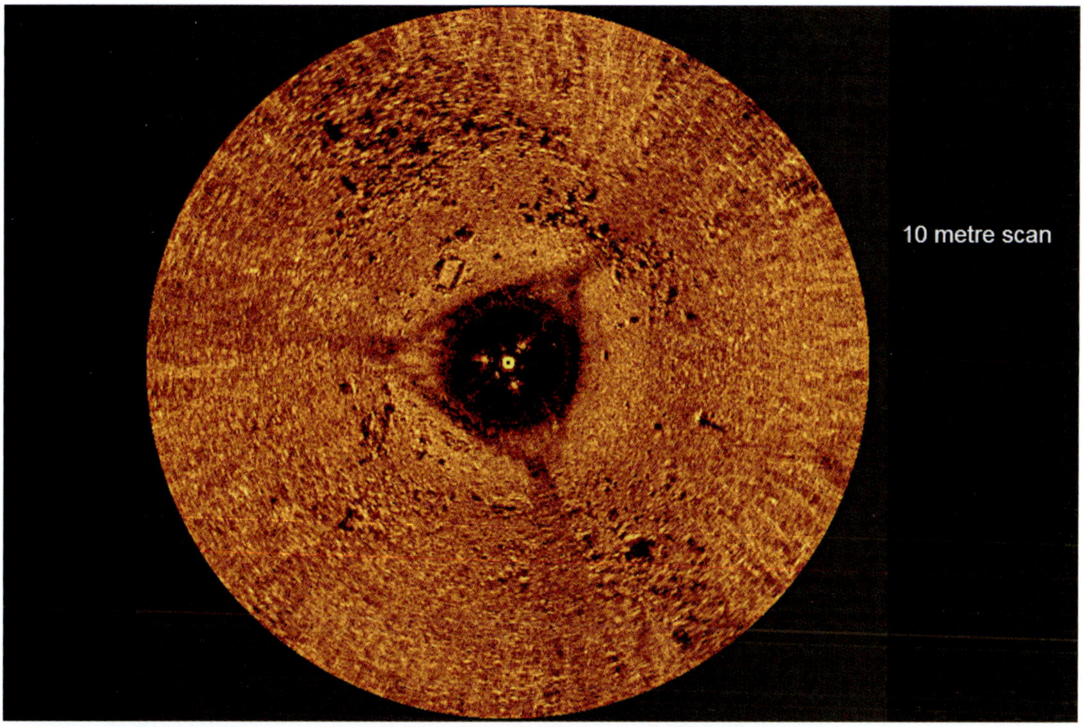

1. 近距离探测的石棺墓10米半径的扫描图

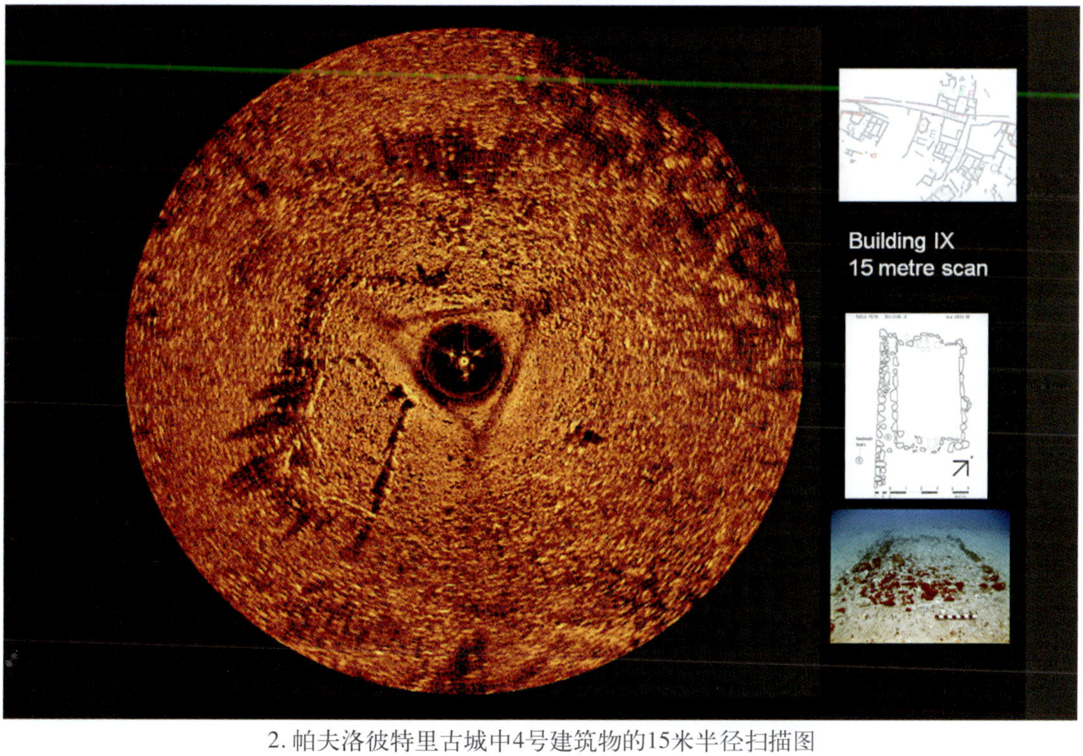

2. 帕夫洛彼特里古城中4号建筑物的15米半径扫描图

康斯堡MS1000扇形扫描声呐的运用

彩版四

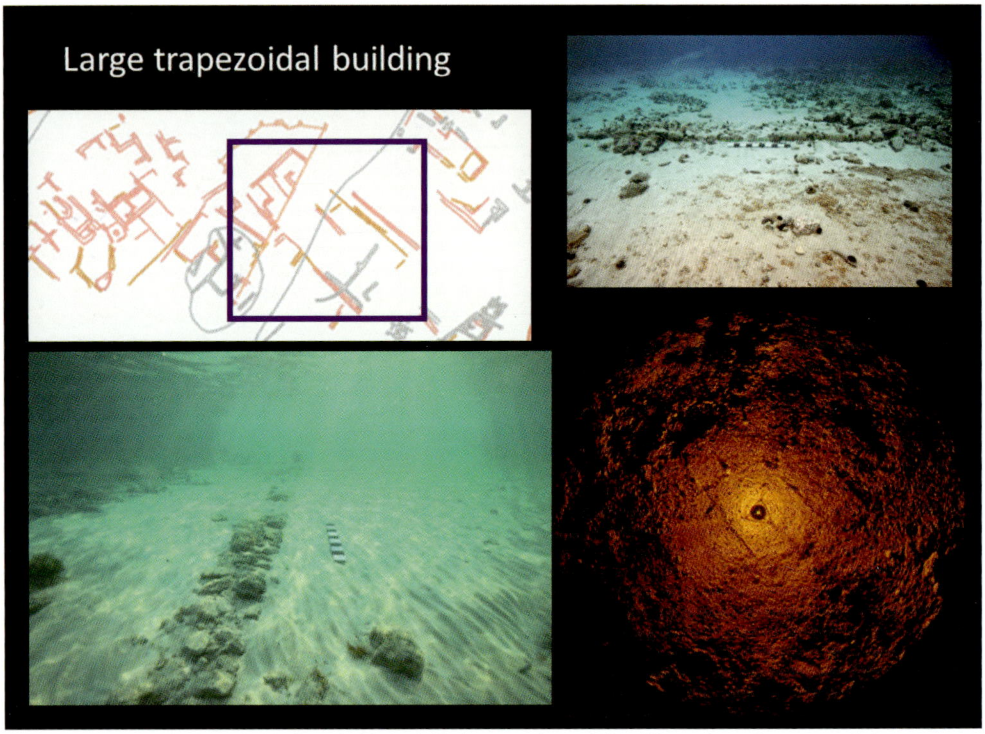

1. 2009年扇形扫描声呐扫描出来的大型四边形建筑（长34米，宽12～17米）

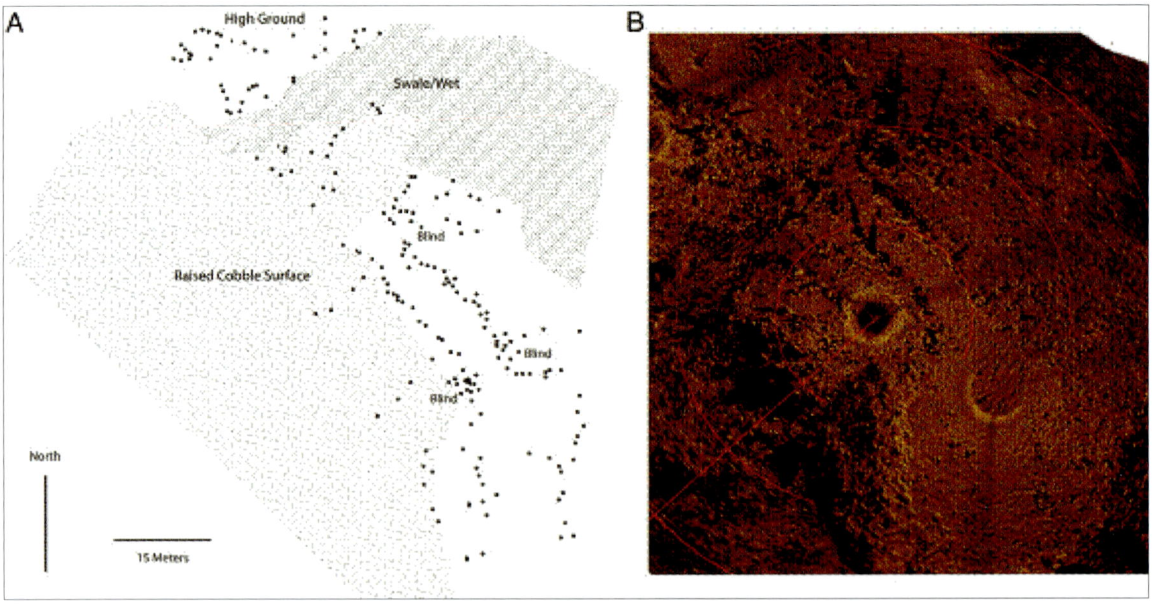

2. 驯鹿狩猎遗址（A是根据扇形声呐扫描图B绘制出来的，呈现了一个距今有9000年历史的驯鹿狩猎遗址，该遗址位于美国五大湖区的休伦湖湖底）

1. 帕夫洛彼特里古城水下考古设计的立体摄影测量仪及其组件（图片来源：Oscar Pizarro）

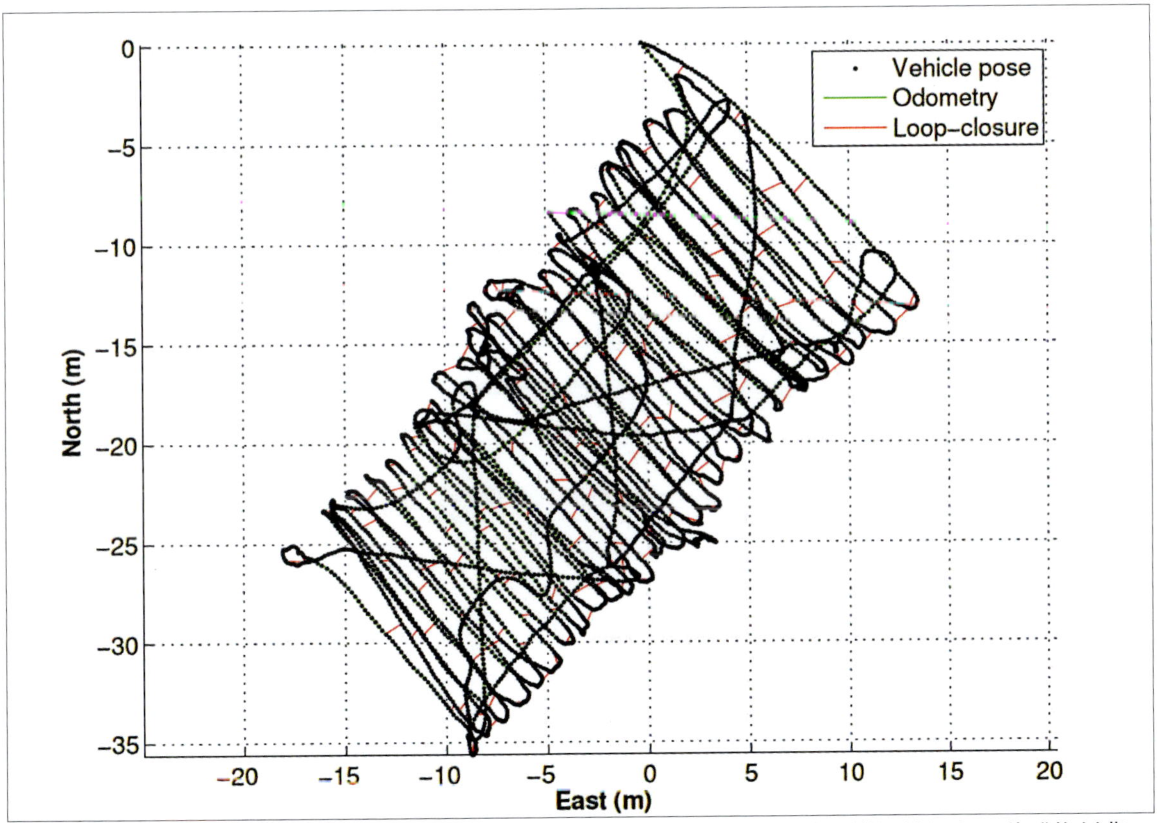

2. 记录全貌（为了完整地记录水下遗址全貌，潜水员必须推着光学立体摄影测量仪以一种“收割草坪”的方式来回游动，使勘探路线形成互相重叠的轨道线）

1. 一名操作人员带着潜水呼吸管在水中沿着引导线推着光学立体摄影测量仪前进（摄影：Jon Henderson）

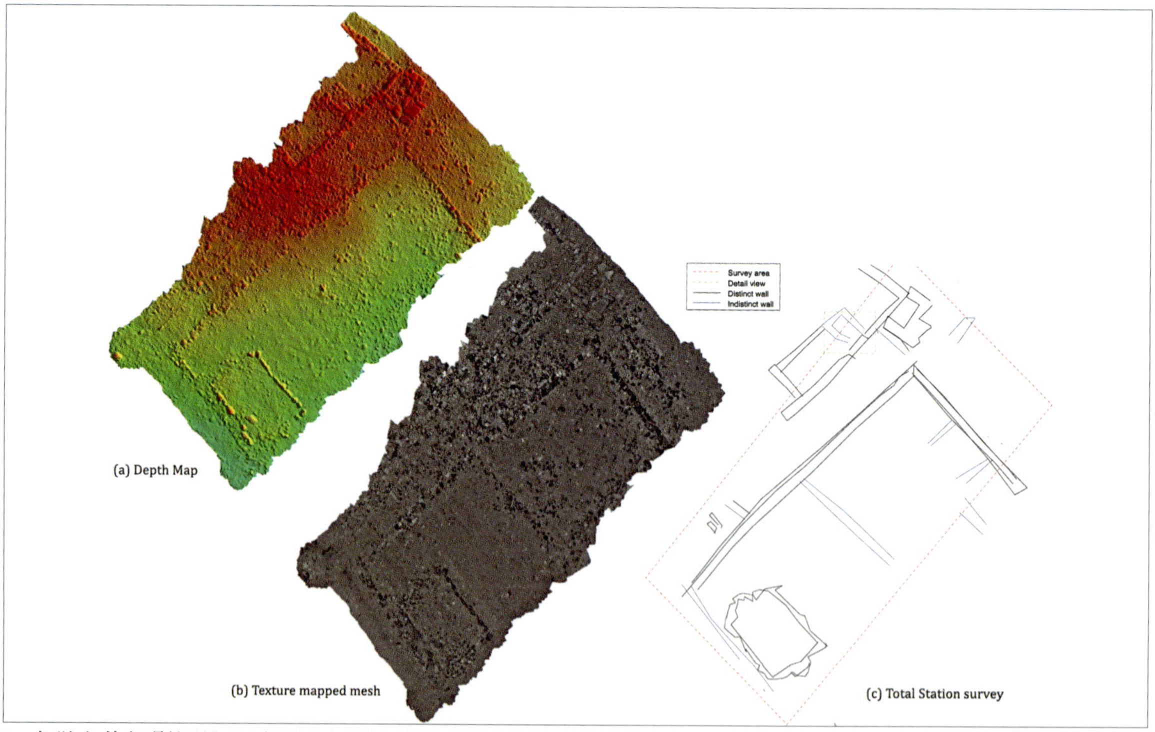

2. 光学立体摄影测量仪对于帕夫洛彼特里古城4、5和6号房间生成的勘探图（墙体在彩色深度图a和纹理图b中清晰可见。c是全站仪对于相应区域测量后生成的结构图，与上述两幅图中的建筑结构吻合度非常高）

光学立体摄影测量仪的运用

1. 10号建筑物外的保存完好的大陶罐（最先从材质图上发现，在后来潜水发掘中确认）

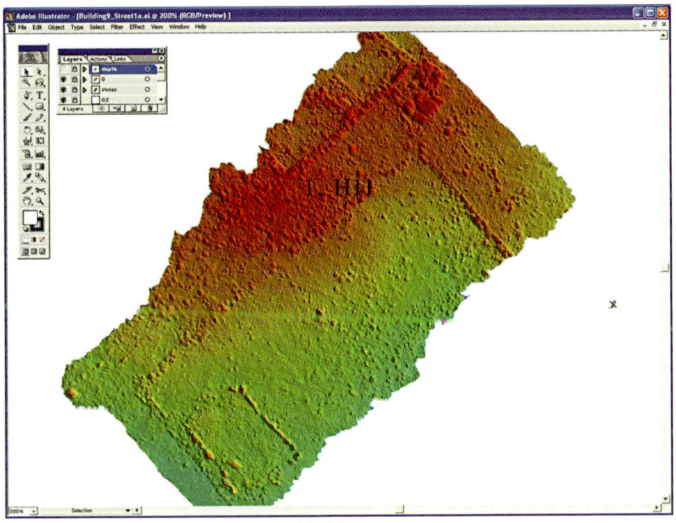

2. 深度网格图

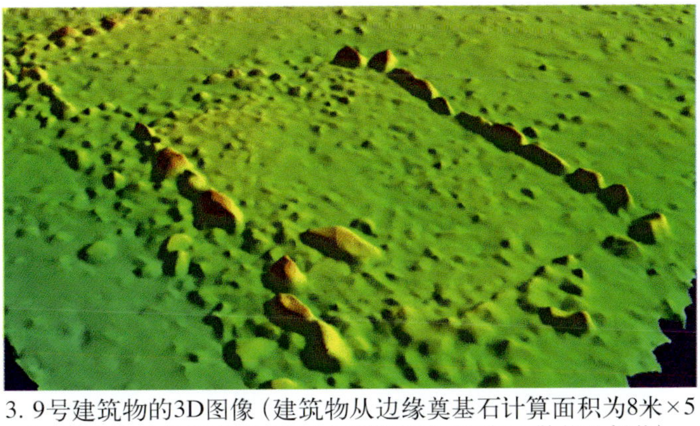

3. 9号建筑物的3D图像（建筑物从边缘奠基石计算面积为8米×5米。所有生成的3D网格图都可以用实时可视化引擎修改操作）

光学立体摄影测量仪的运用

“中国考古01”船初始方案设计效果图

1.“中国考古01”船最终方案设计效果图

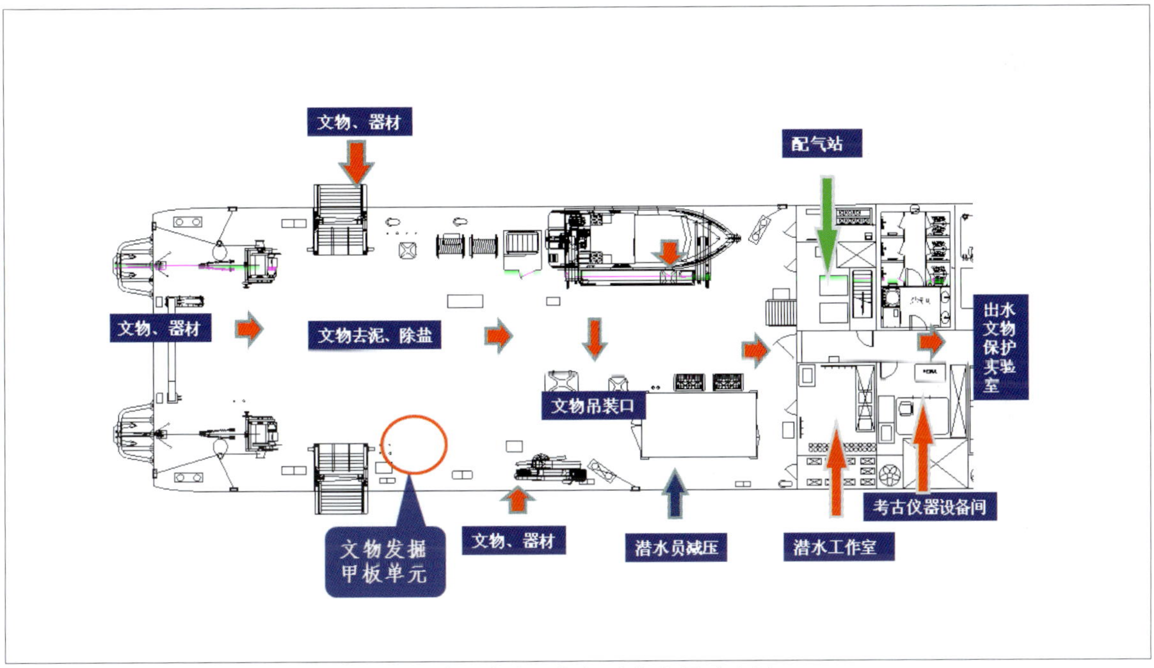

2.“中国考古01”船功能布置示意图

“中国考古01”船

彩版一〇

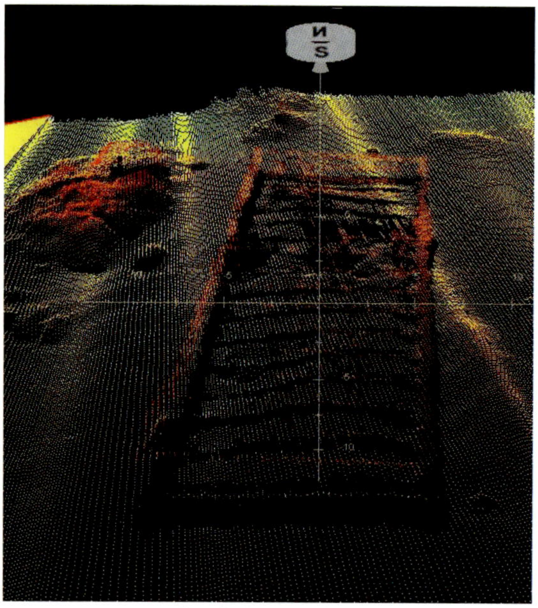

1. 水下框架多波束图像

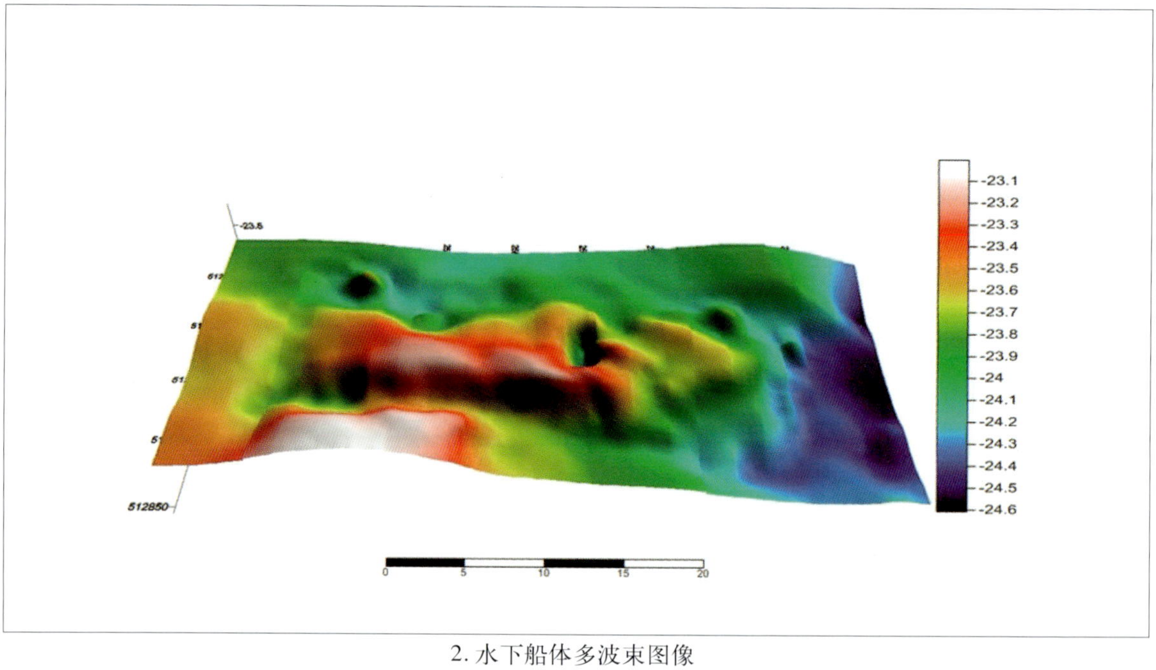

2. 水下船体多波束图像

运用多波束探测了解“南澳Ⅰ号”水下动态

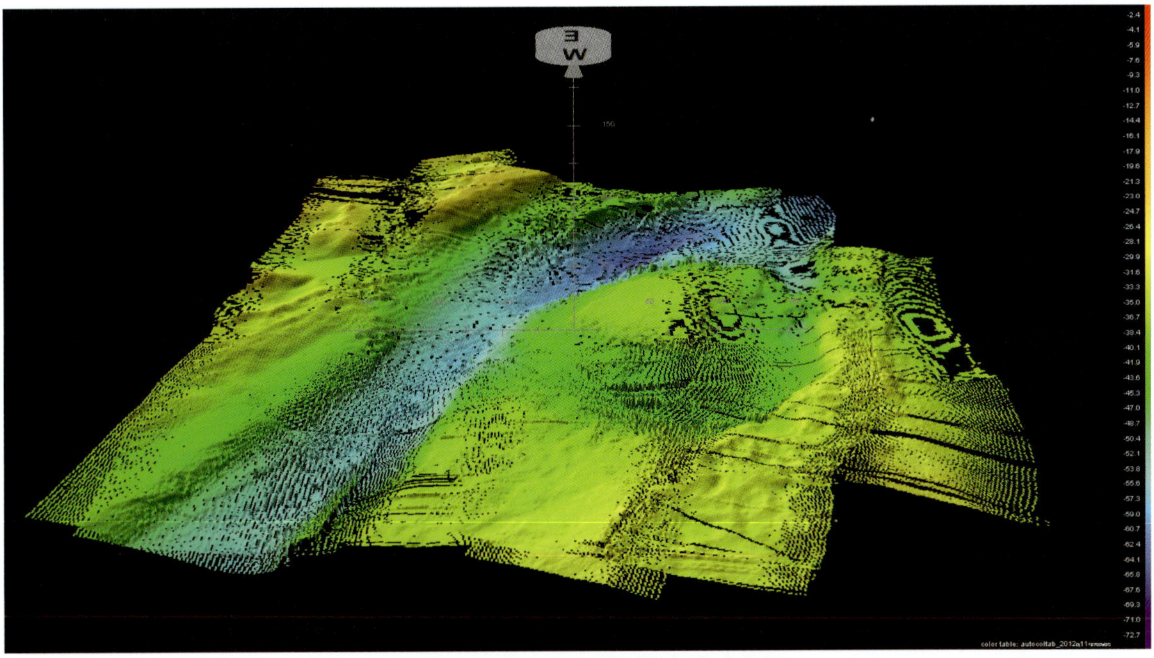

1. 小曼达海域多波束测深仪扫描成像图

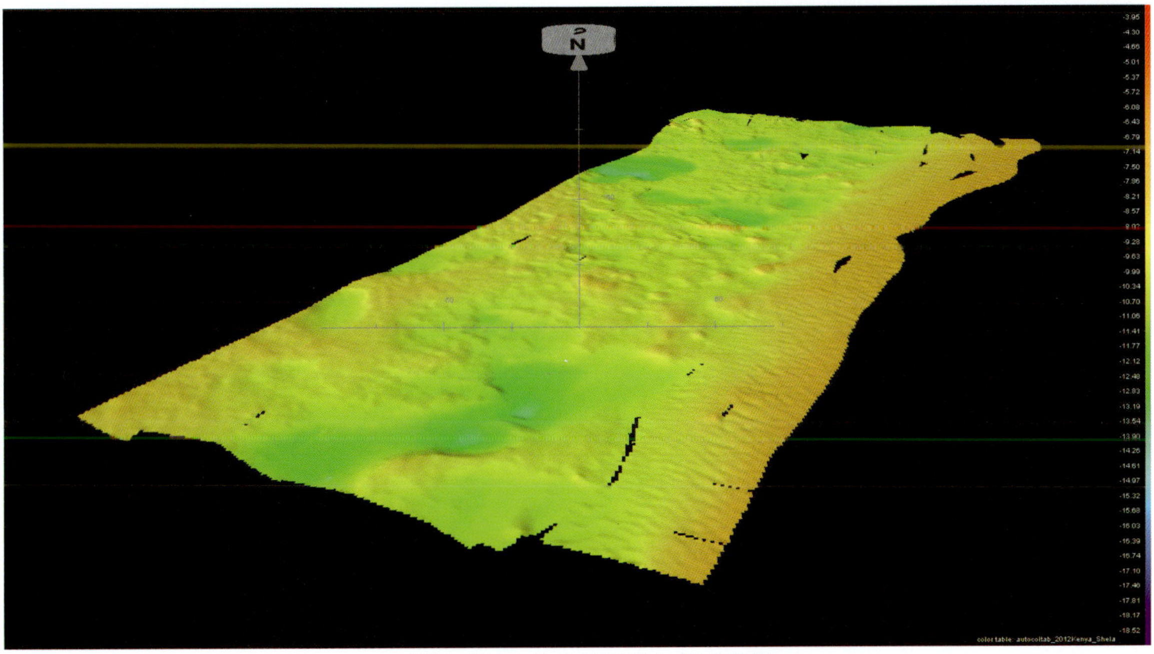

2. 谢拉遗址多波束测深仪扫描成像图

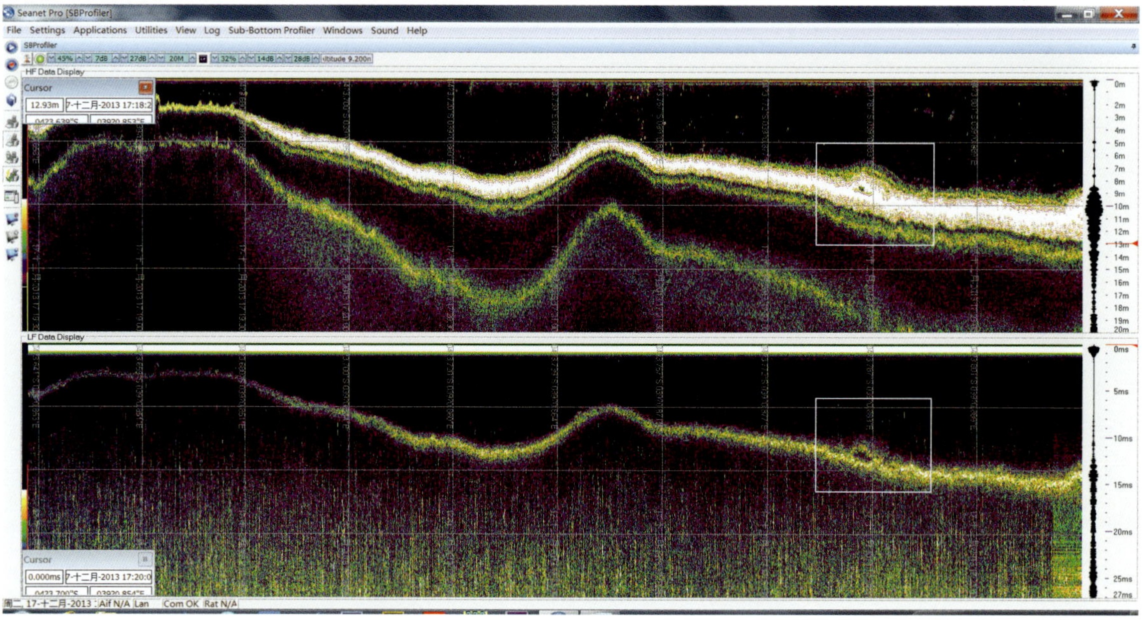

1. 蒙巴萨耶稣堡沉船浅地层剖面仪扫描成像图

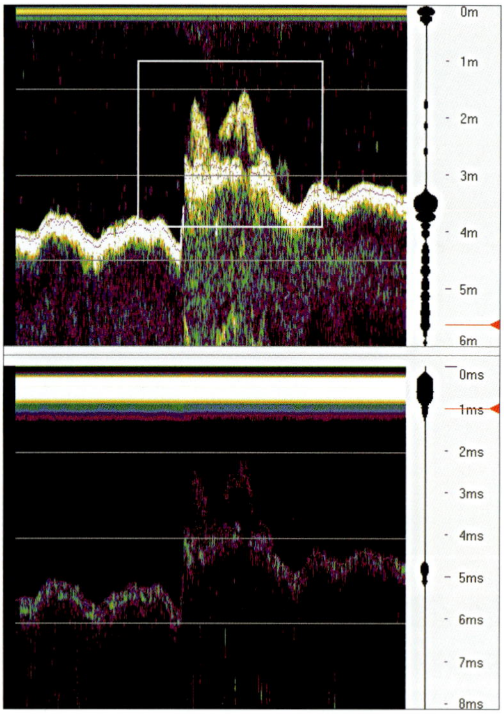

2. 马林迪奥美尼沉船浅地层剖面仪扫描成像图

1. 谢拉遗址水下调查测绘

2. 谢拉遗址水下发现的陶罐

3. 谢拉遗址水下探方布设

4. 谢拉遗址水下考古发掘清理

肯尼亚水下考古调查与发掘

1. 谢拉遗址出水的陶罐

2. 谢拉遗址出水的陶罐

3. 谢拉遗址出水的陶罐

4. 谢拉遗址出水的陶罐

1. 谢拉遗址出水的釉陶器

2. 谢拉遗址出水的青花灵芝云纹碗

3. 奥美尼沉船遗址发掘

彩版一六

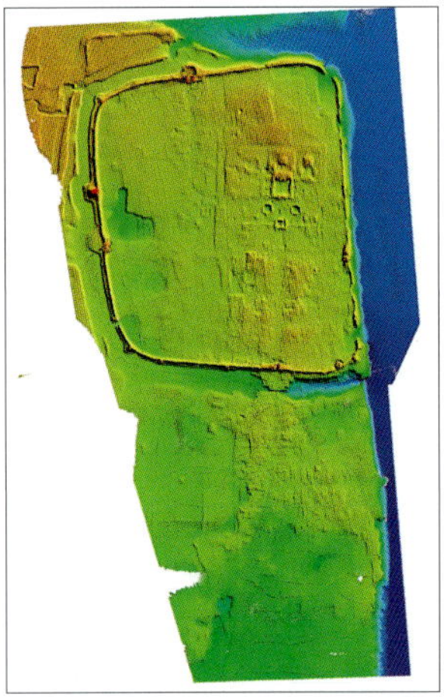

1. 遗址声呐扫描全图

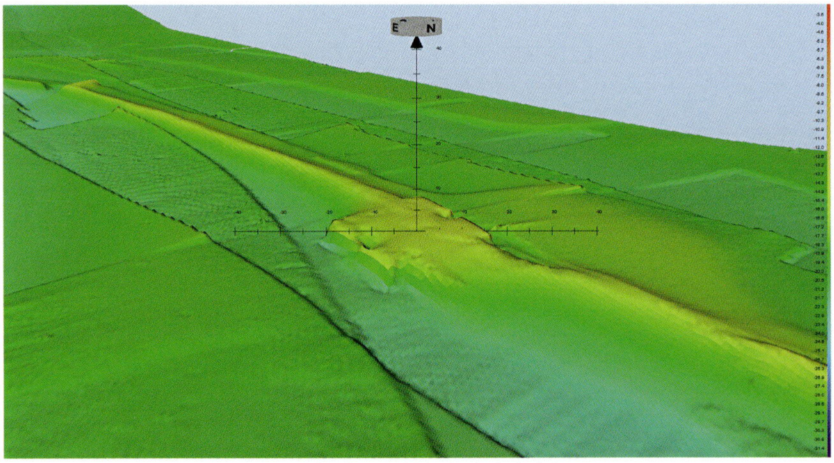

2. 西门与西城墙多波束扫测图

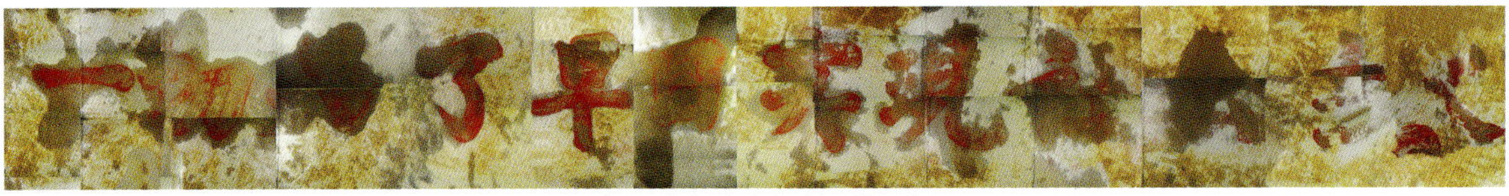

3. 水下南门标语（拼接图）

4. 东门多波束扫测图

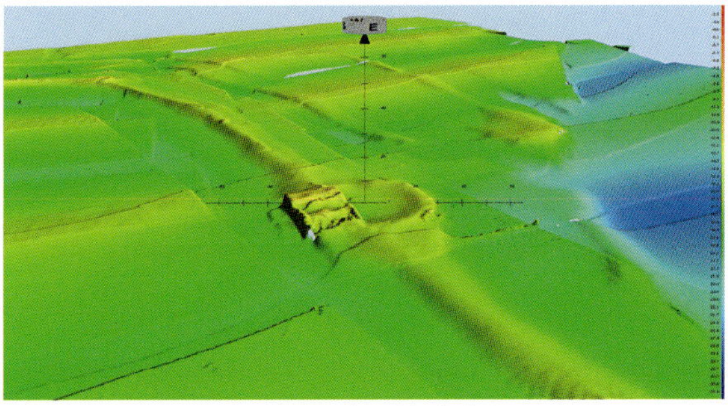

5. 北门及瓮城多波束扫测图

6. 东城墙遗存与上水门断口扫测图

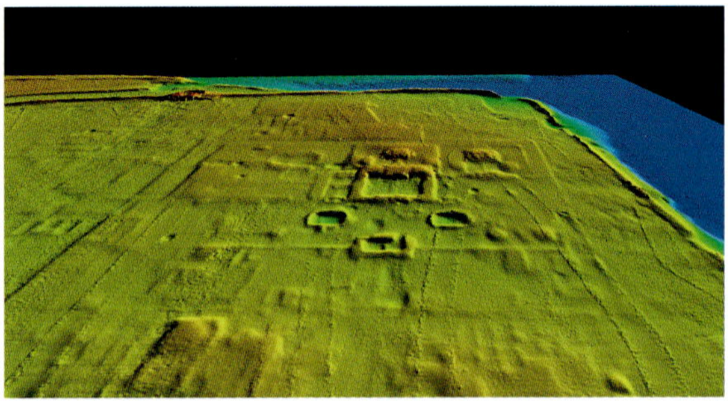

7. 静乐宫多波束扫测图

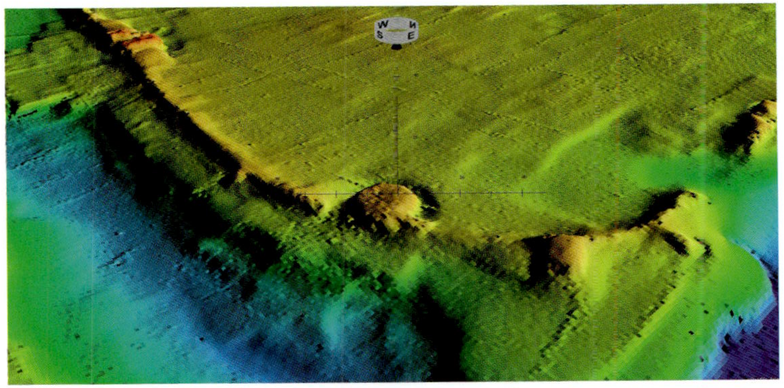
1. 魁星楼（东南角）多波束扫测图

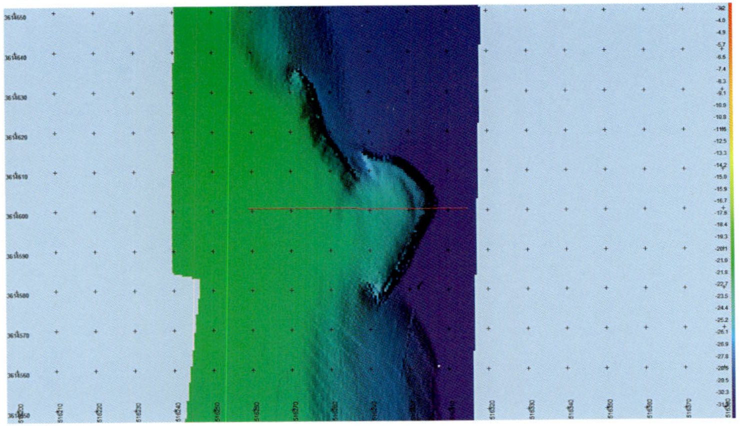
2. 汉江“大码头”（北侧）

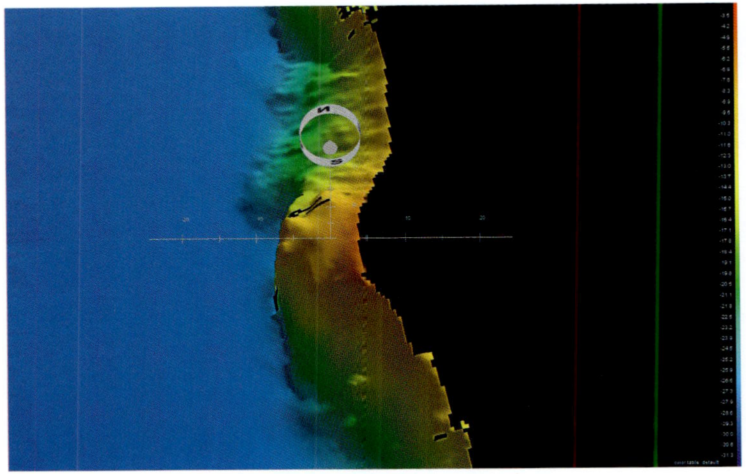
3. 沧浪亭汉江河道东侧剖面

4. 当地民居（古城建筑材料的再利用）

湖北丹江口库区均州城水下考古调查

彩版一八

1. 定陵出土的镶宝石簪子

2. 定陵出土“宝藏库取来大碌带”（镶宝石革带）

3. 定陵出土“鎏金银托盘双耳玉杯”

4. 梁庄王墓出土镶宝石金簪

5. 梁庄王墓出土嵌蓝宝石帽顶

6. 郑和从西洋采购回国的金锭

“海上丝绸之路”上的宝石贸易

1. 工作船锚定在“小白礁Ⅰ号”沉船海域(2014年)

2. 陆上调查之文献查寻(2008年)

3. 陆上调查之口碑调查(2008年)

4. 重点调查和试掘(2009年)

“小白礁Ⅰ号”水下考古

1. 水下抽泥清理（2012年）

2. 通过水下纵横垂直基线分区发掘（2014年）

3. 水下测绘（2014年）

4. 水下钉编号标牌（2014年）

1. 出水船材现状评估 (2014年)

2. 样品采集 (2014年)

3. 出水船板包装入箱 (2014年)

4. 出水船板包装入箱后集中存放保护 (2014年)

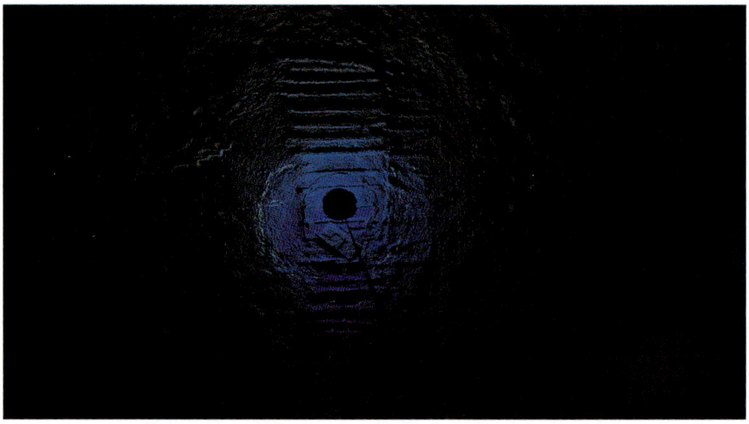
1. “小白礁Ⅰ号”水下三维声呐成像（上南下北）

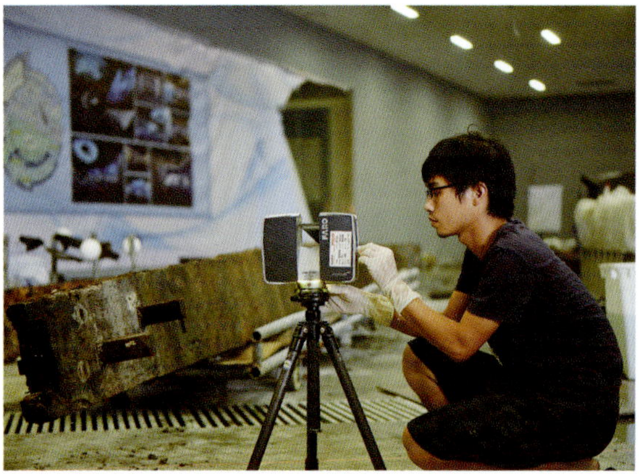
2. 三维激光扫描船板 (2014年)

3. 北渔山岛海域航拍正射影像

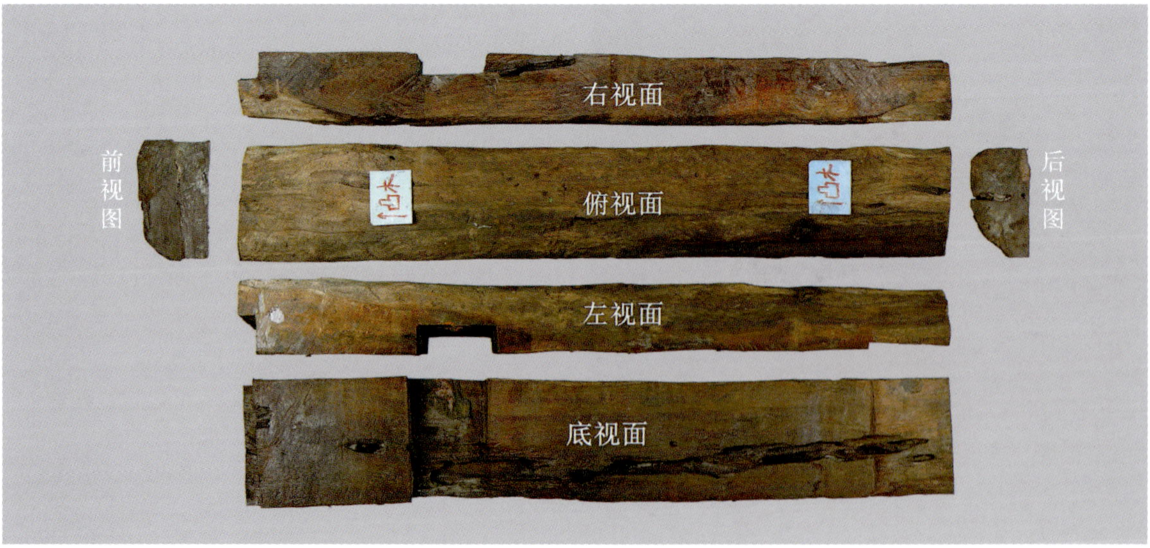

4. 通过近景摄影采集船材的正射影像

1. 国家水下文化遗产保护宁波基地暨宁波中国港口博物馆外景（“小白礁Ⅰ号”保护与展示地）

2. 考古现场鸟瞰图（北—南）

3. “水下考古在中国”专题陈列序厅

4. “小白礁Ⅰ号”发掘场景展示

“小白礁Ⅰ号”水下考古成果展示

“小白礁Ⅰ号”水下考古

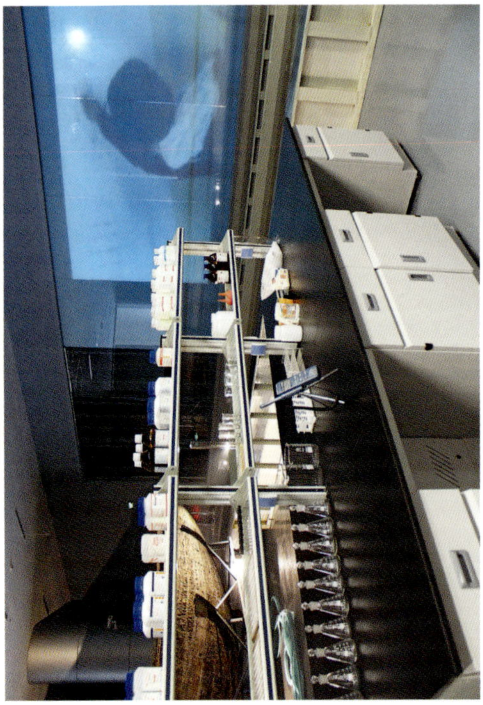

1. 沉船修复展示室

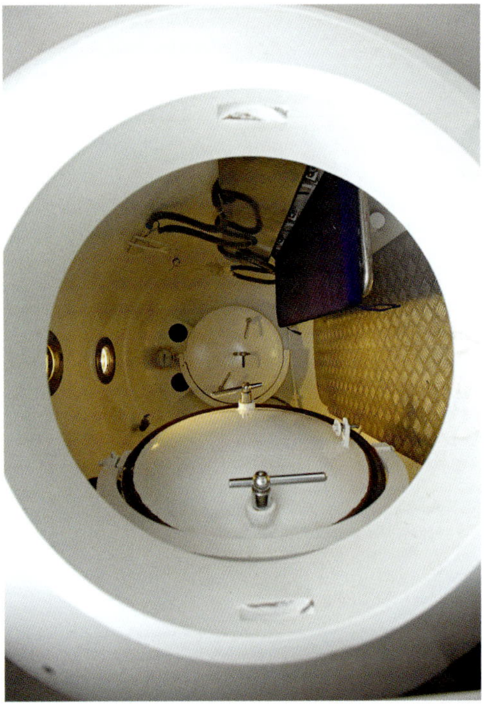

2. 潜水专用减压舱

3. 工作船功能分区之浸泡区

4. 水上—水下立体监控指挥系统在央视直播中的应用

1. 科威特古船以框架支撑，无舱壁

2. 越南传统造船无舱壁

3. “小白礁I号”3号舱壁板

彩版二六

1. 南京出土的明代船用铁钉

2. “小白礁Ⅰ号”桅座

3. “小白礁Ⅰ号” 外板上定位的小木榫桩

4. “小白礁Ⅰ号”防水层

船体构件与造船工艺

1. 泉州湾宋代海船舷侧的三重板结构

2. “小白礁I号”出水的测深锤

3. “小白礁I号”出水的印章

4. “小白礁I号”出水的紫砂壶

1. 广州出土清代沉船

2. 柳孜运河六号唐船出土现场

出土古船及其肋骨结构

1. 采集树种鉴定样品

2. 毛刷清洗表面污垢

3. 脆弱船体构件的衬托加固

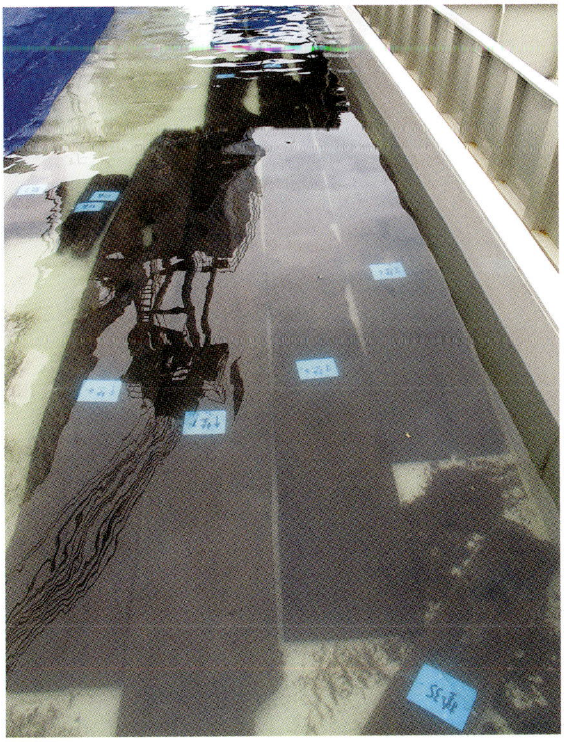

4. 饱水浸泡暂时存放

"小白礁Ⅰ号"出水船体构件的现场保护

彩版三〇

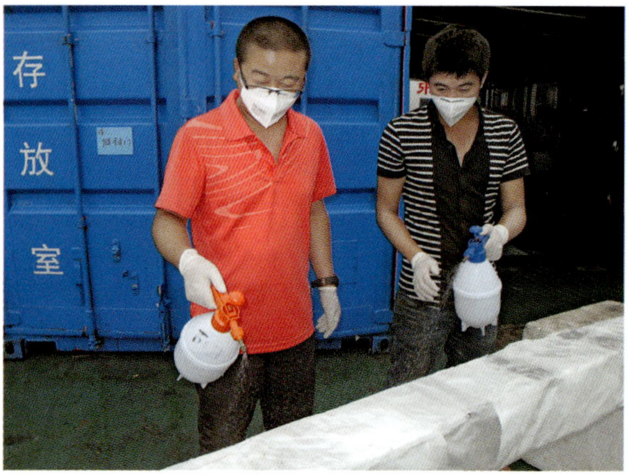

1. 喷洒防霉剂

2. 塑料薄膜密封

3. 露天景观池改造成的室外简易脱盐池

4. 加装了水循环系统和铝合金架子的室外脱盐池

出水船体构件的现场保护与脱盐浸泡

1. “华光礁Ⅰ号”南宋沉船保护室

2. 在室外脱盐池内添加硼酸-硼砂以杀菌防腐防藻

3. 去离子水机设备

4. 定制大型恒温水槽和超声波清洗机用以脱盐

“华光礁Ⅰ号”出水船体构件的实验室保护

1.“华光礁Ⅰ号” 部分出水陶瓷器表面的凝结物

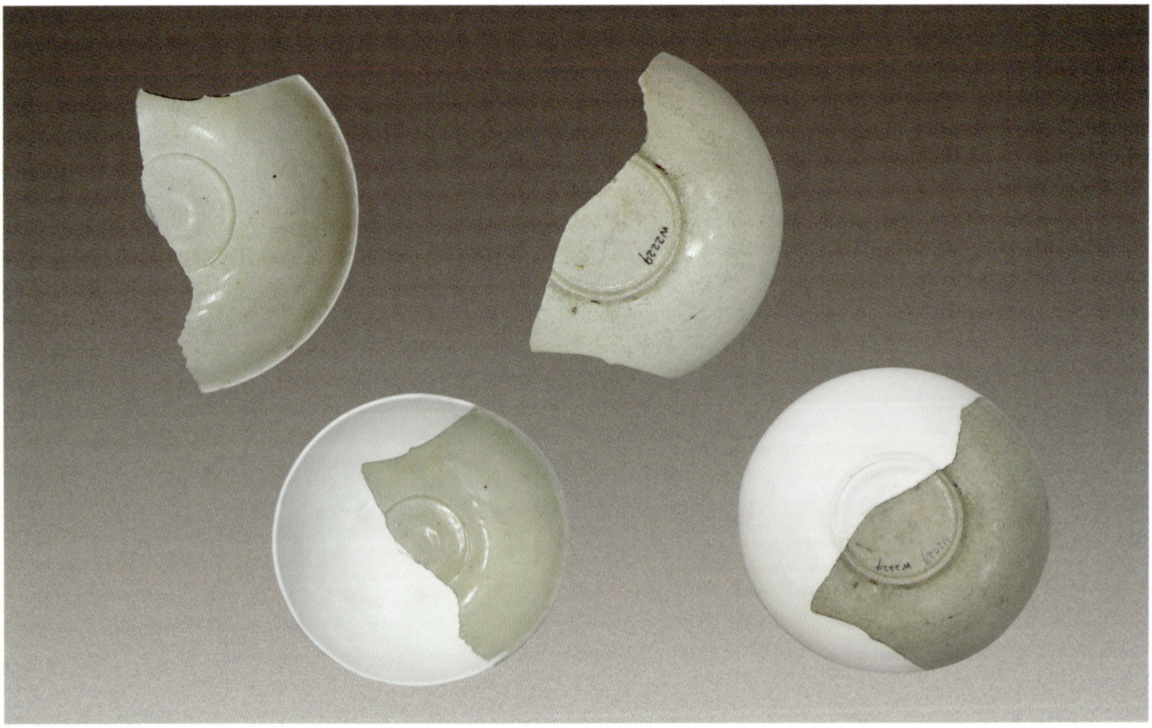

2.考古修复前后的文物对比

“华光礁Ⅰ号”出水陶瓷器的保护修复

1. 青岛“胶州湾Ⅰ号”遗存旁侧声呐图

2. 水下经远舰舰体情况

3. 2014年调查经远舰时拍摄的山体背景

4. 福建平潭九梁铁壳货轮2006年多波束声呐图

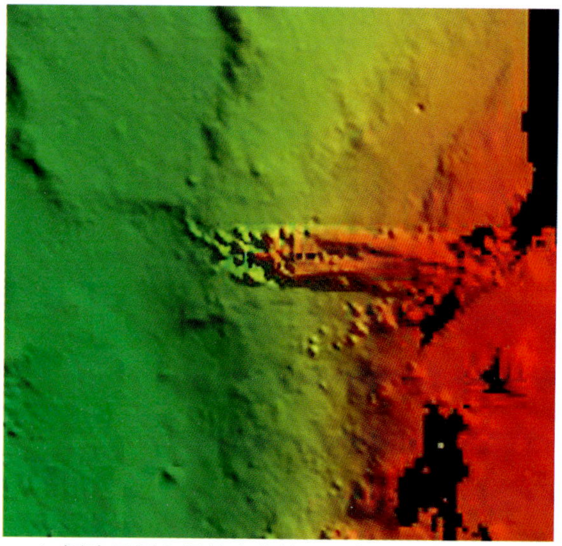

1. 福建平潭九梁铁壳货轮2014年多波束声呐图

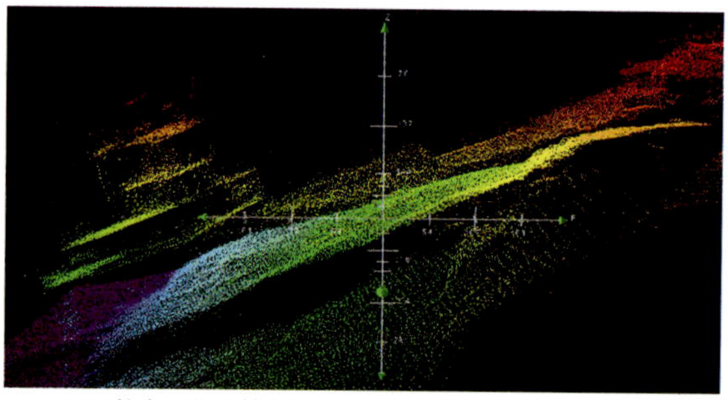

2. 物探显示的福建平潭九梁铁壳货轮沉态

3. “丹东Ⅰ号”沉船水下调查发现的炮弹

4. “丹东Ⅰ号”沉船水下调查发现的机关炮

1. “丹东I号”沉船水下调查发现的瓷盆碎片

2. “丹东I号”沉船水下调查发现的带英文字母的瓷片

3. “丹东I号”沉船舰体北侧舷壳铁板

4. 战火焚烧过的“丹东I号”沉船铁板、木板

“丹东I号”的水下调查发现

1. 青釉碗（大练岛西南屿宋代沉船）

2. 青釉盘（大练岛西南屿宋代沉船）

3. 青釉盘（大练岛西南屿宋代沉船）

4. 青釉碗（大练岛元代沉船）

5. 青釉盘（大练岛元代沉船）

6. 青釉洗（大练岛元代沉船）

1. 小练岛宋元水下文化遗存

2. 青釉双系罐（大练岛元代沉船）

3. 青釉碗（小练岛宋元水下遗存）

4. 青釉洗（小练岛宋元水下遗存）

福建水下考古发现的龙泉窑青瓷

彩版三八

1. 青釉洗（小练岛宋元水下遗存）

2. 青釉钵（小练岛宋元水下遗存）

3. 青釉碗（“北土龟礁Ⅰ号”宋代沉船）

4. 青釉碟（“北土龟礁Ⅰ号”宋代沉船）

5. 青釉碗（菜屿列岛沉船）

6. 青釉碗（菜屿列岛沉船）

1. 青釉碗（菜屿列岛沉船）

2. 青釉盘（菜屿列岛沉船）

3. 青釉盘（菜屿列岛沉船）

4. 青釉盏（菜屿列岛沉船）

5. 青釉炉（菜屿列岛沉船）

6. 青釉高足杯（菜屿列岛沉船）

福建水下考古发现的龙泉窑青瓷

1. 青釉碟（菜屿列岛沉船）

2. 青釉碟（菜屿列岛沉船）

3. 青釉洗（菜屿列岛沉船）

4. 青釉洗（菜屿列岛沉船）